中國學術思想 研究輯刊

五 編

林慶彰 主編

第 10 冊

惠棟易學研究（二）

陳伯适 著

花木蘭文化出版社

國家圖書館出版品預行編目資料

惠棟易學研究（二）／陳伯适 著 — 初版 — 台北縣永和市：
花木蘭文化出版社，2009〔民98〕
目 14+284 面；19×26 公分
（中國學術思想研究輯刊 五編；第10冊）
ISBN：978-986-254-039-8（精裝）
1.（清）惠棟　2.易學　3.學術思想　4.研究考訂
121.17　　　　　　　　　　　　　　　　98014777

ISBN - 978-986-2540-39-8

9 789862 540398

中國學術思想研究輯刊
五　編　第 十 冊　　　　　　ISBN：978-986-254-039-8

惠棟易學研究（二）

作　　　者　陳伯适
主　　　編　林慶彰
總 編 輯　杜潔祥
出　　　版　花木蘭文化出版社
發 行 所　花木蘭文化出版社
發 行 人　高小娟
聯絡地址　台北縣永和市中正路五九五號七樓之三
　　　　　電話：02-2923-1455／傳眞：02-2923-1452
網　　　址　http://www.huamulan.tw 信箱 sut81518@ms59.hinet.net
印　　　刷　普羅文化出版廣告事業
封面設計　劉開工作室
初　　　版　2009 年 9 月
定　　　價　五編 20 冊（精裝）新台幣 33,000 元

惠棟易學研究（二）

陳伯适　著

目次

附　錄

圖表目錄

第三章　惠棟考索虞翻與荀爽《易》說之述評

　　本章主要針對虞翻與荀爽二家之說，以惠棟所舉之諸議題來進行評述，釐清二家之思想主張，以及惠棟考索上的得失。

第一節　虞翻易學之述評

　　虞翻（西元 164～233 年）爲東漢後期繼孟、京之後的重要易學家。畢生致力於易學，認爲「經之大者，莫過於《易》」，講學著述，以《易》爲邃。自稱其家五世治《孟氏易》，承其家學，並兼采眾說，而能集兩漢易學之大成。〔註1〕

〔註1〕　《三國志》曾記載虞翻初立《易注》時，上二奏章予漢獻帝，成爲其易學傳述淵源的重要資料。其奏云：「臣聞六經之始，莫大陰陽，是以伏羲仰天縣象，而建八卦，觀變動六爻爲六十四，以通神明，以類萬物。臣高祖父故零陵太守光，少治《孟氏易》，曾祖父故平輿令成，續述其業，至臣祖父鳳，爲之最密。臣亡考故日南太守歆，受本於鳳，最有舊書，世傳其業，至臣五世。前人通講，多玩章句，雖有秘說，於經疏闊。臣生遇世亂，長於軍旅，習經於枹鼓之間，講論於戎馬之上，蒙先師之說，依經立注。又臣郡吏陳桃夢臣與道士相遇，放髮被鹿裘，布《易》六爻，撓其三以飲臣，臣乞盡吞之。道士言《易》道在天，三爻足矣。豈臣受命，應當知經。所覽諸家解不離流俗，義有不當實，輒悉改定，以就其正。孔子曰：乾元用九而天下治。聖人南面，蓋取諸離，斯誠天子所宜協陰陽致麟鳳之道矣。謹正書副上，惟不罪戾。」又奏云：「經之大者，莫過於《易》。自漢初以來，海內英才，其讀《易》者，解之率少。至孝、靈之際，穎川荀諝號爲知《易》，臣得其注，有愈俗儒，至所說西南得朋，東北喪朋，顛倒反逆，了不可知。孔子歎《易》曰：知變化

　　虞氏之著作，《隋志》可見數端，〔註2〕然後世均皆亡佚，其《易》注大多保存於李鼎祚《周易集解》中，清代輯佚之風大盛，其論著輪廓漸彰，而其易學研究也在同時開展。研究虞氏《易》，惠棟首開其風，張惠言、紀磊、方申、曾釗、李銳等名家則承其後。〔註3〕惠棟對虞氏易學之考索與闡發，主要存於其《易漢學》卷三專論虞氏《易》，以及《周易述》與《易例》中，對虞氏《易》的主要內容、特徵、體例，作了廣泛的引述。本節主要針對惠氏《易漢學》中對虞氏《易》的考索主題進行評析，包括「月體納甲說」與「虞氏逸象」兩大議題，透過惠氏所考，論述虞氏二說之主要內涵，以及惠說所反映的重要意義。

　　虞翻集兩漢易學之大成，建立一套體系龐大之象數主張，強調與創新《易》

_____

之道者，其知神之所爲乎！以美大衍四象之作，而上爲章首，尤可怪笑。又南郡太守馬融，名有俊才，其所解釋，復不及諱。孔子曰：可與共學，未可與適道，豈不其然！若乃北海鄭玄，南陽宋忠，雖各立注，忠小差玄，而皆未得其門，難以示世。」（見《三國志・吳書・虞翻》，卷五十七，引《翻別傳》所言。頁1322〜1323。）虞翻五世治《孟氏易》，孟喜之學，洵爲其治《易》之奠基，而其與道士言《易》，歷來學者多識爲魏伯陽，是二家之學，與虞氏極有淵源。又虞氏天生傲氣，敢以直言，評判「俗儒」，多指其失，「未得其門」又「難以示世」，荀諝、馬融、鄭玄、宋忠皆在列。雖貶諸家，但對爾等之學當能熟知。故其易學，可以視爲後漢集大成者。

〔註2〕　《隋書・經籍志》中記載虞氏之著作包括《周易注》九卷、《周易日月變例》六卷、《周易集林律歷》一卷，以及《易律歷》一卷。這些著作，今已亡佚。

〔註3〕　清代的虞翻《易》著之重要輯本，主要爲孫堂輯本與黃奭的輯本。孫堂在其《漢魏二十一家易注》中輯有《虞翻周易注》十卷，除了彙集《周易集解》的虞文後，並廣蒐唐代以後群書所引，如《釋文》、《漢上易傳》、呂祖謙《古易音訓》引《晁氏易》、《周易會通》、《周易義海撮要》、《周易口訣義》、《玉海》、《困學紀聞》、《容齋隨筆》等等，提供了研究虞氏《易》極便利之資料。另外，黃奭在其《漢學堂經解》中輯《虞翻易注》，其輯文除重視孫堂本所引之諸書外，尤關注於《周易窺餘》、《周易象旨決錄》、《周易古象通》、《學易記》，以及《史記・封禪書》等；該輯本亦可作爲考求虞氏佚文的重要資料。研究虞氏《易》之重要名家，以惠棟（西元1697〜1758年）首開其風，其《易》論皆以虞氏之說爲主，其後張惠言（西元1761〜1802年）集大成，重要論著包括有《周易虞氏義》九卷、《虞氏易事》二卷、《周易虞氏消息》二卷、《虞氏易候》一卷、《虞氏易禮》二卷等。紀磊在惠、張的基礎上，繼續考論，駁正前賢之說，其主要撰述有《虞氏逸象考證》二卷與《虞氏易義補注》一卷。方申（西元1787〜1840年）著有《虞氏易象滙編》一卷、李銳（西元1773〜1817年）著有《周易虞氏略例》一卷、曾釗（西元1821〜1854年）著有《周易虞氏義箋》九卷、徐昂（西元1877〜1953年）著有《周易虞氏學》六卷；諸家皆是繼惠、張之後研究虞氏《易》的重要學者。

例，廣用《周易》本有之象，也制作逸象；提出月體納甲之說作為用象之理論基礎，並藉由互體、升降、旁通、卦變、爻變等方法取象。因此，欲瞭解其個別主張，仍當對其整體思想有深入的認識。本文所處理的，僅就前述二議題來作探討。

一、月體納甲說

本議題考索探述的內容，主要包括月體納甲說的源流問題，以及從惠棟所引條文，陳述其所呈現的具體內涵等兩個方面來說明。

（一）虞翻原本於京魏之說而作

1. 京魏納甲之內涵

「納甲」本為漢代易學家常用的術語，它是透過歷法中的天干、五行、方位與《周易》的八卦相配，揭示八卦消息變化之義，成為象數易學中的重要主張。古代慣以干支記日，《周易》中有所謂「先甲三日，後甲三日」，「先庚三日，後庚三日」之說，[註4] 可知古代以干支記日由來已久。「納甲」之義，胡渭引朱震之言，指出「納甲何也？曰：舉甲以該十日也。乾納甲壬，坤納乙癸，震巽納庚辛，坎離納戊己，艮兌納丙丁，皆自下生。聖人仰觀日月之運，配之以坎離之象，而八卦十日之義著矣」。[註5] 以十天干分別納於八卦之中，這樣的說法，實源自《京氏易傳》。[註6] 已如前節所述，京房有系統地將干支、五行納入易學的體系中，藉以具體地呈顯對事物的解釋和對吉凶的推測，並進一步表現宇宙的一切變化之道。京房的八卦納甲，以乾納（下）甲（上）壬、坤納（下）乙（上）癸、震納庚、巽納辛、坎納戊、離納己、艮納丙、兌納丁，將十天干分置陰陽而納於八卦之中。繼京房之後，東漢魏伯陽作《周易參同契》，援《易》入道，以京房納甲為基本的框架，雜糅月體運動變化的天文知識，配以月相的晦朔弦望，創立月體納甲之說，其目的於建立其煉丹的理論體系。魏氏云：

〔註4〕「先甲三日，後甲三日」，見蠱卦卦辭與〈象傳〉；「先庚三日，後庚三日」，見巽卦九五爻辭。

〔註5〕見胡渭《易圖明辨》卷三。引自新文豐出版公司《叢書集成新編》，第十六輯，影印守山閣叢書本，頁475。

〔註6〕見《京氏易傳》云：「分天地乾坤之象，益之以甲乙壬癸。震巽之象配庚辛，坎離之象配戊己，艮兌之象配丙丁。八卦分陰陽，六位配五行，光明四通，變易立節。天地若不變易，不能通氣。」（見《京氏易傳》卷下，頁133。）

三日出爲爽，震庚受西方；八日兑受丁，上弦平如繩；十五乾體就，
盛滿甲東方。蟾蜍與兔魄，日月氣雙明，蟾蜍視卦節，兔者吐生光，
七八道已訖，屈折低下降。十六轉受統，巽辛見平明；艮直於丙南，
下弦二十三；坤乙三十日，東北喪其朋。節盡相禪與，繼體復生龍。
壬癸配甲乙，乾坤括始終。〔註7〕

同時，參照魏氏月體納甲圖，如下所示：

圖表 3-1-1　**魏氏月體納甲圖**〔註8〕

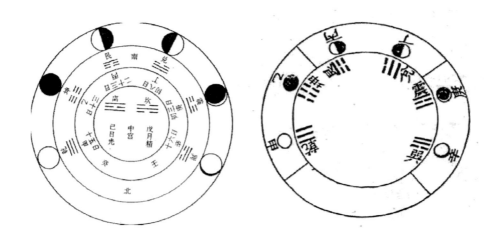

魏氏根據月體的週期變化，即在一月內的不同時間，月形的盈虛圓缺與
所處的方位，有一定的規律性，這種規律性的月象，與京房所說的卦象有極
相似之處；也就是藉由月體的盈虛變化，比附八卦之象。京房的八卦納甲說
與魏伯陽月體納甲說，在用卦上的差異上，即京房用的是重卦，而魏氏用的
則是三畫所組成的八經卦，合於《三國志》虞翻引夢中道士之言云「《易》道
在天，三爻足矣」〔註9〕之說。所以，惠棟《周易述》述明「聖人立象以盡意」，
認爲「易道在天，三爻足矣。故以盡意設卦，以盡情僞」，以虞氏之言，三爻

〔註7〕　魏文引自明蔣一彪輯《古文參同契集解》卷下上篇，臺北：新文豐出版公司
　　　　影印毛晉訂本，1987年6月臺1版，頁19。惠棟《易漢學》卷三，頁1114
　　　　〜1115，同引。
〔註8〕　右圖引自胡渭《易圖明辨》，卷三，頁475。左圖引自劉玉建《兩漢象數易學
　　　　研究》，頁984。
〔註9〕　見《三國志・吳書・虞翻》卷五十七，引《翻別傳》言，頁1322。

足以立象而盡意。〔註10〕魏氏認爲初三日落時，一線月芽，陰極而生陽，如一陽二陰的震象☳，出於西方庚位；月體本不發光，是藉太陽之光而發光，並於每月朔日後三日，月方生明。〔註11〕八日日落時，月亮上弦平如繩，陽由震初進至二爲兌，即爲一陰二陽的兌象☱，出於南方丁位。至十五日，月盛滿，是純陽無陰的極明乾象☰，日落時出於東方甲位。太陽月亮不能同時中天而圓。月亮圓缺，陰陽消息，可以瞻視。月本無光，吐太陽之光。「七八道已訖，屈折低下降」，「七八」爲十五，十五日一過，陽極則生陰，圓月又將缺。至十六日，陽退陰進，陰始用事，所以一陰初生，是爲巽象☴，清晨見於西方之辛位。至二十三日，月缺下半爲下弦，二陰生於一陽下，是爲艮象☶，清晨見於正南丙位。至三十日，清晨與日同時從東方（東北）乙位升起，隱而完全不見其明，如同三爻均陰的極陰之坤象☷。三十日一過，陰又讓位於陽。純陰之體，又生一線朦朧之光。

惠棟另外援引朱子之言加以說明：

> 三日，第一節之中，月生則之時也，蓋始受一陽之光，昏見於西方庚地。

> 八日，第二節之中，月上弦之時，受三陽之光，昏見於南方丁地。

〔註10〕見惠棟《周易述・繫辭上傳》，頁 462。

〔註11〕古代曆法，以月亮的圓缺周期爲一月，當中部份時日因月形變化的情形而有特定的名稱，如每月初一爲「朔」，初三稱「朏」，初八月缺上半稱「上弦」，十五日稱「望」，二十三日月缺下半稱「下弦」，最後一日稱「晦」。日月之運動，從地球的角度言，月是從東方升起，並朝西方落下；日亦東升西落。日月在天空中移動的方向都是相同的。月體本身不會發光，其光亮的部分，是日光反射所形成的，也就是月體之圓缺，是日月相對位置改變所致，且月體光亮的部分，永遠是朝向日所之方向。月體運動位置，以下表列爲釋：

	朔（初一）	上弦 （初七～初九）	望一 （十五～十七）	下弦（二十二～ 二十四）
晚上六時 （18：00）	在西方落下	在正南方	從東方升起	看不見
晚上十二時	看不見	在西方落下	在正南方	從東方升起
早上六時	從東方升起	看不見	在西方落下	在正南方

> 說明：以初一爲言，夜晚之所以看不到月體，因爲早在晚上六時，月體山已在西方落下了，到了早上六時，才又從東方升起，此時因爲是白天，日光普照，月雖升起，仍被強烈之日光所掩蓋，所以仍看不到月體。餘同理。

十五日，第三節之中，月既望之時，全受日光，昏見於東方甲地，是爲乾體。

十六日，第四節之始，始受下一陰爲巽而成魄，以平旦而沒於西方辛地。

二十三日，第五節之中，復生中，一陰爲艮，而下弦以平旦而沒於南方丙地。

三十日，第六節之終，全變三陽而光盡，體伏於東北。一月六節既盡，而禪於後月，復生震卦云。〔註12〕

首先，從這些引文可以看到，惠氏立論雖崇尚漢學，執著於古義，以漢說最近於古，最合於《周易》之本義；然而，其學仍重於考據，引領科學的治《易》態度，雖宋學、朱子之說，未樹漢宋不兩立之全然排宋立場，對朱子之良說，仍引作論述的依據。其次，從內容來看，魏伯陽將一個月三十日區分爲六節，每節五日，各主一卦。一月之始，陰退陽進，陽始用事，自朔旦至第五日爲第一節，由一陽初生之震卦所主；六日至十日爲第二節，由二陽生之兌卦所主；十一日至十五日爲第三節，由三陽盛極之乾卦所主；陰進陽退，陰用事，十六日至二十日爲第四節，由一陰生之巽卦所主；二十一日至二十五日爲第五節，由二陰生之艮卦所主；二十六日至三十日爲第六節，由三陰盛極之坤卦所主。如此，三十日六節既盡，陰極而陽生，繼禪於下一個月，復爲一陽動於下之震卦，晦去朔來，循環反復。

在這裡，八卦中已有六卦就位，剩下的是坎 ☵ 離 ☲ 二卦。《易》中乾坤爲父母卦，其重要性是不容置疑的，也因此其它的六卦都是從屬的地位，並沒有特別受到青睞者。然而自西漢京房提出「乾坤者，陰陽之根本；坎離者，陰陽之性命」〔註13〕的說法以降，坎離二卦更加被重視與關注。惠棟引《乾鑿度》與鄭注，《乾鑿度》云：

離爲日，坎爲月。日月之道，陰陽之經，所以終始萬物，故以坎離爲終。

鄭玄注云：

言以日月終天地之道。〔註14〕

〔註12〕見《易漢學》卷三，頁 1114～1115。
〔註13〕見《京氏易傳》卷下。引自郭彧《京氏易傳導讀》，頁 132。
〔註14〕《乾鑿度》與鄭注，見《易漢學》卷三，頁 1112。

以坎離爲日月之象，日月運行時，反映出歲時之交替推移，以及天地陰陽的交感與消長，萬物的終始，皆因日月之運動、往復與升降而著，所以坎離也象徵天地的變化之道。這些觀念，都是惠棟一貫主張以「日月爲易」的思想之重要基礎，也就是「月體納甲説」，可以作爲其「日月爲易」思想的引證。這部份的問題，將於後文再予詳加論述。讖緯論著乃至鄭玄的訓注，已關注並重視到坎離二卦，一直到魏伯陽的《周易參同契》，二卦之角色就更爲重要與突出。

《參同契》云：

乾坤者，《易》之門户，眾卦之父母。坎離匡廓，運轂正軸，牝牡四卦，以爲橐籥。〔註15〕

又云：

天地設位，而《易》行乎其中矣。天地者，乾坤之象也。設位者，列陰陽配合之位也。《易》謂坎離，坎離者，乾坤二用。二用無爻位，周流行六虛，往來既不定，上下亦無常。〔註16〕

又云：

坎戊月精，離己日光，日月爲《易》，剛柔相當，土旺四季，羅絡始終，青赤黑白，各居一方，皆稟中宮戊己之功。〔註17〕

從這些引文的敘述，可以明白的看到《參同契》試圖建構一個不同於傳統易學的宇宙圖式，透過乾、坤、坎、離四卦，以建構出宇宙的動態結構。乾坤象徵天地，定位於上下，它們是處於「列陰陽配合之位」，而坎離運行升降於其間，也就是透過「坎離匡廓」，運轉循環，上下升降來體現宇宙變化的實際情形。萬物皆由陰陽合德而成，或偏重於陰，或偏重於陽，絕無純陽或純陰之物能夠獨立存在，也就是純陽的乾或純陰的坤，它們僅是萬物存在的最初原質，這種最初的原質，並非是可以各別獨立而成就一物的，所以，乾坤二者從觀念上言，只具有邏輯上的意義，真正萬物的生化，仍落入坎離二卦，所以說「坎離者，乾坤二用」。一陽入坤爲坎☵，故坎爲陰中之陽；一陰入乾爲離☲，故離爲陽中之陰。坎離流行於乾坤之間，往來不定，上下無常，呈現出陰陽交錯的狀態，它們不僅標示了陰陽二氣在宇宙間上下升降的運動，同時也包蘊著萬物存在的

〔註15〕 魏文引自明蔣一彪輯《古文參同契集解》卷下上篇，頁4。
〔註16〕 同前註，頁11。
〔註17〕 本文直間轉引惠棟《易漢學》所引（卷三，頁1117。）。

基本特徵。以下分呈現「天地設位圖」與《道藏》中著名的「水火匡廓圖」，可以更清楚的表現出其宇宙化生的基本樣態：〔註18〕

圖表 3-1-2　天地設位圖

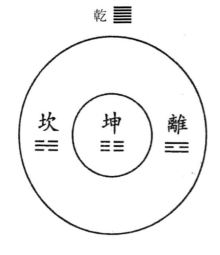

圖表 3-1-3　水火匡廓圖

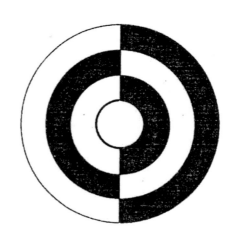

　　關於天地所建構的宇宙型態，其「坎離匡廓，運轂正軸，牝牡四卦，以為橐籥」的情形，俞琰於《周易參同契發揮》中作了詳細的說明，指出乾坤為《易》之門戶，或說是天地之門戶，「闔戶為坤，闢戶為乾，一闔一闢，往來不窮為變通」，而「坎月離日，日月行于黃道，晝夜往來，循環無窮，如匡廓之週遭也。轂猶身，軸猶心，欲轂運必正其軸」。「乾純陽，牡卦也；坤純陰，牝卦也。坎陰中有陽，離陽中有陰，牝牡相交之卦也」。乾坤位處上下，而坎離列於東西，「乾坤闔闢，坎離往來，儼如橐籥之狀」，即太虛之狀。〔註19〕坎離二卦，不但是陰陽升降的象徵，同時也是日月交轉的象徵；日月轂轉，一進一退，「陽往則陰來，輻轉而輪轉」，〔註20〕具有一定的規律性與周期性。因此，在魏伯陽看來，坎離二卦，儼然是其宇宙論框架下的實際主宰的主角。日月居於中宮戊己土位，月相的晦朔弦望，皆因日月之動而成；所以，「三物一家，都歸戊己」，〔註21〕坎離二卦居其中位，掌握了天道

〔註18〕二圖轉引自蕭漢明、郭東升《《周易參同契》研究》，上海：上海文化出版社，2001 年 1 月 1 版 1 刷，頁 69。

〔註19〕括弧中引俞琰《周易參同契發揮》，引自蔣一彪輯《古文參同契集解》卷下上篇，頁 10。

〔註20〕見《周易參同契》卷下。引自蔣一彪輯《古文參同契集解》卷下上篇，頁 12。

〔註21〕見《周易參同契》卷下。引自蔣一彪輯《古文參同契集解》卷上下篇，頁 56。

之樞紐，不論是內丹或爐火，皆應循此天道而行。

魏氏月相納甲之說，以京氏納甲之十干納卦爲準據，進一步建立一套更嚴密而詳盡之理論，其最終之目的在於爲丹道而服務。虞翻則以此前賢之說爲本，進一步闡釋其以論卦爲主的八卦納甲之說。

2. 虞翻八卦納甲架構之建立

虞翻在京房「納甲」之說與魏伯陽《參同契》的基礎上，重新詮釋月體納甲說，並由此而體現其易學思想的獨特性之所在。惠棟制作「八卦納甲圖」，並具體地描述其主要的內容：

圖表 3-1-4　虞氏八卦納甲圖〔註22〕

坎離，日月也。戊己，中土也。晦夕朔旦，坎象流戊；日中則離，離象就己。三十日會于壬，三日出于庚，八日見于丁，十五日盈于甲，十六日退于辛，二十三日消于丙，二十九日窮于乙，滅于癸。乾息坤成。震三日之象，兌八日之象。十五日而乾體成，坤消乾成。

〔註22〕圖引自新文豐出版公司《叢書集成新編》，第十七輯，影印經訓堂叢書本《易漢學》，頁51。

巽，十六日也；艮，二十三日也；二十九日而乾體就，出庚見丁者，
指月之盈虛而言，非八卦之定體也。甲乾乙坤，相得合木，故甲乙
在東；丙艮丁兌，相得合火，故丙丁在南；戊坎已離，相得合土，
故戊己居中；庚震辛巽，相得合金，故庚辛在西；天壬地癸，相得
合水，故壬癸在北。此天地自然之理。〔註23〕

說法與魏氏之學相近。惠棟並進一步解釋，認爲「日歸于西，起明于東；月
歸于東，起明于西，故月三日成震時在庚西」，〔註24〕符合日月運行的自然方
位，日東升而西降，月則西起而東落；這是就日月相對應的角度言。事實上，
就地球的觀察視線而言，月是從東方升起，並朝西方落下；日亦東升西落。
觀測者觀測日月在天空中移動的方向都是相同的，這一點是有必要釐清的。
所以惠棟之言，乃至古人多言日月之升降方向相反，是將日月天體置於相對
的位置言，日西而月東即是。月體本身不會發光，其光亮的部分，是日光反
射所形成的，也就是月體之圓缺，是日月相對位置改變所致，且月體光亮的
部分（不論是上弦或下弦）永遠是朝向日所之方向，這就是日月相對的照射
之原理。因此，所謂「月三日成震時在庚西」，即三日眉月一線如震象，位處
庚西之方。惠氏並言「震本屬東方，兌本屬西方，然月之生明必于庚，上弦
必于丁，故震在西，兌在南，諸卦可以類推」，〔註25〕皆就實際觀測月體方位
而言，三日震象，月體在西，八日兌象，月體在南爲上弦，其餘各卦同理。
惠氏又解釋云：

乾盈于甲，行至辛而始退；震爲始生，巽爲始退，而皆在西。兌，
上弦；艮，下弦，而皆在南。乾滿于甲，坤窮于乙，而皆在東。此
以月所行之道言之，而納甲由是生焉。〔註26〕

「乾盈于甲」爲十五望，坤二十九日窮於乙，月體位皆處於東方。巽辛爲十
六日始退，震庚爲三日始生，位皆在西。兌丁爲八日上弦，艮丙二十三日爲
下弦，位皆在南。這種以卦入位的論述，符合月體視運動之粗略概況，是一

〔註23〕見《易漢學》卷三，頁 1107～1109。本論文原採南菁書院《皇清經解續編》
本，於本段引文後，「此天地自然之理。宋人作是圖者，依邵氏偽造伏羲先天
圖之位，錯亂不可明，今正之。」文原缺，今據《四庫全書》本而增補。後
文所引諸文，仍以《皇清經解續編》本作注。
〔註24〕見《易漢學》卷三，頁 1108。
〔註25〕見《易漢學》卷三，頁 1108。
〔註26〕見《易漢學》卷三，頁 1108。

種自然科學的實況分析，但未符精確的實狀。當然，問題並不在於惠氏，而是虞翻學說本是如此，強將八卦納入月體運動方位，為求各配不同的方位，形成不夠週密之情形。案月體升降所處位置，因日、時而各有不同，以乾甲所指之十五日云，於傍晚六時左右，月從東方升起，晚上十二時左右，月在正南方，至早上六時左右，月從西方落下，魏伯陽乃至虞翻，所指之處於東方者，若依實際時間來看，當是晚上六、七時月體升起的時間才是。又以兌丁所指的八日上弦，認為月體在南云，此一日期，晚上約六時，月體已從東方升至正南方，晚上約十二時，月體在西方落下，之後就不復再見；因此，言南方者，當指晚上六、七時的月體之位。乾、兌所指之月相方位，若在六、七時所見，皆符所言之位。然而，以巽辛十六日言，晚上六、七時之月位，為從東方升起，非所言之西方，因為至隔日早上六時，月才從西方落下；艮卦亦然，晚上十二時，月從東方升起，隔日早上六時月在正南方，若同樣以晚上六、七時言月位，則不當在南方，因為此時月尚未升起而未能觀見月體。坤、震同不符。因此，以卦、干配位言月體，從月體運動的實際情形上去檢視，月相尚符，而月體方位則仍顯不夠準確。另外，惠氏又引揚雄《法言》云：

> 月未望則載魄于西，既望則終魄于東，其遡于日乎。〔註27〕

惠棟之引言，可見其科學的認知與態度。的確，月體在望月十五日以前，載魄者在西方，也就是圓之所缺者在西方，因為月亮相對的太陽，位於東方，月體載魄者是背著太陽之部分。至十五日，觀月體時，終魄於東，月體全能反射日光而呈滿月狀態。月之圓缺，全繫乎日，因為月體本身不能發光，由日光而見月體。日月依恃變化，一月而周，反復循環，成規律而不息，象徵了宇宙萬化之道，魏伯陽援此象為道，虞翻隨之，惠氏又持科學態度釋之，尚合實證軌範。

　　虞氏的月體納甲之說，乾天為上，坤地為下，日出於東，月出於西，則乾南、坤北、離東、坎西，本是天地自然之理，然而宋儒藉以創說先天八卦圖位，妄用捏造，是不明此自然之律則，所以惠氏指明，「宋人作是圖者，依邵氏僞造伏羲先天圖之位，錯亂不可明」。〔註28〕陳摶、邵雍以降，道家思想醇濃，援依

〔註27〕見《易漢學》卷三，頁1109。
〔註28〕本論文原採南菁書院《皇清經解續編》本，「此天地自然之理。宋人作是圖者，依邵氏僞造伏羲先天圖之位，錯亂不可明，今正之。」文原缺，今據《四庫

同流先賢魏伯陽之學，自不可免；惟所用而新制先天之學，在惠棟看來，是不符合漢魏《易》家或易學思想之本義，因此「錯亂不可明」。學說思想本在不斷的詮釋過程中創新與漸次豐富，倘從考索原義的角度言，虞翻未必合《周易》本義，當然宋人同樣也未合《周易》本義，只不過漢先於宋，或較近古；但單就此卦位之說言，虞氏與宋人皆未必合古，因此從《易》本義云，皆是錯亂不可明，宋人又何必依準於魏、虞之說呢？惠氏執著於漢學而有此批駁之語。然惠氏之評，仍有其科學性的意義；肯定虞說，同樣是肯定其說符合自然之理，至於宋人先天圖說，則與「此天地自然之理」未恰。另外，惠氏此一評論，也提供了一個訊息，則為宋人的先天圖說，是本於此月體納甲之說而來的，可以作為關注先天學的根源時，一個具有可證性的訊息。

（二）虞翻八卦納甲說之具體內涵

1.「西南得朋，乃與類行。東北喪朋，乃終有慶」釋義

惠氏引坤卦《象傳》「西南得朋，乃與類行。東北喪朋，乃終有慶」文下，首先注云：

> 謂陽得其類，月朔至望，從震至乾，「與時偕行」，故「乃與類行」。
>
> 陽喪滅坤，坤終復生，謂月三日，震象出庚，故「乃終有慶」。〔註29〕

此一注文，並未標明何人之言，實虞氏注此坤卦《象傳》原本之文，惠氏未明是虞氏之說，而視為己注，似有未妥。惠棟又引虞注進一步說明（亦未標明虞文），云：

> 此指說《易》道陰陽消息之大要也。謂陽月三日，變而成震出庚，至月八日，成兌見丁，庚西丁南，故「西南得朋」，謂二陽為「朋」。二十九日，消乙入坤，滅藏於癸，乙東癸北，故「東北喪朋」。謂之以坤滅乾，坤為喪故也。〔註30〕

《易》道陰陽消息之大要，表現在月體納甲之說上。陰陽之消息，以「坤終復生」，陰盡陽生，坤滅而起一陽初生之震 ☳ 卦，即月三日，震象出庚之時，

全書》本而增補。

〔註29〕見《易漢學》卷三，頁1109。二注文，實為虞氏注坤卦《象傳》原來之文，（見李鼎祚《周易集解》卷二，頁27。）惠氏未標明出於虞氏。

〔註30〕見《易漢學》卷三，頁1109。所引注文，為虞氏注坤卦《象傳》原來之文。惠引虞注此文，中有缺而不用者，即「謂二陽為朋」句後，虞氏本有「故兌君子以朋友講習。《文言》云敬義立而德不孤，《象》曰乃與類行」文，惠氏去之。（虞此注文，見李鼎祚《周易集解》卷二，頁27。）

歷二陽生之兌 ☱ 卦，此二陽為「朋」，見丁為南，時為八日。震庚為西，兌
丁為南，所以是「西南得朋」。至十五日，乾 ☰ 象盈甲，為滿月之象。從月
朔後三日起震至十五日乾象滿月之時，是陽升而得其類者，所以是「乃與類
行」。然而，自十六日起，「陽喪滅坤」，一陰生為巽 ☴ 辛，經二十三日二陰
生，而為艮丙，再至二十九日，消乙入坤，滅藏於癸，乙東而癸北，以坤滅
乾，故稱「東北喪朋」。虞氏藉由此月體納甲之說，來說明「西南得朋」與「東
北喪朋」之理。而此月體納甲之說，又是反映了「《易》道陰陽消息之大要」。
消息之說，源起於孟、焦、京之《易》說，以十二月辟卦明一歲陰陽消長之
要，而虞氏此一消息之大要，則以震 ☳、兌 ☱、乾 ☰、巽 ☴、艮 ☶、坤 ☷
等六純卦言一月之陰陽消長。虞氏此消息不言坎 ☵、離 ☲ 者，以坎、離為天
地之合，為日月之本。

又，惠氏另作疏解云：

> 小畜上九曰「月幾望」。《易說》曰：「月，十五盈乾甲，十六見巽辛，
> 內乾外巽，故月幾望。」中孚六四「月幾望」。晁氏曰：「孟、荀、
> 一行作『既』。孟喜云『十六日也』」。〔註31〕

以惠士奇《易說》之言釋「月幾望」，以小畜 ☴ 卦上巽下乾，乾甲為十五日
月滿之時，而巽辛十六月亦盛滿，所以準為「既望」。同時引晁說，以漢魏諸
家於中孚六四「月幾望」之「幾」皆作「既」，特別是孟喜之說，指為巽辛十
六日，所以認為「此則孟長卿亦用納甲」。〔註32〕同時進一步作案語云：

> 案古文讀「近」為「既」。《詩》「往近王舅」是也。此實當作「既」。
>
> 棟案：六四體巽，故云既望。晁說是。〔註33〕

以音訓古讀「近」字為「既」來說明「月幾望」通「月既望」。中孚 ☴ 卦巽
上兌下，六四巽爻，巽辛十六日為既望之相，以此月相納甲釋爻，於理甚合，
故晁說為是。惠氏引據證說，可見其獨到而通宜之處。以小畜上九云，上九
爻辭「月幾望」後接「君子征凶」，倘以「既望」為釋，下乾上巽為十五、
十六日，是望月之相；既望則生魄，而為巽辛陽消之象，月滿則盈，既盈則
消，此自然之理，所以戒君子以征凶。如是作「既望」為釋，似更恰於「幾
望」。在這裡，惠氏除了訓義上的突破外，也提供我們一個可以正視與參考

〔註31〕見《易漢學》卷三，頁 1109～1110。
〔註32〕見《易漢學》卷三，頁 1110。
〔註33〕同前注。

的訊息，即月相納甲之說，非魏伯陽、虞翻所專，孟喜、京房時期，已能將月相納甲之說具體地反映在釋《易》上，特別是孟喜，這位作爲虞翻家學五代習《易》的導師，雖一般肯定虞氏十二消息的卦氣主張源於斯，然虞翻的納甲之說，或未必專出於魏伯陽，可能也直接承襲了孟氏之學。雖是孤證，仍不容忽視。

2. 《繫辭》諸文釋例

虞氏月體納甲說的重要主張，諸多呈現於對《繫傳》的詁訓上，惠棟特別檢選出來，部份並另作小注。《繫辭上》曰「在天成象」，惠棟引虞翻云：

> 謂日月在天成八卦，震象出庚，兌象見丁，乾象盈甲，巽象伏辛，艮象消丙，坤象喪乙，坎象流戊，離象就己，故在天成象也。

又，《繫辭上》「縣象著明，莫大乎日月」，引虞氏云：

> 謂日月縣天，成八卦象。三日暮，震象出庚；八日，兌象見丁；十五日，乾象盈甲；十六日旦，巽象退辛；二十三日，艮象消丙；三十日，坤象滅乙。晦夕朔旦，坎象流戊，日中則離，離象就己，戊己土位，象見於中。日月相推而明生焉。

又，《繫辭下》「八卦成列，象在其中矣」，引虞氏云：

> 「象」謂三才，成八卦之象。乾坤列東，艮兌列南，震巽列西，坎離在中，故八卦成列，則象在其中。〔註34〕

月相三日暮出震，位西方，震納庚，故「震象出庚」；八日見兌，位南方，兌納丁，故「兌象見丁」；十五日盈乾，位東方，乾納甲壬，故「乾象盈甲」。月盈則食，十六日退巽，位西方，巽納辛，故「巽象伏辛」；二十三日消艮，位南方，艮納丙，故「艮象消丙」；三十日滅坤，位東方，坤納乙癸，故「坤象喪乙」。坎離爲日月之本體，二者皆位於中，坎納戊，離納己，故「坎象流戊，離象就己」。因此，八卦列位，惠氏注明「乾坤甲乙列東，艮兌丙丁列南，震巽庚辛列西，而坎離戊己在中」。並且，惠氏也指出「宋人作納甲圖，以坎離列東西者誤甚」，即以朱震之「漢上納甲圖」爲非。清胡渭《易圖明辨》又據朱圖而修訂爲「新定月體納甲圖」，倘惠氏能見此圖，亦當不能認同而斥爲非。二圖如下所示：

〔註34〕以上三引文，見《易漢學》卷三，頁 1111～1113。

圖表 3-1-5　漢上納甲圖　　　　　　圖表 3-1-6　新定月體納甲圖〔註35〕

　　坎離二卦本應位居中央，主宰月相的晦朔弦望，不宜分屬於東西，倘同其它六卦一樣各據一方，則曲解了從魏伯陽到虞翻論述的主體意涵，也削弱了坎離二卦的中心地位。

　　另外，惠氏於前虞文後另作小注，認為：

　　　　三畫謂之象，六畫謂之爻。日月在天成八卦，止以三才言之。仲翔

　　　　曰：八卦乃四象所生，非庖犧之所造也。〔註36〕

從月體納甲說推言《易》卦言象，皆以三畫成象而言，也就是八純卦所代表的象意，《易》之道，盡在三畫之中。日月運行於天，月受日照，日月懸天而成象，所以八卦為日月所成之四方之象而生，也就是由坎月離日的本然之象，與所顯之震、兌、乾、巽、艮、坤之象，八卦由日月而成，非庖犧冥思己意而造成的。因此，月體納甲主要陳述與表達的，仍在透過月相之成象，以架構宇宙萬物之生成變化之道，乃至人事的吉凶休咎，用它來反映《易》道，是最恰當不過的。

　　又，《繫辭上》「四象生八卦」，惠棟引虞氏云：

　　　　乾二五之坤，則生震坎艮。坤二五之乾，則生巽離兌。故四象生八

〔註35〕朱震「漢上納甲圖」、胡渭「新定月體納甲圖」二圖，引自胡渭《易圖明辨》，卷三，新文豐出版公司《叢書集成新編》，第十六輯，影印自守山閣叢書本，頁 475～476。

〔註36〕見《易漢學》卷三，頁 1111。

卦，乾坤生春，艮兌生夏，震巽生秋，坎離生冬者也。

八卦之生成，三索交乾坤，以成六子之爻；以乾坤消息爲主，消息既備，則乾退而就坎，坤進而就離，故分震坎艮屬天，巽離兌屬地。從月體納甲說觀之，十五日，乾象西北，西北於坎前。坤陰所積，乾就坤以交陰，則生三男。坤不位東南者，以陽先陰後，不敢敵陽，故位離後西南。震兌之間，處陽盛之位。坤亦就乾以交陽，則亦生三女。艮在甲癸之間，故位東北。震巽相薄，陽動入巽，故位乎東南以受震。此即乾坤生六子之大義。〔註37〕「四象生八卦」，蓋八卦生於四時，也就是生於春、夏、秋、冬。「乾坤生春」者，以月行至甲乙，乾坤之象昭著，故乾坤生乎春。「艮兌生夏」者，以月行至丙丁，艮兌之象昭著，故艮兌生乎夏。「震巽生秋」者，以月行至庚辛，震兌之象昭著，故震巽生乎秋。「坎離生冬」者，以坎離在中不可象，日月會於壬癸，而坎離象見，故生乎冬。然而，坎離居於中而生乎冬，不若其餘六卦佈於四方中之三方者，於理上似未盡恰；虞說於此，似有牽強。不過在這裡，反映出虞氏月體納甲之說，以月相配卦，並涉及到天干、方位與四時，聯繫多項諸元，提升其詮釋內容之廣度。

對於坎離生冬之說或有牽強者，惠氏另輯引諸說爲釋，以說明坎離二卦之角色地位。虞翻提出「坎離生冬」者，從四方均佈的角度云，或似有牽強附會。然而惠棟特別加以說明，也對坎離二卦有進一步更清楚的定位。惠棟引《參同契》、虞文，並作小注，以說明「坎離生冬」之義：

> 《參同契》曰：子午數合三，坎子、離午。戊己號稱五，三五既和諧，八石正綱紀。又云：水以土爲鬼，土鎮水不起，朱雀爲火精，執平調勝負，水盛火須滅，俱死歸厚土，三性既合會，本性古文姓皆作性，漢碑猶然。共宗祖。仲翔注《說卦》云「水火相通，坎戊離己，月三十，一會于壬，是坎離生冬之義。〔註38〕

傳統上五行與數字的關係爲：水一與六；火二與七；木三與八；金四與九；土五與十。一至五數爲生數，而六至十數爲成數。據《河圖》的說法，北水生數一、成數六；南火生數二、成數七；東木生數三、成數八；西金生數四、成數九；中央土生數五、成數十。因此，離午坎子，分立南北，子水數一，

〔註37〕此虞氏乾坤生六子之大義，參見李道平《周易集解纂疏》卷八，頁602。
〔註38〕見惠棟《易漢學》卷三，頁1112。引《參同契》文，見蔣一彪輯《古文參同契集解》卷下下篇，頁63。

午火數二，共合成三，所以「子午數合三」。土數爲五，坎離戊己則稱五，三五合成爲八，即水、火、土三者「三性」合會，即精氣神相會。土生金，故土爲金父；土剋水，故水爲土鬼，即魏氏所言之「汞日爲流珠」，流珠爲水之子。生於日而結爲金，金生水，故流珠爲水母。土克水故爲鬼，土鎮水則水不起，即以水沃之則火不炎，以土鎮之則水不濫。如此一來，水得土則消，火得土則息，金得土乃歸其父；土爲金父，則火爲金祖，故水火土三家之所以會合，因其本同宗共祖，即「三性會合，本性共宗祖」。〔註39〕

　　惠棟所引《參同契》之言，是透過五行之生剋變化，以強調坎、離和諧共生之道，二者並俱歸於冬。是以子居北，爲坎之正位，其數爲一；午居南，爲離之正位，其數爲二；坎離中皆有土，其數爲五。水火遇土而俱歸於土，俞琰認爲「水火俱歸土也。水火遇土爲三性，三性既合，則混而爲一，俱歸于坤宮」，〔註40〕符合前引之「天地設位圖」。歸於坤宮，坤屬極陰之性，儼然有冬之象，〔註41〕只不過《參同契》並不作此說。然而虞翻指出「水火相通，坎戊離己，月三十，一會于壬，是坎離生冬之義」，二十九、三十日屬極陰坤相，於四時之終爲冬；以四時之冬爲解，確實有難以通順訓解之齟齬情形，所以惠棟只能引《乾鑿度》云坎離爲「日月之道，陰陽之經，所以終始萬物，故以坎離爲終」，並引鄭玄之注，斷作「以日月終天地之道」，以「冬」取「終」之義。〔註42〕因此，從《參同契》與虞說之差異看，虞氏根據納甲方位而提出八卦分屬於四時，並以「坎離生冬」，這樣的說法，魏伯陽並無，甚至未必不合魏氏言坎離之義。這是虞氏納甲說的新詮釋，是相對於魏說、有本於《乾鑿度》與鄭玄等前人之說的新詮釋。

　　另外，這裡尚有一個問題須要釐清，即前引諸文中，虞氏言「三十日，坤象滅乙」，即以三十日爲坤象，爲坤卦用事而納乙，然而其於坤卦《象傳》則注作「二十九日」，〔註43〕是當以何者爲正？二十九日、三十日爲晦夕，虞

〔註39〕　五行相生相克。水生木，木生火，火生土，土生金，金生水，水復生木，周而復始，是爲相生。生者爲父爲母；被生者爲子爲女。水克火，火克金，金克木，木克土，土克水，水復克火，周而復始，是爲相克。克者爲官（夫）鬼，被克者爲妻（婦）財。丹道逆用五行，強調相克，以克爲生，故母隱子胎。至於《參同契》云「朱雀」，即南方心火之象，爲龜、龍、雀、虎周期模式的第三相。

〔註40〕　俞琰之言，見蔣一彪輯《古文參同契集解》卷下下篇，頁65。

〔註41〕　虞翻卻認爲乾坤屬春，若又將坤引作冬象，似又不合。

〔註42〕　惠引《乾鑿度》與鄭注，見《易漢學》卷三，頁1112。

〔註43〕　虞氏坤卦《象傳》「西南得朋，乃與類行。東北喪朋，乃終有慶」之注文，已

氏「此云三十日，以大分言之」，〔註44〕即虞氏專主二十九日而言；這個問題，惠棟於前文已作清楚的論述，並於自製「八卦納甲之圖」明白地顯示出來，他指出「二十九日窮于乙，滅于癸」，所以「二十九日，消乙入坤」，也就是二十九日納乙而坤卦用事。至於三十日則爲日月會合之時而納壬。因此，坤卦仍以二十九日成象爲主。這樣的說法，明顯地與《參同契》不同，《參同契》只言「壬癸配甲乙，乾坤括終始」，〔註45〕並不說坎離會壬癸。這是二說之重要分別。

3. 《說卦》諸文釋例

　　坎離二卦，於八純卦中位處四方之中，所以具有相對特殊與重要之地位。惠氏引《說卦》中之虞翻注文來說明八純卦的具體方位。以下針對引言，分別作簡要說明：

　　《說卦》曰「水火不相射」。仲翔曰：謂坎離。射，厭也。水火相通，坎戊離己，月三十日，一會於壬，故不相射也。仲翔又注歸妹曰：乾主壬，坤主癸，日月會此。

坎☵離☲爲水火，水火相剋而實相通，是本《參同契》之丹道之說，以剋爲生。坎離納戊己爲日月，三十日相會於壬癸而成象於中。

　　又云「萬物出乎震，震，東方也」。仲翔曰：出，生也。震初不見東，震初出庚，在西。故不稱東方卦也。

依虞氏之說，三日成震☳，震初出庚，其位在西而不稱東方之卦。是以三日之實際月相，黃昏六時左右，上弦新眉之月約在西南方向，並在九時左右，於西方落下，因此，這天之月相，不見於東方，從月相而言，不稱作東方卦。用位與《說卦》異。

　　「齊乎巽，巽，東南也」。注云：巽陽隱初，又不見東南，巽在西。亦不稱東南卦，與震同義。

巽☴卦，陽伏於巽初，故爲「巽陽隱初」。漢並多言巽屬東南，如《乾鑿度》云「巽散之于東南」爲是；然而依月相之說，十六日巽象退辛，屬西方而不

　　如前述，明白地指出「二十九日，消乙入坤，滅藏於癸」，以二十九日納乙爲坤而用事。
〔註44〕見李道平《周易集解纂疏》卷八，頁603。
〔註45〕見蔣一彪輯《古文參同契集解》卷下上篇，頁19。惠棟《易漢學》卷三，頁1115，同引。甲乙與壬癸爲天干的首尾四干，乾配甲與壬，坤納乙和癸，囊括了天干的始與終。

稱東南之卦。依實際的月相言之，十六日正是月相圓滿之時，酉時（晚六時）左右，月從東方起；子時（晚十二時）左右，位正南；卯時（晨六時）左右，月從西方落下。故是夜觀月相，約晚九時左右，月位東南之方，光亮可見。然而，虞氏不取東、東南或南位，而用西。用位與《說卦》異。

　　　「離也者，明也，萬物皆相見，南方之卦也」。注云：離象三爻，皆
　　　正日中，正南方之卦也。日中則離。

離 ☲ 卦三爻陰陽皆處正位，日中正位南方，故爲正南方之卦。又以坤二之乾五成離，離爲明，即「天子之位，負斧依南面立」，向明而治天下；〔註46〕是以離位正南，南面而治，取爲正南之卦。因此，以離取位正南，正合人事之大誼。

　　　「兌，正秋也」。注云：兌三失位不正，故言正秋，兌象不見西，兌
　　　在南。故不言西方之卦。

兌 ☱ 卦三陰失位，導陰之不正，故言「正秋」以正之。兌又爲四正卦，辰在酉，故又爲「正秋」。以月相納甲言，八日成兌，見丁在南，不見西方，故不言西方之卦。依實際的月相言之，八日爲月半上弦之月相，酉時（晚六時）左右，月處正南；子時（晚十二時）左右，月於西方下沈；之後則月隱沒而不見。故是夜觀月相，由西至子時，位南方、西南至西方，皆可見此半月之相。然而，虞氏不取西、西南，而用南。此用位與《說卦》異。

　　　「戰乎乾，乾，西北之卦也」。注云：乾剛正五，月十五日，晨象西
　　　北，暮在東。故西北之卦。

乾 ☰ 卦剛正乎五位，故云「乾剛正五」，此就重卦（䷀）之象云。月十五日盈於甲，而晨象西北，故爲西北之卦。依實際的月相言之，十五日望月之相，酉時（晚六時）左右，月升東方；子時（晚十二時）左右，月處正南；卯時（晨六時）左右，月沈西方。故是夜觀月相，由酉至卯時，月由東而南並入沒於西。虞氏納甲作東方，而惠此小注作「暮在東」，符月相之時位。虞氏此處取「晨象西北」，故作「西北之卦」言，取用規則不一，且亦不合其納甲之說。

　　　「坎者，水也，正北方之卦也」。注云：坎二失位不正，故言正北方
　　　之卦，與兌「正秋」同義。坎月夜中，故正北方。

〔註46〕參見《周書・明堂》云：「天子之位，負斧依南面立，率公卿士侍於左右。」又《說卦》云：「離也者，明也，萬物皆相見，南方之卦也。聖人南面而聽天下，嚮明而治，蓋取諸此也。」

坎☵卦二陽失位，導陽之不正，故特別言「正北方之卦」以正之。與兌三不正稱「正秋」同義。坎月夜中正北，而爲正北方之位。又以四正卦言，坎辰在子，爲正北之卦。

> 「艮，東北之卦也，萬物之所成終而所成始也，故曰成言乎艮」。注云：萬物成始乾甲，成終坤癸。艮，東北甲癸之間，故萬物之所成終而成始者也。〔註47〕

乾納甲，甲居東方，故「萬物成始乾甲」。坤納癸，癸居北方，故「成終坤癸」。艮☶象見於丙，言「東北甲癸之間」者，以乾十五日，坤三十日，艮二十三日，去乾甲坤癸各爲八日，故爲「甲癸之間」。虞氏納甲艮象又別作南方，已如前述。依實際的月相言之，二十三日下弦半月之相，酉時（晚六時）左右，月尚未升起；子時（晚十二時）左右，月自東升；卯時（晨六時）左右，月處正南。故是夜觀月相，僅子時至卯時，於東而南可見月相。虞氏納甲作東北，並不符實際月行方位。

　　惠氏引虞釋《說卦》諸文，論述乾、震、兌、艮、巽、坎、離，惟獨坤卦未引，其取捨之由，蓋以《說卦》「坤也者，地也，萬物皆致養焉」文下，虞云：

> 坤陰無道，故道廣布，不主一方，含弘光大，養成萬物。〔註48〕

以其言「不主一方」，難合納甲坤卦二十九日消乙而位東方，故惠氏避而不取。《說卦》將八卦與四方、四時相配，明言坎爲北、離爲南、震爲東、兌爲西、〔註49〕巽爲東南、艮爲東北、乾爲北西，至於坤卦，則如上言，僅稱「地也，萬物皆致養焉，故曰至役乎坤」，然推其相對之位，則西南之位確是。虞氏釋此《說卦》之言坤，避西南之位而不論，而從坤陰地道之性言，以地屬土爲廣生，故可言「不主一方」，但此又不與月體納甲之象合。坤位於西南爲土，爲兩漢以降普遍之認識，《說卦》如是說，《象傳》云「西南得朋」亦如是，而《乾鑿度》亦如是說；《乾鑿度》云「坤養之於西南方，位在六月」，「坤位在未」，「坤位在西南，陰之正也」，〔註50〕即坤位在未爲六月，處西南之方。依實際的月相言之，二十九日消乙入坤，爲下弦細眉之月，申時（下午四時）

〔註47〕以上諸引文，見《易漢學》卷三，頁1113～1114。
〔註48〕見李鼎祚《周易集解》卷十七，頁409。
〔註49〕《說卦》於兌卦僅作「正秋」言，並未直言西方，然推與秋相對之震春爲東，則兌卦當然爲西。
〔註50〕見《乾鑿度》卷上。引自《古經解彙函》，頁480。

左右，月自西沈，直至寅時（晨四時）左右，月方東升，因此，夜觀月相，僅黎明時刻於東方之處可見月相。虞氏納甲作東方，正符合當日月行可見實際之月相方位。至於西南之位，當日入夜後整個晚上，並不能於西南方見到月相。

綜合前引所述，將《說卦》與虞說之八卦方位作簡要之比較，如下表所呈現：

圖表 3-1-7　《說卦》與虞氏納甲八卦方位比較表

	乾卦	坤卦	震卦	兌卦	艮卦	巽卦	坎卦	離卦
《說卦》	西北	西南	東	西	東北	東南	北	南
虞氏納甲	東	東	西	南	南、東北〔註51〕	西	中宮正北	中宮正南

大體而言，虞氏的月相納甲之方位說，與《說卦》之說大都不同，也就是二者幾乎為兩個不同的方位系統。《說卦》所云八卦之方位，主要是以「太陽」作為時空觀之相應物，也就是配合四時而論，確立八卦所主四時之方位：乾為西北，為秋冬之交；坎為北方，為冬；艮為東北，為冬春之交；震為東方，為春；巽為東南，為春夏之交；離為南方，為夏；坤為西南，為夏秋之交。然而虞氏卻以月體納甲來解釋評述《說卦》的八卦方位，也就是以「太陰」作為時空觀的相應物，以乾坤列東為春，兌艮列南為夏，震巽列西為秋，坎離列北為冬；這種以一月三十日月相變化的八卦方位來談論《說卦》的一年四時之八卦方位，是一種不同質、不對等之評述方式，並非恰當。

已如前述，虞氏根據月體運動的位置以決定相應八卦的方位，然而月體在一日的不斷運行過程中，其方位也不斷地由東而南而西的在改變，因此決定八卦的代表方位，應取一致性的時間下所見月體之方位，例如十五日乾卦、二十九日坤卦、三日震卦，以及其它卦的代表日，均取相同的時間點，如同取酉時的月體方位，或同取子時的月體方位，或取其它時間的月體方位，皆

────────────

〔註51〕關於艮卦的方位，虞翻除了提出二十三日艮象消丙，位於南方外，同時也針對《說卦》所說的東北方作解釋，認為坤納癸而居北方，乾納甲而居東方，艮象見於丙，為「東北甲癸之間」，故艮又為東北方。如此說來，八日成兌，處二十九日與十五日之間，也該坤納乙而居東方，乾納壬而居南方，又為「東南乙壬之間」的東南方？此等解釋明顯附會，曲合《說卦》之說，然體例不一，於理不恰。

應以相同的觀測時間點來取其方位，如此較爲合理。倘十五日乾卦取酉時作觀測之時間，其它卦亦當取酉時；乾卦取子時，其它卦亦當取子時。倘十五日乾卦取酉時，二十九日坤卦取子時，其它諸卦也取不同之時間，各卦時間皆不一致，這樣所決定的方位，是一種自由意志的決定，並不符合科學的態度，失去其實質的意涵，則很難成爲一合理而具實證價值的學說主張。虞氏納甲的各卦方位，即面對在這樣的問題。

惠棟輯引虞氏諸說，僅如實呈現，對虞說並未提出進一步地評述，惜哉！然惠氏的輯引歸納，提供研究者方便而有效之資料，同時引發對有關問題之關注，此有功焉！

4. 《繫傳》「五位相得而各有合」釋例

《繫辭上》所謂「天一、地二；天三、地四；天五、地六；天七，地八；天九，地十。天數五，地數五，五位相得而各有合。天數二十有五，地數三十，凡天地之數五十有五，此所以成變化而行鬼神也」。由一至十的十個自然數，依五個方位作排列，每個方位皆現現出奇耦陰陽相合的特徵，並構成一個相互聯繫的圖式，這個圖式，漢人視爲五行生成數圖，而宋代則推爲河圖、洛書之說。五行配數的理論發展，由來已早，先秦兩漢的重要主張，包括如鄒衍的五德數、《管子・幼官》、《禮記・月令》的依時寄政之說、《素問》的河圖五臟模型、《淮南子》的五行衍生之理論，乃至魏伯陽《參同契》用之於「內養」與「爐火」的理論，其中《參同契》可以視爲漢代丹道最具規模者。諸家之說，取數規模皆有東八、南七、西九、北六與中五之結構；《參同契》取其生成之數而捨「中十」不用，即用一至九等九個數。〔註52〕《參同契》用數之要，以傳統《周易》七、八、九、六等四數象徵天道陰陽之化；七爲少陽、八爲少陰，九爲老陽、

〔註52〕《參同契》捨其中土之成數十而不用，並未申敘其由，然俞琰引子華子云：「天地大數莫過乎五，莫中乎五。蓋五爲土數，位居中央，合北方水一成六，合南方火二成七，合東方木三成八，合西方金四成九。數至九而止，九者數之極也。以五數言，五，一二三四、六七八九之中，實爲中數也。數本無十，謂土成十者，乃北一、南二、東三、西四聚于中央，輳而成十也。故以中央之五，散於四方而成六、七、八、九，則水、火、木、金皆賴土而成。若以四方之一、二、三、四歸于中央而成十，則水、火、木、金皆返本還源而會於土中也。」（引自蔣一彪輯《古文參同契集解》卷下下篇，頁 68。）強調五數爲會四方之中土之數，集而成數爲十，然而數之極爲九，故不用十數。九爲數之極，固爲先秦兩漢以降的普遍而不變的認識，不用十數，是一種傳統界圍的固守。

六為老陰，「九還七返，八歸六居」，〔註53〕呈現陰陽之升降變化，主要透過母體內受孕後與成胎前，或爐火成丹前的陰陽升降之說，表述天道陰陽「還」、「返」、「歸」、「居」的運動規律。五行生數，象徵人體內在的陰陽五行之組成代數，東三卯木，南二午火，西四酉金，北一子水，而中央五土為成己真土；配之以五臟，則木三為肝，火二為心，金四為肺，水一為腎，土五為脾；五臟之氣的流行，一當右轉而接於四，二乃東旋而至於三，五居中為意主，如此一來，一轉四合為一五，二旋三又合為一五，中五自為一五，這便是人體氣血運轉循環之正常規律，也就《參同契》所謂「三五與一，天地至精」〔註54〕之說。倘不能達到此「三五與一」之正常規律，則「三五不交，剛柔離分」，〔註55〕人體氣運異常，修道與內丹之術則不成。一轉四為水合於金，二旋三即火就於木，水為金子，木為火母，故一四和二三皆為母子同氣。就內丹言，一四合氣為元精，二三合氣為元氣，中五為元神，故丹術即以此「三五與一」的要則達到精氣神和諧共體的境界。就爐火之法言，「五行錯王，相據以生，火性銷金，金伐木榮」，〔註56〕於進火之際，木生火，火銷熔鼎器內之鉛，金受克伐，無力制木，故木榮而火更旺。木與火不入鼎器之內，故以數言之，即「其三遂不入，火二與之俱」。〔註57〕

　　《參同契》這種以五行之數推演丹術、爐火之說，其背後的意義仍在展現易學所言的陰陽交感之道。《參同契》云：

　　　　推演五行數，較約而不繁，舉水以激火，奄然滅光明，日月相薄蝕，

　　　　常在晦朔間，水盛坎侵陽，火衰離晝昏，陰陽相飲食，交感道自然。

　　〔註58〕

以水激火，則火為水所剋，火光奄滅；太陰掩太陽，則陽為陰所勝而陽光晝暗。日月的相食常在晦朔之間，陰陽的相交相食為自然交感之道，而終當在「三五與一」的正常規律下運作。這樣的一套陰陽交感的主張，基本上呼應著《繫辭上傳》所說的「五位相得而各有合」，乃至後來有諸多「五行相得而各有合」的圖式出現，如五代彭曉的以五行配天干藥物之圖：

〔註53〕見《參同契》中篇。引自蔣一彪輯《古文參同契集解》卷上中篇，頁33。

〔註54〕見《參同契》下篇。引自蔣一彪輯《古文參同契集解》卷上下篇，頁55。

〔註55〕同上注。

〔註56〕同上注。

〔註57〕見《參同契》下篇。引自蔣一彪輯《古文參同契集解》卷下下篇，頁56。

〔註58〕見《參同契》卷下。引自

圖表 3-1-8　五行配天干藥物圖

甲	三	乙
石 沉	木	石 浮
丙	二	丁
火 武	火	火 文
戊	五	己
藥 物	土	藥 物
庚	四	辛
金 世	金	銀 世
壬	一	癸
汞 眞	水	鉛 眞

　　又如陳顯微《抱一子解周易參同契》，進一步從動態的義蘊上，制作「五行相得而各有合圖」：

圖表 3-1-9　五行相得而各有合圖

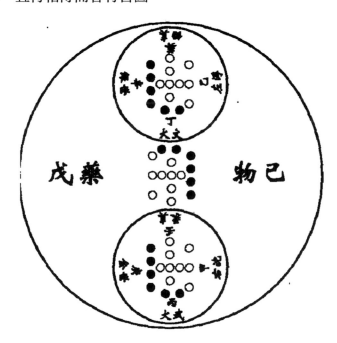

　　俞琰針對彭曉之圖，提出用數上的質疑，認爲《易傳》所謂的「五位相

得而各有合」，是合五行之生成數而言，而彭氏僅用生數，並不能真正反映出「五位相得而各有合」之本義。〔註 59〕俞氏之質疑，主要是認爲《易傳》既言生數與成數，當然不能排除成數而不言，如此即不合「五位相得而各有合」之意旨。俞氏之說不無道理，然而彭氏所制圖式，從生數來表現五行之數關聯性，仍有其重要的意義。畢竟《參同契》清楚的論述有關的內容，亦無制作明確的圖式，不脫其本義，不能斷言其爲誤。關於此一概念的論述，惠棟也提出虞翻之說，來闡釋其個人之看法：

> 《繫辭》曰「天數五，地數五，五位相得而各有合」。仲翔曰：五位，謂五行之位，甲乾乙坤，相得合木，謂「天地定位」也。丙艮丁兌，相得合火，「山澤通氣」也。戊坎己離，相得合土，「水火相逮」也。水火相通合土，《參同契》所謂三物一家，都歸戊己也。庚震辛巽，相得合金，「雷風相薄」也。天壬地癸，相得合水，虞注《說卦》「水火不相射」云：「謂坎離。射，厭也。水火相通，坎戊離己，月三十日，一會於壬，故不相射。」虞又注《繫辭》「四生八卦」云：「乾坤生春，艮兌生夏，震巽生秋，坎離生冬。」皆是義也。言陰陽相薄而戰於乾，故五位相得而各有合。〔註 60〕

乾納甲，坤納乙，甲乙相得則合木，其數爲三；且乾爲天，坤爲地，乾坤二者爲「天地定位」。艮納丙，兌納丁，丙四相得而合火，其數爲二；且艮爲山，兌爲澤，故「山澤通氣」。坎納戊，離納己，戊己相得而合土，其數爲五；且坎爲水，離爲火，故「水火相逮」。震納庚，巽納辛，庚辛相得而合金，其數爲四；且震爲雷，巽爲風，故「雷風相薄」。又乾天納壬，地坤納癸，壬癸相得而合水，其數爲一；且天陽地陰，故「陰陽相薄而戰於乾」。此皆據納甲之說而言「五位相得而各有合」。

同時，惠棟進一步舉宋本《參同契》之圖式爲言：

〔註 59〕參見俞琰《周易參同契發揮・釋疑》云：「自彭眞一以木三、火二、土五、金四、水一，畫爲『五位相得而各有合』之圖，故後人皆祖彭氏此說，竟以爲魏公本文，而並作五行之相類說了，沿襲至今，無有辯之者，皆不思魏公所言相類者果爲何事。況《易》所謂『五位相得而各有合』，蓋合五行之生成數。今彭氏止用生數，烏得謂之『五位相得而各有合』？或以爲木三火二爲一五，金四水一爲一五，與中央土五共成三五，則猶可謂之三五相類。今言五行之相類，則水自一數，火自二數，金木土之數各各不同，安取其爲相類哉？」（俞琰《周參同契發揮》，引自臺北：自由出版社《道藏精華》第一集之一，2000 年 1 月出版，頁 300～301。）

〔註 60〕見《易漢學》卷三，頁 1120～1121。

圖表 3-1-10　《參同契》五位相得而各有合圖

甲三乙

木

丙二丁

火

戊五己

土

庚四辛

金

壬一癸

水

而　五

各　位

有　相

合　得

　　惠氏認為此一圖式「當是仲翔所作」，因為此一圖式所示，與虞氏前釋《繫辭》之言合；〔註61〕不知惠氏是因虞文而為之臆測，或另有所據，實不得而知。然而此一圖式又與之前彭曉的以五行配天干藥物之圖相似，在天干、五行與生數之配用位置完全相同。惠氏以虞翻論述「五位相得而各有合」，並作成圖式，是根據其納甲之法而來。因此，他批評朱震於其《易圖》與《叢說》中，「據仲翔甲乾乙坤相得合木之注，以為甲一、乙二、丙三、丁四、戊五、己六、庚七、辛八、壬九、癸十。乾納甲壬，配一九；坤合乙癸，配二十。殊不知納甲之法，甲與乙合，生成之數；一與六合，兩說判然。朱氏合而一之，漢學由是日晦矣」！〔註62〕也就是說，虞氏並非將十天干納十生成之字，而是八卦納甲後兩兩相互聯繫所得之五行生數，所以才會有甲乙合木得三、丙丁合火得二、戊己合土得五、庚辛合金得四，以及壬癸合水得一。朱震曲解的內容，倒是合俞琰配用生成數之說。李道平《周易集解纂疏》中所云與

〔註61〕參見《易漢學》卷三，頁 1121。
〔註62〕見《易漢學》卷三，頁 1122。

朱震同，認爲「甲一乙二相得則合木」，「丙三丁四相得而合火」，「坎五離六相得而合土」，「震七巽八相得而合金」，「壬九癸十相得而合水」；〔註63〕甲一乙二確實合爲三數爲木，丙三丁四合爲成數七，也確實爲火，然而戊五己六卻不知如何爲土？庚七辛八又如何爲金？壬九癸十也怎能成水？故惠氏之說當符虞翻之本意，也較具合理性。

　　既然虞翻所言，主要是在表述《繫傳》的「天數五，地數五，五位相得而各有合」，也就是在解釋上，應包括到「天數五」與「地數五」之十個生數與成數，然而上面所言者，只有甲乙合三、丙丁合二、戊己合五、庚辛合四與壬癸合一等一至五之五個生數而已，似乎並未將成數並入說明。事實上，並非如此，惠棟並無棄成數不用而不言；他先舉《禮記・月令》之說，認爲：

　　　　《月令》所謂「孟春之月，其日甲乙；孟夏之月，其日丙丁」是也。
　　　　《月令》又云「孟春其數八，孟夏其數七」，蓋以土數乘木、火、金、
　　　　水而成，即劉歆大衍之數也。

並進一步以晉代皇侃《禮記義疏》與《參同契》之說加以說明：

　　　　皇侃《禮記義疏》以爲金、木、水、火得土而成。以水數一得土數五，
　　　　故六也；火數二得土數五，爲成數七；木數三得土數五，爲成數八；
　　　　又金數四得土數五，爲成數九。《參同契》謂「土旺四季，羅絡始終，
　　　　青赤黑白，各居一方」。皆稟中宮戊己之功，皆是物也。〔註64〕

《月令》所云，孟春甲乙，合數爲八；孟夏丙丁，合數爲七；孟秋庚辛，合數爲九；孟多壬癸，合數爲六。合得之數，惠棟認爲是以「土數乘木、火、金、水而成」，即：

　　　　孟春甲乙之數＝土數＋木數＝5＋3＝8
　　　　孟夏丙丁之數＝土數＋火數＝5＋2＝7
　　　　孟秋庚辛之數＝土數＋金數＝5＋4＝9
　　　　孟多壬癸之數＝土數＋水數＝5＋1＝6

至於皇侃《禮記義疏》所說的，與《月令》的結果和意義相同：

　　　　水數 1＋土數 5＝6
　　　　火數 2＋土數 5＝7

〔註63〕括弧中李道平之言，見《周易集解纂疏》卷八，頁583。
〔註64〕二段引文，見《易漢學》卷三，頁1121。

木數 3 ＋土數 5 ＝8
金數 4 ＋土數 5 ＝9

土數居戊己中宮，四方諸元皆稟中宮土而來，並合中宮土（五）則爲成數，也就是六、七、八、九四數。所以，這樣的原則意涵，即《參同契》所謂之「土旺四季，羅絡始終，青赤黑白，各居一方」，坎離二卦所主之土位中宮，確實具有聯繫與生成之重要地位。惠氏理解的虞氏月體納甲說，是以月相的晦朔弦望，配卦象、天干、方位、四時等，並將其安置於五行方位圖式中，透過「五位相得而各有合」的解說，更可以明白的展現出來。茲將相關諸元以圖式呈現如下：

圖表 3-1-11　五位四時生成數對照表

五　位	五行	四時	四方	生數	成　　數
乾甲坤乙	木	春	青	三	木數 3 ＋土數 5 ＝8
艮丙兌丁	火	夏	赤	二	火數 2 ＋土數 5 ＝7
坎戊離己	土			五	（5+5 爲 10，然數極爲 9，故不言 10）
震庚巽辛	金	秋	黑	四	金數 4 ＋土數 5 ＝9
天壬地癸	水	冬	白	一	水數 1 ＋土數 5 ＝6

對於相合而成之八、七、九、六四數，除了表示爲乾坤陰陽之數（少陰、少陽、老陽、少陰）外，惠棟更認爲這即是劉歆大衍之數所用，也就是從歷法中衍生而來的。劉歆承繼劉向總管六歷之志業，成就《三統歷》與《三統歷譜》。劉歆認爲「天以一生水，地以二生火，天以三生木，地以四生金，天以五生土。五勝相乘，以生小周，以乘乾坤之策，而成大周」。〔註65〕指出五勝相加：8＋7＋9＋6＝30，即一月三十日爲小周；乾坤之策以乾策 216 ＋坤策 144 ＝360，即三百六十爲一年的天數爲大周。惠棟以土數乘木、火、金、水而成之八、七、九、六數，爲劉歆的大衍之數，也就是劉歆訂定歷法的重要數字。同時也爲《月令》所用，並爲兩漢以降歷法與易學思想的普遍慣用知識。然而，朱震的誤說，實爲對虞翻納甲之學的不解所致。〔註66〕總之，惠

〔註65〕見《漢書・律歷志》，頁 983、985。
〔註66〕胡渭《易圖明辨》中指出「數不得爲圖，衍不得爲畫」，也就是「衍數、河圖截然兩分」；同時，「大衍之數、天地之數，不可混而爲一」。胡渭認爲「五行生成之數」不能等同於「河圖」，也並非「大衍之數」。（參見《易圖明辨・河

棟理解的虞翻「五位相得而各有合」之思想，並不是依天一地二、天三地四⋯⋯
天九地四等次序相合而言，而是就生數所派定的五行屬性，水、火、木、金
與土五相聯繫，並得合數為八、七、九、六適為五行之成數，如此一來，生
數相合為成數，「五位相得而各有合」仍包涉生數與成數，與《繫辭》所言並
無相悖。

5. 周流六虛釋義

　　關於虞翻「周流六虛」的概念，惠棟作了詳要的考索。首先，惠氏引虞
翻對《繫傳》之注解云：

> 《繫辭》曰「變動不居，周流六虛」。仲翔曰：六虛，六位也。乾坤
> 十二辰，分六位，陸績說也。乾三畫，坤三畫，分六位，仲翔說也。日月周
> 流，終則復始，故周流六虛。謂甲子之旬辰為虛。坎戊為月，離己
> 為日，入在中宮，其處空虛，故稱六虛。五甲如次者也。〔註67〕

惠氏引虞言「謂甲子之旬辰為虛」，本當為「謂甲子之旬辰巳虛」，誤將「巳」
作「為」。惠氏並認為「六虛」為乾坤二卦所分之六位。惠氏進一步作案語，
並引諸說為訓：

> 棟案：甲子之旬，辰為虛者，六甲孤虛法也。裴駰曰：「甲子旬中無
> 戌亥，戌亥為孤，辰巳為虛。甲戌旬中無申酉，申酉為孤，寅卯為
> 虛。甲申旬中無午未，午未為孤，子丑為虛。甲午旬中無辰巳，辰
> 巳為孤，戌亥為虛。甲辰旬中無寅卯，寅卯為孤，申酉為虛。甲寅
> 旬中無子丑，子丑為孤，午未為虛。」〔註68〕

虞氏之言即裴駰所說的「六甲孤虛法」：甲子旬以戌亥為孤，辰巳為虛；甲戌旬
以申酉為孤，寅卯為虛；甲申旬以午未為孤，子丑為虛；甲午旬以辰巳為孤，
戌亥為虛；甲辰旬以寅卯為孤，申酉為虛；甲寅旬以子丑為孤，午未為虛。這
種以干支言孤虛，並非虞氏之首創，是本於漢代普遍流行的孤虛法。〔註69〕

圖洛書》卷一，頁459。）胡渭之說，呼應了惠棟批判朱震之誤。
〔註67〕見《易漢學》卷三，頁1122。
〔註68〕見《易漢學》卷三，頁1122～1123。裴氏之說，見《史記正義‧龜策列傳》
卷一二八。
〔註69〕宋代裴駰《史記正義》訓解〈龜策列傳〉作「六甲孤虛法」，為漢代普遍流行
的說法，事實上，早在劉歆《七略》中已載有《風后孤虛》二十卷。虞氏所
言，即原本於此「六甲孤虛法」。晚近學者蕭漢明〈虞翻易學與《周易參同契》〉
一文中，指出虞氏說「甲子之旬辰巳虛」者，「辰巳恐為戌亥之誤」，（見劉大
鈞主編《象數易學研究》第三輯，成都：巴蜀書社，2003年3月1版1刷，

惠氏廣引諸說而擴大解釋虞氏之義：

太史公曰：「日辰不全，故有孤虛。」張存中《四書通證》云：陰陽家《金匱》曰：六甲旬孤上坐者勝，虛上坐者負。伍子胥曰：凡遠行，諸事不得往。甲乙爲日，合而爲五行；子丑爲辰，分而爲六位。《淮南子》謂之六府。故《京房易傳》曰「降五行，頒六位」。《漢書·律曆志》曰：「天數五，地數六，六爲律，五爲聲，周流于六虛，虛者受律。」乾坤十二爻，黃鐘十二律，陰陽各六。其說皆與仲翔合。天有五行十二辰，《參同契》曰：「日受五行精，月受六律紀，五六三十度，度竟復更始。」《易》有四正十二消息，樂有五聲十二律，《參同契》曰「消息應鐘律」。其義一也。仲翔又謂坎月離日，「入在中宮，其處空虛」者，此謂坎離爲乾坤二用也。乾位六，坤位六，主一歲之消息。坎戊離己，居中宮，旺四季，出乾入坤，流行于六位消息之中，而消息獨無二卦象，故云「其處空虛」也。《參同契》曰：天地設位，而易行乎其中矣。天地者，乾坤之象也；設位者，列陰陽配合之位也。乾坤各六。《易》謂坎離，日月。坎離者，乾坤二用，二用無爻位。十二消息不見坎離象，《朱子語類》解《參同契》，二用即乾坤用九用六，殊誤。周流行六虛，往來既不定，上下亦無常，幽潛淪匿，變化于中。包囊萬物，爲道紀綱，以無制有。器用者空，故推消息，坎離沒亡。是則坎離者，於五行爲土，於五聲爲宮。《律曆志》云：天之中數五，五爲聲，聲上宮，五聲莫大焉。地之中數六，六爲律；律者，著宮聲也。宮以九唱六，變動不居，周流六虛，始於子，終于亥，而乾坤六位畢矣。十一月黃鐘，乾初九，至十月應鐘，坤六三而一歲終。。

〔註70〕

兩漢陰陽五行之說盛行，陰陽五行思想滲透在各個學派之中，響影極爲深遠。

頁102。）事實上虞氏甲子旬以辰巳爲虛符合「六甲孤虛法」之說而無誤，是蕭氏之誤斷：戌亥當爲孤。王應麟《漢藝文志考證》卷九，針對孤虛之說，作了詳細的考證，引作參考；除了詳引〈龜策傳〉與裴駰之注外，並云：「《隋志》：《遁甲孤虛記》一卷。伍子胥譔《吳越春秋計硯》曰：孤虛，謂天門地戶也。《後漢·方術傳》注：孤謂六甲之孤，辰對孤爲虛。趙彥爲宗資，陳孤虛之法，從孤擊虛以討賊。《孟子注》天時謂時日，支干、五行，王相孤虛之屬也。《正義》云：孤虛之法，以一畫爲孤，無畫爲虛，二畫爲實，以六十甲子日，定東西南北四方，然後占其孤虛實，而向背之即知吉凶矣。」「孤虛」源於干支、五行之說，其附會重說，兩漢尤盛。

〔註70〕見《易漢學》卷三，頁1123～1124。

陰陽家尤甚，易學亦爲附會的主要對象，以天文星象爲言之歷法亦不可免。「孤虛」之說，當是陰陽數術之產物，《金匱》有之，史遷、班固歷律之說皆用之。由「五」、「六」二個數字，帶入多元的世界，其本來的元素就是干、支、五行；「五」、「六」這二個數字，就是這已獲得普遍性認同而確立干、支、五行的基本關係與原則下的套用架構，所以《京氏易傳》用之而有「降五行，頒六位」之說，律歷用之而有五聲六律、五六三十爲一月之說，而虞氏引「孤虛」爲釋，此「孤虛」亦不離其範疇。因此，惠棟闡述虞說「六虛」之義，此六甲旬空之位則爲其一義。〔註71〕而其二義，則就坎離二卦的定位而言，於五行屬土，於五聲屬宮，於八卦屬中宮戊己二卦，又屬乾坤之用，消息盈虛於乾坤六位之間，同於《參同契》「列陰陽配合之位」，以坎離爲用，且「入在中宮，其處空虛」。因此，在此《繫傳》「變動不居，周流六虛」的擴大認識下的坎離二卦，有著不同於傳統的明確之重要角色地位，是「易」之合象，即「易」者象日月之合，天地間惟日月之象顯然著明，坎離即此天地陰陽神妙之化的本源，以乾坤六位代之，坎離則出入變化於其間，以示萬化之道。

（三）惠氏考索月體納甲說之重要意義

　　檢討惠氏考索虞翻月體納甲說，有其諸多之重要意義存在，以下根據前述進一步統整，簡要分列如下：

　　其一、納甲之說，起於京房以八卦配六位，並以六位配五行之法；主要用於占候。《漢書・藝文志》的《六甲孤虛》之書，其納甲以戊己爲虛，即本其法，虞注《繫傳》「周流六虛」已明。京氏之說在前，虞氏據之，並以魏伯陽《周易參同契》之說混合，而成其月體納甲的主張。其論述之基本觀念，大都與《參同契》一致，透過陰陽五行與天文歷法之知識背景，配合易學之基本內涵，以闡明「易道陰陽消息」合於日月之運動規律，使月體的循環往復、盈虛變化，與八卦之陰陽消息能夠合理的相契，確立其八卦「在天成象」的「科學」原則。惠棟考索虞氏此說，明顯地揭示虞氏從科學務實角度建立納甲體系的企圖，體現其時代易學所展現之特色與特殊意義，一種古代自然科學知識與易學知識密切相容的思想體系，期盼建立一個可驗證性的理論，並獲得更高的說服力與實證價值。

〔註71〕甲乙天干爲日，子丑地支爲辰。天干爲十，地支爲十二，以天干依次配地支，
　　　　每甲均有兩個地支輪空，此即所謂之「旬虛」，或稱「旬空」。虞氏所說即是。
　　　　至於《參同契》則不言旬虛之說。此二者之別。

其二、透過惠氏所引虞氏納甲諸文之評述，虞氏之說根源於《參同契》，但與《參同契》的比較，仍可以瞭解虞氏之說，與《參同契》有一些基本觀點上的差異存在，諸如：虞氏以二十九日消乙入坤，爲坤卦用事，以三十日爲日月會合之時並納壬，而《參同契》則只言「乾坤括終始」，並未明言坎離會壬癸。又如虞氏根據納甲方位提出「乾坤生春，艮兌生夏，震巽生秋，坎離生冬」，其中坎離生冬之說，與魏伯陽之義相異。魏氏之學重於丹道養生，其最終之目的亦在於此；而虞氏之學則重在詮釋《易》卦，期盼能夠以其納甲之說，建立一個獨具特色的易學理論。因此，相對於魏氏之說，虞氏則是一種承繼後的改造與創新。

其三、魏伯陽未明坎離二卦配冬之說，而惠棟論述虞氏以八卦分屬四時，於「坎離生冬」言，取「冬」有「終」之義，所以坎離二卦「以日月終天地之道」；引《乾鑿度》與鄭注爲解，基本上隱含了一個事實，即以坎離爲冬之說，在《乾鑿度》與鄭玄時期已有。故虞氏作此說，並非全然新創，而是有本於前人之說法。這種虞氏相對於魏氏的新詮釋，是一種本有根據新詮釋。

其四、惠氏以「月幾望」之「幾」作「既」訓，認爲孟喜亦用月相納甲之說，也就是說以月相納甲具體反映在釋《易》上者，孟喜之時已然使用，如此一來，月相納甲未必以魏氏而專。這裡點出了易學學術史的議題，值得後學關注與參考。

其五、在「五位相得而各有合」的議題上，惠棟闡明虞氏是以月體納甲之說作爲論述的依據，與《繫傳》的意旨相合。同時認爲宋本《參同契》所見之圖式，當是虞氏所作。此一圖式，乃至虞氏論述「五位相得而各有合」之實質內容，主要皆以五行生數爲用，這並不意味虞氏棄成數而不用，相反地，藉由生數在納甲上之相互關係，而確認成數七、八、九、六之形成，並與劉歆大衍之數相合，所以虞說與《繫傳》所論，二者並無相悖。因此，宋儒未深察虞說之旨，而衍誤解，實宋儒之失。同樣地，宋儒納甲圖以坎離二卦列東西，亦是一種不正確之錯置。納甲之說，以坎離位居中央，有其特殊而重要之中心地位，不容被削弱。這些方面，惠氏引據甚詳，可貴作卓見，益彰其考證之功。

其六、在「周流六虛」的論題上，惠氏闡明虞說有二義。其一爲六甲旬空之位，即「六甲孤虛法」，是漢代陰陽五行學說中所盛行的重要主張。其二，以「六虛」爲陰陽消息盈虛於乾坤之六位，坎離則出入於其間，展現宇宙變

化的萬化之道。充份展現其詮釋虞說的周全與對虞說的詳熟。

其七、以《周易》作為依準的對象，詮譯其陰陽消長盈虛的主張或理論，為漢魏以來論述者所關注的焦點，傳統上一般只重視陰陽二氣的消長，以論定一年四季之變，所以有所謂十二消息卦的普遍認識。這樣的陰陽二氣，是從其本源而言，也就是「太極」而生「兩儀」者。虞氏關注的是可以作為陰陽二氣的象徵者，它們是日月二個天體，納卦為用則不是乾坤，而是坎離二卦；這是以其月體納甲之說所揭示，以日月在天，彰顯其陰陽消長盈虛之理，轉次形成八卦之象。月體納甲之說，具體地推闡陰陽消長之義，陰陽二氣的消長，八卦依次而生。自震而兌而乾，是一陽息陰消的過程，也是月相自晦而明乃至盈滿之象；自巽而艮而坤，是一陰息陽消的過程，也是月相自盈滿而消退乃至全然隱晦之象。此種主張，是陰陽消息說的另一種詮釋，是另一種以八卦月相架構的宇宙論之表述，以宇宙的生發變化皆由日月之運動所致。因此，藉由此納甲說而進一步證立其「日月為易說」的合理性與正當性。月體納甲說背後之主要準則為「日月之為易」，這個主張則涉及「易」的來源問題，乃至其原來的本義與象徵意涵，其根本就是「日月」。惠棟深受虞翻思想理論之影響，其易學思想也具體而堅決地主張「日月之為易」。至於日月合象而為「易」之古義的重要意義，留待後面章節再作探討。

其八、《周易》以象數為本，傳統《周易》原本就是藉由象數來開展其中義理的蘊含；義理本身是象數的昇華，或是象數意義的再現。因此，過度的「純粹象數」則使其意義陷於機械化、符號化或數字化，無法很有親和力的綻放人文的訊息，滲透其所涵攝的天人之學。虞翻的象數之學，不論是月體納甲或是逸象之說，皆過度的象外生象，數外生數，導致令人有牽強附會、於理不合的感受，使其發展自限、萎頓，終於被冷落，使人望之怯步。惠棟考索虞氏之學，試圖重新建構與修補這被長期冷落與殘闕的光榮歷史，重返漢學的榮耀，以考證的方法出發，尋找較具科學性的意義，如論其逸象，以虞氏皆有所本，非妄自造作，並以兩漢天文歷法知識作為相驗的對象，並同時糾正後人的誤解，特別是宋代朱震等人對虞氏五行生數與成數運用上的錯誤解讀，乃至暗指河圖、洛書之說的造次。

其九、在八卦與所屬方位的問題上，惠氏引虞翻釋《說卦》的方位說，知二者在八卦納方位上之差異極大，迥然不同為二系統。虞氏以月相納甲之方位訓解《說卦》之方位，本質上不對等；《說卦》以太陽為相應物，而虞說

以月亮爲相應物,一種是一年四時之變,一種是一月三十日的月相變化,論述的本質本來就彼此不同,所以結果當然不同。若有相合者,則不是巧合,就是適可強作附合,如《說卦》以艮作東北,而虞氏與同,認爲艮居「東北甲癸之間」,以其納甲在方位、十干與八卦的關係上剛好符合東北之說,這種訓解之強作附合之鑿痕甚明。另外,月體納甲的方位決定,依據月相的位置而來,因此各卦之方位,當取其共同的時間點來決定其位置,然而虞氏似乎並非如此,所以與實質月體運行的位置相印證,並不相符,失去了科學的實質意涵,難以成爲一個合理而具有實證價值的學說。

其十、以八卦之象反映自然之化,並藉以建立一套宇宙論的詮釋系統,將科學的現象或知識引入,基本上仍期待其合理的科學基礎。一月之月相變化與一年之四時之變,其變化的因子本有極大的差異;一月三十日之變,其主體在於月,而一年四時之變,其主體在於日,用同樣的八卦符號來折衝二者,原本就是一件極爲困難的事,所以,要從當中建立起具有合理性或可論述性的理論系統,是不容易的非常任務。所以,虞氏的方位說與《說卦》會有如此迥然之差異,是可以理解的。而其或雖不恰當,卻也拓展了象數易學之思路,是一種新方法新詮釋的開創與運用。

二、虞氏逸象

《易》義多發於《易》象。《繫辭上傳》曾不斷地強調「夫象,聖人有以見天下之賾,而擬諸其形容,象其物宜,是故謂之象」;《繫辭下傳》也提到「易者,象也;象也者,像也」。《易傳》雖偏重在義理之闡發,卻多取「象」援「象」而陳義。較早具體而集中論象的,大概是《說卦》所載的八卦之基本卦象或卦德, 〔註72〕 以及《彖傳》與《大象》等傳也述及部份卦象,但是

〔註72〕《說卦》所言之象,乾卦有:爲天、爲圜、爲君、爲父、爲玉、爲金、爲寒、爲冰、爲大赤、爲良馬、爲老馬、爲瘠馬、爲駁馬、爲木果、爲健、爲馬、爲首。坤卦有:爲地、爲母、爲布、爲釜、爲吝嗇、爲均、爲子母牛、爲大輿、爲文、爲眾、爲柄、爲地之黑、爲順、爲牛、爲腹。震卦有:爲雷、爲龍、爲玄黃、爲專、爲大塗、爲長子、爲決躁、爲蒼筤竹、爲萑葦、爲馬之善鳴、爲馵足、爲作足、爲的顙、爲稼之反生、其究爲健、爲蕃鮮、爲動、爲龍、爲足。巽卦有:爲木、爲風、爲長女、爲繩直、爲工、爲白、爲長、爲高、爲進退、爲不果、爲臭、爲人之寡髮、爲廣顙、爲多白眼、爲近利市三倍、其究爲躁卦、爲入、爲雞、爲股。坎卦有:爲水、爲溝瀆、爲隱伏、爲矯輮、爲弓輪、爲人之加憂、爲心病、爲耳痛、爲血卦、爲赤、爲馬之美脊、爲亟心、爲下首、爲

這些卦象，並無法滿足兩漢象數易學鼎盛的易學家們解說易卦上的需求，因此，不斷地推演與增益新的卦象，創造了一些《說卦》以外的八卦取象，易學家通稱爲「逸象」。以象論《易》，爲漢代易學家釋《易》之普遍情形，論《易》無不言象，只不過比重上之差異罷了。到了東漢虞翻易學，其闡釋卦義，特別喜用逸象，除了不斷使用《說卦傳》的易象外，也同時廣乏地運用非《說卦傳》之逸象；以逸象解經，成爲虞翻易學的重要特色。

在易學史上，最早注意到虞氏逸象者，以毛奇齡《仲氏易》首開其端，然而毛氏僅載虞氏逸象七十二個，包括乾卦九個、坤卦二十個、震卦十個、巽卦九個、坎卦六個、離卦四個、艮卦十個、兌卦四個，其闕漏甚多，未能成其規模。眞正研究彙集虞翻逸象較爲詳細而有規模者，以惠棟爲先，所以方申於其《虞氏易象彙編》中，特別指出「《易》家之言象者，以虞氏爲最密，述虞氏易象者，以惠氏棟、張氏惠言爲較詳」；〔註73〕惠棟首開其功，而張惠言在惠氏的基礎上增補，當能後出轉精，故論功仍以惠氏爲首。惠氏並專稱虞氏之易象爲「虞氏逸象」。〔註74〕

惠棟考索「虞氏逸象」，並對諸逸象作訓解，其中所引發之有關議題，值得進一步討論，包括虞氏逸象之本源、彙集情形和釋象之方式、部份逸象解釋上的缺失，以及後人評論上之有待釐正者。

（一）逸象彙集之情形

1. 傳自於孟氏之學

今存有限的片斷資料中，觀覽兩漢易家之易學，大都喜用《易》象；虞氏之前，包括孟、京、焦氏等家，無不用象。虞氏好用逸象，是出自於自創，或是有本於前儒之說而據以沿用，史籍並無明載。

薄蹄、爲曳、爲輿之多眚、爲通、爲月、爲盜、爲木之堅多心、爲陷、爲豕、爲耳。離卦有：爲火、爲日、爲電、爲中女、爲甲胄、爲戈兵、爲人之大腹、爲乾卦、爲鱉、爲蟹、爲蠃、爲蚌、爲龜、爲木之科上槁、爲麗、爲雉。艮卦有：爲山、爲徑路、爲小石、爲門闕、爲果蓏、爲閽寺、爲指、爲狗、爲鼠、爲黔喙之屬、爲木之堅多節、爲手、爲止、爲狗。兌卦有：爲澤、爲少女、爲巫、爲口舌、爲毀折、爲附決、爲地之剛鹵、爲妾、爲羊、爲說、爲口。

〔註73〕見方申《虞氏易象彙編・自序》。引自《叢書集成續編》第二十九冊，臺北：新文豐出版公司影印南菁書院本《方氏易學五書・虞氏易象彙編》卷二，1989年7月臺1版，頁603。

〔註74〕惠氏稱「虞氏逸象」，見惠棟《易漢學》卷三（臺北：廣文書局，1971年元月初版，1981年8月再版），頁1125。

惠棟於《易漢學》中云：

《荀九家》逸象三十有一，載見陸氏《釋文》，朱子采入《本義》。

虞仲翔傳其家五世孟氏之學，八卦取象，十倍于九家。〔註75〕

荀氏雖言逸象而為朱子所重，然取象論卦，仍以虞氏為專。依惠氏之意，虞氏言象，蓋家承五世於孟氏之學，也就是說，孟氏以卦氣說見長之外，擅用逸象應當也是其易學的重要特色，可惜孟氏《易》流傳下來的十分有限，其片語支言難窺全豹，況乎逸象之見，今明顯能存見者，如以坎卦象「小狐」者；孟喜雖不以逸象見長，但在其時代，逸象的使用應當已極為普遍。〔註76〕然而，虞氏逸象是否原本於孟氏之學，則難以下明確之斷言；倘從與孟氏有師承關係的焦贛推之，以「《焦氏易林》，則无一字不象生，且於《易》用正象用覆象伏象之法」〔註77〕來看，虞翻對《易林》之用象並無所取，而《易林》又當直取於孟氏之學，因此，虞氏之逸象，應並非直接源於《孟氏易》。

2. 輯象三百有餘

惠棟強調虞氏以逸象見長，其彙輯之虞氏逸象，自云取象共三百三十一；然而包括乾六十、坤八十二、震五十、坎四十六、艮三十八、巽二十，離十

〔註75〕見惠棟《易漢學》卷三，頁1125。

〔註76〕未濟卦「小狐汔濟，濡其尾」文，孟喜云：「小狐濟水，未濟一步下其尾，故曰小狐汔濟未出中也。」又釋《說卦》云：「坎，穴也，狐穴居。」孟喜以坎卦象狐，其說法是根據未濟䷿卦的卦辭而來，卦辭言「小狐」，指初爻而言，此初爻則為下坎之初，因此，《易》卦爻辭本身已隱然示坎卦為小狐之象，孟氏或藉此為用，以坎卦用狐象。不過狐象之用，並不為孟氏所專，《子夏傳》亦以「坎稱小狐」，《荀爽九家集解》亦以「坎為狐」，王肅也認為「坎為水、為險、為隱伏，物之在險穴居隱伏往來水間者，狐也」，同以「狐」為坎象。孟喜除了以坎為狐象外，也明確地指出坎為「穴」，即坎有穴象。不論是象狐或是象穴，今傳虞氏坎卦逸象並無，惠氏所輯艮卦逸象則有「小狐」與「穴居」之象，顯然此二逸象的說法上，孟喜與虞氏不同。惠棟的論述，可以引發我們的關注，逸象之用，在西漢時期的孟喜時代，應已普遍化。方申於其《諸家易象別錄》中輯錄《孟喜章句》引逸象多達二十三則，包括：震，敬也；坎，穴也；震，豐大；震，萬物元；坎，微陽；坎，陰包陽；坎，北正；坎，凝涸；坎，狐；坎，小狐；離，微陰；離，陽包陰；離，南正；離，文明；兌，天澤；兌，萬物末；陽九，震；春分，震；陽七，坎；陰八，離；陰形，兌；陰六，兌；仲秋，兌。（引自《叢書集成續編》第二十九冊，臺北：新文豐出版公司影印南菁書院本《方氏易學五書·諸家易象別錄》卷一，1989年7月臺1版，頁591～592。）以卦象為言者，孟喜時期已廣泛使用了。

〔註77〕見尚秉和《周易尚氏學》，北京：中華書局，1980年5月1版，2003年12月北京8刷，頁340。

九、兌九。〔註78〕總合爲三百二十四，不合其所言之數。又，詳審惠氏所列
之逸象，實爲三百二十六。此外，惠氏於所列逸象之後，另作小注云：

> 又《說卦》異同者五：震爲敷，敷作專；爲反生，反作阪。巽爲廣
> 顙，廣顙作黃桑。艮爲指、爲狗，狗作拘。兌爲羊，羊作羔。〔註79〕

三百二十六，再合此五者，方爲三百三十一。此五者，爲《說卦》所本有之
象，只不過虞氏用字不同而已，不能視爲虞氏之逸象，倘用字之不同，可以
視爲虞氏之逸象，則不只此五者，包括後述三者也當屬之：《說卦》以坤「爲
大輿」，虞氏作「爲大舉」；《說卦》以巽「爲宣髮」，虞氏作「爲寡髮」；《說
卦》以離「爲科上槁」，虞氏作「科上折」。因此，惠氏所列虞氏之逸象，各
卦實際之數爲：乾卦六十二、坤八十二、震五十、坎四十六、艮三十八、巽
二十、離十九、兌九。八卦逸象如下表所示：〔註80〕

圖表 3-1-12　惠氏彙輯虞氏逸象一覽表

卦名	逸　象
乾卦 ䷀	爲王、爲神、爲人、爲聖人、爲賢人、爲君子、爲善人、爲武人、爲行人、爲物、爲敬、爲威、爲嚴、爲道、爲德、爲性、爲信、爲善、爲良、爲愛、爲忿、爲生、爲慶、爲祥、爲嘉、爲福、爲祿、爲積善、爲介福、爲先、爲始、爲知、爲大、爲盈、爲肥、爲好、爲施、爲利、爲清、爲治、爲高、爲宗、爲甲、爲老、爲舊、爲古、爲久、爲畏、爲大明、爲晝、爲遠、爲郊、爲野、爲門、爲大謀、爲道門、爲百、爲歲、爲朱、爲頂、爲圭、爲著
坤卦 ䷁	爲妣、爲民、爲姓、爲刑人、爲小人、爲鬼、爲尸、爲形、爲自、爲我、爲躬、爲身、爲至、爲安、爲康、爲富、爲財、爲積、爲聚、爲重、爲厚、爲基、爲致、爲用、爲包、爲寡、爲徐、爲營、爲下、爲裕、爲虛、爲書、爲永、爲邇、爲近、爲思、爲黙、爲惡、爲禮、爲義、爲事、爲類、爲閉、爲密、爲恥、爲欲、爲過、爲醜、爲惡、爲怨、爲害、爲終、爲死、爲喪、爲殺、爲亂、爲喪期、爲積惡、爲冥、爲晦、爲夜、爲暑、爲乙、爲年、爲十年、爲盡、爲戶、爲闔戶、爲庶政、爲大業、爲土、爲田、爲國、爲邑、爲邦、爲大邦、爲鬼方、爲器、爲缶、爲輻、爲虎、爲黃牛
震卦 ䷲	爲帝、爲主、爲諸侯、爲人、爲行人、爲士、爲兄、爲夫、爲元夫、爲行、爲征、爲出、爲逐、爲作、爲興、爲奔、爲奔走、爲驚衛、爲百、爲言、爲講、爲議、爲問、爲語、爲告、爲響、爲音、爲應、爲交、爲懲、爲反、爲後、爲世、爲從、爲守、爲左、爲生、爲緩、爲寬仁、爲樂、爲笑、爲大笑、爲陵、爲祭、爲巴、爲草莽、爲百穀、爲麋鹿、爲筐、爲趾

坎卦 ☵	爲雲、爲玄雲、爲大川、爲志、爲謀、爲惕、爲疑、爲恤、爲逖、爲悔、爲涕洟、爲疾、爲災、爲破、爲罪、爲悖、爲欲、爲淫、爲獄、爲暴、爲毒、爲虛、爲瀆、爲孚、爲平、爲則、爲經、爲法、爲蒺、爲聚、爲習、爲美、爲後、爲入、爲納、爲臀、爲要、爲膏、爲陰夜、爲三歲、爲酒、爲鬼、爲校、爲弧、爲弓彈、爲穿木
艮卦 ☶	爲弟、爲小子、爲賢人、爲童、爲童僕、爲官、爲友、爲道、爲時、爲小狐、爲狼、爲碩、爲碩果、爲愼、爲順、爲待、爲執、爲多、爲厚、爲求、爲篤實、爲穴居、爲城、爲宮、爲庭、爲廬、爲牖、爲居、爲舍、爲宗廟、爲社稷、爲星、爲斗、爲沬、爲肱、爲背、爲尾、爲皮
巽卦 ☴	爲命、爲誥、爲號、爲商、爲隨、爲處、爲歸、爲利、爲同、爲交、爲白茅、爲草莽、爲草木、爲薪、爲帛、爲墉、爲牀、爲桑、爲蛇、爲魚、
離卦 ☲	爲黃、爲見、爲飛、爲明、爲光、爲甲、爲孕、爲戎、爲刀、爲斧、爲資斧、爲矢、爲黃矢、爲罔、爲鶴、爲鳥、爲飛鳥、爲甕、爲瓶
兌卦 ☱	爲友、爲朋、爲刑、爲刑人、爲小、爲密、爲見、爲右、爲少知

惠氏大量蒐采虞氏逸象，成爲後學研究虞《易》所普遍關注的命題，特別是張惠言即在惠氏的基礎上而繼續增補，其所增爲惠氏所無者，如下表所示：

圖表 3-1-13　張惠言增補虞氏逸象一覽表

卦名	逸　　　象
乾卦 ☰	爲先王、爲明君、爲大人、爲易、爲立、爲直、爲畏、爲堅剛、爲盛德、爲行、爲精、爲言、爲仁、爲詳、爲天休、爲嘉、爲茂、爲族、爲高宗、爲衣、爲瓜、爲龍
坤卦 ☷	爲臣、爲順臣、爲萬民、爲邑人、爲牝、爲母、爲萃、爲容、爲疆、爲无疆、爲理、爲體、爲業、爲庶政、爲俗、爲度、爲藏、爲迷、爲弑父、爲過惡、爲永終、爲敵、爲窮、爲夕、爲莫夜、爲義門、爲閉關、爲積土、爲階、爲萬國、爲異邦、爲方、爲棠、爲紱、爲車、爲囊、爲兇
震卦 ☳	爲驚走、爲定、爲聲、爲鳴、爲常、爲笑言、爲喜笑、爲道、爲禾稼、爲鼓、爲馬
坎卦 ☵	爲聖、爲川、爲河、爲心、爲志、爲思、爲慮、爲憂、爲艱、爲蹇、爲忘、爲濡、爲疾病、爲疾屬、爲疑疾、爲脊、爲歲、爲尸、爲叢木、爲叢棘、爲蒺藜、爲棘匕、爲木、爲車、爲馬
艮卦 ☶	爲君子、爲童蒙、爲閽、爲霆、爲果、爲節、爲小、爲取、爲求、爲道、爲石、爲鼻、爲腓、爲膚、爲小木

巽卦 ☴	爲命令、爲號令、爲教令、爲號咷、爲處女、爲婦、爲妻、爲入、爲入伏、爲齊、爲進、爲退、爲舞、爲谷、爲長木、爲苞、爲楊、爲木果、爲茅、爲蘭、爲杞、爲葛藟、爲繩、爲腰帶、爲繘、爲鮒
離卦 ☲	爲女子、爲惡人、爲爵、爲日、爲折首、爲飛矢、爲罟、爲隼、爲鴻
兌卦 ☱	爲妹、爲妻、爲講習、爲少、爲契

張惠言增約一百五十個，〔註 81〕然而惠氏所有，而張氏卻無者，則多達三十個，包括：

乾卦：爲善人、爲祥、爲嘉、爲久、爲畏。

坤卦：爲妣、爲刑人、爲基、爲永、爲殺、爲喪期、爲夜、爲庶政、爲惡。

震卦：爲行人、爲興、爲奔、爲奔走、爲大笑。

坎卦：爲志、爲虛、爲蒺、爲美、爲後、爲鬼。

艮卦：爲道、爲順、爲求。

巽卦：爲歸、爲桑。

其原因或在二者取捨認定之不同，或認爲惠氏所用有誤而去之。方申繼惠氏、張氏之後，其《虞氏逸象彙編》中共輯得逸象一千二百八十七則，多於惠氏者幾及四倍，多於張氏者幾及三倍；「此非後人之學能踰於前人，實以創者難而因者易耳；雖爬羅剔抉，細大不捐，未免涉於繁瑣」，〔註 82〕牽強附會，於理未洽。然而，又雖如此，與其過而廢之，無寧過而存之，俾治《虞氏易》者，得以通覽卦象之全，並有更完整之參佐，因此，虞氏逸象，至此已臻完備。惠氏的關注虞象，使逸象成爲虞氏易學的重要特色，並透過對虞氏易象的認識，有助於學者對虞氏《易》的某些原則運用與論述方法上的瞭

〔註 81〕對於惠棟、張惠言二人逸象之比較數目，歷來學者所言各異，如清代學者方申於《虞氏逸象彙編．自序》中認爲其整理張氏之逸象有四百五十六個，與惠氏之三百三十一個則相差一百二十餘個。晚近學者林忠軍《象數易學發展史》中言張氏較惠氏增加一百二十五個。（見林忠軍《象數易學發展史》，廣西：廣西教育出版社，1996 年 9 月 1 版 1 刷，頁 738。）王宏仁《張惠言易學研究》中則認爲張氏共輯四百八十二個，較惠氏增一百五十一個。（見王宏仁《張惠言易學研究》，臺北：國立高雄師範大學國文學系博士論文，2001 年 5 月，頁 238～239。）各家取捨各異，所言亦有出入。

〔註 82〕見方申《方氏易學五書．虞氏易象彙編》卷二，頁 603。

解，對於進一步深入探討虞《易》之本義，有莫大的裨益。

（二）逸象產生之原則

晚近學者對「逸象」的定義，例如呂紹綱主編《周易辭典》中云《說卦傳》所列八經卦之象，「稱爲正象或本象，後儒通過卦變、旁通、互體、爻辰、納甲、飛伏之類解《易》所增益之象，稱爲逸象」。〔註83〕又如王新春《周易虞氏學》中認爲：

> 後期註家，以《說卦傳》及《象傳》、《大象》諸傳所言之卦象仍顯不夠，繼而又透過各種途徑，推演、增益出一些卦象，此類卦象，即被名之曰「逸象」。逸者，散失也。名其曰「逸象」，大有託古之嫌，因持這類卦象爲「逸象」之見者，似認定是類卦象雖不見於《周易》經傳，但卻係《易》所本有之象，只是在後世失傳了而已。〔註84〕

所謂「逸象」，一般研《易》者，普遍以廣義的態度肯定它是《說卦》所言八卦卦象之外的卦象；爲了釋《易》的需要，《說卦》中所列之卦象不足爲用時，則在既有的基礎上，不斷推演而創立新的易象，這些易象就稱爲「逸象」。依前引王新春之言，認爲這些卦象，雖不見於《周易》的經傳當中，卻必須是《易》所本有之象，只是在後世失傳而已。其實何者爲《易》所本有之象，何者爲後世失傳者，是很難以認定的，後世所言之象，大多是後人因釋《易》之需而不斷增衍者，未必一定是《易》所本有之象，《易》象是不斷在詮釋、創造與建構而豐富起來，但這種詮釋、創造或建構，大體上仍不以違背《易》卦本然的卦義或卦德，並能言之成理。惠棟所列虞氏之逸象，並非全爲《易》所本有之象，卻也非肆意地漫天虛造者；惠氏認爲其逸象：

> 雖大略本于經，然其授受必有所自，非若後世嚮壁虛造漫無根據者也。〔註85〕

虞氏之逸象，大多能本諸於經傳之義，皆自有其理據，這是虞氏沿用或創用逸象的基本原則。虞氏象數思維下的逸象之使用，有其高度的系統性與合理

〔註83〕見呂紹綱主編《周易辭典》，吉林：吉林大學出版社，1992 年 4 月 1 版 1 刷，頁 371。

〔註84〕見王新春《周易虞氏學》，臺北：頂淵文化事業有限公司，1999 年 2 月初版 1 刷，頁 149～150。

〔註85〕見《易漢學》卷三，頁 1132。

性，並非隨意臆測的以逸象解《易》。

1. 直據《周易》經傳而推衍

　　虞氏逸象產生的最主要原則，大概是直接援引經傳本文或相近之義。以下舉數例爲釋，如：虞氏以乾卦有「爲道」之逸象，「道」爲陽剛之乾性，可作爲規律、事理之義。乾卦《象傳》云「乾道變化，各正性命」；〔註86〕《繫辭上傳》亦云「是以明于天之道」，以及「乾道成男」；小畜卦初九爻辭亦云「復自道」。其「道」之本然主在「乾」，乾爲易卦之首，爲氣動之主要原質，所以乾陽之性，爲萬化之本，爲天道、爲自然之普遍律則。因此，虞氏釋《易》，尤重於乾元之道，於釋《易》中屢屢用「道」。如釋剝卦卦辭「君子尙消息盈虛，天行也」語，云：

> 乾爲君子，乾息爲盈，坤消爲虛，故君子尙消息盈虛，天行也，則
> 出入無疾，反復其道，易虧巽消艮，出震息兌，盈乾虛坤，故於是
> 見之耳。〔註87〕

以乾爲君子之象，尙消息盈虛之道，此反復之道，爲君子所行，是君子執道以象「道」，故乾有「君子」有「道」之象；此「君子」之逸象，亦本出於卦辭。〔註88〕注大畜卦上九《象傳》「道大行也」語，云：

> 謂上據二陰，乾爲天道，震爲行，故道大行矣。〔註89〕

乾爲天爲道，合爲「天道」；惠氏云「乾爲天，道之大原出于天，故乾爲道」，〔註90〕詮解精要合宜。注《繫辭下傳》「懼以終始，其要无咎，此之謂易之道也」語，云：

> 乾稱易道，終日乾乾，故无咎。危者使平，易者使傾，惡盈福謙，

〔註86〕惠棟《易漢學》卷三，頁1126，同引。

〔註87〕見李鼎祚《周易集解》卷五，臺北：臺灣商務印書館，1968年12月臺1版，1996年12月臺1版2刷，頁124。

〔註88〕《周易》經傳以君子象乾德者甚眾，乾卦九三爻辭「君子終日乾乾」即是，而虞氏亦廣用「君子」之逸象釋《易》，如云「君子以成德爲行」（釋乾卦《文言》）；「君子以厚德載物」（釋坤卦《象傳》）；「君子以懿文德」（小畜卦《象傳》）；其它如云「君子以作事謀始」、「君子以辨上下」、「君子以申命行事」、「君子以永終知敝」、「君子以儉德辟難」、「君子以明庶政」、「君子以常德行習教事」、「君子以自昭明德」、「君子以多識前言往行」、「君子德車」、「君子道長」、「君子以制數度」等等。劉玉建《兩漢象數易學研究》作了詳細的統計。（見《兩漢象數易學研究》，頁742～743。）

〔註89〕見李鼎祚《周易集解》卷六，頁140。

〔註90〕見《易漢學》卷三，頁1126。

故易之道者也。〔註91〕

「乾」之道即《易》之道，故乾卦有「易道」之逸象。虞氏以「道」象釋《易》者，不勝枚舉，將「乾」視爲「道」，體現「乾」的主導地位，它不僅僅是六十四卦之首，更是可以視六十四卦這個系統以及這個系統的意義下的代表或代稱。

又如，虞氏以乾卦有「爲德」之逸象，主要是根據《文言傳》的說法。《文言傳》認爲「飛龍在天，乃位乎天德」，「飛龍在天」爲乾卦九五，乾又爲「天」，故「天德」即「乾德」。《文言傳》又直言乾有「元、亨、利、貞」四德，以「君子行此四德者，故曰元、亨、利、貞」；惠氏直言此「四德」即虞氏用「德」象之本由。〔註92〕此外，乾卦《象傳》云「見龍在田，德施普也」，亦以龍德爲乾。因此，虞氏所用「德」之逸象，蓋出於此。在虞氏的注文中，屢以乾卦爲「德」，或是以陽爻爲「德」，如虞氏注乾卦《文言》「君子進德修業」時，以乾爲「德」；〔註93〕注坤卦《象傳》「君子以厚德載物」時，以「乾陽爲德」；〔註94〕注恆卦六五「恒其德」時，云「動正成乾，故恒其德」；〔註95〕注晉卦《象傳》「君子以自昭明德」，云「君子謂觀乾，乾爲德。坤爲自離爲明，乾五動已離日自照，故以自昭明德也」；〔註96〕虞氏廣泛運用以乾爲「德」之逸象來訓注經傳，李氏《集解》中可見者，不下十餘次。〔註97〕以「德」爲象，不以虞氏獨專，漢魏之易家，用之極爲普遍，如鄭玄、王弼、荀爽、宋衷、何妥、《九家易》等，似皆同用；〔註98〕皆據經傳所本有而爲象。

〔註91〕見李鼎祚《周易集解》卷十六，頁397。
〔註92〕惠氏小注云「乾有四德」，即乾卦「元、亨、利、貞」卦辭之四德。見《易漢學》，頁1126。
〔註93〕見李鼎祚《周易集解》卷一，頁11。
〔註94〕見李鼎祚《周易集解》卷二，頁28。
〔註95〕見李鼎祚《周易集解》卷七，頁166。
〔註96〕見李鼎祚《周易集解》卷七，頁174。
〔註97〕除了前文引述者外，虞氏以乾爲「德」之逸象詁訓經傳者，又如注小畜卦《象傳》「君子以懿文德」、蠱卦《象傳》「君子以振民育德」、剝卦上九「君子德車」、坎卦《象傳》「君子以常德行習教事」、益卦九五「有孚惠我德」、夬卦《象卦》「君子以施祿及下，居德則忌」、節卦《象卦》「君子以制數度，議德行」、《繫辭上傳》「聖人之所以崇德而廣業也」、《繫辭上傳》「有功而不德」，以及《繫辭下傳》「是故履，德之基也」等，皆以乾德爲訓。同時，依虞氏所注者，可以發現特別是《象傳》、《繫傳》喜用「德」字。
〔註98〕王弼釋乾卦九二時云：「出潛離隱，故曰見龍；處於地上，故曰在田。德施周普，居中不偏，雖非君位，君之德也。」又釋乾卦用九云：「九，天之德也；

　　又如，虞氏以乾卦有「為君子」之逸象。在《周易》經傳中用「君子」之言者甚眾，如單就乾卦而言，九三爻辭云「君子終日乾乾」；乾卦《象傳》云「天行健，君子以自強不息」；乾卦《文言》云「君子體仁，足以長人」；又云「君子行此四德者」；又云「君子進德修業」；又云「君子以成德為行」；又云「是以君子弗用也」；又云「君子學以聚之」等等。其它諸卦用「君子」之言者，亦不勝枚舉。惠氏指出「君子」之象，「謂九三；三于三才為人道」，〔註99〕認為所云者乃乾卦九三爻，處三才之人位，「君子」合於「人道」；蓋三體艮，乾為君，艮為子，故合為君子，《易》中凡稱「君子」者，皆謂「三」。此即乾卦九三爻辭用「君子」言之由。惠氏之說，本於鄭玄所言，鄭氏注乾卦九三爻辭時云，「三於三才為人道，有乾德而在人道，君子之象」；〔註100〕皆同以乾卦九三為「君子」之象。雖是源於此爻，然可擴而代表乾卦，故虞氏以「君子」作為乾卦之逸象，特別對於《象傳》所用之「君子」，皆視為乾象。〔註101〕以「君子」為象，不以虞氏為專，漢魏易家，普遍慣用，如坤卦

　　　　能用天德，乃見羣龍之義焉。」鄭玄釋乾卦九三時云：「三於三才為人道，有乾德而在人道，君子之象。」《九家易》釋乾卦《象傳》時云：「觀乾之始以知天德，惟天為大，惟乾則之，故曰大哉元者，氣之始也。」又云「：乾之為德，乃統繼天道，與天合化也。」荀爽釋乾卦《象傳》時云：「氣微位卑，雖有陽德，潛藏在下，故曰勿用也。」宋衷釋乾卦《象傳》時云：「用九，六位皆九，故曰見羣龍，純陽則天德也。」何妥釋《文言》時云：「此明聖人則天，合五常也。仁為木，木主春，故配元為四德之首，君子體仁，故有長人之義也。」由是可見，虞氏使用「逸象」，並非獨制首創，或與一般易家一樣，同用大家所共同的普遍認識者。（諸家之說，詳見李鼎祚《周易集解》卷一，頁 1〜23。）

〔註99〕見《易漢學》　卷三，頁 1126。
〔註100〕見李鼎祚《周易集解》卷一，頁 2。
〔註101〕虞氏以「君子」作為乾卦之逸象以釋《易》，不單見於注釋乾卦，其它各卦之訓詁亦多採用，特別是《象傳》所言之「君子」，皆作乾象解。如坤卦《象傳》「君子以厚德載物」、訟卦《象傳》「君子以作事謀始」、小畜卦《象傳》「君子以懿文德」、履卦《象傳》「君子以辯上下」、否卦《象傳》「君子以儉德辟難」、同人卦《象傳》「君子以類族辨物」、蠱卦《象卦》「君子以振民育德」、賁卦《象傳》「君子以明庶政」、坎卦《象傳》「君子以常德行習教事」、咸卦《象傳》「君子以虛受人」、遯卦《象傳》「君子以遠小人」、晉卦《象傳》「君子以自昭明德」、損卦《象傳》「君子以懲忿窒欲」、益卦《象傳》「君子以見善則遷」、夬卦《象傳》「君子以施祿及下」、革卦《象傳》「君子以治歷明時」、漸卦《象傳》「君子以居賢德善俗」、歸妹卦《象傳》「君子以永終知敝」、巽卦《象傳》「君子以申命行事」、兌卦《象傳》「君子以朋友講心」、節卦《象傳》「君子以制數度」、井卦《象傳》「君子以勞民勸相」、中孚卦《象傳》「君子以議獄緩死」、未濟卦《象傳》「君子以慎辨物居方」等等。

《象傳》云「柔順利貞，君子攸行」，《九家易》注曰：

> 謂坤爻本在柔順陰位，則利正之；乾則陽爻來據之，故曰「君子攸行」。〔註102〕

明白地以「君子」表乾象。乾卦《文言》云「君子體仁，足以長人」，何妥注曰：

> 此明聖人則天，合五常也。仁爲木，木主春，故配元爲四德之首。
> 君子體仁，故有長人之義也。

「利物足以和義」，何妥又注曰：

> 利者，裁成也。君子體此利以利物，足以合於五常之義。

「貞固足以幹事」，何妥又注曰：

> 貞，信也。君子堅貞正，可以委任於事。〔註103〕

何妥注文中，均以「君子」視爲乾象。因此，以「君子」爲乾卦逸卦，《易傳》早用，而漢魏易家同用，非虞氏所獨采。是以乾德之尊，惟君子可以象之，「君子」作爲逸象，恰合乾德；乾卦述明人道之事，以「君子」代之，爲自然之理，故諸家均用之。

又如，虞氏以震卦有「爲百」之逸象。震卦卦辭云「震驚百里」，虞氏直用其「百」，而有爲「百」爲「百穀」之逸象。虞氏並解釋言「百」之理由，云：

> 謂陽。從臨二陰爲百二十，舉其大數，故當「震百里」也。〔註104〕

以臨二息時五有五陰，陰爻二十四，五爻故「百二十」，舉其大數而爲「百」。〔註105〕惠氏另舉旁證作解釋，云：

> 《論語讖》曰：雷震百里聲相附。宋均注：雷動百里，故因以制國也。酈炎對事曰：或曰雷震驚百里，何以知之？炎曰：以其數知之。

〔註102〕見李鼎祚《周易集解》卷二，頁27。

〔註103〕以上何妥注，見李鼎祚《周易集解》卷一，頁7～8。

〔註104〕見李鼎祚《周易集解》卷十，頁251。

〔註105〕李道平《周易集解纂疏》進一步疏解虞義，云：「虞注『謂陽』者，謂陽爻也。『從臨二陰爲百二十』者，從臨二息時有五陰，陰爻二十四，五爻故『百二十』。言『百』者，舉其大數。以陽震陰，坤方爲『里』，聲聞乎百里，故當『震驚百里』也。」（見李道平《周易集解纂疏》卷六，北京：中華書局，1994年3月1版，1998年12月北京2刷，頁453。）李氏以坤象「里」，合於虞氏之說：虞氏以坤卦有爲「戶」、爲「土」、爲「田」、爲「國」、爲「邑」、爲「邦」、爲「大邦」之逸象，取義於「里」同。

　　　　夫陽動爲九，其數三十六，陰靜爲八，其數三十二，一陽動二陰，

　　　　故曰百里。〔註106〕

惠氏引宋均注《論語讖》爲解，其理恰合。

　　　虞氏之逸象，大多出於直接援引經傳本文或相近之義，並非虛妄造作。
在此不再贅舉說明。

2. 以其時代思想與易家用象而推衍

　　　虞氏逸象運用的另一重要根據，則以其之前易家之思想主張與用象而進
一步推衍，或因所處時代思想觀念而推用。對於虞氏逸象之前，已早有之用
象者，前文已略有提及，皆以經傳本有而同引爲象。在虞氏之前，用象釋《易》
本是不可避免，並且當已廣泛而普遍。以孟喜言，《孟喜章句》於中孚卦象注，
以離爲「文明」，〔註107〕惠氏所輯虞氏逸象爲「明」。京房以坎卦有「大川」
之義，〔註108〕同於虞氏之逸象。馬融注《繫辭上傳》云震卦爲「驚也」，〔註
109〕近於虞氏爲「驚衛」；馬融注晉卦云離卦「爲矢」，〔註110〕同於虞氏之逸
象。荀爽注《易》，用象頗繁，並多有與虞氏相同或相近者，如恆卦九二《象》
注云「乾爲久」，與虞氏逸象同；夬卦九三爻注云「乾爲君子」，與虞氏同；《繫
辭上傳》注云「坤爲夜」，與虞氏同；升卦上六爻注云「坤，冥也」，與虞氏
同；解卦《象傳》注云「坤，眾也」，與虞氏「爲聚」義近；訟卦九二《象》
注與升卦九三爻注同云「坤稱邑」，與虞氏「爲邑」同；乾卦《文言》注云「田
謂坤」，與虞氏「爲田」同；乾卦《文言》又注云「虎謂坤」，與虞氏「爲虎」
同；巽卦《象傳》注云「巽爲號令」，與虞氏「爲命」、「爲號」相近；《繫辭
上傳》注云「巽爲知命」，與虞氏「爲命」相近；需卦九五爻注云「坎爲酒食」，

〔註106〕見《易漢學》卷三，頁1129。

〔註107〕《新唐書》卷二十七，一行《卦議》引《孟氏章句》云「離以陽包陰，故自
　　　　南正，微陰生於地下，積而未章，至於八月，文明之質衰，離遠終焉」。指出
　　　　離卦主夏八月時，「文明之質衰」，蓋「文明」爲離卦之象。後世通用「文明」
　　　　爲象，如孔穎達《周易集解》卷十七，孔氏注「其於木也爲堅多心」時，云
　　　　「離文明而柔順」即是。

〔註108〕京房釋大畜卦《象傳》云：「謂二變五體坎，故利涉大川。」（見李氏《集解》
　　　　卷六，頁138。）以坎卦有「大川」之義。方申《方氏易學五書·諸家易象
　　　　別錄》卷一，引《京房章句》亦列坎卦有「大川」之象。（見方申《方氏易學
　　　　五書》卷一，頁592。）

〔註109〕見陸德明《經典釋文》卷二引馬融釋《繫辭上傳》「震无咎」，云「震，驚
　　　　也」。

〔註110〕見陸德明《經典釋文》卷二引馬融釋晉卦六五「失得」時，云「離爲矢」。

與虞氏「為酒」相近；謙卦初六爻注云「坎大川」，與虞氏「為大川」同；晉卦六五爻注云「離，射也」，又云「離矢」，與虞氏「為矢」同；姤卦《象傳》注云「離，章明也」，與虞氏「為明」相近；明夷卦初九爻注云「離為飛鳥」，又云「離飛」，與虞氏同。又以鄭玄言，其於乾卦九三爻注云「乾君子」，與虞氏同；蠱卦上九爻注云「乾父老」，與虞氏「為老」相近；《乾坤鑿度上》注云「乾天門」，與虞氏「為門」相近；升卦上六爻注云「坤暗昧」，與虞氏「為冥」、「為晦」、「為夜」義近；《通卦驗上》注與《是類謀》注云「坤為土」，與虞氏同；《通卦驗上》注云「坤為終」，與虞氏同；《通卦驗下》注云「坤大暑」與虞氏「為暑」義近；鼎卦九四爻注云「震為竹」、「震筍」，與虞氏「為筐」之竹屬義近；隨卦初九爻注云「震，出門也」，與虞氏「為出」、「為奔」、「為奔走」義近，又云「震，交也」，與虞氏同；豫卦象辭注云「震諸侯」，與虞氏同；《通卦驗下》注云「震為驚恐」，與虞氏「為驚衛」義近；《乾鑿度上》注云「震施生」，與虞氏「為生」、「為阪生」義近；觀卦象辭注云「艮為宮闕」，與虞氏「為城」、「為宮」義近；旅卦初六爻注云「艮小小」，與虞氏「為小子」義近；漸卦九三爻注云「坎水流」，與虞氏「為大川」相近；《通卦驗下》注云「坎為雲」，與虞氏同；《乾鑿度上》注云「坎為經」，與虞氏同；漸卦九三爻注云「離，孕也」，與虞氏同；《乾鑿度下》注云「離為明」，與虞氏同；《通卦驗上》注云「離為黃牛」，《通卦驗下》注云「離為黃」，與虞氏「為黃」同。〔註111〕諸家之說，較虞氏為先，虞氏據以援用參衍，在所難免。同時，逸象之用，不以虞氏為首；虞氏之前，諸家用象，或詁訓語詞之用，與虞氏相近或相同者，信手拈來，不可勝數，特別是鄭玄、荀爽之說。

緯書所言，亦有與虞氏逸象相合者，如《乾坤鑿度上》云「乾為天德」，《乾元序制記》、《通卦驗上》云「乾德」，《乾坤鑿度下》云「乾稱德」，與虞氏云「為德」同；又云「乾道大」，與虞氏云「為道」、「為大」義近；《乾坤鑿度上》云「坤形」，與虞氏「為形」同；《乾坤鑿度下》云「坤刑殺」，與虞氏云「為殺」義近；又云「坤黃色」，與虞氏云「為黃牛」之色黃同；《汎歷樞》云「坤厚德」，與虞氏「為厚」義近；《元命包》云「坤靜」，與虞氏「為默」義近；《乾鑿度上》云「坎為信」，與虞氏「為孚」義近；《推度災》云「震雷起」，與虞氏「為響」義近；《通卦驗上》云「艮斗機」，與虞氏「為斗」同。

〔註111〕以上諸家之注，引自《周易集解》、《經典釋文》與《易緯》鄭注諸書；引言確實，惟一一注明，過於繁瑣，故不另分別作注。

此外，典籍亦有引易象與虞氏同者，如《左氏春秋‧莊二十二年》云「坤，土也」，《國語‧晉語第十》同引，與虞氏逸象同；《國語‧晉語第十》又云「震，長也」，與虞氏「為兄」義近；又云「坎，眾也」，與虞氏「為聚」義近。是先秦典籍，乃至兩漢緯書，援用之易象，似有其普遍之共識，特別是以坤卦為「土」，即八卦之五行屬性，在兩漢之前，已然成熟。戰國時期陰陽五行思想漸起，對應的觀念也從《老子》以降更為系統化，陽善陰惡被定型為基本的認識，且以陰陽詮釋鬼神的觀念也被明確化，《論衡》即提出「鬼神，陰陽之名也。陰氣逆物而歸，故謂之鬼；陽氣導物而生，故謂之神」，〔註112〕以陰陽二氣之生化言鬼神。一般認為鬼屬性為陰，質惡而易致凶咎；神屬性為陽，質善而易致福瑞；乾坤二卦代表著純陽純陰之二性，因此乾乃推衍出「善」、「神」、「福」、「介福」、「祥」、「祿」、「嘉」、「盈」、「好」等逸象，而坤也推衍出「惡」、「鬼」、「怨」、「害」、「過」、「死」、「喪」、「殺」、「尸」等逸象，這些逸象也都成為虞氏釋《易》論乾坤陰陽的基本元素。前此之說，皆可作為虞氏逸象依循的準據。

我們知道虞氏五世傳《孟氏易》，對孟喜之學說思想，當能熟稔詳識，在新的思想主張之建構時，不乏受到孟喜的影響，逸象之運用也不例外。孟喜卦氣說，其十二消息說，自十一月子至四月巳，乾陽之氣漸生，積累而終於六爻純陽之乾卦；自五月至十月亥，坤陰之氣漸長，並積累而終於六爻純陰之坤卦。乾性為善，其積累的過程可以視為積善之過程，而坤性為惡，其積累的過程則可以視為積惡的過程。由這樣的觀念，推衍出乾卦有「積善」之象，坤卦有「積不善」、「積惡」之象。虞氏用此逸象，或出於此等思想之啟發。

《易》以「象」示「意」，所謂「天垂象，聖人則之，八卦成列，象在其中矣」，「易者象也」，蓋《周易》經傳，多列象而陳其義理。虞氏之逸象，大略能本諸於經傳，或從其前諸易家大儒、典籍之學說主張，以及陰陽五行與讖緯之說，作為推衍易逸之理據，並非妄自臆說、隨意造作的。當然，其逸象主要根據經傳旨趣而論，特別是《說卦傳》影響之比重尤深，很多逸象是由此而衍生出來的，如《說卦傳》云坎卦「其於木也為堅多心」，虞氏衍出「棘」、「叢棘」、「棘匕」、「蒺藜」、「叢木」、「穿木」諸逸象；由「離為雉」，衍出離卦為「飛」、「鶴」、「鳥」、「飛鳥」、「禽」、「隼」、「鴻」等逸象；由「艮為門闕」，衍出艮為

〔註112〕見王充《論衡‧論死篇》卷二十。引自北京：中華書局《諸子集成》本第八冊，1996 年 2 月北京 9 刷，頁 202。

－287－

「穴居」、「城」、「宮」、「庭」、「廬」、「牖」、「居」、「舍」、「宗廟」、「社稷」等逸象；由「兌爲澤」，衍出兌爲「水澤」、「雨澤」、「雨」、「水」等逸象。《說卦傳》所言易象，成爲虞氏釋卦之重要用象材料。後世言《虞氏易》，或稱其用象每有妄造，多顯浮濫，實不宜過份誣指。茲將虞氏用《說卦傳》所言之卦象以釋卦的情形，作簡要之統計，如【附錄三】所示，俾供參考。

（三）惠氏訓解逸象皆有所本

1. 徵引《周易》經傳爲釋

惠氏於其所輯虞氏逸象下，所作訓解皆有所本，其最重要者在於以《周易》經傳來解釋虞翻逸象，諸如：

乾「爲道」，引乾《象傳》「乾道變化」爲釋。乾「爲始」，引《繫上》「乾知大始」爲釋。乾「爲知」，引《繫上》「乾以易知」爲釋。〔註113〕乾「爲治」，惠云「乾元用九天下治」，實爲乾卦《象傳》之辭。〔註114〕乾「爲久」，惠云「不息則久」，實據乾卦《象傳》「天行健，君子以自強不息」之「不息」而說。〔註115〕乾「爲朱」，惠云「乾爲大赤，故爲朱」；乾「爲大赤」出於《說卦》之象，「赤」、「朱」同屬，故「大赤」爲「朱」。〔註116〕坤「爲民」，惠云「一君二民」，實引自《繫上》之言，即「陽一君而二民，君子之道也。陰二君而一民，小人之道也」。〔註117〕坤「爲形」，惠云「在地成形」，即《繫傳》之言。〔註118〕坤「爲至」，惠云「至哉坤元」，〔註119〕此即坤卦《象傳》之言。

〔註113〕諸引惠氏之言，見《易漢學》卷三，頁1126。
〔註114〕惠言見《易漢學》卷三，頁1126。
〔註115〕紀磊《虞氏逸象攷正》云：「久，坤象。坤爲永，故爲久；用六『永貞』是其義。虞氏既以坤爲永，又以乾爲久，非。」（見紀磊《虞氏逸象攷正》。引自《叢書集成續編》第三十冊，臺北：新文豐出版公司影印吳興叢書本，1989年7月臺1版，頁460。）其實乾德本有「自強不息」之性，故以「久」爲象，亦無不可。象之用，本多爲後人所造作，只要我們認同用象，但求合理適性即可。
〔註116〕惠氏之言，見《易漢學》卷三，頁1127。李鼎祚注困卦九二云「乾爲大赤，朱紱之象也」。
〔註117〕惠氏之言，見《易漢學》卷三，頁1127。虞氏注《說卦》「觀變於陰陽而立卦」，同引《繫傳》云「繫曰：陽一君二民，陰二君一民，不道乾坤者也」。（見李鼎祚《周易集解》卷十七，頁404。）
〔註118〕惠氏之言，見《易漢學》卷三，頁1127。《繫傳》云：「在天成象，在地成形，變化見矣。」
〔註119〕見《易漢學》卷三，頁1127。

坤「爲厚」，惠云「厚德載物」，實爲坤《象傳》、坤《象傳》之言。〔註 120〕坤「爲寡」，惠云「坤陰小，故爲寡」，爲《說卦》之言。坤「爲永」，惠云「坤用六：利永貞」，直言坤卦用六爻辭。坤「爲閉」，惠云「坤闔戶故閉」，與《繫傳》「是故闔戶謂之坤」同義。坤「爲積惡」，惠氏指稱是就「初六」，是根據坤初六《文言》「積不善之家」而言。坤「爲器」，惠云「形而下者謂之器」，即《繫傳》之言。震「爲帝」，惠云「帝出乎震」，即《說卦》之言。巽「爲同」，惠云「齊乎巽，齊，同也」，即以《說卦》「齊乎巽」爲訓。離「爲見」，惠云「相見乎離」，此即《說卦》之文。離「爲明」，惠云「嚮明而治」，此亦即《說卦》文：「（離）聖人南面而聽天下，嚮明而治，蓋取諸此也」。艮「爲道」，惠云「爲徑路，故爲道」，即引《說卦》言「爲徑路」爲釋。艮「爲執」，惠云「爲手，故爲執」；艮「爲多」，惠云「艮多節，故爲多」。惠氏所釋，皆本於《說卦》「爲手」、「其於木也爲堅多節」之象。〔註 121〕

　　由惠氏大量徵引《周易》經傳以釋虞氏逸象，直接說明了虞氏之用象，並非無端造作，有是有所依據的，如前文所言，主要是根據《周易》經傳而來。所以，虞氏廣泛用象的易學論述方式，可以說大部份是依準於《周易》爲典範而創制的詮釋方法，是一種有所依準的開創性之再詮釋。

2. 徵引虞說釋虞象

　　惠氏解釋虞翻逸象，以虞氏自說爲釋，當然最符合虞氏用象之本義。所以，惠氏釋象，廣泛運用虞氏之言，或是旁引虞氏之學說主張，來闡明象義。大致包括如下：

　　乾「爲物」之象，惠氏釋爲「乾純粹精，故主爲物」，其實爲虞注《繫傳》「精氣爲物，遊魂爲變」之文。乾「爲善」，惠云「乾善故良」，實爲虞注《說卦》「爲良馬」之文。乾「爲善人」，惠云「乾爲善爲人，故爲善人」，實爲虞氏以乾爲「人」之義。〔註 122〕乾「爲忿」，惠云「乾剛武爲忿」，實見於虞注損卦《象傳》云「乾陽剛武爲念」。〔註 123〕乾「爲大」，惠云「陽稱大」，實出

〔註120〕惠氏之言，見《易漢學》卷三，頁 1127。坤《象傳》云「坤厚載物」；坤《象傳》云「君子以厚德載物」。
〔註121〕「爲寡」、「爲永」、「爲閉」、「爲積惡」、「爲器」、「爲帝」、「爲同」、「爲見」、「爲明」、「爲道」、「爲執」、「爲多」，所引惠氏之言見《易漢學》卷三，頁 1127～1131。
〔註122〕諸引惠氏之言，見《易漢學》卷三，頁 1126。
〔註123〕惠氏言見《易漢學》卷三，頁 1126。虞文見李氏《周易集解》卷八，頁 201。

－289－

於虞注大過《象傳》、小過《象傳》之言；荀爽、《九家》等亦同云。〔註124〕乾「爲盈」，惠云「十五乾盈甲」，本虞氏納甲之說。乾「爲甲」，惠云「乾納甲」，〔註125〕即虞氏納甲之說。乾「爲遠」，惠氏直引虞注，云「虞注謙象曰：天道遠，故乾爲遠」。〔註126〕坤「爲姒」，惠云「坤爲喪爲母，母喪故爲姒」，符合虞氏注小過六二之本義。〔註127〕坤「爲虛」，惠云「乾息爲盈，坤消爲虛」，爲虞注剝卦《象傳》「君子尚消息盈虛」之言。〔註128〕坤「爲過」，惠云「積惡故爲過」，符合虞注用「積惡」之義。〔註129〕坤「爲喪」，惠云「坤喪于乙；〔註130〕「喪」與「死」同義，「坤喪于乙」即虞氏納甲之說。坤「爲乙」，惠云「坤納乙」，〔註131〕乙即坤初，坤納乙，亦納甲之說。震「爲出」，惠云「三日出震」，即虞氏納甲之說。震「爲逐」，惠云「震爲驚走，故稱逐」，此即虞氏注大畜九三之文。震「爲音」，虞氏並以震「爲鼓」，故惠云「震爲鼓，故爲音」。震「爲應」，惠云「同聲相應」，此本《繫傳》「其受命也如響」下，虞氏之注文。震「爲生」，惠云「震春爲生，又月三日生明」，亦本虞氏納甲之說。震「爲邕」，惠云「長子主祭器」，即虞釋震卦《象傳》「出可以守宗廟社稷，以爲祭主也」之注文。巽「爲商」，惠云「巽近利市三倍，故爲商」，即虞釋兌卦九四「商兌未寧，介疾有喜」之注文。〔註132〕坎「爲雲」，惠云「上坎爲雲，下坎爲雨」，實爲虞釋乾卦《象傳》「雲行雨施，品物流形」之注文。

〔註124〕惠氏言見《易漢學》卷三，頁 1126。以「陽稱大」爲言者，除虞說之外，《九家》注離卦九三、注乾卦《象傳》、注渙卦九五，以及荀爽注《序卦》，宋衷注革卦九五《象傳》亦皆同言。以上諸家之言，見李氏《周易集解》。

〔註125〕惠氏注「爲盈」、「爲甲」之言，見《易漢學》卷三，頁 1126。

〔註126〕見《易漢學》卷三，頁 1127。

〔註127〕惠氏言見《易漢學》卷三，頁 1127。小過六二「過其祖，遇其姒」虞翻曰：「祖謂祖母，初也。母死稱姒，謂三坤爲喪，爲母，折入大過死，故稱祖也。姒二過初，故過其祖。五變三，體姤遇，故遇姒也。」（見李鼎祚《周易集解》卷十二，頁 300。）

〔註128〕惠氏言見《易漢學》卷三，頁 1127。虞注剝卦《象傳》「君子尚消息盈虛」云：「乾爲君子，乾息爲盈，坤消爲虛。」（見李氏《周易集解》卷五，頁 124。）

〔註129〕惠氏言見《易漢學》卷三，頁 1128。虞注《繫傳》「惡不積，不足以滅身」，云：「坤爲積惡、爲身，以乾滅坤，故滅身者也。」（見李氏《周易集解》卷十五，頁 375。）

〔註130〕見《易漢學》卷三，頁 1128。

〔註131〕見《易漢學》卷三，頁 1128。

〔註132〕「爲出」、「爲逐」、「爲音」、「爲應」，「爲生」、「爲邕」、「爲商」所引惠文，見《易漢學》卷三，頁 1129～1131。

〔註133〕坎「爲悔」，惠云「坎心爲悔」，實引虞氏以坎爲「心」之逸象以推說。

〔註134〕坎「爲欲」，惠云「坎水爲欲」，即惠氏引自虞釋頤卦六四《象傳》之文。坎「爲淫」，惠云「坎水爲淫」，即惠氏引自虞釋《繫上》「慢藏誨盜，冶容誨淫」之注文。坎「爲膏」，惠云「坎雨稱膏」，即虞釋屯卦九五「屯其膏」之注文。坎「爲校」，惠云「桎梏之類」；坎「爲穿木」，惠云「桎梏爲穿木」。皆以「桎梏」言「爲校」、「爲穿木」，實虞氏之義。虞釋蒙卦初六「用說桎梏」，注云「坎象毀壞，故曰用說桎梏」；「校」、「穿木」，皆有木「毀壞」之象。是惠氏用虞義以爲訓。〔註135〕離「爲甲」，惠云「日出甲上，爲甲冑，故爲甲」，此引虞說爲訓，即虞釋解卦象辭「有攸往，夙吉」，云「夙，早也。離爲日爲甲，日出甲上，故早也」；惠用「甲冑」言，即《說卦》之象。離「爲孕」，惠云「爲大腹，故爲孕」，此又引虞說爲訓，見虞釋泰卦六五云「離爲大腹，則妹嫁而孕」；並見虞釋艮卦六四云「離爲大腹，孕之象也」。以「大腹」爲象而推說，「大腹」爲《說卦》之象。〔註136〕艮「爲順」，惠氏引虞說「艮爲弟」之象以詮之，云「艮爲弟，善事兄弟，故爲順」。艮「爲求」，惠云「艮兌同氣相求，故爲求」，此本於虞說；虞釋乾卦《象傳》「同氣相求」，云「艮兌山澤通氣，故相求也」，惠當本於此。艮「爲背」，惠云「艮爲多節，故稱背」，此即虞釋艮卦象辭之注文。艮「爲皮」，惠云「艮爲膚，故爲皮」，此惠用虞象「爲膚」以釋之，惟惠氏未納「爲膚」之逸象。兌「爲見」，惠氏直引《雜卦》虞氏之注云「兌陽息二故見」。〔註137〕

〔註133〕虞釋乾卦《象傳》「雲行雨施，品物流形」文，云：「已成既濟，上坎爲雲，下坎爲雨，故雲行雨施。乾以雲雨，流坤之形，萬物化成，故曰品物流形也。」（見李氏《周易集解》卷一，頁4。）

〔註134〕惠氏言見《易漢學》卷三，頁1130。《周易集解》中廣引虞氏以坎「爲心」之逸象，如釋比卦《象傳》、謙卦《象傳》、復卦《象傳》、坎卦象辭、離卦六五等；虞氏言「爲心」者，《集解》中最少出現二十四處。因此，「爲心」爲虞氏坎卦之重要而廣用的逸象，惜哉惠氏未察而遺闕。張惠言據補。

〔註135〕坎「爲欲」、「爲淫」、「爲膏」、「爲校」、「爲穿木」，惠氏之言見《易漢學》卷三，頁1130。

〔註136〕離「爲甲」、「爲孕」，惠氏之言見《易漢學》卷三，頁1131。虞釋解卦、泰卦、艮卦之言，分別見李鼎祚《周易集解》卷八，頁195；卷四，頁79；卷十，頁256。

〔註137〕「爲順」，惠氏言見《易漢學》卷三，頁1131。「爲求」，惠氏言同前書頁；虞釋文見李鼎祚《周易集解》卷一，頁13。「爲背」，惠氏言見《易漢學》卷三，頁1131。「爲皮」，惠氏言同前書頁；《周易集解》中，虞氏用「爲膚」之逸象者，見其釋剝卦六四、睽卦六五、夬卦九四，以及姤卦九三等之注文。

　　利用虞翻自說來訓解其逸象之本意，最能表明虞氏用象的實際現況，並且不致曲解虞氏逸象的本來面貌。

3. 徵引諸家《易》說以為訓

　　惠氏詮釋虞象，多徵引諸家《易》說為注，諸如：

　　乾「為君子」，惠氏云「三于三才為人道」，為鄭康成注乾九三之言。〔註138〕坤「為事」，惠氏直引京房之說，云「六三或從王事，京房云：陰為事」。〔註139〕坤「為虎」，惠氏云「京房《易》，坤為虎刑」，〔註140〕即以京房說釋之。震「為麋鹿」，引《京房易傳》云「震遂泥，厥咎國多麋」。震「為筐」，引服虔云「震為竹，竹為筐」。巽「為魚」，惠氏云「郭璞曰：魚者震之廢氣也。朱子發曰：巽王則震廢，故仲翔以巽為魚也」，此文當惠氏引自朱震《漢上易傳·叢說》。〔註141〕坎「為惕」，惠云「加憂為惕」，此朱子之言，云「坎為加憂之象」，「坎為加憂為惕」；宋朱鑑《文公易說》亦同言。〔註142〕艮「為星」，惠云「艮主斗，斗建十二辰為人斗，合于人統。朱子發引仲翔曰：『離、艮為星。』離為日，非星也。朱誤讀虞注耳」。惠氏特別引朱震釋虞翻之說為訓，指出朱震的誤謬。實事上，虞氏之說，為釋賁卦《彖傳》「天文也」，云「謂五利變之正，成巽體離。艮為星，離日、坎月，巽為高。五，天位。離為文明。日月星辰，高麗於上，故稱天之文也」。知虞氏並不以離日為星。〔註143〕

　　透過旁徵諸家《易》說，補強虞氏逸象在解釋上之合理性，並可藉以知

　　　　惠氏未將「為膚」納為虞氏之逸象，張惠言據補。「為見」，惠氏引虞言，見《易漢學》卷三，頁1132。

〔註138〕惠氏言見《易漢學》卷三，頁1126。鄭玄注文，見李鼎祚《周易集解》引鄭氏云：「三於三才為人道，有乾德而在人道，君子之象。」（卷一，頁2。）

〔註139〕見《易漢學》卷三，頁1128。

〔註140〕見《易漢學》卷三，頁1128。引京氏為「虎刑」者，見《京氏易傳》云：「龍德十一月在子在坎卦左行，虎刑五月在離卦右行。」就十二消息言，陰陽消息變化，五月姤卦一陰初生，至十月坤卦陰氣盛極而萬物寂然，生機殺滅；虎為獸中殺物之王，故以「虎」象坤。

〔註141〕「為麋鹿」、「為筐」、「為魚」所引諸家之說，見《易漢學》卷三，頁1130～1131。

〔註142〕惠云見《易漢學》卷三，頁1131。朱子言，見《朱子語類·易六》卷七十，又見《朱子全書·易三》卷二十八。朱鑑言，見《文公易說》卷三，釋訟卦所云。惠氏以漢學為本，復漢為志，然對宋學並非全然眾斥，此引朱子之說，為一實證。

〔註143〕惠氏之言，見《易漢學》卷三，頁1131。虞氏釋賁卦文，見李鼎祚《周易集解》卷五，頁120。

其所用之象的普遍性或其先後運用之情形。

4. 徵引有關經書典籍與論者言以爲釋

　　以經訓經或是以諸子群籍訓經，固爲傳統治經者運用之方法，特別是漢代治經的重要特色，惠氏以恢復漢學爲志，治學的態度自然深受漢儒之影響。惠氏身爲乾嘉漢學的立戶門師，這種以諸經或典籍與有關論者之言作爲引證之法，爲其治學的普遍運則；在虞氏逸象的論述或解釋上，惠氏也以一貫的旁徵博引作爲訓解的方法。

　　首先徵引諸經或諸家釋經之言爲訓者，諸如：

　　乾「爲敬」，引《左傳》云「成季之生也，筮之遇大有之乾，曰：同復于父，敬如君所，是乾爲敬也」。〔註144〕乾「爲性」，引《中庸》「天命之謂性」語爲釋。〔註145〕乾「爲好」，惠氏云「賈逵曰：好生于陽」，爲賈氏注《左傳》之言。〔註146〕坤「爲安」，惠氏云「坤主靜，故安」，並引《左傳》與杜預注，以及《月令》鄭玄注之說爲釋。〔註147〕坤「爲富」，惠氏引《大戴禮》云「地作富」。坤「爲財」，惠氏引《禮運》云「天生時而地生財」。〔註148〕坤「爲義」，引《周書》云「地道曰義」。坤「爲惡」，引《春秋傳》云「惟正月之朔慝未作」，惠云「謂建巳之月。惡，未作也。是知陰爲惡」，說明「惡道屬陰」。震「爲應」，引鄭注《曲禮》云「雷之發聲，物无不同時應者」。坎「爲謀」，惠云「《洪範》：謀屬水。《釋言》曰：謀，心也」，引二說爲釋。艮「爲庭」，惠氏直引杜預注《左傳》云「艮爲門庭」。〔註149〕

　　其次，雜引諸典籍爲訓者，諸如：

　　乾「爲武人」，引《春秋外傳》云「天事武」。乾「爲甲」，引《素問》云「天

〔註144〕見《易漢學》卷三，頁 1126。
〔註145〕見《易漢學》卷三，頁 1126。
〔註146〕孔穎達《左傳正義》引賈逵云：「好生於陽，惡生於陰，喜生於風，怒生於雨，哀生於晦，樂生於明。」孔氏又於《毛詩正義》中云：「六情有所法者，服虔《左傳》之注，以爲好生於陽，惡生於陰，喜生於風，怒生於雨，哀生於晦，樂生於明是也。」一爲賈逵之言，一爲服虔之言，當以賈逵爲正。
〔註147〕見惠氏云：「《左傳》畢萬筮仕，遇屯之比，辛廖占之曰：安而能殺。杜預以爲坤安、震殺也。《月令》晏陰，鄭注云：陰稱安。」（見《易漢學》卷三，頁 1127。）
〔註148〕惠氏引《大戴禮》、《禮運》二說，見《易漢學》卷三，頁 1127。
〔註149〕坤「爲義」、「爲惡」、震「爲應」、坎「爲謀」、艮「爲庭」之引文，見《易漢學》卷三，頁 1128、1129、1131。

氣始于甲」。乾「爲蓍」，引《白虎通》轉引《禮‧雜記》云「蓍，陽之老也」。坤「爲鬼」，引《黃帝占》云「以坤爲鬼門」。坤「爲躬」，引《釋詁》云「躬，身也」。坤「爲身」，同引《釋詁》云「身，我也」。〔註150〕坤「爲近」，直引《法言》云「近如地。坤爲身，本諸身者最近，故爲邇爲近也」。坤「爲惡」，引賈逵云「惡生于陰」，同於前乾「爲好」，注《左傳》之言。坤「爲義」，引《乾鑿度》云「地靜而理曰義」。〔註151〕震「爲諸侯」，惠云「漢司徒恭曰：古者帝王封諸侯，不過百里，故利以建侯，取法于雷」；所言出於《後漢書‧光武帝紀》。又引《王度記》云「諸侯封不過百里，象雷震百里」；實出於《白虎通義‧封公侯》。〔註152〕震「爲士」，惠云「震初元士」，〔註153〕實引自《乾鑿度》所言「初爲元士」，也就是乾初爲震，所以震初爲元士。震「爲夫」，惠引《晉語》云「司空季子論屯之震曰：一夫之行也」；又引韋昭云「一夫，一人也。震一索而得男，故爲一夫」。所言爲正，惟又可由《說卦》得其義，「夫婦之道，不可以不久也，故受之以恒。恒者，久也。恆☷卦巽下震上，巽爲婦，故震爲夫。震「爲行」，同前「爲夫」逸象，引《晉語》韋昭之言，「震爲作足，故爲行」。〔註154〕震「爲百」，引《論語讖》與宋均注釋之。〔註155〕震「爲寬仁」，引《太玄》云「三八爲木，性仁情喜。震爲春，春主仁」，又引《樂緯稽耀嘉》云「仁者有惻隱之心，本生于木」，又注云「仁生于木，故惻隱出于自然也」；以春木主仁爲震。震「爲樂」，引《春秋繁露》云「春，蠢也。蠢蠢然喜樂之貌」。震「爲草莽」，惠氏引太玄云「爲草」。坎「爲膏」，惠氏引《太玄》與范望注云「《太元》：類爲膏。注：潤萬物也」。坎「爲鬼」，同引《太玄》與范望注，「《太元》曰：類爲鬼。范望注：陰所聚也」。〔註156〕

　　引諸經或相關典籍之言，可以視爲虞氏用象之依據與旁證。且由經書與典籍之言，可以看到《周易》用象的普遍性。用象述義成爲漢魏時期的重要特色。所用之象，理趣大致相近，所以可以作爲互訓之用。同時也可以看出，大致上《周易》之象義，已成爲普遍的共識或是一般的知識。

〔註150〕惠氏諸言，見《易漢學》卷三，頁1126～1127。
〔註151〕惠氏諸引言，見《易漢學》卷三，頁1128。
〔註152〕引文見《易漢學》卷三，頁1129。
〔註153〕見《易漢學》卷三，頁1129。
〔註154〕「爲夫」、「爲行」引文，見《易漢學》卷三，頁1129。
〔註155〕參見《易漢學》卷三，頁1129。
〔註156〕「爲寬仁」、「爲樂」、「爲草莽」、「爲膏」、「爲鬼」諸引文，見《易漢學》卷三，頁1129～1130。

（四）惠氏在輯象與闡釋上之缺失

　　惠氏所列虞氏逸象，開啓其後學者對虞氏逸象之關注。惠氏作言簡意賅的小注，以明虞氏用象之理。細察所考，雖大抵嚴謹慎密，然所列仍有小疵，或間有未合之處者。且在解釋虞氏逸象上亦有未當者。

　　對於惠棟輯引虞氏之逸象，其小疵或未合者，則轉輯原作之言，當以原作爲本，不宜斷改，如坤「爲妣」言，原虞氏注小過六二爻「過其祖，遇其妣」，云「祖謂祖母，初也，母死稱妣」，〔註157〕虞氏作「稱妣」，雖惠氏注云「坤爲喪爲母，母喪故稱妣」，〔註158〕所言甚是，然亦不宜改作「爲妣」。又如巽「爲商」，原虞氏注兑九四爻「商兑未寧」，云「巽爲近利，市三倍，故稱商」，〔註159〕惠氏改「稱商」爲「爲商」。又虞氏原有震「爲後世」，〔註160〕惠氏並無，而另有「爲後」、「爲世」，是二字之象，誤作一字者。

　　惠氏所輯虞氏逸象，或解釋虞氏逸象，確是有誤者，以下則分別舉出說明：

1. 爲刑人

　　方申於《虞氏易象彙編・自序》中檢討惠氏之失，認爲惠氏有他卦之象，誤作此卦者，包括：

> 坤爲鬼神爲虛，惠本坤作坎。坤爲順，惠本坤作艮。兑爲刑人，惠本兑作坤。〔註161〕

事實上，惠氏所輯，方申所指除了「刑人」外，「鬼神」、「虛」、「順」等逸象，惠氏並無誤。方氏認爲「兑爲刑人，惠本兑作坤」，惠氏實以兑卦與坤卦同時有「刑人」之逸象，詳考虞翻遺文，僅兑卦有「刑」、「刑人」之逸象，其中爲「刑人」者，至少有四處，包括：蒙初六「利用刑人」，虞注：

> 初爲蒙始，而失其位，發蒙之正以成兑，兑爲刑人，坤爲用，故曰利用刑人矣。〔註162〕

〔註157〕見《周易集解》卷十二，頁300。
〔註158〕見《易漢學》卷三，頁1127。
〔註159〕見《周易集解》卷十一，頁284。惠氏《易漢學》注云：「巽近利，市二倍，故爲商。」（卷三，頁1131。）據《集解》而言，然改作「爲商」言。
〔註160〕《繫傳》「以待風雨，蓋取諸大壯」，虞翻注云「震爲後世」，以「後世」爲逸象。（見《周易集解》卷十五，頁367。）
〔註161〕見方申《方氏易學五書・虞氏易象彙編》卷二，頁603。
〔註162〕見《周易集解》卷二，頁45。

履六三「眇能視，跛能履」，虞注：

> 俗儒多以兌刑爲跛，兌折震足，爲刑人見刑斷足者，非爲跛也。

〔註163〕

睽九三「其人天且劓，无初有終」，虞注：

> 兌爲刑人，故其人天且劓失位，動得正成乾，故无初有終。〔註164〕

困上六「困于葛藟，于臲卼」，虞注：

> 兌爲刑人，故困于葛藟于臲卼也。〔註165〕

惠氏並認爲「兌秋爲刑」，〔註166〕符合《說卦》用象之理；《說卦》以兌爲「正秋」爲「毀折」，與虞氏「刑」、「刑人」意合。至於惠氏輯虞氏有以坤爲「刑人」，今察虞文並未見得，且張惠言增補虞氏逸象中亦未納入以坤爲「刑人」者。此確是惠氏之誤。

2. 爲 歸

惠氏認爲虞氏於巽卦有「爲歸」之逸象，方申《虞氏易象彙編》則指出惠氏之失：

> 有注家未引，而誤列於逸象者。惠本有巽爲歸，坎爲叢，今檢諸家之注，未有引此二則者，疑歸爲婦之誤，叢爲叢木之誤。〔註167〕

惠氏確輯有巽卦「爲歸」之逸象，今查虞文並無以巽爲「歸」者，張惠言輯本亦無，疑惠氏之誤。虞氏有以「歸」爲言者，蓋釋歸妹六三爻「歸妹以須，反歸以娣」注云：

> 須，需也。初至五體需象，故歸妹以須。娣，謂初也。震爲反，反馬歸也。三失位，四反得正。兌進在四，見初進之，初在兌後，故反歸以娣。〔註168〕

依此釋文，震有「爲反」之逸象，並有「反歸」之意。又案，《說卦》云坎爲「萬物之所歸也」，即坎有歸藏之意。〔註169〕惠氏以巽卦作「爲歸」逸象，確如方氏

〔註163〕見《周易集解》卷三，頁71。
〔註164〕見《周易集解》卷八，頁189。
〔註165〕見《周易集解》卷九，頁233。
〔註166〕見《易漢學》卷三，頁1132。
〔註167〕見方申《方氏易學五書‧虞氏易象彙編》卷二，頁603。
〔註168〕見《周易集解》卷十一，頁267。
〔註169〕《說卦》云：「坎者，水也，正北方之卦也，勞卦也，萬物之所歸也，故曰勞乎坎。」崔憬云：「以坎是正北方之卦，立冬已後，萬物歸藏於坎，又陽氣伏於子，潛藏地中，未能浸長，勞局眾陰之中也。」李鼎祚亦云：「歸，藏也。

所指為誤。另外，對於「為蔡」之逸象，指惠氏為誤，則有待商榷；後文詳述。

3. 為　王

　　惠氏輯虞氏以乾「為王」，確實虞氏慣以乾「為王」釋卦，《周易集解》
中可見者不下十二處，包括：如訟卦六三「或從王事无成」，虞注：

　　　　乾為王。

隨卦上六「王用亨於西王」，虞注：

　　　　否乾為王，謂五也。

蠱卦上九「不事王侯」，虞注：

　　　　泰乾為王、坤為事，應在於三，震為侯，坤象不見，故不事王侯。

晉卦六二「茲介福於其王母」，虞注：

　　　　乾為王，坤為母。

蹇卦六二「王臣蹇蹇，匪躬之故」，虞注：

　　　　觀乾為王、坤為臣為躬，坎為蹇也。

益卦六二「王用享于帝」，虞注：

　　　　震稱帝，王謂五，否乾為王。

又干寶注：

　　　　王用享于帝，在巽之宮，處震之象。

夬卦象辭「揚于王庭」，虞注：

　　　　旁通乾為陽為王。

萃卦象辭「王假有廟」，虞注：

　　　　觀乾為王。

豐卦象辭「王假之」，虞注：

　　　　乾為王。

渙卦象辭「王假有廟」，虞注：

　　　　乾為王。

渙卦《大象》「先王以享于帝立廟」，虞注：

　　　　否乾為先王，享，祭也，震為帝。

渙卦九五《象傳》「王居无咎，正位也」，虞注：

　　　　五為王，艮為居，正位居五，四陰順命，故王居无咎，正位也。

　　　　坎二失位不正，故言正北方之卦，與兌正秋同義。」（見《周易集解》卷十七，
頁 410。）是坎卦有歸藏之意。

－297－

〔註 170〕

由上引諸例，可以看到虞氏以乾卦有「王」之逸象，就爻位言，又以五爻爲王；另外，並以震卦爲侯爲帝。然而，惠氏於虞氏此逸象下云：

乾爲君，故爲王。《九家》震爲王，乾初九也。〔註 171〕

並於輯《九家》逸象時，以震「爲王」，本項安世《周易玩辭》之說云：

爲王者，帝出乎震。〔註 172〕

顯然，惠氏以震「爲王」，出於項氏之說。案，「王」當爲乾象，虞翻一以貫之，未另作以震「爲王」。震本無「王」象，乾爲「君」，故爲「王」，所以朱震《漢上易傳》也提到「爲王當在乾」；〔註 173〕乾爲「王」，至震則爲「帝」、爲「公」、爲「侯」，不取「王」象。如前引蠱卦「不事王侯」，則「王」謂乾，「侯」謂震。〔註 174〕又如前引益卦「王用享于帝」，則「王」謂乾，而「帝」謂震。〔註 175〕又如大有卦九三「公用亨于天子」，則「公」謂震，「天子」謂乾。〔註 176〕又如比卦《大象》「先王以建萬國親諸侯」，則「先王」謂乾，「諸侯」謂震。〔註 177〕

〔註170〕 以上諸引虞注，訟卦見《周易集解》卷三，頁 54；隨卦卷五，頁 104；蠱卦卷五，頁 108；晉卦卷七，頁 175；蹇卦卷八，頁 193；益卦卷八，頁 206；夬卦卷九，頁 211；萃卦卷九，頁 221；豐卦卷十一，頁 268；渙卦卷十二，頁 287、288、290。

〔註171〕 見《易漢學》卷三，頁 1125。

〔註172〕 見《易漢學》卷七，頁 1219。項安世《周易玩辭》卷十五云：「震逸象爲王、爲鵠、爲鼓、爲王者，帝出乎震也，與長子同鵠。」

〔註173〕 見朱震《漢上易傳》卷九。引自臺灣商務印書館《景印文淵閣四庫全書》第 11 冊，1986 年，頁 280。

〔註174〕 蠱卦上九「不事王侯」，虞氏注：「泰，乾爲王、坤爲事，應在於三，震爲侯，坤象不見，故不事王侯。」依虞氏之義，泰卦有乾坤；乾「爲君」，故「爲王」。上九下應在三，三互震則「爲侯」。上不與三應，所以「不事王侯」。

〔註175〕 益卦六二「王用享于帝，吉」，虞注：「震稱帝，王謂五，否乾爲王，體觀象，艮爲宗廟，三變折坤牛，故王用享于帝。得位，故吉。」「帝出乎震」，故「震爲帝」。五天子位，故「五爲王」；「乾以君之」，故「否乾爲王」。是乾「王」而震「帝」之象。

〔註176〕 大有卦九三「公用亨于天子，小人弗克」，虞翻注曰：「天子謂五。三，公位也。小人謂四。二變得位，體鼎象，故公用亨于天子。四折鼎足，覆公餗，故小人不克也。」（見《周易集解》卷四，頁 90。）又虞注鼎卦九四云「四變震爲足，折入兌，故『鼎折足，覆公餗』」；是小人不克當天子之享，震當然沒有資格爲「王」、爲「天子」了。

〔註177〕 比卦《大象》「先王以建萬、國親諸侯」，虞翻注曰：「先王謂，五初陽已復。震爲建、爲諸侯。坤爲萬國、爲腹。坎爲心。腹心親比，故以建萬國親諸侯。詩曰『公侯腹心』，是其義也。」（見《周易集解》卷三，頁 62。）五爲天子，

若乾卦既爲「君」、爲「王」，而震又爲「王」，乾、震之象相淆亂，而漫無區別，此於理不通。因此，震卦不當有「爲王」之逸象，惠氏不宜以非虞氏之說的「震爲王」來釋虞氏的乾卦「爲王」之逸象。此惠氏爲誤。

惠氏以《九家》之言，認「乾初九」爲王，主要在呼應「震爲王」。事實上，就爻位而言，虞氏不以初爻爲「王」，而專以五爻爲「王」，此惠氏所未明者，轉引他說爲釋而誤。

4. 為賢人

惠氏輯虞氏乾卦有「爲賢人」之逸象，並云「九二。二升坤五，故爲賢人」；也就是就卦位而言，賢人當指九二爻。此種說法爲誤。檢《周易集解》中虞氏作「賢人」之象者，坤卦《文言》「天地閉，賢人隱」，虞氏注云：

> 謂四，泰反成否。乾稱賢人，隱藏坤中，以儉德避難，不榮以祿，故賢人隱矣。〔註178〕

此「謂四」，即指六四而言。坤變爲否自四始，四變爲陽，則否卦勢將成。四位爲否泰之交，「否泰反其類」，四變則爲「泰反成否」。乾《文言》云「賢人在下位而无輔」，故知「乾稱賢人」，特別是就九三爻而言；荀爽特別針對「賢人在下位而无輔」，注云：

> 謂上應三。三陽德正，故曰「賢人」。別體在下，故曰「在下位」。

又云：

> 兩陽无應，故「无輔」。〔註179〕

三陽居正爲「賢人」，與上別爲一體而處「在下位」，上與三无應，故爲「无輔」。《繫辭上傳》「賢人在下位而无輔」，虞翻注云：

> 乾稱賢人，下位謂初也。遯世無悶，故賢人在下位而不憂也。〔註180〕

乾三與上无應，三陽德居正位而稱「賢人」，而三與上別爲一體並處下，所以爲「在下位」；然隱於初，所以「不憂」。虞氏也同時舉文王和紂爲言，認爲「文王居三，紂亢極上」，〔註181〕文王居三爻之位，爲「賢人在下位」，而紂

乾減坤中，故稱「先王」。比卦之一陽自復卦來，故云「初陽已復」。初剛難拔，故云「震爲建」；震爲長子主器，故「爲諸侯」。此虞氏之義，乃以乾「爲王」、「爲先王」，以震「爲諸侯」。

〔註178〕見《周易集解》卷二，頁35。
〔註179〕見李鼎祚《周易集解》卷一，頁15。
〔註180〕見李鼎祚《周易集解》卷十三，頁331。
〔註181〕見李鼎祚《周易集解》卷十三，頁331。

則處上爻亢極之位，則「无輔」。是荀氏、虞氏皆以九三爲「賢人」。

又，《繫辭上傳》「履信思乎順，有以尙賢也」，虞注云：

> 大有五應二而順上，故「履信思順」。比坤爲順，坎爲思。乾爲賢人，
> 坤伏乾下，故「有以尙賢」者也。〔註182〕

大有☲二五相應以順上，並與比卦☷旁通。「比坤爲順」，則爲比內體坤爲順；而其外體爲坎，坎爲心，所以爲思。乾上九有所謂「賢人在下位」，所以三爲賢人。大有旁通爲比，坤爲履乾，所以「坤伏乾下」；以乾在坤上，故「有以尙賢」。這裡虞注「賢人」，也是明白地指爲九三。此外，《繫辭下傳》「既有典常，苟非其人，道不虛行」，虞氏注云：

> 其出入以度，故有典常。苟，誠也。其人，謂乾爲賢人。神而明之，
> 存乎其人，不言而信，謂之德行，故不虛行也。〔註183〕

在這段注文中，推闡虞氏之解，僅知乾有「賢人」之象，無明指是九三之位，並且可以肯定的，也絕不會是惠氏所說的九二爻位。

因此，從《周易集解》中的虞氏提及「賢人」的注文中，可以理解到虞氏以乾爲賢人，就爻位而言，則專指九三爻，至於惠氏所說的「九二」爻，或是「二升坤五，故爲賢人」之說，當是以偏蓋全的誤謬之言。

5. 爲大謀

《繫辭下傳》「德薄而位尊，知少而謀大」，虞翻注云：

> 兌爲少知，乾爲大謀。四在乾體，故「謀大」矣。〔註184〕

虞氏以鼎☲卦九四爻爲言，以「大謀」爲乾卦之逸象。鼎卦互兌爲少女，故爲「小知」；互乾陽爲大，故爲「大謀」。四居兌乾之間，故「知少而謀大」。對此「大謀」逸象之見解，惠氏云：

> 坎心爲謀，乾稱大，故稱大謀。〔註185〕

紀磊以爲不妥，《虞氏逸象攷正》云：

> 謀字從言不從心，據象當屬兌，乾爲大，兌爲謀，故爲大謀。〔註186〕

紀氏之言爲是。此逸象由鼎卦而來，並不涉於坎，何來「坎心爲謀」；或許惠氏以坎「爲心」之象，進而以「心」推爲「謀」義，雖尙稱合理，卻不合虞

〔註182〕見李鼎祚《周易集解》卷十四，頁353。
〔註183〕見李鼎祚《周易集解》卷十六，頁391。
〔註184〕見李鼎祚《周易集解》卷十五，頁377。
〔註185〕見《易漢學》卷三，頁1127。
〔註186〕見紀磊《虞氏逸象攷正》，頁461。

氏以鼎卦爲言之本義。因此，惠氏在此爲非。

6. 為　密

虞翻以「爲密」爲坤卦之逸象，惠氏注作「兌上爻」，認爲虞氏的「爲密」，即是針對兌卦上爻而言。查虞氏以坤「爲密」者，《周易集解》中僅見二處，即《繫辭上傳》「君不密則失臣，臣不密則失身」，虞氏注云：

> 泰乾爲君，坤爲臣、爲閉，故稱密。乾三之坤五，君臣毀賊，故君不密則失臣。坤五之乾三，坤體毀壞，故臣不密則失身。坤爲身也。

又《繫辭上傳》「是以君子愼密而不出也」，虞氏注云：

> 君子謂初，二動坤爲密，故君子愼密。體屯，「盤桓，利居貞」，故不出也。〔註187〕

此二文，皆就上坤下乾的泰䷊卦而言。乾三之坤五，是君之臣，乾毀坤賊，所以君不密而失臣；坤五之乾三，是臣之君，坤體毀，乾亦壞，所以臣不密而失其身。三五互易爲上坎下兌（䷂）。初陽得正，所以是「君子謂初」，二動（䷂）互坤故爲密，互艮陽小爲愼，所以說「君子愼密」。且二動體屯䷂，屯初九「盤桓，利居貞」，所以爲「不出」。

虞氏明白表示「爲閉，故爲密」；知「爲密」之用，本於《說卦》「坤以藏之」，因「藏之」而有「閉」之象，「閉」則「退藏于密」，故又有「爲密」之說。惠氏釋義，並不就象意而言，卻指出虞氏是就「兌上爻」之爻位而言此「爲密」之逸象；然而詳明虞注，似無此意。此惠氏之自說，不宜爲正。

7. 為積惡

虞氏以坤爲「積惡」之象，惠氏認爲是就「初六」而言。〔註188〕檢視虞氏用此象，見於其釋《繫下》「善不積，不足以成名。惡不積，不足以滅身」所云：

> 乾爲積善，陽稱名。坤爲積惡、爲身，以乾滅坤，故滅身者也。〔註189〕

李道平《周易集解纂疏》進一步推闡，云：

> 噬嗑自否來。否陰消陽，弑父弑君。噬嗑曰「明罰敕法」。五來滅初，小微大誡，以辨之早辨也。上六「迷復」，舉大惡極，故發其義于噬嗑上九也。乾元爲善，自復至乾爲「積善」。初不成名，陽成于三爲

〔註187〕二引虞氏注文，見李鼎祚《周易集解》卷十三，頁331。
〔註188〕見《易漢學》卷三，頁1128。
〔註189〕見李鼎祚《周易集解》卷十五，頁375。

「成名」。坤陰爲惡，自姤至坤爲「積惡」。坤形爲身。坤消至上，

窮上反下，乾來滅坤，故「滅身」也。〔註190〕

虞氏認爲噬嗑☲☳卦是由否☷☰卦而來，即否卦坤初之五爲噬嗑。噬嗑六五，本在否初，初原不得位，處五又非其位，始終爲小人、爲惡，也就是陰自初升五，失位不正而積其大惡。《九家易》特別針對《繫下》「何校滅耳，凶」作注，知其言爲噬嗑上九爻辭，並認爲「陰自初升五，所在失正，積惡而罪大，故爲上所滅」，〔註191〕也明白指出「積惡而罪大」者，爲初升五之六五爻位。因此，虞氏以「積惡」爲象，就釋此辭而言，所針對的是噬嗑卦六五爻。另外，以陰消陽息之變來陳述善惡之義觀之，初爻惡念始萌，所以坤陰消自姤☴初，即虞氏所說的「小惡謂姤初」。〔註192〕積羽沈舟，積小惡而成大惡，由姤☴至遯☶，「子弒其父，故惡積而不可弇」；由遯☶成否☷，「以臣弒君，故罪大而不可解」。〔註193〕因此，虞氏就惡之積言，六二爻（遯卦）或六三爻（否卦）皆當屬之，至於初爻（特別是姤卦），在虞氏的說法上，則僅是「小惡」，也就是惡之始成。

由前諸分析看來，惠氏認爲「積惡」所指的是初六，說法並不正確，並未眞正明白虞氏之本意。揣度惠氏之所以指爲「初六」，蓋根據坤初六《文言傳》所謂「積不善之家」而言。是惠氏不明虞說，所言爲非。

8. 爲　後

震「爲後」，惠云「爲長子，故爲後」，〔註194〕其說精簡短促，似未能詳明虞氏「爲後」之旨意。然而，紀磊《虞氏逸象攷正》中云：

如惠注，則爲人後之後，非先後之後矣。然震爲乾初，象當爲先，

不當爲後象，注並未允。〔註195〕

紀氏以惠氏之言爲非，但所言亦未必爲正。「爲長子」，當然爲先生者，本不當爲「後」，惠氏並不以此長幼之序而言「故爲後」，只不過未進一步詳明罷了；若說惠氏爲不是，則不是於未稍加說明。紀氏云「震爲乾初，象當爲先，不當爲後象」，雖是如此，但震初爻之形成，就虞說來看，其象意並不當爲

〔註190〕見李道平《周易集解纂疏》卷九，頁645。
〔註191〕見李鼎祚《周易集解》卷十五，頁376。
〔註192〕見李鼎祚《周易集解》卷十五，頁375。
〔註193〕括弧內容爲虞氏之言，見李鼎祚《周易集解》卷十五，頁375～376。
〔註194〕見《易漢學》卷三，頁1129。
〔註195〕見紀磊《虞氏逸象攷正》，頁460。

「先」，此一陽是後來於乾三，故震爲「後」。

　　查《周易集解》中虞注爲「爲後」者有三處。見於乾卦《文言》「後天而奉天時」，虞云：

> 奉，承行。乾三之坤初成震，震爲後也。震春兌秋，坎冬離夏，四時象具，故後天而奉天時，謂承天時行順也。

乾坤相索而得六子，震爲乾之長子，所以奉乾者爲震；震一陽初生，爲乾之長子，固爲一般所知。然虞氏又以爻變消息言，震☳屬二陽四陰之卦，自臨☷卦而來，也就是其所云「臨二之四」者。〔註196〕就消息言，乾盡於剝☶上，反坤三，成艮體謙☷，謙三之坤初，爲震體復☷。所以「剛從艮入坤，從反震」，〔註197〕消艮入坤，出復震；初以艮爲震之反，所以爲「從反震」。乾交坤始，一陽爲復；三復陽位，體離互坎，所以云「乾三之坤初爲震」。因此，「帝出乎震」，一陽來自乾三，故以「震爲後」；又，初陽爲正，初應四，並以互坎爲則，這也就是震卦《象傳》言「後有則」的道理所在。

　　又，睽卦上九「先張之弧，後說之壺」，虞云：

> 謂五已變，乾爲先，應在三，坎爲弧，離爲矢，張弓之象也，故先張之弧。四動震爲後。說，猶置也。兌爲口，離爲大腹，坤爲器，大腹有口。坎，酒在中壺之象也。之應歷險以與兌，故後說之壺矣。

睽☲卦五已變體乾，陽主倡，故「乾爲先」。下應三，三五互坎，坎爲弓輪，故爲「弧」。離矢而弓張。合諸象爲「先張之弧」。四動體震，震卦《象傳》云「後有則」（如前說），故此以震「爲後」。

　　又，《繫辭下傳》「定其交而後求」，虞云：

> 震專爲定、爲後。交，謂剛柔始交，艮爲求也。〔註198〕

震☳爲專，故爲定，本又有「後」象。震初剛始交柔，且艮兌「同氣相求」，以二至四互艮而爲求，所以云「定其交而後求」。虞氏此段訓文，已定震卦爲「後」之象，進而釋此《繫傳》文，並未詳明「爲後」之理。

　　由上述三訓，知虞氏專就震卦初爻形成與相應的關係來談其「爲後」之由。惠氏以震於六子中屬長子的身份云「爲長子」，並接著云「故爲後」；所

〔註196〕見李鼎祚《周易集解》卷十，頁 250。

〔註197〕參見虞注復卦《象傳》「剛反動而以順行」，云：「剛從艮入坤，從反震，故曰反動也。坤順震行，故而以順行。陽不從上來反初，故不言剛自外來。是以明不遠之復，入坤出震義也。」（見李鼎祚《周易集解》卷六，頁 130。）

〔註198〕見李鼎祚《周易集解》卷一，頁 21；卷八，頁 190；卷十六，頁 382。

言似爲震卦因爲「爲長子」，所以「故爲後」，依其語氣二者有其因果關係，然而震卦絕不因「爲長子」的身份而爲後。雖知惠氏並無此意，但語意不明，用語顯有瑕疵，此爲惠氏之非。

9. 為　黃

離「爲黃」，惠氏訓作「六二」，〔註199〕此蓋據離☲卦六二爻辭「黃離」，以六二象「黃」。侯果注云：

> 此本坤爻，故云黃離。來得中道，所以元吉也。〔註200〕

知坤本有「黃」之象，〔註201〕六二爲坤爻，故具坤性而同爲「黃」；遯☶卦六二《象傳》「執用黃牛」，侯果又注云，「六二離爻，離爲黃牛」，〔註202〕爻辭與侯注皆用「黃」象。然而，離卦中爻自坤來，爲陰爲坤性，就重卦而言，並非只取六二爲陰，五爻亦同，也就是說六五當亦有「黃」象。

查《周易集解》中，虞氏以離「爲黃」者，僅見一處，即鼎☲卦六五「鼎黃耳」，虞注「離爲黃」；〔註203〕這裡，鼎卦六五爻辭已直接表明此爻具色「黃」之象，且虞氏進一步說明上體爲離故爲「黃」。是坤二五交乾則爲爲離，離二五來自坤，二五兩爻皆自坤來，皆具爲「黃」之象，不能獨厚於「六二」一爻。因此，惠氏只言「六二」，並不夠周切。

（五）對其疑誤者之澄清與再詮釋

歷來對於惠氏所輯之逸象，一一作簡略之考正者，主要見於方申《虞氏易象彙編》與紀磊《虞氏易象攷正》，後來者則少作平議。方、紀細挑惠氏之失，僅有數見；除了前文部份之說外，另外認爲所輯「爲虛」、「爲鬼」、「爲順」、「爲蔾」、「爲尸」等逸象，皆惠氏之誤。然而是否如此，則有待商榷與釐正，還惠氏公允之評價，以免誣指相延。同時進一步的再認識，也可以對虞氏所用之逸象，有更深刻而正確的瞭解。

1. 為　虛

方申指出以坤卦「爲虛」，而惠本坤卦作坎卦，認爲惠氏爲誤。〔註204〕

〔註199〕見《易漢學》卷三，頁1131。
〔註200〕見李鼎祚《周易集解》卷六，頁155。
〔註201〕漢魏以降，以坤爲「黃」者，除了《説卦》之外，《九家易》同倡，虞翻亦言爲「黃牛」。
〔註202〕見李鼎祚《周易集解》卷七，頁169。
〔註203〕見李鼎祚《周易集解》卷十，頁249。
〔註204〕參見方申《方氏易學五書·虞氏易象彙編》卷二，頁603。

坤卦與坎卦同時有「爲虛」之逸象，惠氏本虞翻之言，並無錯誤或不合。以《周易集解》中引虞氏之注云，可查者最少有八處，包括如剝《象傳》「君子尚消息盈虛」，虞注：

> 乾息爲盈，坤消爲虛。〔註205〕

咸《象傳》「君子以虛受人」，虞注：

> 乾爲人，坤爲虛，謂坤虛三受上，故以虛受人；艮山在地下爲謙，在澤下爲虛。〔註206〕

晉六二爻「受茲介福于其王母」，虞注：

> 乾爲介福，艮爲手，坤爲虛。〔註207〕

損《象傳》「損益盈虛，與時偕行」，虞注：

> 乾爲盈，坤爲虛。〔註208〕

歸妹上六「女承筐无實」，虞注：

> 坎爲虛，故无實。〔註209〕

歸妹上六《象傳》「上六无實，承虛筐也」，虞注：

> 泰、坤爲虛，故承虛筐也。〔註210〕

豐《象傳》「天地盈虛，與時消息」，虞注：

> 五息成乾，爲盈；四消入坤，爲虛。故天地盈虛也。〔註211〕

《繫傳》「變動不居，周流六虛」，虞注：

> 六虛，六位也。日月周流，終則復始，故周流六虛，謂甲子之旬，辰爲虛坎，戊爲月，離巳爲日，入在中宮，其處空虛，故稱六虛。
>
> 〔註212〕

此八引中，可以看到虞氏同時以坤、坎二卦「爲虛」。因此，是方申未察而誣指。

2. 爲　鬼

方申指出坤卦「爲鬼神」，惠本坤作坎」，而惠本坤卦作坎卦，認爲惠氏

〔註205〕見李鼎祚《周易集解》卷五，頁124。
〔註206〕見李鼎祚《周易集解》卷七，頁160。
〔註207〕見李鼎祚《周易集解》卷七，頁175。
〔註208〕見李鼎祚《周易集解》卷八，頁201。
〔註209〕見李鼎祚《周易集解》卷十一，頁267。
〔註210〕見李鼎祚《周易集解》卷十一，頁267～268。
〔註211〕見李鼎祚《周易集解》卷十一，頁269。
〔註212〕見李鼎祚《周易集解》卷十六，頁289～290。

爲誤。坤卦與坎卦同時有「爲鬼」之逸象，惠氏本虞翻之言，並無錯誤或不合。查《周易集解》中引虞氏「鬼」象之注，最少有七處，包括：大有九四《象傳》「匪其彭无咎，明辯折也」，虞注：

> 在坎爲鬼方，在離焚死，在艮旅于處。〔註213〕

謙《彖傳》「鬼神害盈而福謙」，虞注：

> 鬼謂四，神謂三。坤爲鬼害，乾爲神福，故鬼神害盈而福謙也。〔註214〕

睽上九「載鬼一車」，虞注：

> 坤爲鬼，坎爲車，變在坎上，故載鬼一車也。〔註215〕

豐《彖傳》「天地盈虛，與時消息，而况於人乎？况於鬼神乎」，虞注：

> 乾爲神人，坤爲鬼。〔註216〕

既濟九三「高宗伐鬼方，三年克之，小人勿用」，虞注：

> 乾爲高宗，坤爲鬼方。〔註217〕

未濟九四「震用伐鬼方」，虞注：

> 變之震，體師；坤爲鬼方，故震用伐鬼方。〔註218〕

《繫傳》「人謀鬼謀，百姓與能」，虞注：

> 乾爲人，坤爲鬼，乾二五之坤，坎爲謀，乾爲百，坤爲姓，故人謀鬼謀，百姓與能。〔註219〕

依虞氏之說，坤、坎二卦，蓋皆有「爲鬼」之逸象，故不宜說惠氏爲誤，方申又未察。

3. 為 順

方氏又認爲「坤爲順，惠本坤作艮」是誤，〔註220〕實方氏之誤，坤爲順，本是《說卦》已指之象，惠氏未將「爲順」作爲坤卦之逸象，本是合宜之作法；而惠氏又將「爲順」作爲虞氏艮卦之逸象，出於升《象》「君子以順德，

〔註213〕見李鼎祚《周易集解》卷四，頁 90。
〔註214〕見李鼎祚《周易集解》卷四，頁 93。
〔註215〕見李鼎祚《周易集解》卷八，頁 190。
〔註216〕見李鼎祚《周易集解》卷十一，頁 269。
〔註217〕見李鼎祚《周易集解》卷十二，頁 304。
〔註218〕見李鼎祚《周易集解》卷十二，頁 309。
〔註219〕見李鼎祚《周易集解》卷十六，頁 398。
〔註220〕參見方申《方氏易學五書‧虞氏易象彙編》卷二，頁 603。

積小以成高大」，虞注「艮爲順，坤爲積，故順德積小成高大」。〔註221〕同時，惠氏於艮「爲順」下，注云「艮爲弟，善事兄，弟故爲順」，所釋恰當。另外，紀磊《虞氏逸象攷正》中，也認爲艮「爲順」之逸象，於虞注中亦未見，疑惠氏之誤，〔註222〕未能詳明虞氏之說，同方氏之厚誣。

4. 爲　蔾

方申指出惠氏之失，以「坎爲蔾」，認爲諸家並無此引，疑惠氏之誤；〔註223〕此則方氏未察，今檢屯卦六三「卽鹿无虞，惟入于林中」，虞氏注云：

> 卽，就也。虞，謂虞人，掌禽獸者。艮爲山，山足稱麓；麓，林也。

> 三變體坎，坎爲蔾木，山下，故稱林中。〔註224〕

或言惠氏有誤，則在於以「爲蔾木」爲「爲蔾」，闕「木」字，而「爲蔾木」與「爲叢木」並爲二說，方申以不同而疑作等同。〔註225〕此外，李鼎祚亦有以坎「爲蔾棘」之說。李氏於困卦六三《象傳》「據于蒺蔾，乘剛也」下，案云：

> 三居坎上，坎爲蔾棘而木多心，蒺蔾之象。〔註226〕

是知，坎象用「蔾」者，並有所本，非惠氏之創制。

5. 爲　尸

惠棟輯坤卦有「爲尸」之逸象。方申認爲「《集解》坤作坎」，並且肯定惠氏改作坤卦之逸象。〔註227〕考今本《集解》虞氏注作「坤爲尸」，〔註228〕疑舊本《集解》作「坎爲尸」。惠氏《易漢學》於「爲尸」下注「坤爲身爲喪，

〔註221〕見李鼎祚《周易集解》卷九，頁226。
〔註222〕見紀磊《虞氏易象攷正》。引自《叢書集成續編》第三十冊，臺北：新文豐出版公司影印吳興叢書本，1989年7月臺1版，頁475。
〔註223〕參見方申《方氏易學五書·虞氏易象彙編》卷二，頁603。
〔註224〕見李鼎祚《周易集解》卷二，頁40。
〔註225〕方氏以「蔾」同「叢」者，蓋因《九家易》與李鼎祚之說而推。《九家易》釋坎卦上六《象傳》之注文，云「坎爲叢棘」，而李鼎祚案語云「坎於木堅而多心，叢棘之象也」。（見李鼎祚《周易集解》卷六，頁153。）且李鼎祚於困卦六三《象傳》「據于蒺蔾，乘剛也」下，案語則云「坎爲蔾棘而木多心，蒺蔾之象」。（見李鼎祚《周易集解》卷九，頁231。）李氏似以「叢棘」同於「蔾棘」。
〔註226〕見李鼎祚《周易集解》卷九，頁231。
〔註227〕見方申《方氏易學五書·虞氏易象彙編》卷二，頁603。
〔註228〕師卦六三「師或輿尸，凶」，虞翻注曰：「坤爲尸，坎爲車多眚，同人、離爲戈兵，爲折首，失位乘剛无應，尸在車上，故輿尸凶矣。」（見《周易集解》卷三，頁58。）

身喪故爲尸」，〔註229〕顯然肯定「爲尸」是坤卦之象。同時並於《周易述》中
針對師卦六三爻辭注云：

> 坤爲尸，坎爲車多眚，同人、離爲戈兵，爲折首，失位乘剛无應，
> 尸在車上，故車尸凶。一說：尸，主也；坤、坎皆有輿象，師以輿
> 爲主也。〔註230〕

惠氏在此有二說，前說原本虞氏之注，後說則爲《易程傳》以降宋明學者之通
說。〔註231〕就前說言，其所謂「坎爲車多眚」，即本《說卦》之文；旁通同人，
「離爲戈兵」，又是《說卦》文；《說卦》又云「離爲折上槀」，離上九云「有嘉
折首」，故爲「折首」。三陰失位，履陽爲乘剛，上陰又爲无應，以此帥師必大
敗，故有「輿尸」之凶。惠氏雖備作二說，但大體主此前說，而此前說又是虞
氏之言，虞氏之言，用象之法，又是從《說卦》而來，言之成理。因此，由此
解說，再一次強調、印證虞氏之逸象，並非無端虛造、漫無根據者，而是有所
依循，所依循者主要源於《周易》經傳。再就後說而言，以「尸」訓「主」，爲
宋代以來的普遍說法，且惠棟家學亦主此說，惠士奇《惠氏易說》云：

> 《戰國策》曰：寧爲雞尸，毋爲牛從。然則爲尸者，九二也。一陽
> 爲尸，羣陰爲從。三體柔而志剛，不爲從而亦欲爲尸，故凶。春秋
> 宣公十有二年，晉楚戰於邲，是時晉荀林父將中軍，中軍者，軍之
> 元帥，所謂尸也。林父欲還不欲戰，其佐彘子不從，故荀首曰：此
> 師殆哉，有帥而不從，彘子尸之，必有大咎。尸之者，即六三之輿
> 尸，故曰「師或輿尸，大无功也」。輿尸者，師之進退以輿爲主，凡
> 帥師者謂之帥，賦輿故曰輿尸。〔註232〕

士奇所訓甚詳，以「尸」爲主帥，而九二「一陽爲尸」，是就坎陰包陽之九二
而言，若就逸象來說，則當然是坎卦「爲尸」了；〔註233〕惠棟但知此說，僅

〔註229〕見《易漢學》卷三，頁1127。

〔註230〕見《周易述》，頁36。

〔註231〕宋代以「尸」爲「主」之義者，如《易程傳》、蘇軾《東坡易傳》、胡瑗《周
易口義》、沈該《易小傳》、李衡《周易義海撮要》、楊簡《楊氏易傳》、王宗
傳《童溪易傳》、李過《西谿易說》、趙以夫《易通》、李杞《周易詳解》等等，
元、明以降多有訓此者。

〔註232〕見惠士奇《惠氏易說》卷一。引自《皇清經解易類彙編》，臺北：藝文印書館，
1992年9月2版，頁337。

〔註233〕晚近尚秉和《周易尚氏學》亦主坎卦「爲尸」，而其「尸」之義，並不釋作「主
帥」，而作棺槨言。云：「坎爲尸，震爲輿，管輅以坎爲棺槨，故曰輿尸。夫

作備參，而仍主虞說，呼應虞說之逸象，以坤「爲尸」。究竟以坤或是以坎「爲尸」是正，各成其理，難擇取一正。

6. 爲介福

惠氏輯乾卦有「爲介福」之逸象，並小注「介，大」，也就是「介」字訓爲「大」之義。紀磊則云「介不訓大，惠注非」，〔註234〕認爲惠氏所訓爲「大」是錯誤的，殊不知訓「大」乃源自於虞氏之說；「介」字之義，又實非首出於虞氏，馬融訓「介，大也」爲先。〔註235〕顯見紀氏對虞說是未深究。

虞氏以乾爲「介福」，出於釋晉☷卦九二「受茲介福，于其王母」，云：

> 乾爲介福，艮爲手，坤爲虛，故稱受。介，大也，謂五己正中。乾爲王，坤爲母，故受茲介福，于其王母。〔註236〕

乾「元、亨、利、貞」四德中，「元」有爲「始」、爲「善」、爲「大」之義；爲「大」者，如乾卦《象傳》所云「大哉乾元」，也就是《繫辭上傳》所說的「夫乾，其靜也專，其動也直，是以大生焉」。所以乾卦有「爲大」之象。乾陽既有爲大、爲善、爲福之象，故「爲介福」。晉卦互艮爲手，坤陰稱虛，手虛能受，所以虞氏認爲「艮爲手，坤爲虛，故稱受」。五爻變正爲乾，乾爲君，故爲王，坤爲母，故爲「王母」。二與五應，二受五福，「故受茲介福，于其王母」。紀磊之評，未能深察；惠氏爲正，不能厚誣。

7. 爲草木

虞氏以巽卦「爲草木」，惠氏注云「剛爻爲木，柔爻爲草」，且於《周易述》中，亦廣作此訓。〔註237〕紀磊《虞氏逸象攷正》，不以爲然，認爲「惠氏之說，亦強區別耳」，〔註238〕質疑惠氏區別的必要性。惠氏作此區別，主要本於李鼎祚之說，李氏《周易集解》於否☶卦初六《象傳》「拔茅貞吉，志在君

陳師而出，輿尸以還，其无功甚矣，故曰凶。蓋坤爲死，三失位无應，以陰遇陰，得敵，故凶如是。」（見尚秉和《周易尚氏學》，北京：中華書局，1980年5月1版，2003年12月北京8刷，頁60。）所言亦可成理。

〔註234〕見紀磊《虞氏逸象攷正》，頁459。

〔註235〕見陸德明《經典釋文》卷二，云：「介，音戒，大也。馬同。」馬融訓爲「大」，陸氏同。

〔註236〕見李鼎祚《周易集解》卷七，頁175。

〔註237〕惠氏於《周易述》中，多以「剛爻爲木，柔爻爲草」爲訓，如卷二釋泰卦時，云：「巽爲草木，剛爻爲木，柔爻爲草，故巽爲茅。」卷七釋困卦，云：「巽剛爻爲木，柔爻爲草，故巽爲草莽。」卷九釋離卦，亦同。

〔註238〕見紀磊《虞氏逸象攷正》，頁470。

也」文下作案語，云：

> 初六，巽爻。巽爲草木，陽爻爲木，陰爻爲草。初六陰爻，草茅之
> 象也。〔註239〕

李氏明白地區別陽爻爲木，而陰爻爲草。這樣的說法，又當據荀爽而來，荀爽釋否卦初六「拔茅茹以其彙，貞吉亨」時，注云：

> 拔茅茹，取其相連。彙者，類也。合體同包，謂坤三爻同類相連，
> 欲在下也。貞者，正也。謂正居其所，則吉也。〔註240〕

案虞氏言「否巽爲茅」，〔註241〕特別指的是陰爻而言；否三互爲巽，柔爻爲「茅」爲草屬，下體坤三爻皆陰，相連而象茅根爲「茹」，故云「拔茅茹，取其相連」，「坤三爻同類相連」。李鼎祚依荀氏之說，將初六巽爻，屬陰爻而爲草，是「草茅之象」。又，《易》卦言「茅茹」者，不獨否卦，泰☷☰卦同樣有其說。泰卦初九云「拔茅茹，以其彙，征吉」，而《象傳》進一步解釋爲「拔茅征吉，志在外也」。否卦初六與泰卦初九同樣說到「拔茅茹」，是否代表陰、陽爻皆代言爲「草」爲「茅茹」？倘是如此，就與前述李鼎祚與荀爽所言相左。事實上，泰卦初爻言「茅茹」，其象並不在此陽爻本身，而是在「志在外」上，即泰初與四正應，所以易於「拔茅茹」。

虞翻於釋離☲☲卦《象傳》「百穀草木麗乎地」時云：

> 震爲百穀，巽爲草木，坤爲地。乾二五之坤，成坎震體屯。屯者，盈
> 也。盈天地之間者，唯萬物。萬物出震，故百穀草木麗乎地。〔註242〕

在此直接表明離卦三至五互巽，巽有「草木」之象，有「草」有「木」，以「草木」合言，知其不以某爻爲專，而以合有陰、陽爻之互巽爲言，所以李道平進一步訓解云「離互巽，剛爻爲木，柔爻爲草，故爲草木」。〔註243〕

姤☰☴卦九五「以杞包瓜含章」，虞氏注云：

> 杞，杞柳，木名也。巽爲杞、爲包。乾圓稱瓜，故以杞包瓜矣。含
> 章，謂五也。五欲使初四易位，以陰含陽，已得乘之，故曰含章。

〔註239〕見李鼎祚《周易集解》卷四，頁82。
〔註240〕見李鼎祚《周易集解》卷四，頁82。
〔註241〕參見虞氏釋泰卦初九《象傳》「拔茅征吉，志在外也」，注云：「否泰反其類，否巽爲茅。茹，茅根。艮爲手。彙，類也。初應四，故拔茅茹以彙。震爲征，得位應四，征吉。志在外，外謂四也。」（見李鼎祚《周易集解》卷四，頁77。）
〔註242〕見李鼎祚《周易集解》卷六，頁154。
〔註243〕見李道平《周易集解纂疏》卷四，頁305。

初之四，體兌口，故稱含也。

又，干寶注云：

初二體巽，爲草木。二又爲田，田中之果，柔而蔓者，瓜之象也。

〔註244〕

虞氏以「初四易位」而體巽，故九五爲巽爻爲木，故杞柳爲木名；虞氏不以「草木」言，僅作「木」，顯其在論述有意分別「草」與「木」，二者是有不同的，不作一概而論，特別是針對陰爻或陽爻的個別屬性。至於干寶之注，同以「草木」象巽，言「初二體巽，爲草木」，特別指出九二爻又爲「田」，是「田中之果」，既是「果」，當以「木」屬爲恰，不宜爲「草」；初六、九二爲草木，而九二又爲「田中之果」、爲「木」，則初六爲「草」。〔註245〕干寶對於陰爻爲「草」，而陽爻爲「木」，似又有區別。

因此，惠氏以「剛爻爲木，柔爻爲草」，並非妄自造作，實有本於李鼎祚，並符虞氏、荀爽乃干寶之意。紀磊之批評，明顯不察。

8. 爲　人

紀磊《虞氏逸象攷正》中指出「爲人」當爲坤象，「坤地二，于三才爲人，故坤爲人」，虞氏以乾卦「爲人」非是；〔註246〕不論是否合理，惠氏輯引並無誤，虞氏確實以乾「爲人」，《周易集解》中可見者，至少有十二處。〔註247〕人爲萬物之首，且「人稟乾陽而生，故『乾爲人』」；〔註248〕且以乾「爲人」，並不以虞氏爲先，惠氏指出「康成注《乾鑿度》曰：人象乾德而生」，〔註249〕

〔註244〕虞翻、干寶之注，見李鼎祚《周易集解》卷九，頁220。

〔註245〕李道平針對干寶之說，作了案言，云：「五與二應，二巽木爲杞，二變艮爲果蓏。瓜，蓏屬，謂初六。五爲妊主，知初必成剝碩果不食，故變而應二，以九二之杞，包初六之瓜。」（見李道平《周易集解纂疏》卷六，頁406。）依李道平的說法，以初六爲瓜象，與干寶九二爲「田中之果」，是「瓜之象」，明顯相左，似不合干寶之說。

〔註246〕見紀磊《虞氏逸象攷正》，頁457。

〔註247〕李鼎祚《周易集解》中，虞氏以乾「爲人」之注，可見者至少有十二處，包括訓注以下之諸文：履卦象辭「不咥人」；謙卦《象傳》「人道惡盈而好謙」；賁卦《象傳》「文明以止，人文也」；又「觀乎人文」；剝卦六五「以宮人寵」；大畜九三「曰閑輿衛」；咸卦《象傳》「君子以虛受人」；損卦六三「三人行」；《繫辭上傳》「人所助者，信也」；《繫辭下傳》「後世聖人易之以宮室」；又「後世聖人易之以棺椁」；又「人謀鬼謀」。

〔註248〕括弧引文，見李道平《周易集解纂疏》卷二，頁155。

〔註249〕見《易漢學》卷三，頁1125。

知鄭玄已有此乾象。

9. 為君子

惠氏認為虞氏乾卦「為君子」之逸象，指的是九三而言，其小注云：

謂九三。三于三才為人道。〔註250〕

乾卦九三爻辭「君子終日乾乾」，所以「君子」專指九三而言；所謂「三于三才為人道」，則引自鄭玄之說，「三于三才為人道，有乾德而在人道，君子之象」。〔註251〕惠氏明確認為虞氏所言的「君子」為九三爻，在其各論著中皆作此說，《易例》中有明確地提到，〔註252〕而在《周易述》中，也屢用「乾三」為君子以釋卦義，諸如釋屯卦云：

《乾鑿度》九三為君子。三變之正，故曰君子，此虞義也。

釋同人云：

君子謂二五。知君子謂二五者，乾為君子。《繫辭》釋九五爻義曰：君子之道，或出或處，二五得正，故稱君子。《象傳》曰：君子，正也。

釋剝卦云：

夬乾謂旁通也。應在三，君子謂乾三。乾為德，故夬乾為君子、為德。

釋明夷卦云：

三陽得正，為君子。

又云：

泰《象傳》曰：君子道長。君子謂三陽。《春秋傳》曰：象日之動，故曰君子于行。是知陽為君子，陽成于三，故云三者，陽德成也。

釋夬卦云：

乾陽為君子，三佐五，故同功。三應上，故有壯煩之象。其實三與五俱欲決上者，故君子夬夬也。

釋泰《象傳》云：

《乾鑿度》以泰三為君子，謂陽得位也。剝五為小人，以陰失位也。

釋屯《象傳》云：

〔註250〕見《易漢學》卷三，頁1126。
〔註251〕見李鼎祚《周易集解》卷一，頁2。
〔註252〕見《易例》卷二，頁1040。

《乾鑿度》曰：乾三爲君子。君子謂陽三已正，故云三陽爲君子。

釋否《象傳》云：

否下體坤，乾伏坤下，乾三爲君子，故君子謂伏乾。

釋大畜《象傳》云：

《乾鑿度》乾三爲君子。

釋咸《象傳》云：

乾三爲君子。

釋困《象傳》云：

三陽爲君子，故君子謂三。〔註253〕

由上列所舉諸例，可以看出惠氏以九三爲「君子」，別爻無可替代。

不過，虞氏用此逸象，眞是否如惠氏之用那般惟一、那般絕對化？我們可由虞氏用「君子」逸象來看；查《周易集解》中，虞氏除了少數釋列之外，大都以釋《象傳》而用「君子」之象。虞翻釋坤卦《象傳》「君子以厚德載物」、釋小畜《象傳》「君子以懿文德」、釋否卦《象傳》「君子以儉德辟難」、釋剝卦《象傳》「君子尚消息盈虛」、釋大畜《象傳》「君子以多識前言往行，以畜其德」、釋坎卦《象傳》「君子以常德行習教事」、釋遯卦《象傳》「君子以遠小人，不惡而嚴」、釋益卦《象傳》「君子以見善則遷」、釋夬卦《象傳》「君子以施祿及下」、釋革卦《象傳》「君子以治歷明時」、釋歸妹《象傳》「君子以永終知敝」等，皆云「君子謂乾陽」、「君子謂乾」、「乾爲君子」，〔註254〕以「君子」逸象概括爲乾卦。另外，分就其它注文來說明：

釋乾《文言》「君子學以聚之，問以辯之」，云：

謂二，陽在二，兌爲口，震爲言、爲講論，坤爲文，故學以聚之，

問以辯之。兌象。君子以朋友講習。〔註255〕

九二爻，陽息在二，成兌互震；《說卦》以兌爲「口」，且震「善鳴」、爲「言」，

〔註253〕上述《周易述》之引文，釋屯卦文，見頁20；釋同人卦，見頁63；釋剝卦，見頁104；釋明夷卦，分別見頁150、152；釋夬卦，見頁187；釋泰卦《象傳》，見頁234；釋屯卦《象傳》，見頁292；釋否卦《象傳》，見頁310；釋大畜卦《象傳》，見頁337；釋咸卦《象傳》，見頁347；釋困卦《象傳》，見頁375。

〔註254〕以上虞注諸處，見：李鼎祚《周易集解》卷二，頁28；卷三，頁66；卷四，頁81；卷五，頁124；卷六，頁138；卷六，頁150；卷七，頁168；卷八，頁205；卷九，頁213；卷十，頁241；卷十一，頁265；

〔註255〕見李鼎祚《周易集解》卷一，頁19。

故可爲「講論」，又外臨坤，坤爲「文」。如此，君子能夠「學以聚之，問以辯之」。虞氏注末並以兌卦《象傳》「君子以朋友講習」作結。這裡的「君子」，本於《文言》用語，或就陽爻而言，則特別是就九二而言，並無作九三之意。

釋蠱卦《象傳》「君子以振民育德」，云：「君子謂泰乾也」；〔註256〕蠱䷑卦初與上互易則爲泰䷊卦，即從三陽三陰之例言，蠱自泰來，所以虞氏云「泰初之上」。〔註257〕泰卦有所謂「君子道長」，故爲「君子謂泰乾」。釋損卦《象傳》「君子以懲忿窒欲」，云「君子，泰乾」，〔註258〕乾爲君子，損䷨卦自泰來，所以是「君子，泰乾」。釋節卦《象傳》「君子以制數度」，云「君子，泰乾也」，〔註259〕節䷻卦三、五爻互易後爲泰䷊卦，所以云爲「君子，泰乾」。虞氏諸注說，以乾卦爲君子之象，並未專指某爻爲象。釋咸卦《象傳》「君子以虛受人」，云「君子謂否乾」，〔註260〕咸䷞卦三上互易爲否䷋卦；乾三爲君子，乾上之三，故「君子謂否乾」。釋漸卦《象傳》「君子以居賢德善俗」，云「君子謂否乾」，〔註261〕漸䷴卦三四爻互易，則爲否䷋卦，即虞翻所謂之「否三之四」。〔註262〕乾三爲君子，故「君子謂否乾」。釋遯卦九四「好遯，君子吉，小人否」，云「否、乾爲好，爲君子」，〔註263〕遯䷠卦三消成否䷋卦，且乾三爲君子，所以云否乾「爲君子」。釋未濟《象傳》「君子以愼辨物居方」，云「君子，否乾也」，〔註264〕未濟䷿卦二五爻互易爲否䷋卦，即虞氏所云「否二之五」；〔註265〕乾陽爲君子，故「君子，否乾也」；此處並不涉及第三爻。由前此諸卦，泰乾爲「君子」，或者是否乾爲「君子」，部份的解釋上，「君子」與三爻有所關聯，即以三爻爲「君子」；然而，虞氏大抵強調是乾卦或乾陽爲「君子」。

虞氏又釋晉卦《象傳》「明出地上，晉。君子以自昭明德」，云：

〔註256〕見李鼎祚《周易集解》卷五，頁 106。
〔註257〕見李鼎祚《周易集解》虞氏云：「泰初之上，而與隨旁通，剛上柔下，乾坤交，故元亨也。」（卷五，頁 105。）蠱䷑自泰䷊來，所以爲「泰初之上」；而「與隨旁通」者，即與隨䷐卦反對。
〔註258〕見李鼎祚《周易集解》卷八，頁 201。
〔註259〕見李鼎祚《周易集解》卷十二，頁 292。
〔註260〕見李鼎祚《周易集解》卷七，頁 160。
〔註261〕見李鼎祚《周易集解》卷十一，頁 260。
〔註262〕見李鼎祚《周易集解》卷十一，頁 259。
〔註263〕見李鼎祚《周易集解》卷七，頁 169。
〔註264〕見李鼎祚《周易集解》卷十二，頁 308。
〔註265〕見李鼎祚《周易集解》卷十二，頁 306。

　　君子謂觀乾。乾爲德，坤爲自，離爲明。乾五動，以離日自照，故

　　以自昭明德也。〔註266〕

從四陰二陽云，晉自觀來，即晉䷢卦四五爻互易則爲觀䷓卦，也就是虞氏所
言之「觀四之五」。〔註267〕觀卦九五云「觀我生，君子无咎」，所以「君子謂
觀乾」者，特別指的是乾五。乾五動則體離，以離日自照，故云「以自照明
德也」。又釋巽卦《象傳》「隨風巽，君子以申命行事」，云「君子謂遯乾也」；
〔註268〕從四陽二陰之例云，巽自遯來，即巽䷸卦二四爻互易，則爲遯䷠卦，
也就是虞氏所謂「遯二之四」。〔註269〕「君子謂遯乾」，並不涉及三爻。又釋
兌卦《象傳》「君子以朋友講習」，云「君子，大壯乾也」；〔註270〕兌䷹卦三
五爻互易，則爲大壯䷡卦，即虞氏所謂「大壯五之三」，〔註271〕因此，「君子，
大壯乾」，特別是指五爻而言。又釋賁卦《象傳》「君子以明庶政」，云「君子
謂乾」；〔註272〕即「泰乾」，三陰三陽之卦自泰來，也就是虞氏所說的「泰上
之乾二，乾二之坤上」，〔註273〕坤上來之乾二，乾二往之坤上。離卦爲「文」，
自外爲「來」，是上柔來文二剛而成賁䷕卦。此「君子」並未定爲三爻。又釋
訟卦《象傳》「君子以作事謀始」，云「君子謂乾三」；〔註274〕虞氏以「遯三之
二」〔註275〕爲訟，也就是訟䷅自遯䷠來。「君子謂乾三」者，以遯不消否䷋，
而三陽之二成訟卦，也就是艮三自乾來。在這裡，虞氏明白地指出以乾三代
表「君子」之象。

　　由前引虞說諸述，「君子」之逸象，所代表者，包括乾卦整體之卦德，也
包括乾陽之爻，也包括關係較爲密切的九三爻，只不過虞氏並未明確地認爲
「君子」之象，僅能以九三爻作爲代表。然而，惠棟卻認爲「君子」之象，
指的是九三爻，且在其釋卦引述的內容中，皆以九三爲「君子」以立說，讓
「君子」逸象的運用，就爻位言，變得更沒有彈性。其實，惠棟的說法，提

〔註266〕見李鼎祚《周易集解》卷七，頁174。
〔註267〕見李鼎祚《周易集解》卷七，頁173。
〔註268〕見李鼎祚《周易集解》卷十一，頁279。
〔註269〕見李鼎祚《周易集解》卷十一，頁278。
〔註270〕見李鼎祚《周易集解》卷十一，頁283。
〔註271〕見李鼎祚《周易集解》卷十一，頁282。
〔註272〕見李鼎祚《周易集解》卷五，頁121。
〔註273〕見李鼎祚《周易集解》卷五，頁119。
〔註274〕見李鼎祚《周易集解》卷三，頁53。
〔註275〕見李鼎祚《周易集解》卷三，頁51。

供了「君子」逸象的引用，其本源在於乾卦的九三爻辭，即「君子終日乾乾」
之「君子」，更是《象傳》所說的「君子以自強不息」之九三「君子」，所以
虞氏作了此根源性的定義，云「君子謂三。乾健，故強」。〔註276〕在這種情形
下，「君子」爲乾卦之逸象，更在爻位上專屬於九三爻之逸象。至於未涉九三
爻，而論及其它爻位者，則並不以其它爻位指稱「君子」，而是在乾卦的前提
下談乾陽之爻的象意。逸象之用，本當予以明確化，不應混淆與失去其一致
性，才能確立其合理化的運用，惠氏的指稱，給我們明確化的訊息，並且充
分的掌握虞氏之學，也符合虞氏的本意。

10. 爲聖人

惠氏於乾卦「爲聖人」下，注「九五」二字。〔註277〕雖是二字，卻已賅
要表明「爲聖人」特別是專就九五爻位而言。虞氏以乾爲「聖人」者，《周易
集解》中所載，包括如觀卦《象傳》「聖人以神道設教，而天下服矣」，虞注：

> 聖人謂乾。

頤卦《象傳》「聖人養賢以及萬民」，虞注：

> 乾爲聖人，艮爲賢人。頤下養上，故聖人養賢。

咸卦《象傳》「聖人感人心而天下和平」，虞注：

> 乾爲聖人。初四易位成既濟，坎爲心爲平，故聖人感人心而天下和
> 平。

恆卦《象傳》「聖人久於其道」，虞注：

> 聖人謂乾。

革卦《象傳》「湯武革命，順乎天而應乎人」，虞注：

> 湯武謂乾，乾爲聖人。天謂五，人謂三；四動，順五應三，故順天
> 應人。

李道平認爲「五陽得位，故乾爲聖人」，〔註278〕即以五爻爲聖人。鼎卦《象傳》
「聖人亨以享上帝」，虞注：

> 聖人謂乾。

《繫辭上傳》「聖人有以見天下之賾」，虞注：

> 乾稱聖人。

〔註276〕見李鼎祚《周易集解》卷一，頁 5。
〔註277〕見《易漢學》卷三，頁 1126。
〔註278〕見李道平《周易集解纂疏》卷六，頁 438。

《繫辭下傳》「後世聖人易之以宮室」，虞注：

> 乾爲聖人。

《繫辭下傳》「天地設位，聖人成能」，虞注：

> 天尊五，地卑二，故設位。乾爲聖人。成能，謂能說諸心，能研諸
> 侯之，慮故成能也。〔註279〕

就卦象而言，虞氏明白指出「聖人」爲乾卦之逸象。就爻位而言，虞氏並無明確專指爲初爻或五爻，但知二爻皆有明顯相涉。如就前引頤䷚卦虞注：

> 乾爲聖人，艮爲賢人。頤下養上，故聖人養賢。

乾陽爲聖人在初。艮三即乾三，故「艮爲賢人」。初陽在下，艮陽在上，以下養上，故曰「聖人養賢」。這裡的「聖人」，指的是初爻而言。又如前引咸䷞卦虞注：

> 乾爲聖人。初四易位成既濟，坎爲心爲平，故聖人感人心而天下和
> 平。

在這裡，乾爲聖人，專指五爻。初四失正，易位成既濟卦；「既濟有兩坎，坎亟心爲心，體兌爲和，坎水爲平，乾五下感坤眾，故曰聖人感人心」。〔註280〕又如前引革䷰卦虞注以「乾爲聖人」，並云「天謂五」，是「五陽得位，故乾爲聖人」，〔註281〕即以五爻爲聖人。因此，依虞氏之言，初與五爻，皆有聖人之象，而以五爻尤甚。紀磊指出：

> 乾爲聖，坤爲人，陰陽合德而剛柔有體，故爲聖人。聖人謂乾初，
> 初，乾元，爲善之長，故爲聖人。惠以五爲聖人者，乾九五《文言
> 傳》曰「聖人作而萬物覩」，蓋初與五易也，初與五易，則五亦爲聖
> 人，故惠云然，其實《易》中凡稱聖人皆謂初也。〔註282〕

紀氏之說雖言之成理，實亦毋須如此斷言虞氏如是以初爻爲正，畢竟虞氏並不如此。並且，以五爻爲聖人，並不以虞氏爲先，惠氏《周易述》指出「《乾鑿度》九五爲聖人」，〔註283〕也就是早在虞氏之前，《乾鑿度》已視九五之爻

〔註279〕以上九引皆出於李鼎祚《周易集解》：觀卦見卷五，頁113；頤卦見卷六，頁
142；咸卦見卷七，頁160；恆卦見卷七，頁164；革卦見卷十，頁241；鼎
卦見卷十，頁246；《繫辭上傳》見卷十三，頁325；《繫辭下傳》卷十五，頁
367；又卷十六，頁398。

〔註280〕見李道平《周易集解纂疏》卷五，頁315。

〔註281〕見李道平《周易集解纂疏》卷六，頁438。

〔註282〕見紀磊《虞氏逸象攷正》，頁457。

〔註283〕見《周易述》，頁228。

為「聖人」之象。此外，惠氏又於《易例》中也指出「初九、九五，為聖人。初六、六四、上六，為小人」，〔註284〕以初爻與五爻為「聖人」之位。因此，可以看出，惠氏深熟虞氏的論說，聖人不單就初爻而言，五爻亦是，並以五爻尤專。

11. 為　醜

虞注解卦六三《象傳》「負且乘，亦可醜也」，云「坤為醜也」。及注漸卦九三《象傳》「離群醜也」，云「坤三爻為丑」。〔註285〕惠氏以此而有「為醜」之象。惠氏並解釋云：

> 坤為夜。《太元》「夜以醜之」。《詩》「中冓之言，言之醜也」，薛君《章句》「中冓，中夜」。〔註286〕

惠氏訓考有據，首先引揚雄《太玄・玄攡》所言「晝以好之，夜以醜之」，乾為「晝」為「好」，坤為「夜」為「醜」，范望注云「好事在晝，醜事在夜，醜好遘雜，萬物化生也」，〔註287〕即此乾坤之道。同時引《詩》「冓」字為「夜」為「醜」義。其於《九經古義・毛詩古義》亦云：

> 「中冓之言，不可道也」，《玉篇》引作「𡩋」，云「中夜之言也」。韓、魯《詩》同《廣雅》，曰：「𡩋，夜也。《大玄・玄攡》曰：「晝以好之，夜以醜之。」故下云「言之醜也」。〔註288〕

是以坤柔為夜，夜不明則醜；行夜之事，多為不善、為小人、為惡，是醜；故坤亦用「醜」象。惠氏所訓甚恰。

12. 為　畏

以乾卦「為畏」之逸象，見於《繫辭下傳》「小人不恥不仁，不畏不義」下，虞氏注云「（乾）為畏者也」。惠氏輯為乾卦逸象，並於「為畏」下，注云「與威通」，〔註289〕紀磊《虞氏逸象攷正》云：

> 「畏」亦坤象，與恐懼同義。坤柔故為「畏」，惠謂「與威通」，「威」

〔註284〕見《易例》卷二，頁 1040。
〔註285〕見李鼎祚《周易集解》卷八，頁 189；卷十一，頁 261。
〔註286〕見《易漢學》卷三，頁 1128。
〔註287〕見揚雄《太玄・玄衝》卷七。引自臺北：臺灣商務印書館《景印文淵閣四庫全書》第 803 冊，1986 年，頁 191～192。
〔註288〕見惠棟《九經古義・毛詩古義》卷五。引自臺北：臺灣商務印書館《景印文淵閣四庫全書》第 191 冊，1986 年，頁 404。
〔註289〕見《易漢學》卷三，頁 1126。

與「畏」顯然區別,「威」近「嚴」,「畏」近「恐」。〔註290〕
紀磊之言,已充份表達了惠氏「與威通」三字的意義所在,不但精要詁訓乾
卦「畏」字之本義,也將乾、坤二卦同用「畏」字,作了明白的區別。

　　惠棟「虞氏逸象」的輯成與解釋,對後來研究虞翻的逸象乃至其有關學說,
提供了極大的幫助,讓學者得以進一步檢視虞翻使用逸象的實際情形,以及用
象釋《易》的合宜狀況;並透過對虞翻逸象的瞭解,審度用象在易學思想詮釋
上的價值。虞氏廣用逸象,原本於其「月體納甲」之說的用象之道,並且再藉
由互體、升降、旁通、卦變、爻變等方法來取象。惠棟考索虞氏逸象,知其用
象並非肆意虛造、漫無根據,而是大都能本諸於經傳之義,並自有其理據,有
其高度的系統性與合理性。搜尋佚文中的逸象,本是一繁瑣之功夫,惠氏始創
自是難能可貴,雖有小失,仍不掩其功;所輯之逸象下,皆作小注以釋之,大
體見其精要而獨到之處,而所見之失,雖在所難免,仍有釐清之必要。

第二節　荀爽易學與九家逸象之述評

　　荀爽(西元 128～190 年),字慈明,一名諝,爲荀子第十二世孫,也是
東漢後期著名之經學家;兄弟八人,荀爽尤著,時稱「荀氏八龍,慈明無雙」。
荀爽憂心國祚,敢於抨擊時政。畢生力倡孝道,力主陽尊陰卑之性。以「漢
爲火德,火生於木,木盛於火,故其德爲孝,其象在《周易》之離」,孝行天
下,則「仁義之行,自上而始;敦厚之俗,以應乎下」,尚禮合宜,如此「崇
國厚俗篤化之道」,廣被四方,良俗可表。主張男尊女卑的基本規範,認爲
「有夫婦然後有父子,有父子然後有君臣,有君臣然後有上下,有上下然後
有禮義,禮義備則人知所厝」,此即所謂「天尊地卑,乾坤定矣」之道。然而,
「今漢承秦法,設尙主之儀,以妻制夫,以卑臨尊,違乾坤之道,失陽唱之
義」;「陽尊陰卑,蓋乃天性」,宜改尙主之制,以稱乾坤之性,「合之天地而
不謬,質之鬼神而不疑」。〔註291〕耽思經術,專心論述,其學術成就,以《易》
尤邃,爲東漢象數易學的重要代表人物。

　　荀爽的《易》著,陸德明《經典釋文》載《七錄》以荀爽作《周易》十

〔註290〕見紀磊《虞氏逸象攷正》,頁 460。
〔註291〕以上括弧內容,見《後漢書・荀韓鍾陳列傳》卷六十二,北京:中華書局,
　　　　1997 年 11 月北京 1 版,頁 2049～2053。

一卷，《隋志》同作「《周易》十一卷，漢司空荀爽注」；《新唐志》作「荀爽《章句》十卷」，而《舊唐志》則云「《周易章句》十卷」。其《易》作宋明以降就已亡佚。今所見荀氏《易》說，大都是從《周易集解》中獲得，此外，《後漢書・荀爽傳》、《周易正義》、《釋文》、《周易口訣義》、《漢上易傳》、《周易義海撮要》、《周易會通》、《困學紀聞》、《古易音訓》、《兩子學易編》、《玉海》等等典籍，亦可見其片斷。其佚文輯本，主要有孫堂《漢魏二十一家易注》中輯荀爽《周易注》一卷、馬國翰《玉函山房輯佚書》中輯《周易荀氏注》三卷、黃奭《漢學堂經解》中輯《荀爽易言》一卷。清代乾嘉時期，復原漢《易》風起雲湧之際，惠棟首開荀爽易學主張之考索，張惠言踵繼其後，從此，荀爽在漢《易》的發展史上的地位，以及其學說內涵，更受後人所關注。本節主要針對惠棟考索的幾個命題，來作分析評述。

一、荀氏易學的主要師承以及與《九家易》之關係

（一）主要師承於費氏《古易》

　　荀爽易學獨樹一幟，其特色主要表現在重視《易傳》中傳統之爻位、消息等《易》例釋經；闡明《易傳》中之卦變說；並透過傳統之陰陽學說，有系統地提出升降之主張，特別具有創造性的意義；此外，在孟、京既有的卦氣說之基礎，廣泛運用有關思想，作為釋《易》之材料。至於荀爽之易學，史籍並無詳載其明確的師承關係，然而《後漢書・孫期傳》云：

> 陳元、鄭眾皆傳《費氏易》，其後馬融亦為其傳，融授鄭玄，玄作《易注》，荀爽又作《易傳》，自是費氏興，而京氏遂衰。〔註292〕

指出荀爽之易學，當與馬、鄭同傳費氏《易》而為一脈。根據惠棟引荀悅《漢記》所云：

> 臣悅叔父故司空爽著《易傳》，據爻象承應、陰陽變化之義・以十篇之文解說經意，由是兖、豫之言《易》者，咸傳荀氏學。〔註293〕

荀悅為荀爽之姪，指出荀爽善以《易傳》十篇之文來訓解經義。而漢代以《易傳》來闡釋經義，又為費氏古《易》所專。以傳解經為費氏《易》之重要特徵，《漢書・儒林傳》云：

> 費氏名直，治《易》為郎，亡章句，徒以《象》、《象》、《繫辭》十

〔註292〕見《後漢書・儒林傳》，卷七十九上，頁2554。
〔註293〕見《易漢學》卷七，頁1221。

篇之言解說上下經。〔註294〕

《後漢書·儒林傳》亦云：

> 東萊費直傳《易》，授琅邪王橫爲費氏學，本以古字，號《古文易》。
> 〔註295〕

《隋書·經籍志》亦云：

> 東萊費直傳《易》，其本皆古字，號曰《古文易》。〔註296〕

是費氏《易》皆以古文爲用，本無章句，並以十篇之文解說上下經。這樣的記載與荀悅言荀爽「以十篇之文解說經意」同法，荀爽之學，或出於費氏。

以傳解經或傳經互訓的這種特徵，明顯地爲荀爽所同有，如《文言傳》「修辭立其誠，所以居業也」，荀爽注云：

> 修辭，謂終日乾乾。立誠，謂夕惕若屬。居業，謂居三也。〔註297〕

此即以乾卦九三爻辭爲訓；乾乾故爲「修」，惕屬故爲「誠」，而鄭玄以「三爲艮爻」，虞翻又指「艮爲居」，是艮上來自乾三，艮門闕爲「居」，所以「居業，謂居三也」。又如噬嗑上九「何校滅耳，凶」句，荀爽注云：

> 三體坎爲耳，故曰滅耳凶。上以不正，侵欲无已，奪取異家。惡積
> 而不可掩，罪大而不可解，故宜凶矣。〔註298〕

其「坎爲耳」乃《說卦》之辭；「惡積而不可掩，罪大而不可解」乃《繫傳下》之辭。又如荀氏注需卦九二《象傳》「雖小有言，以吉終也」句，師卦六四「師左次，无咎」句，同人六二「同人于宗」句，以及臨卦六四《象傳》「至臨无咎，當位實也」句，皆云「二與四同功」，〔註299〕即《繫傳下》「二與四同功而異位」之文。又如需卦九五「需于酒食」句，荀氏注云「需者，飲食之道」，〔註300〕此即《序卦》之文。又如履卦初九《象傳》「素履之往，獨行願也」句，荀爽注云「初九者，潛位，隱而未見，行而未成」；〔註301〕乾卦初九爻辭「潛龍勿用」，故云「初九者，潛位」，至於「隱而未見，行而未成」，則爲乾初《文言》之文。又如頤卦《象傳》「君子以慎言語」句，荀氏注云「言出乎身，加

〔註294〕見《漢書·儒林傳》，卷八十八，頁 3602。

〔註295〕見《後漢書·孫期傳》，卷七十九上，頁 2548。

〔註296〕見《隋書·經籍志》，卷三十二，頁 912。

〔註297〕見李鼎祚《周易集解》，卷一，頁 11。

〔註298〕見李鼎祚《周易集解》，卷五，頁 118。

〔註299〕見李鼎祚《周易集解》，卷二，頁 49；卷三，頁 59；卷四，頁 86；卷五，頁 111。

〔註300〕見李鼎祚《周易集解》，卷三，頁 50。

〔註301〕見李鼎祚《周易集解》，卷三，頁 70。

乎民，故愼言語，所以養人也」；〔註302〕其「言出乎身，加乎民」爲《繫傳上》之文。有關證例，不復贅舉，但知荀爽慣以《易傳》詁解經文，此一訓《易》之法，與費氏同，蓋以此同法而荀爽或傳自費氏《易》。然而，荀爽雖同費氏以傳解經之法，不能以此斷言荀爽之學必出自費氏，畢竟以傳解經爲兩漢《易》家所普遍采用者。

另外，費氏以古文爲用，荀爽也有用此費氏之家法者，如：

其一、今本蒙卦上九「擊蒙」，《釋文》云「馬、鄭作繫」，〔註303〕晁氏云「荀爽、一行俱作繫」，「繫」字爲古文。

其二、今本履卦卦辭「履虎尾，不咥人，亨」，《周易集解》引荀爽注云：

謂三履二也。二五无無，故无元。以乾履兌，故有通。六三履二非和正，故云利貞也。〔註304〕

是履卦卦辭，舊本無「利貞」二字，「荀本有此二字，荀從費《易》」；惠棟校刻《周易集解》據增。〔註305〕

其三、今本履卦上九「視履考祥」，《釋文》云「考祥，本亦作詳」；〔註306〕晁氏云「荀作詳，審也；鄭作詳，云履道之終」；惠棟云「古祥字，皆作詳」。〔註307〕是以「詳」爲古文。

其四、今本頤卦六四「其欲逐逐」，《釋文》云「《子夏傳》作攸攸」，「荀作攸攸」，〔註308〕以「攸」字爲古。

其五、今本離卦九三「大耋之嗟」，六五「戚嗟若」，《釋文》云「嗟，荀作差，下嗟若亦爾」，〔註309〕晁氏云「差，古文」。

其六、大壯九四「藩決不羸」，《釋文》云「羸，馬云：大索也；王肅作縲，音螺；鄭、虞作纍，蜀才作累，張作纝」；〔註310〕《集解》中荀注云「三

〔註302〕見李鼎祚《周易集解》，卷六，頁142。

〔註303〕見陸德明《經典釋文》，卷二，引自臺北：臺灣商務印書館《景印文淵閣四庫全書·經部·五經總義類》，第一八二冊，頁380。

〔註304〕見李鼎祚《周易集解》，卷三，頁69。

〔註305〕見清王樹枬《費氏古易訂文》，卷一，臺北：文史哲出版社影印光緒辛卯季冬文莫室刻本，1990年11月景印初版，頁58。

〔註306〕見陸德明《經典釋文》，卷二，頁381。

〔註307〕見惠棟《九經古義·周易古義》，卷一，頁365。

〔註308〕見陸德明《經典釋文》，卷二，頁385。

〔註309〕見陸德明《經典釋文》，卷二，頁385。

〔註310〕見陸德明《經典釋文》，卷二，頁387。

欲觸四而危之,四反羸其角」,〔註311〕「是荀本作羸,不作羸」,「費《易》其本必皆作羸」。〔註312〕

其七、今本損卦初九「已事遄往」,《釋文》云「荀作顓」,〔註313〕是荀氏「顓」字或為古文。

其八、今本夬卦九二「錫號」,《釋文》云「惕,荀、翟作錫」,〔註314〕是荀氏「錫」字或為古文。

其九、今本鼎卦九四「其形渥」,晁氏云「九家、京、荀悅、虞、一行、陸希聲俱作刑剭」,《唐書》亦用刑剭,刑剭從古《易》也。

其十、今本咸卦初六「咸其拇」,陸德明《釋文》作「拇」,〔註315〕並指出「荀作母」,《古易音訓》引晁氏云「母,古文」。

其十一、今本遯卦九三《象傳》「有疾憊也」,《釋文》云「憊,荀作備」,〔註316〕晁氏云「備,古文憊字」。

其十二、今本解卦九四「解而拇」,《釋文》云「拇,荀作母」,〔註317〕晁氏云「母,古文」。

其十三、今本萃卦《象傳》「聚以止」,《釋文》云「聚以正,荀作取以正」,〔註318〕晁氏云「取,古文」。

其十四、今本夬卦初九「壯于前趾」,《釋文》云「趾,荀作止」,〔註319〕晁氏云「止,古文」。艮卦初六「艮其趾」,賁卦初九「賁其趾」,荀同作「止」字為古文。

其它用古字者,尚有多見,未暇一一備載;但知荀爽所本,蓋費氏之《古易》。因此,綜合史籍所記,荀氏以傳釋經的釋《易》之法,以及以古本為用等方面來看,荀爽的治《易》,確實受到費氏相當程度的影響。但荀爽並非獨采費氏之學;東漢於鄭玄以下諸家之學,雖皆有師傳之基礎,但仍能博采眾說,折衷兼用,再創新論,荀爽同在此一學術風氣下,應該也不例外。

〔註311〕見李鼎祚《周易集解》,卷七,頁172。
〔註312〕見王樹枏《費氏古易訂文》,卷二,頁141。
〔註313〕見陸德明《經典釋文》,卷二,頁389。
〔註314〕見陸德明《經典釋文》,卷二,頁389。
〔註315〕見陸德明《經典釋文》,卷二,頁386。
〔註316〕見陸德明《經典釋文》,卷二,頁387。
〔註317〕見陸德明《經典釋文》,卷二,頁388。
〔註318〕見陸德明《經典釋文》,卷二,頁389。
〔註319〕見陸德明《經典釋文》,卷二,頁389。

（二）荀爽與《九家易》

已如前述，惠棟引荀悅《漢記》提到荀爽善以「十篇之文解說經意」，並在其所處時代，「兗、豫之言《易》者，咸傳荀氏學」，也就是其學說曾蔚爲一時之風尙。後世所言「《九家易》」者，當與荀爽易學有密切的關係。

陸德明《經典釋文》輯錄「《荀爽九家集注》十卷」一名，並指出：

> 不知何人所集，稱荀爽者以爲主故也。其序有荀爽、京房、馬融、
> 鄭玄、宋衷、虞翻、陸績、姚信、翟子玄。不詳何人爲《易》義注。
> 內又有張氏、朱氏，並不詳何人。〔註320〕

依陸德明的說法，《荀爽九家集注》，並非荀爽所集，而是以荀爽爲首的至少有九家之《易》說，不知是何人所集；中間包括早於荀爽之京房、馬融、鄭玄諸家，但既以荀爽爲主，則集者當特別側重於荀氏之學或與荀氏之學相關者。歷來著錄其名稱，略有小異，陸氏除前云「《荀爽九家集注》十卷」外，《釋文》於《說卦》下引「《荀爽九家集解》」之名稱；此外《隋志》著錄「《荀爽九家注》十卷」，《唐志》著錄「《荀氏九家集解》十卷」，皆以荀爽爲名稱之首。因此，不論是否是荀爽集《九家注》，或者《九家注》包括荀爽一家，荀爽的思想大抵與之密切相關，這也是惠棟將荀爽易學與《九家易》並論的原因。

清代張次仲《周易玩辭困學記》指出：

> 胡孝轅曰：《本義》所載荀九家者，《文獻通考》引陳氏說，以爲漢
> 淮南王所聘明易者九人，荀爽嘗爲之集解。今考淮南自云：九師有
> 道訓二篇，此名荀爽九家。諸《志》俱云十卷，《釋文・序錄》列九
> 家名氏爲京房、馬融、鄭玄、宋衷、虞翻、陸績、姚信、翟子玄，
> 併爽而九，云不知何人所集，稱荀者以爲主故也。陳氏誤矣。〔註321〕

《文獻通考》引陳氏云，荀爽爲淮南王所聘九位論《易》者作集解，但此一說法，一直爲後人信陸德明之言而予以駁斥。因此，包括董眞卿所云「荀爽有《周易章句》十卷，又集《九家集解》十卷」之《九家集解》的彙集作品，也是臆揣之辭，錯誤的說法。〔註322〕惠棟特別舉朱震之言，並指出其說爲非：

〔註320〕見陸德明《經典釋文・序錄》，卷一，頁363。
〔註321〕見張次仲《周易玩辭困學記》，卷十五。引自新文豐出版公司《大易類聚初集》，
　　　　第十輯，影印《文淵閣四庫全書》本，1983年10月初版，頁572。
〔註322〕引自清朱彝尊《經義考》，卷九云：「董眞卿曰：荀爽有《周易章句》十卷，
　　　　又集《九家集解》十卷。」（見朱彝尊《經義考》，北京：中華書局影印揚州
　　　　馬氏刻本《四部備要》，1998年11月北京1版1刷，頁58。）

　　朱子發曰：秦漢之際，《易》亡〈說卦〉，孝宣帝時，河內女子發老
　　屋得《說卦》、古文老子，至後漢荀爽《集解》，又得八卦逸象三十
　　有一。〔註323〕

依朱震之說，《九家易》爲荀爽所彙集的，惠棟則認爲朱氏之說爲誤，並明言：

　　《九家易》，魏晉後人所撰，其說以荀爽爲宗，朱氏遂謂爽所集，失
　　之。〔註324〕

惠棟認爲《九家易》的作者是六朝時期的人，而這個人專宗荀爽之學；這種說
法即《釋文》的延伸，是一種極爲合理的推論，所以張惠言亦以爲然，「惠徵士
云六朝人說荀氏易者，爲得其實」。〔註325〕是《九家易》與荀爽易學實相表裡，
「無論《九家》述荀，荀集《九家》，其大恉則同」。〔註326〕例如，以釋姤卦《象
傳》「天地相遇，品物咸章也」句爲例，李鼎祚《周易集解》引二家之：

　　荀爽曰：謂乾成於巽而舍於離。坤出於離，與乾相遇。南方夏位，
　　萬物章明也。

　　《九家易》曰：謂陽起子，運行至四月，六爻成乾。巽位在巳，故
　　言「乾成於巽」。既成，轉舍於離。萬物皆盛大，坤從離出，與乾相
　　遇，故言天地遇也。〔註327〕

比較荀爽與《九家易》二家之文，表達之內容皆同，尤其是《九家易》特別
在申說荀義。消息以一陽起於子，歷六爻，至四月（巳）而成乾。又巽巳同
宮，所以說「巽位在巳」；至巳成乾，故「謂乾成於巽」。乾象既成，一陰復
生於午而爲姤，而午爲南方離位，所以就是荀爽所說的「舍於離」，以及《九
家易》的「既成，轉舍於離」。陽極陰生，乃有「坤從離出，與乾相遇」；以
坤一陰遇乾五陽，所以說是天地相遇。又，姤生於午，正南方之夏位，是萬
物盛大繁茂之時，而離爲明，明而能見，萬物皆能相見，故「萬物章明」。二
家詮義盡同，《九家易》尤能補足荀義。因此，惠棟將《九家易》併入荀氏之
學而論，體察於斯，宜屬恰當。

〔註323〕見《易漢學》，卷七，頁1220。
〔註324〕見《易漢學》，卷七，頁1220。
〔註325〕見張惠言《周易荀氏九家義》。引自新文豐出版公司《大易類聚初集》，第十
　　　　九輯，影印學海堂《皇清經解》本，1983年10月初版，頁280。
〔註326〕見《續修四庫全書提要·周易荀氏九家》。引自新文豐出版公司《大易類聚初
　　　　集》，第十九輯，頁279。
〔註327〕見李鼎祚《周易集解》，卷九，頁217。

二、乾升坤降說

（一）本諸京房升降說而發展

「陰陽者，天地之大理」，[註328] 陰陽之氣，爲宇宙生成變化的元質，爲世界萬物的實體或本原，天地萬物是陰陽交感的產物。陰陽始終處於不斷的運動變化，其運動變化有一定的客觀性與規律性。這種陰陽變化的思想觀念，早在三代已然成形，除了《周易》的完整性、系統化之思想體系外，諸如《國語・周語上》提到：

> 陽伏而不能出，陰迫而不能烝，於是有地震。今三川實震，是陽失
> 其所而鎮陰也。陽失在陰，川源必塞。源塞，國必亡。[註329]

陰陽是一種動態的結構，彼此的對應運動，會產生異常的變化。陰壓迫陽不能使之上升，陽被陰所鎮壓，而喪失其處所，藉此用以解釋自然現象和社會現象的對應，因此，一切現象往往表現在陰陽二氣的相互作用上。《黃老帛書・稱》特別指出：

> 凡論必以陰陽□大義。天陽地陰，春陽秋陰，夏陽冬陰，晝陽夜陰。
> 大國陽，小國陰，重國陽，輕國陰。有事陽而無事陰，信（伸）者
> 陽而屈者陰。主陽臣陰，上陽下陰，男陽〔女陰，父〕陽〔子〕陰，
> 兄陽弟陰，長陽少〔陰〕。貴〔陽〕賤陰，達陽窮陰。取（娶）婦姓
> （生）子陽，有喪陰。制人者陽，制於人者陰。客陽主人陰。師陽
> 役陰。言陽黑（默）陰。予陽受陰。諸陽者法天，……諸陰者法地。
> [註330]

自然界之天地、四時、晝夜，社會上的大小國、輕重國、有無事，人倫關係的君臣、男女、父子、兄弟、長少、貴賤、貧富、制人與制於人、主客、上下關係，以至人的生死、語默都普遍地體現爲陰陽的對待，一切皆是陰陽的本質屬性，也就是每一具體的事或物，皆通過本身所具有的陰陽屬性而聯繫起來，構成一個整體的世界生成的圖式結構；《稱》在這裡主要是往陽性的方向傾斜。陰陽既是一切生成變化的主體，陰與陽二者的對待關係則爲人們

[註328] 見《管子・四時》。引自清黎翔鳳《管子校注・四時》，卷四十，北京：中華書局，2004 年 6 月 1 版 1 刷，頁 838。

[註329] 見《國語・周語上》，卷一，臺北：漢京文化事業有限公司影印《四部刊要》本，1983 年 12 月初版，頁 26～27。

[註330] 見陳鼓應《黃帝四經今註今譯》，臺北：臺灣商務印書館，1996 年 7 月初版 2刷，頁 464。《黃老帛書》，陳鼓應先生稱爲《黃帝四經》。

所主要關注的問題。《老子》提到「萬物負陰而抱陽，沖氣以爲和」〔註331〕
的陰陽對待統一之觀念；《莊子》繼而提出「至陰肅肅，至陽赫赫。肅肅出
乎天，赫赫發乎地，兩者交通成和，而物生焉」〔註332〕的「一清一濁，陰
陽調和」，〔註333〕以成萬物之主張。《國語・越語》范蠡提到「陽至而陰，
陰而至陽。日困而還，月盈而匡」〔註334〕的陰陽相對性與互變性。《荀子》
也提到「天地合而萬物生，陰陽接而變化起」，「陰陽大化，風雨博施，萬物
各得其和以生」〔註335〕的天地萬物得陰陽之和而生成的規律運動變化之思
想。陰陽之運動變化，重在調和，是一種普遍的認識與價值，而其根本性仍
在掌握與認識其運動變化，也就是在陰陽的升降進退運動的問題上。這種思
想，在兩漢陰陽五行學說鼎盛的學術環境下，發展的更臻成熟，不論是董仲
舒一系的思想，乃至黃老思想，或是天文歷法的科學知識範疇，包絡甚繁。
至於《周易》，則在其既有的內涵質性上，藉由更多象數理論的操作，使陰
陽的運動變化更爲具體化。

　　《周易》以卦爻象來模擬一切事物的運動發展規律，也就是透過爻位的
上下升降變化來呈顯陰陽氣化的進退往復，並體現其合乎自然界的普遍律
則。在易學史上，依據現有史料，較早有系統地將陰陽之氣的進退往復，結
合爻位的上下變化，而提出陰陽之氣的運動形式爲「升降」者，則是京房。《京
氏易傳》中屢提「陰陽升降」、「升降六爻」的觀念，且其八宮卦序之說，同
屬於廣義的升降思想。京房所言，如：

　　　　陰陽無差，升降有等，人事吉凶見乎其象，造化分乎有无。〔註336〕

　　　　陰陽二氣，天地相接，人事吉凶，見乎其象。六位適變，八卦分焉。

　　　〔註337〕

　　　　陽升陰降，陽來蕩陰，吉凶隨爻，著於四時。……陰陽升降，反復

〔註331〕見《老子》第二十二章。引自王弼《老子注》，北京：中華書局《諸子集成》
　　　　本第三冊，1996 年 2 月北京 1 版 9 刷，頁 26。
〔註332〕見《莊子・田子方》。引自郭慶藩《莊子集釋》，北京：中華書局《諸子集成》
　　　　本第三冊，1996 年 2 月北京 1 版 9 刷，頁 311。
〔註333〕見《莊子・天運》。引自郭慶藩《莊子集釋》，頁 222。
〔註334〕見《國語・越語下》，卷二十一，頁 653。
〔註335〕二括弧引文，見《荀子・天論》。引自王先謙《荀子集解》，卷十一，北京：
　　　　中華書局《諸子集成》本第二冊，1996 年 2 月北京 1 版 9 刷，頁 206。
〔註336〕見郭彧《京氏易傳導讀》，卷上，頁 65。
〔註337〕同前注，卷中，頁 98。

道也。〔註338〕

人事吉凶，乃至一切事物的變化，皆是建立在陰陽升降爲基礎的爻位變化來詮釋；時空的變化，會呈現出不同的對應關係，希望藉由陰陽變化，使六爻各得其時，各正其位，以成就其天地運行和萬物化生的目的。同樣的，八宮卦次之說，也是在這種陰陽升降變化的原理下建構出的卦序系統，這些內容前面章節已作詳述，在此不再贅言；所要強調的是，京房的陰陽升降思想，並不專主或側重陽升陰降，不論陰爻或陽爻，皆可升降，這是認識京房升降說，應該注意的基本觀念。

京房的升降說，直接影響了荀爽的易學主張，也就是荀爽的升降說，有承於京房而來。當然，這種思想主張的承接，荀爽並非只是以同樣的內容再一次的輸出，在目的上或是內涵上，仍有其差異存在；京房學說建立的目的，側重於陰陽災異的闡發，而荀爽則重於解說經義。由於目的與內涵上的不同，在升降說的原則運用上也就會有所不同。京房的升降，只要能符合其形式操作的合理運用原則，乃至符合其建構的合理性即可，無須過度受到《周易》本來的卦爻精神的制約，所以八宮卦次之法，陰陽皆可升降。但是，荀爽的升降主張，則必須受限於經傳的陽尊陰卑的基本精神之影響，使其升降說的重點，仍然置重於陽升陰降的方面，而不敢放開的去多元論述。

雖然，荀爽執守於經義，尤其重視「陽升陰降」的規律，而是否意味著荀爽的思想完全貫徹這種「陽升陰降」的規律？所以其升降說即是「陽升陰降」或是「乾升坤降」呢？事實上，荀爽並非絕對的單一化，荀爽也體認到宇宙運動的實質變化，並不在於「陽升陰降」的單一律則，在這種情形下，除了「陽升陰降」外，他仍然隱隱表現其部份「陽降陰升」的主張。這一點也是我們認識荀爽升降說所應該注意到的。這部份，後文將說明。因此，假如將荀爽的升降說視爲「陽升陰降」或是「乾升坤降」，這不見得是一種完全周延的說法，倘是如此，則將以主體內涵（陽升陰降）掩飾了其既存的次要部份（陽降陰升），失去了其升降說的全面性意義。

惠棟既在陳述荀爽的升降說思想，應作全面性的思考與論述，然而定爲「乾升坤降」，〔註339〕明顯只採荀爽「陽升陰降」的主體內涵部份，扼殺了可

〔註338〕同前注，頁103～104。
〔註339〕惠棟《易漢學》考索荀慈明易學，其第一個命題，即是「乾升坤降」。見《易漢學》，卷七，頁1211。

能有的「陽降陰升」之陰陽運動變化的另一種方式，這是值得商榷的。不過，惠棟這樣的定調，卻也因此強調與點出荀爽所側重的仍是「陽升陰降」這個部份，而成為其升降說的主要特色或重點所在。

（二）荀爽升降說具體內涵之檢討

荀爽的升降說，為惠棟考索荀《易》的主要之內容，對於其升降說，惠棟定調為「乾升坤降」，並且對於此說，作了簡要的概括說明：

> 荀慈明論《易》，以陽在二者，當上升坤五，為君。陰在五者，當降居乾二，為臣。蓋乾升坤為坎，坤降乾為離，成既濟定，則六爻得位。繫詞所謂上下无常，剛柔相易。乾象所謂各正性命，保合太和。利貞之道也。坎為性，離為命，二者乾坤之遊魂也。乾坤變化，坎離不動，各能還其本體，是各正之義也。此說得之京房。《左傳》史墨論魯昭公之失民，季氏之得民，云在《易》卦，雷來乾，曰大壯，天之道。言九二之大夫，當升五為君也。慈明之說，合于古之占法，故仲翔注《易》，亦與之同。王弼泰六四注云：乾樂上復，坤樂下復，此亦升降之義，而弼不言升降。〔註340〕

惠棟這段話裡，點出了幾個議題：

其一、惠棟所認定的荀氏之升降說，主要表現在陽升陰降上，是否意味著荀氏不涉陽降陰升的陰陽降升變化？

其二、惠棟所認定的荀氏陽升陰降，只侷限在陽二上升坤五，以及陰五降居乾二的爻位變化；荀氏真得只有二、五爻的陰陽升降變化嗎？

其三、惠棟認為荀氏以乾坤二卦為基本卦，二卦爻位互易，乾卦九二居於坤卦六五爻位，而坤卦六五居於乾卦九二爻位，而成坎離兩卦，即所謂「乾升坤為坎，坤降乾為離」，此坎離並為上經之終。並且，坎離二卦進一步相配，而成既濟與未濟二卦，而六十四卦在正既濟之義，即所謂「成既濟定，則六爻得位」。荀氏之本意，真的主在正既濟之義？

其四、依惠棟的看法，荀氏之升降說似乎與虞仲翔同，果真如此？

以下考述荀氏升降說的具體內涵，並檢討惠棟所呈顯的以上諸問題。

〔註340〕見《易漢學》，卷七，頁 1211～1212。

1. 乾升坤降為荀氏升降說之主要法則

　　《周易》隱現的傾向是一種陽尊陰卑的思想，誠如《繫辭傳》所言「天尊地卑，乾坤定矣。卑高以陳，貴賤位矣」，「列貴賤者存乎位」；透過爻位的高者為尊，低者為卑，來進一步表現出來。因此，乾陽既為尊為貴，則當上升，而坤陰為卑為賤，則必然要下降。囿於《周易》經傳既定的限制，荀爽著重於陽升陰降的以陽為尊之主張。如注《文言傳》「時乘六龍以御天」云：

　　　　陽升陰降，天道行也。〔註341〕

又注既濟卦《象傳》云：

　　　　天地既交，陽升陰降。〔註342〕

以陽升陰降，為天道運轉的根本法則，所以陽氣的質性是宜升的，而陰氣則當下降；注乾卦《象傳》云「陽道樂進」；〔註343〕注泰卦九二云「陽性欲升，陰性欲承」；〔註344〕荀爽基本上掌握了這種陽升陰降的宇宙陰陽變化的普遍法則，並視之為主要的變化規律，這種法則又特別表現在陽二上升坤五，以及陰五下降乾二的二、五兩爻之變化上。這個部份正是惠棟論述荀氏升降說的主要內容所在。

　　一卦以二五居於中位，為成卦之重要位置；二為下卦之中，屬臣下之正位，而五為上卦之中，屬君王之正位。九二為陽、為君或為具有君德者，不宜居於臣位，當升居九五君王之正位；同樣地，六五為陰、為臣或為卑順者，不宜僭居君位，也當降處六二之臣位。正二、五君臣之位，則以陽二升坤五與陰五降乾二以為之。惠棟特別舉了諸釋例為言，如：

　　　　《文言》曰：「水流濕，火就燥。」慈明曰：陽動之坤而為坎，坤者
　　　　純陰，故曰濕。陰動之乾而成離，乾者純陽，故曰燥。〔註345〕

乾二升坤五為坎水，即「陽動之坤而為坎」，坤為土，坤土純陰，而坎水流於坤土上，則濡土為濕，此即《文言》的「水流濕」。至於「陰動之乾而成離」，即坤五降乾二為離火，乾剛純陽為燥，離火就乾，即《文言》所說的「火就燥」。又如：

　　　　（《文言》）又曰：「本乎天者親上，本乎地者親下。」慈明曰：謂乾

〔註341〕見李鼎祚《周易集解》，卷一，頁18。
〔註342〕見李鼎祚《周易集解》，卷十二，頁303。
〔註343〕見李鼎祚《周易集解》，卷一，頁6。
〔註344〕見李鼎祚《周易集解》，卷四，頁77。
〔註345〕見《易漢學》，卷七，頁1212。

九二本出於乾，故曰本乎天，而居坤五，故曰親上。坤六五本出於
坤，故曰本乎地，降居乾二，故曰親下也。〔註346〕

乾卦九二失位不正，當上升九五，是本於乾質而出於乾二；所本之乾，乾爲
天，故曰「本乎天」。乾二升居坤五，五位在天爲君上，故爲「親上」。此即
《文言》所説之「本乎天者親上」。又坤卦處六五之失位，則當降居六二，是
本於坤性而出於坤五；坤爲地，所以「本乎地」。降居乾二而下處，故爲「親
下」。此又爲《文言》「本乎地者親下」之理。又如：

（《文言》）又曰：「雲行雨施，天下平也。」慈明曰：乾升於坤曰
雲行，坤降於乾曰雨施。乾坤二卦，成兩既濟，陰陽和均，而得
其正，故曰天下平。慈明注「時乘六龍以御天」云：御者，行也，陽升陰降，天
道行也。〔註347〕

乾二升坤五爲坎，上坎爲雲，故乾升爲雲行；坤五降乾二，又互爲下坎，下
坎爲雨，故坤降於乾爲雨施，雲行雨施，澤被天下，天下正平。又，乾坤二
卦旁通而成兩既濟，既濟以其剛柔正而位當，陰陽調合，各得正位，又得天
下之平順，所以荀爽強調「陽升陰降」，而「天道行」。又如：

（《文言》）又曰：「與天地合其德。」慈明曰：與天合德，謂居五也；
與地合德，謂居二也。〔註348〕

五爲天位，上居天位，是「與天合德，謂居五」。二爲地位，下居二位之正，
是「與地合德，謂居二」。此乾升坤降而能「與天地合其德」。又引：

「與日月合其明」。慈明曰：謂坤五之乾二成離，離爲日；乾二之坤
五爲坎，坎爲月。〔註349〕

坤主降，坤五下居乾二成離，離爲日；陽主升，乾二之坤五成坎，坎爲月，
日月輝映而成明，即《繫傳》所云「日月相推而明生」。〔註350〕又如：

坤《象》曰：「含宏光大，品物咸亨。」慈明曰：乾二居坤五爲含，
坤五居乾二爲宏，坤初居乾四爲光，乾四居坤初爲大。乾，上居坤三亦
爲含，故六三含章可貞。坤三居乾上，亦成兩既濟也。天地交，萬物生，故咸亨。

〔註346〕見《易漢學》，卷七，頁1212。
〔註347〕見《易漢學》，卷七，頁1212。
〔註348〕見《易漢學》，卷七，頁1213。
〔註349〕見《易漢學》，卷七，頁1213。
〔註350〕日月合而爲明，固爲《易傳》所倡，亦兩漢之常説，如《史記・曆書》所謂
　　　　「日月成故明」即是。

〔註351〕

乾二之坤五成坎，坎（☵）爲二陰包含一陽以爲中實，有含實之義。坤五居乾二成離，離（☲）爲二陽包一陰以爲中虛，有宏廣之義。坤初居乾四體觀（☴），觀卦所謂「觀國之光」，故云「坤初居乾四爲光」。乾四居坤初爲震（☳），《說卦》所謂「震爲大塗」，故云「乾四居坤初爲大」。天地交泰，萬物亨通，陰陽升降調和，萬物得以生息。惠棟引此條文，其目的仍重於論述「乾升坤降」的升降原則；然而，荀氏此一注文中，也反映出另一種陰陽升降的方式，這種方式即是恰與「乾升坤降」相反的「乾降坤升」的升降模式，也就是「坤初居乾四爲光，乾四居坤初爲大」這二句話，表現出陽降、陰升的卦變原則。這種原則的用運，爲荀氏之常例，如其釋乾卦《象傳》「或躍在淵」云「四者，陰位」，「欲下居坤初，求陽之正」；〔註352〕又如釋乾卦《文言》「九四」時，云「四者，臣位也」，「當下居坤初，得陽正位」。〔註353〕因此，荀氏之升降說，並非專指陽升陰降，亦有陽降陰升者，而荀氏所期盼的是陰陽升降變化，能達其專居正位的目的，也就是使陽爻能居陽位，而陰爻能居陰位，如此，陰陽之變，能得其正所，求其正宜。故荀氏此「坤初居乾四爲光，乾四居坤初爲大」之二言，正是對惠棟提出的「乾降坤升」主張之反思。又如：

> 師《象》曰：「能以眾正，可以王矣。」慈明曰：謂二有中和之德而
> 據羣陰，上居五位，可以王也。〔註354〕

師☷☵卦以二爻爲陽，餘上下五陰爲「群陰」；陽主升，而二上升居五，使居中得正，是可以爲王。此亦陽二升五之例。又如：

> （師）六四：「師左次，无咎。」慈明曰：左謂二也，陽稱左。次，
> 舍也。二與四同功，四承五，五无陽，故呼二舍於五，四得承之，
> 故无咎。〔註355〕

二陽爲左，又震卦初陽爲春爲木，木居左，〔註356〕是「陽稱左」。《繫傳下》云「二與四同功」，是四近承五，五虛无陽，四呼二陽上舍次於五，如此陽二

〔註351〕見《易漢學》，卷七，頁1213。
〔註352〕見李鼎祚《周易集解》，卷一，頁6。
〔註353〕見李鼎祚《周易集解》，卷一，頁12。
〔註354〕見《易漢學》，卷七，頁1213。
〔註355〕見《易漢學》，卷七，頁1213。
〔註356〕《管子・立政九敗解》云：「春生於左，秋殺於右，夏長於前，冬藏於後。」
《春秋繁露・爲人者天》亦云：「木居左，金居右，火居前，水居後，土居中央。」是以春、木皆爲左。

亦能承四之便而上升至五，以陰承陽，故无咎。這個例子，陽二雖最終能升於五，但須透過陰四作中介才能達到升五无咎的目的，所以它不是一個單純化的陽二升五的模式。又如：

> （師）上六：「大君有命，開國承家。「承」讀如《墨子》引《書》「承以大夫師長」之「承」。慈明曰：大君謂二，師旅已息，既上居五，當封賞有功，立國命家也。宋衷曰：陽當之五，處坤之中，故曰開國。陰下之二，在二承五，故曰承家。〔註357〕

荀氏以二升五爲天爲君，天、君皆「大」，故云「大君謂二」。上六處於師卦之終，故「師旅已息」。二既上居於五，當封賞有功者，或使之立國爲候，或使之立家爲大夫。至於惠棟引宋衷之言，同是二陽升五、五陰下二之說；此升降之法，非荀氏一人所獨專。又如：

> 泰九二：朋亡，得尚于中行。慈明曰：朋謂坤，朋亡而下，則二得上居五，而行中和矣。〔註358〕

二處下卦之中而上居上卦之中爲五位，是荀氏認爲「中謂五」。二上居五，使得其正而能行中和。是二五升降，天地相交，而能如《中庸》所言，「致中和，天地位焉，萬物育焉」。其它，惠棟尚引，如：

> 臨九三《象》曰：咸臨，吉无不利，未順命也。慈明曰：陽感至二，當升居五，羣陰相承，故无不利也。陽當居五，陰當順從，今尚在二，故曰未順命也。〔註359〕

> 升《象》曰：巽而順，剛中而應，是以大亨，用見大人，勿恤有慶也。慈明曰：謂二以剛居中而來應五，故能大亨，上居尊位也。大人，天子，謂升居五，見爲大人，羣陰有主，无所復憂，而有慶也。〔註360〕

> （升）六五《象》曰：貞吉，升階，大得志也。慈明曰：陰正居中，爲陽作階，使居五已下降二，與陽相應，故吉而得志。〔註361〕

> 《繫辭上》曰：天下之理得，而《易》成位乎其中矣。慈明曰：陽

〔註357〕見《易漢學》，卷七，頁1214。
〔註358〕見《易漢學》，卷七，頁1214。原荀爽注文，當爲「中謂五，坤爲朋，朋亡而下，則二得上居五，而行中和矣」。附線條二句，爲惠棟短引、誤字者。
〔註359〕見《易漢學》，卷七，頁1214。
〔註360〕見《易漢學》，卷七，頁1214～1215。
〔註361〕見《易漢學》，卷七，頁1215。

位成於五，陰位成於二，五爲上中，二爲下中，故曰成位乎其中也。

〔註362〕

上引荀氏諸釋文，皆本於乾二升五、坤五降二之陽升陰降之法，使陰陽皆能轉爲居中得正之居處，使陰陽之變化能依其正法，得其正道，一切能夠「无不利」、「大亨」、「有慶」、「吉而得志」。因此，這種乾二升五、坤五降二的荀氏升降說之主要法則，詮釋的內涵皆是亨通吉慶者；藉由爻位的形式轉變，使「成位乎其中」的致中和之位，而達「天下之理得」的合天道規律的最佳結果。因此，中和既是升降說的理想目標，也是判定爻變或陰陽運動變化是否正常的最高價值標準。

惠棟除了直引荀爽之言爲釋，也引虞翻注文補說：

《文言》曰：「《易》曰：見龍在田，利見大人，君德也。」仲翔曰：陽始觸陰，當升五爲君，時舍於二，宜利天下。〔註363〕

（升）九二《象》曰：九二之孚，有喜也。仲翔曰：升五得位，故有喜。〔註364〕

虞氏此二注說，其升降之法與荀氏同意，皆云陽二當升五而使得正位。當然，虞氏升降之例，並不僅此二注，不能反映出虞氏升降思想的全部。惠棟在這裡，主要在凸顯荀爽陽升陰降的此一主張，同時也大概肯定與呼應荀爽與虞翻升降說是相同的。二人之主張是否相同，事實上，二人之說是有差異存在的，不能一概作等同。這一部份，暫時擱置，後續再言。

荀爽的升降說，特別著重於陽升陰降的陰陽變化的普遍律則，且又尤重於二、五爻之遞變，所以惠棟強調「以陽在二者，當上升坤五，爲君。陰在五者，當降居乾二，爲臣」的主要原則。但是，這個主要原則，不能視爲唯一原則，畢竟就陽升陰降方面，除了九二升居九五或六五降處六二外，尙有初九升居九五、九三升居九五、九四升居九五、上六降居六三、上六降居六二、六五降居六四、六四降居初六等等，這還不包括陽降陰升的方面。因此，陽爻除了九二可升居九五外，初九、九三、九四等爻同樣可以升居九五；陰爻除了六五可降居六二外，仍有其它爻位的降居方式。惠棟乃至其後之張惠言，不宜作此單一的概括，因爲此等概括，不能代表荀氏升降說的全部內涵。

─────────────

〔註362〕見《易漢學》，卷七，頁1215。

〔註363〕見《易漢學》，卷七，頁1212。

〔註364〕見《易漢學》，卷七，頁1215。

在初九升居九五的例子方面，復䷗卦《象傳》「利有攸往，剛長也」，荀爽注云：

> 利往居五，剛道浸長也。〔註365〕

復卦以一陽起於初，利升至五，以得中得位。五位乾剛爲君子，君子道長，故「剛道浸長」。此卦一陽於初，上接五陰，惟升至九五尊位，方可利而無咎，所以呼應《象傳》「利有攸往」。

九三升居九五的例子，謙䷎卦九三《象傳》「勞謙君子，萬民服也」，荀爽注云：

> 陽當居五，自卑下眾，降居下體，君有下國之意也。眾陰皆欲撟陽，
> 上居五位，羣陰順陽，故萬民服也。〔註366〕

陽本當居於五之尊位，然今九三自卑下眾，降居於下體之上。乾陽爲「君」，而坤眾爲「國」，故「君有下國之意」。九三之上爲坤三陰，坤爲民爲順；此眾陰舉陽以升至九五君位，萬民順服。

九四升居九五的例子，離䷝卦九四「突如，其來如。焚如，死如，棄如」，荀爽注云：

> 陽升居五，光炎宣揚，故突如也。陰退居四，灰炭降墜，故其來如也。
> 陰以不正，居尊乘陽。歷盡數終，天命所誅。位喪民畔，下離所害，
> 故焚如也。以離入坎，故死如也。火息灰損，故棄如也。〔註367〕

離卦四、五相比，皆非正位，荀氏認爲當陽升而陰降，使九四之陽升居五位，方可「光炎宣揚」。而六五退居四位，以離入坎，火爲水滅，是「灰炭降墜」而「其來如」、「焚如」、「死如」、「棄如」的加憂之狀。然而，五失位，動得正，此陽當升而陰當降，以順陰陽之化，故六五爻辭云「戚嗟若，吉」，尋求的是四、五二爻之陽升陰降；誠如《九家易》所說：

> 戚嗟順陽，附麗於五，故曰「離王公也」。陽當居五，陰退還四。五
> 當爲王，三則三公也。四處其中，附上下矣。〔註368〕

不論荀氏或《九家易》，其陽升陰降之法，表達的是一種陽尊陰卑，君貴臣賤的思想，因其升降以求其正位。此四陽升五之例，荀氏有之，《九家易》有之。

〔註365〕見李鼎祚《周易集解》，卷六，頁131。
〔註366〕見李鼎祚《周易集解》，卷四，頁94～95。
〔註367〕見李鼎祚《周易集解》，卷六，頁156。
〔註368〕見李鼎祚《周易集解》，卷六，頁156。

陽三升居上九，以及上陰降處六三之例，損䷨卦《象傳》「損下益上，其道上行。損而有孚，元吉无咎，可貞，利有攸往」，《集解》引蜀才、荀爽之言：

> 蜀才曰：此本泰卦。案：坤之上六，下處乾三，乾之九三上升坤六，損下益上者也。陽德上行，故曰其道上行矣。

> 荀爽曰：謂損乾之三，居上孚二陰也。

> 荀爽曰：居上據陰，故元吉无咎。以未得位，嫌於咎也。

> 荀爽曰：少男在上，少女雖年尚幼，必當相承，故曰可貞。

> 荀爽曰：謂陽利往居上。損者，損下益上，故利往居上。〔註369〕

上六降至三位，而九三上居上位；乾居上而下孚二陰，「有孚」而「元吉」。陽利居上，而陰宜下處，如此，方可「損下益上，其道上行」。

上陰降處六二之例，賁卦《象傳》「賁亨，柔來而文剛，故亨。分剛上而文柔，故小利有攸往」，荀爽注：

> 此本泰卦。謂陰從上來，居乾之中。文飾剛道，交於中和，故亨也。分乾之二，居坤之上。上飾柔道，兼據二陰，故小利有攸往矣。〔註370〕

賁䷕卦以上六之柔，來文九二之剛，上六下處九二之位，得其正位。文雖柔而質剛，又居中得正，所以「交於中和，故亨」。又以九二之剛，上文上六之柔，是「分乾之二，居坤之上」。又，六五降處六四之例，離䷝卦《象傳》「日中則昃」，荀注「下居四，日昃之象」，〔註371〕即六五降四爲重離。

荀爽的乾升坤降之升降說，非限於二、五兩爻的升降轉換，但是在陽升的方面，大抵都是升於九五的尊位，至於陰降的方面，則不全然降至六二之位，它可以由上而降至六四、六三，可以說陰降無定位；因此，張惠言《周易荀氏九家義》認爲「乾升皆五，坤降不必二，臣道无方也」，〔註372〕即坤卦《象傳》所云「牝馬地類，行地无疆」、「應地无疆」之義，既爲臣道，理當順君，不能主導於一方，而當順君於適所。此又以陽爲尊的思想體現。

2. 荀爽並不排除陽降陰升之說

荀爽基本上掌握了這種陽升陰降的宇宙陰陽變化的普遍法則，並且成爲

〔註369〕見李鼎祚《周易集解》，卷八，頁199～200。
〔註370〕見李鼎祚《周易集解》，卷五，頁120。
〔註371〕見李鼎祚《周易集解》，卷十一，頁269。
〔註372〕見張惠言《周易荀氏九家義》，頁280。

其升降說表述的主要重點，但是陰陽的變化也未必全然以此爲不變之定則，畢竟自然界的陰陽氣化，陰陽二氣本皆有其升降，而《周易》也揭示陽極生陰、陰極生陽、亢極必反的思想。在荀爽陰陽升降的主張裡，並非如惠棟、張惠言所言，只論陽升陰降，而不論陽降陰升，荀爽仍有陽降陰升者。

在陽降方面，乾卦《象傳》「或躍在淵，進无咎也」，荀爽注云：

> 乾者，君卦。四者，陰位。故上躍居五者，欲下居坤初，求陽之正。地下稱「淵」也。陽道樂進，故曰進无咎也。〔註373〕

荀氏之釋義，以四爲陰位，四承五而將「上躍居五」；然而，四與初應，故四又「欲下坤初」。陽居四而位不正，上居五位或處初位，皆屬正位，所以是「求陽之正」。當然，陽性主進，最後進入五位而得中，得以无咎。在這裡，雖然強調的仍是陽道主升，但荀氏卻也提到此四爻之位，有「欲下居坤初」之意，也就是陽四有降初的陽降之性。另外，乾卦《文言》「亢之爲言也，知進而不知退」，「其唯聖人乎，知進退存亡而不失其正者，其唯聖人乎」一文，荀爽認爲「在上當陰，今反爲陽，故曰知存而不知亡也」，亢極之位爲陰位，今以陽九居之，是不知所進退。荀爽並進一步指出，「進謂居五，退謂居二」，「進」即二上居五，而「退」則爲五下居二，二、五皆居聖人之位，所以「上聖人謂五，下聖人謂二」，能夠知所進退，仍是聖人之道而不失其正。〔註374〕因此，這裡也可以看到荀爽的陽降說法，只不過，他爲了呼應經傳文義而作的詮解，並沒有爲陽降立下明顯的軌範和原則的規定。又，屯☷卦《象傳》「屯，剛柔始交而難生，動乎險中，大亨貞」，虞翻注云，「乾剛坤柔，坎二交初，故始交」，認爲卦自坎來，以坎二交於初，而爲「始交」。荀爽進一步解釋，認爲「物難在始生，此本坎卦也」，以坎卦言此卦義。李鼎祚爲之作案語，云：

> 初六升二，九二降初，是剛柔始交也。交則成震，震爲動也，上有坎，是動乎險中也。〔註375〕

以初升而二降，剛柔交而成震，如此坎險在上，震動在下，是「動乎險中」。此一卦義，諸家以卦變的方向爲釋，仍可屬廣義的升降說，而其升降的模式，則爲陰升陽降。涉及卦變論升降者，荀氏之釋例尚繁，不再一一贅舉。從陰陽運動變化的精神言，卦變仍可屬升降的範範，而荀氏涉論卦變之說者，多

〔註373〕見李鼎祚《周易集解》，卷一，頁6。
〔註374〕括弧引文，見李鼎祚《周易集解》，卷一，頁22。
〔註375〕虞、荀、李氏之言，見李鼎祚《周易集解》，卷二，頁38。

有言及陽降而陰升者。

在陰升的方面，前面已引惠棟提到荀爽注坤《象傳》「含宏光大，品物咸亨」時，認爲「坤初居乾四爲光」，即是一種陰升的方式。又如觀䷓卦六三《象傳》「觀我生進退，未失道也」，荀氏注云：

> 我，謂五也。生者，教化生也。三欲進觀於五，四既在前而三退，故未失道也。〔註376〕

荀氏所言「三欲進觀於五」，即陰三欲上升於五位，此陰有欲升之性。

荀爽不排除陽降陰升的方式，只不過這種方式不像其陽升陰降之說那麼明確、使用的那麼頻繁，甚至定爲常道。因此，一般人所關注的仍在其陽升陰降的部份，特別是惠棟更爲具體的立爲定則，指出「陽在二者，當上升坤五」，「陰在五者，當降居乾二」，使後世學者對荀氏升降說的認識，很多都只侷限在這方面，對荀氏此一主張不能得到全面性的瞭解。

3. 荀虞二者升降之法不能等同

已如前述，惠棟肯定荀爽與虞翻在升降說的主張上，二者有高度的一致性，事實上，二者的主張有很大的差異存在。首先在六十四卦「成既濟定」的問題上，惠棟考索荀說，開宗明義提到「乾升坤爲坎，坤降乾爲離，成既濟定，則六爻得位」等言，這段話基本上肯定荀爽透過乾升坤降而成坎離，也成既濟卦，呼應荀爽釋《文言》所言「乾坤二卦，成兩既濟，陰陽和均，而得其正」之義。除此之外，惠棟也隱約認爲荀氏以乾坤二卦爻位之升降而成坎離兩卦，並爲上經之終；坎離進一步推配，而成既濟定，《易》卦終在正既濟之義，即所謂「成既濟定，則六爻得位」。張惠言認爲惠棟是有如此的看法，並且予以駁正：

> 荀氏之義，莫乎陽升陰降。惠徵士《易漢學》說之云：乾二升坤五爲君，坤五降乾二爲臣。乾升爲坎，坤降成离，成既濟定，則六爻得位。《繫辭》所謂「上下无常，剛柔相易」；乾《象》所謂「各正性命，保合太和」，乃利貞也。惠此說據荀《文言》注而言。其實荀氏六十四卦，皆無正既濟之義。其陽升於坤，又不主九二一爻。〔註377〕

的確，荀氏之說，並無刻意於正既濟之義，且其陽升於坤，也不單從九二爻而言。惠棟混同了荀爽與虞翻的說法，特別是將虞翻的諸卦既濟之主張，引

〔註376〕見李鼎祚《周易集解》，卷五，頁114。
〔註377〕見張惠言《周易荀氏九家義》，頁280。

爲荀爽也同有正既濟之義。事實上，荀爽言升降，並不廣論既濟之義，而論及「既濟」者，純就單一爻位之升降爲言；至於虞氏，其言之成既濟者，則在每爻正位成既濟，刻意的尋求爻位之正而成既濟。所以，在這方面，二者是不同的。

　　從升降說的內容言，荀爽的升降說，主要表現在其陽升陰降，特別是在二、五兩爻的變化上，如果從廣義的角度言，其一些卦變的論述，亦可屬之。至於虞翻，其升降說，則主要表現在其卦變、爻變方面，所含涉的內容甚爲繁富，還包括互體、旁通等原則的運用，最終皆使陰陽各得其正，歸於天地之正道。因此，荀爽之說，較虞氏爲單純爲嚴謹。二者絕非可以等同。

三、易尚時中說

（一）時中為易道的核心思想

　　「時中」爲儒家的重要思想主張，也是《易》道的主體內涵，《易》所要表現的中心思想，可以用「時中」來概括；對此，惠棟作了精確的斷論與最佳的注腳，認爲「《易》道深矣，一言以蔽之，曰時中」，〔註378〕賦予《周易》的核心精神所在。同時，惠棟認爲：

> 愚謂孔子晚而好《易》，讀之韋編三絕而爲之傳，蓋深有味于六十四卦三百八十四爻時中之義，故于《象傳》、《象傳》，言之重，詞之復；子思作《中庸》，述孔子之意，而曰：君子而時中。孟子亦曰：孔子聖之時。夫執中之訓，肇于中天，時中之義，明于孔子，乃堯舜以來相傳之心法也。據《論語》堯曰章。其在豐《象》曰：天地盈虛，與時消息，在剝曰：君子尚消息盈虛，天行也。《文言》曰：知進退存亡而不失其正者，其惟聖人乎。皆時中之義也。知時中之義，其于《易》也，思過半矣。〔註379〕

《周易》深含「時中」之義，孔子從六十四卦三百八十四爻中玩味體察，掌握此一思想神髓，並闡揚述明於《易傳》之中，子思一脈相襲而作《中庸》，言「君子而時中」，以述孔子之意；乃至孟子，亦不忘孔聖之法，表彰「時中」之義。此儒家相傳之心法，得以薪火相承；儒家的中心思想，得以發揚而不絕。

　　「時中」從易學的思想體系中發展出來，是一種陰陽作用或運動所期盼達

〔註378〕見《易漢學》，卷七，頁 1215。
〔註379〕見《易漢學》，卷七，頁 1217～1218。

到的理想狀態。這種陰陽作用下的狀態，作為事物存在發展的最佳形式，它不是固定不變的，而是在陰陽感通、剛柔摩推中處於不停地轉變遷移的運動變化，所以《易》道即是這種變化之道。《易》的卦爻，本質上都是對天地萬物變化的狀摹比象描述，所謂「觀變於陰陽而立卦」，「爻者，言乎變者也」，卦爻的陰陽之變，表現出天地萬物的消長生息。吳澄曾說「一卦一時，則六十四時不同也；一爻一時，則三百八十四時不同也」。〔註380〕王弼在其《周易略例》中也提到「卦者，時也；爻者，適時之變者也」。〔註381〕不論六十四卦，或是三百八十四爻，皆呈顯出不同的時態，或是時空狀態。透過《易》之卦爻，來反映出持續不斷變化的時空過程，並以其六十四卦與三百八十四爻來象徵客觀事物發展的不同時期和不同階段情形，同時尋求最佳的時空場景，最理想的律則、最理想的位置，即「時中」。作為主體的人，當依據客觀事物發展的不同時期和不同階段，乃至所處的實際時空場景，採取相應的對策行動，掌握其主體性──時中。因此，惠棟廣引《易傳》之言，如「天地盈虛，與時消息」，「君子尚消息盈虛，天行也」，「知進退存亡而不失其正者，其惟聖人乎。皆時中之義也」；以表達時中的意義。從務實的觀念言，也就是說，掌握盈虛消息、進退存亡之道，充分地認識與運用變化之道與相應之道，人的行止動靜與最佳時機相結合，「時止則止，時行則行，動靜不失其時」，〔註382〕這就是「時中」的實質意義。

「時中」作為《易》道的核心思想，而易學家所建構的學說理論，必當在此核心的範疇內。在惠棟的認識裡，他高度肯定荀爽的易學思想，可以真正勾勒出與彰顯出此一《易》道思想，特別是荀爽的乾升坤降的主張，正是「時中」思想的最直接表述。雖然，惠棟並無明白的指出，然而考索荀爽易學，定作「易尚時中」之命題，已可見其心跡。藉由荀爽此一象數思維主張，來陳述易學思想中極具哲理的純粹思想，從這裡，我們不能否定惠棟易學的義理成份，我們也可以從其象數的內涵中見其義理的質性。

（二）爻位適時之變而為時中

從認識的範疇看「時中」，時中講求「隨時變易以從道」，是隨時而中，

〔註380〕見吳澄《吳文正集・記・時齋記》，卷四十。引自臺北：臺灣商務印書館《景印文淵閣四庫全書・集部・別集類》，第一一九七冊，頁430。

〔註381〕見王弼《易略例・明卦適變通爻》。引自樓宇烈校釋《王弼集校釋・易略例》，北京；中華書局，1999年12月1版3刷，頁604。

〔註382〕見艮卦《象傳》之文。

重在對「時」的掌握。《易》本在追求一種從「決疑」而「通變」的過程。「決疑」本身是一種由不知到知的理性預見活動。《周易》的卦爻辭和《象傳》、《彖傳》本質上都是對表示事物不同發展過程、階段的六十四卦和三百八十四爻的「時變」的認知和判斷。所以，「仰則觀象於天，俯則觀法於地，觀鳥獸之文與地之宜，近取諸身，遠取諸物」，體現的正是「時中」過程中對天地萬物客觀的感性認知和經驗類比的認識活動；而「探賾索隱，鉤深致遠」，「知微知彰，極數知來」，「知來藏往」，「彰往而察來」，「知幽明之故」等，皆體現了《周易》的理性思維。在「決疑」的基礎上，才能進一步「斷其吉凶」，也就是對客觀事物發展的規律性和必然性的「時」之正確認知和把握，才能預見或擇選與採取合理的生存行為。

時中即是趣時，而趣時即是變通，即「變通者，趣時者也」。時中體現的正是人的「適時之變」，即隨時而變通。「變通」可以視為「時中」義涵下的重要概念，《繫辭傳》有所謂「變通之謂事」、「變而通之以盡利」、「通其變使民不倦」、「通其變逐成天地之文」、「變則通，通則久」等；「變通」為事物長久生存發展之道，即「隨時變易以從道」〔註383〕的「時中」之道，也是《繫辭傳》所說的「唯變所適」的尋求適中、適時之道。「變通」為「時中」的重要實質內涵。時中的實質在變通，而變通又含有「革故鼎新」適應外界新的變化的精神；所謂「生生之謂易」，「日新之謂盛德」，時中是以日新為實質的生生變通內涵，透過生生日新、自強不息、變通順應的「時中」實踐中，達到《易》道的最佳境界。

惠棟掌握《易傳》思想體系中的核心觀念，「《易》尚時中」特別反映在《彖傳》與《象傳》上，他指出：

> 孔子作《彖傳》，言「時」者二十四卦，乾、蒙、大有、豫、隨、觀、賁、頤、大過、坎、恆、遯、睽、蹇、解、損、益、姤、革、艮、豐、旅、節、小過。言「中」者三十五卦，蒙、需、訟、師、比、小畜、履、同人、大有、臨、觀、噬嗑、无妄、大過、坎、離、睽、蹇、解、益、姤、萃、升、困、井、鼎、漸、旅、巽、兌、渙、節、中孚、小過、既濟、未濟。《象傳》言「時」者六卦，坤、蹇初六、井、革《大象》、節、既濟。言中者三十八卦。坤、需二五、訟、師二五、比、小畜、履、泰、同人、大有、謙、豫二五、隨、蠱、臨、復、大畜、坎二五、離、恆、大壯、晉、蹇、解、損、夬二五、

〔註383〕見程頤《伊川易傳・序》。引自臺北：新文豐出版公司《大易類聚初集》第一輯，影印中華書局聚珍倣宋版《伊川易傳》，1983 年 10 初版，頁 795。

姤、萃、困二五、井、鼎、震、艮、歸妹、巽二五、節、中孚、既濟、未濟。其言「時」也，

有所謂時者、待時者、時行者、時成者、時變者、時用者、時義者。其言「中」也，

有所謂中者、中正者、正中者、大中者、中道者、中行者、行中者、

剛中柔中者。而蒙之象，則又合時中而命之。〔註384〕

惠棟在這裡，將《易傳》中特別是《彖傳》與《象傳》裡，有關言「時」言「中」所涉及到的卦，皆予以標明，表達的即是趣時變通、隨時而中的義涵；《易傳》的「時中」思想，雖以「中」為理想，但亦以「時」為其認識或實踐的基礎或主體。惠棟特別分辨「時」與「中」二者的區別，云：

蓋時者，舉一卦所取之義而言之也；中者，舉一爻所適之位而言之也。時無定而位有定，故《象》多言中少言時。乾九二言時舍，坤六三言時發，一見《文言》，一見《象傳》，蓋乾坤消息之卦，三二皆失位，二當升坤五，三以時發，故皆言時。然六位又謂之六虛，唯爻適變，則爻之中亦無定也。〔註385〕

惠棟在此概括指出，「時」是就一卦整體取義而言，而「中」則是一爻在其卦中所處之適應位置而言。這樣概括性的分別，是否恰當，仍有商榷的必要。因為這種概括性的定義，消弱了「時中」本該可以更具豐富與廣度的哲學思想，同時也可能僵化了「時中」呈顯的多維意義與彈性思維。「時」既在趣時應變，求其變通，其關鍵的變化在於爻，就「爻」以言「時」之義，當是合理的；所以「時」非但就一卦取其義，也明確地就卦中之爻以論其時義；就「中」而言亦然，「中」既是就一爻在其卦中所處之適應位置而言，也是當從整體的一卦來考慮其適中之位置，它何嘗不是就卦就爻而言義？何以僅針對爻位而言。因此，惠棟的狹義論定，雖不失其理據，然倘能從廣義的視野看，思想的呈現與哲理的詮釋，則可以更為豐富。

惠棟站在象數的立場，揭示了「《象》多言中少言時」，因為「時無定而位有定」，所言極是；然而，《象傳》雖少言「時」，不因此而不重視「時」義，只不過以言「中」而述明掌握時變、應時之變的重要。《繫辭下》提到「八卦成列，象在其中矣，因而重之，爻在其中矣，剛柔相推，變在其中矣」，而「剛柔者，立本者也；變通者，趣時者也」。《易》理盡於吉凶，吉凶寓於象爻變動之中。卦爻之奇偶即表現出剛柔之性，而六十四卦三百八十四爻，則是剛柔二畫的往來推換所呈現的現況面貌。康熙御製《日講易經解義》提到，「則

〔註384〕見《易漢學》，卷七，頁1215～1216。
〔註385〕見《易漢學》，卷七，頁1216。

凡陰極變陽、陽極變陰，不即在此相推中乎。由是卦爻之中，時有消息，位有當否」，「必俟卦爻之動，而吉凶悔吝方始昭然。是吉凶悔吝固生乎卦爻之動者也」，「然所謂動者，亦因乎時而已。蓋六十四卦不外剛柔兩畫，方其未動，一剛一柔，各有定位，確不可移」。「然位有定而時無定，及其既動，則化裁推行，總非自主，非順乎時之自然，而趨乎時之不得不然者乎」。剛柔變化，有其定位，而順時亦本自然之律則，掌握時變，適時而為，即擇「時之所宜然」者，這也就是「《易》之理不外乎一時」的重要道理所在。〔註386〕《日講易經解義》以陰陽變動的關係，論述到卦爻時位的精義，而惠棟言「時無定而位有定」，其語義皆同。陰陽因時而動，適時而變，所以「中者，舉一爻所適之位而言之」，所適之位，並不專主一卦六爻中的某一定爻位，也就是惠棟所言「唯爻適變，則爻之中亦無定也」的道理。因此，「爻者，適時之變者也」，廣義的「時中」內涵，表現於六十四卦三百八十四爻的每一爻之趨行之變，「時中」的本質分佈於三百八十四爻的每一爻，不必單指二、五爻；只不過二、五兩爻，在爻位的結構上與意義上，較具其特殊性，有較多的機會能成為或展現其適時適中之位。坤䷁卦六三《象傳》云「含章可貞，以時發也」，六三非中爻，但「時發」而「可貞」，為吉象。又節䷯卦九二是「失時極」，雖居二位為中，卻中而無應，並沒有做到「時中」，所以是「凶」。故「時中」所處的爻位，並不一定是要二、五爻，其它爻位仍可處於「時中」的狀態，且縱使處於二、五爻之位，也未必能夠達到「時中」；爻位適時之變，爻之中並無定位，惠棟能夠真確的體察這個道理，不失其一時之大儒。

（三）中和的具體意義

《易》道的時中觀與傳統儒家的中和思想，皆同出一系，其同質性在於強調以協和的中道思想作為位天地、育萬物、安天下的理想價值。《易》道以一陰一陽的動態化交感平衡、協同運動所引起的創造宇宙生命的生生之道，其本質即是中和之道。這樣的中和之道，則反映在卦象爻位結構的崇尚中爻上；中爻，即處中位之爻，在由六爻構成的卦象中，二、五兩爻分居上下兩卦的中位，這中爻在形式的意義上，則在其位置結構處於最佳的不偏不倚、無過不及的平衡點或統一點上。因此，「處中」或「得中」，就意味著事物處於一種最佳的對立統一關係中，也意味著事物處於最佳的狀態中。如此，中

〔註386〕以上括弧內容見康熙御製《日講易經解義·繫辭下傳》，卷十七。引自臺北：臺灣商務印書館《景印文淵閣四庫全書·經部·易類》，第三十七冊，頁649。

爻往往象徵著吉利亨通。除了要「處中」、「得中」，最重要的是要達到能夠協
和相應的狀態，也就是中和的境界，這也是《易》道時中觀的最高理想。時
中包含了陰陽中和之道，為宇宙萬物變化發展的根本之道，是天地萬物新陳
代謝的總規律；時中體現了主體在實踐行為上主動適應宇宙變化發展的中和
之道的態度。因此，在易學思想的「中時」範疇中，易學家更精細的強調「中
和」的意義與其體現的價值。漢儒如此，荀爽更是如此，特別是荀爽提出升
降說的理論，正可與之相呼應，這也是惠棟強調《易》尚時中特別針對中和
而論，以及荀爽特別主張中和思想的重要因素。

　　關於「中和」所指之位，惠棟明白指出是專就二、五兩爻而言，他說：

> 位之中者，惟二與五，漢儒謂之中和；揚子《法言》曰：立政鼓眾，
> 莫尚于中和。又云：甄陶天下，其在和乎？龍之潛亢，不獲其中矣。
> 是以過則惕，不及中則躍，其近於中乎！注云：二五得中，故有利見
> 之占。《大玄》曰：中和莫尚于五，故《象傳》凡言中者，皆指二五；
> 二尚柔中，五尚剛中；五柔二剛，亦得无咎。二與四同功，而二多譽；
> 三與五同功，而五多功，以其中也。爻辭于泰之六二，夬之九五，皆
> 以中行言之。而益之三四，復之六四，亦稱中行。先儒謂一卦之中，
> 非也。乾之三四，《文言》謂之不中，獨非一卦之中乎？竊謂益之中
> 行，皆指九五。所謂告公用圭告公從者，五告之也。古者君命臣，上
> 命下，皆謂之告。三者五所信也，故曰有孚；四者五所比也，故曰利
> 用為依遷國。三為三公，四為諸侯，故或稱國，或稱公。復六四，中
> 行獨復，《象》曰：中行獨復，以從道也。四得位應初，獨得所復，
> 四非中而稱中行者，以從道也。其時中之義歟。〔註387〕

依惠棟之見，漢代以降，儒者言《易》，以二、五為中已是普遍的共識，一般以
二尚柔中，而五尚剛中，也就是陰居二位，而陽居五位，然而，「五柔二剛，亦
得无咎」，也就是陰居五位，而陽屈就二位，二五相應，仍可得以无咎。因此，
中位乃就三畫卦之中爻而言，至於宋儒所謂是指一卦之中言（三、四爻），惠棟
認為是一種錯誤的說法，因為專指三、四爻為中，漢儒並無此說。揚雄（西元
前 53～西元 18 年）《法言》中表達中和是自然萬物發展之道，也是人類社會的
理想治道，所以提出「立政鼓眾，莫尚于中和」的思想觀點。同時也指出，「甄
陶天下者，其在和乎！剛則甈，柔則坏。龍之潛亢，不獲其中矣。是以過中則

〔註387〕見《易漢學》，卷七，頁 1216～1217。

惕，不及中則躍，其近於中乎」；〔註388〕揚雄認爲中和是天地之道，也是聖人之道，理想的政治便是中和政治，以中和爲政治的最高法則。揚雄以「玄」作爲宇宙萬物化生的本體，「玄」生陰陽二氣，而陰陽消長以三分法的方式形成萬事萬物，事物的運動以「九」爲周期之數，遇九則變，周而復始，永無窮盡。其《太玄》指出「中和莫盛于五」，是吸收《易》道的中和思想，也崇尚中位，三分九贊爲三小節，其中「二」、「五」、「八」贊分別爲上、中、下三小節的中贊，也是三分之中位。而「五」不僅是四、五、六贊構成的小節之中，而且也是整個九贊之中，處於中體之中位，最爲尊貴，也最能體現無過與不及的中和之道。透過此一中和之道，勸戒君王於政治日行中遵循此道，行中和之道則昌盛，逆中和之道則衰敗，所以中和之道即統治之道。惠棟在此引揚雄思想爲言，主要在強調中和思想爲漢儒所倡，包括董仲舒、王充等人，亦不乏其說。然而，特別要注意的是，揚雄的中和觀，依準著傳統儒家思想的絕對陽尊之思想，其中位的表現方式，與荀爽說迥異，不能全然相提並論。

　　從爻位的角度，惠棟對「中和」作了具體的定義，並且引漢歷與《說文》之言爲釋，云：

> 《易》二五爲中和。坎上離下，爲既濟。天地位，萬物育，中和之效也。《三統歷》曰：陽陰雖交，不得中不生，故《易》尚中和。二五爲中，相應爲和。《說文》曰：咮，相譍也。咮即和也，譍即應也。

〔註389〕

又云：

> 中和於《易》爲二五。《繫上》曰：易簡而天下之理得矣，天下之理得而易成位乎其中，故言天地位。〔註390〕

二、五爻爲「中」，且此二爻當一陰一陽相應而爲「和」。二、五爻位，實屬中位，大體上陰二陽五，爲居中得位，而單言中爻，則並無涉乎陽爻或陰爻的問題，也就是陰二陽五、陽二陰五、二五皆陰或二五皆陽，都算是居處於中。但是，若要既中且和，則必當處於中又要能夠陰陽相應，也就是不是陰

〔註388〕揚雄此言出於《法言》，卷六（《四庫全書》本）。惠棟前引此段文字，多有缺舛，即：「甄陶天下者」，惠引缺「者」字；「龍之潛亢」句前，有「剛則瓴，柔則坏」句，惠氏缺引；又「是以過中則惕」句，惠引缺「中」字。此惠氏引文欠周。惠氏於《易例》卷上，亦同引此段文字，然並無此等缺失。

〔註389〕見惠棟《易例》，卷一，頁951。

〔註390〕見惠棟《易例》，卷一，頁953。

二陽五，就是陽二陰五的狀態，所以屈萬里認爲，「其於爻也，凡二五稱中。蓋二居下體之中，五居上體之中。反對之後則二爲五，五爲二，仍不失爲中也」。〔註391〕這種中和觀，正是荀爽的主張，張惠言《周易荀氏九家義》：

> 荀以二五中位爲中和，分言之或爲中或爲和，合之爲中和，義无所別。二五之位，即爲中正，不必五陽二陰。晉二《象》曰：受茲介福，以中正也。《九家注》云：五動得正中，故二受大福。《荀九家義》无爻變，其言五動者，謂卦自觀來，陰動而進居五，五爻荀注云：從坤動而來爲离，其文正同，可知六五亦爲中正也。〔註392〕

張惠言認爲荀爽所言之中和，即上下卦之中的二、五爻位，中和之爻位，「不必五陽二陰」，張氏特別舉坤動而來爲離之離 ䷝ 卦六五，雖陰爻處於五陽之位，但仍屬中正之德。然而，惠棟對荀爽的認知，卻稍異於張氏，他並無明白地認爲荀爽的中和觀「不必五陽二陰」，反而他肯定荀爽的升降說主要表現在乾升五坤降二的原則下，同樣地，他當也認爲荀爽的中和主張，必也在於五陽而二陰的居中得正又相應的嚴格規範下，才能臻於理想。

惠棟舉荀爽之言，論其中和的主張，例如：

> （師卦）《象》曰：能以眾正，可以王矣。荀註云：謂二有中和之德，而據羣陰，上居五位，可以王也。〔註393〕

此段話前已引述。師 ䷆ 卦二爻爲陽，陽二主升而上居五位，使居中得正，是可以爲王。在這裡，師卦陽二與陰五本是居中而又相應，已屬中和之象，荀氏卻求其陽尊陰卑的理想，所以仍使之作陰陽升降之轉換；事實上，師卦陽二陰五爲中和，荀爽並不是不知道，他在註文的開宗明義指出「二有中和之德」，師卦九二已具中和之德，但處二陰之位，又爲群陰所包，所以宜升五位以王天下。在這裡，惠棟忽略荀爽所理解的「二有中和之德」，而關注的仍是在陽二升五的方面，這個方面才是荀爽思想的主體內涵。又如《易例》有引而前面也已引述者：

> 泰九二曰：朋亡，得尚于中行。荀註云：中謂五，朋謂坤，朋亡而下，則二得上居五，而行中和矣。〔註394〕

<hr />

〔註391〕見屈萬里《先秦漢魏易例述評》，卷上，臺北：學生書局，1975 年 3 月初版，頁 12。

〔註392〕見張惠言《周易荀氏九家義》，引自新文豐出版公司《大易類聚初集》，第十九輯，頁 284。

〔註393〕見惠棟《易例》，卷一，頁 951；《易漢學》，卷七，頁 1213，同引。

〔註394〕見惠棟《易例》，卷一，頁 951～952；《易漢學》，卷七，頁 1214，同引。字者。

泰䷊卦九二處下卦之中非尊位，當上居五位，使得其正而能行中和。事實上，九二與六五本是居中而相應，具中和之德，毋須二五升降交換，才能行中和；荀爽過度呼應其升降說與陽尊陰卑的思想，使中和的條件，更趨嚴格，行中和之道，仍必須透過升降的手段才能達到。

　　荀爽認爲「陽升陰降，天道行也」，「陽位成於五，五爲上中。陰位成於二，二爲下中。故《易》成位乎其中也」。陽之所以當升，陰之所以當降，是順應天道而行，並藉由此二五爻位的陽升陰降，使爻復歸於中和的目標，這個目標，也就是孔子一脈的儒家之理想與中心價值；「中也者，天下之大本也；和也者，天下之達道也。致中和，天地位焉，萬物育焉」（《中庸》）。這個「中和」，一方面強調君臣上下的倫理尊卑貴賤之分，一方面又強調彼此的協同配合，并然有序。荀爽將此中和的思想，納入象數的模式中，作爲卦爻升降的主要原則。

　　一卦之六爻，有位有中，五爲陽位之中，二爲陰位之中，故陽必升居五，陰必降至二，始得其所謂的「成位乎其中」。位是強調尊卑貴賤之分，如果陰陽皆能得位，「陰陽正而位當，則可以幹舉萬事」。中是強調彼此相應，協同配合的，如果陰陽皆能得中，則「陰陽相和，各得其宜，然後利矣」。〔註395〕中和是卦爻升降或爻變所應當趨向的理想目標，也是判定卦爻升降或爻變是否正常的最高價值標準。這種以二、五爲中和之位的方式，使中和的關注焦點更爲集中，使中和的形成機制更爲明確，然而卻窄化了「中」的形成與運用；根據卦爻的特質，「卦者，時也，爻者，適時之變者也」，〔註396〕時中或中和的本質或精神，是分佈在三百八十四爻的每一爻當中，而不必是單就二、五爻而言。荀爽以二、五爻強化中和之道，卻也減殺《易》道的變通之道。

四、九家逸象

　　惠棟考索荀爽易學，特別增列「九家逸象」，述明「九家逸象」雖未必然爲荀爽之說，但與荀爽之關係匪顯。他指出「《荀九家》逸象三十一，載見陸氏《釋文》，朱子采入《本義》」；〔註397〕陸氏記載《荀爽九家集解》本於《說卦》後輯三十一個逸象，並爲朱子所重，而納於《本義》之中。惠棟並進一

〔註395〕見乾卦《文言》。
〔註396〕見王弼《周易註》，卷十，「明卦適變通爻」條下。
〔註397〕見《易漢學》，卷三，頁1125。

步引朱震之言：

> 朱子發曰：秦漢之際，《易》亡〈說卦〉，孝宣帝時，河內女子發老
> 屋得《說卦》、古文老子，至後漢荀爽《集解》，又得八卦逸象三十
> 有一。今考之六十四卦，其說若印圖鑰，非後儒所增也。〔註398〕

已如前述，惠棟否定朱震之說，以《九家易》爲荀爽所彙集的，認爲《九家易》是六朝時期專宗荀爽之學的人所爲，但雖如此，這三十一個逸象，則「非後儒所增」，可以視爲荀爽的學說。

此三十一個逸象，包括乾有四個，坤有八個，震有三個，巽有二個，坎有八個，離有一個，艮有三個，兌有二個，〔註399〕表列如下所示：

圖表 3-2-1　《九家易》三十一逸象一覽表

卦　名	逸　　象
乾卦 ䷀	爲龍、爲直、爲衣、爲言。
坤卦 ䷁	爲牝、爲迷、爲方、爲囊、爲裳、爲黃、爲帛、爲漿。
震卦 ䷲	爲王、爲鵠、爲鼓。
巽卦 ䷸	爲楊、爲鸛。
坎卦 ䷜	爲宮、爲律、爲可、爲棟、爲叢棘、爲狐、爲蒺藜、爲桎梏。
離卦 ䷝	爲牝牛。
艮卦 ䷳	爲鼻、爲虎、爲狐。
兌卦 ䷹	爲常、爲輔頰。

對於所輯之逸象，惠棟作了小注加以說明，以下舉其要，略作論述：

（一）在乾卦方面

1. 為　龍

惠棟引項安世曰：震之健也。〔註400〕以震爲言，乃就乾初九而言。以乾爲龍，不應只就乾初而論。乾剛有龍象，六爻皆屬之。荀爽釋坤卦上六「龍戰于野」，指出：

> 消息之位，坤在于亥，下有伏乾，爲其于陽，故稱龍也。〔註401〕

〔註398〕見《易漢學》，卷七，頁1220。
〔註399〕見《易漢學》，卷七，頁1118～1220。
〔註400〕見《易漢學》，卷七，頁1118。
〔註401〕見李鼎祚《周易集解》，卷二，頁31。

坤位在十月亥，亥居西北，屬乾方；《乾鑿度》有所謂「陽始於亥」，「乾剝之於西北，方位在十月」，〔註402〕故坤處亥位，下有伏乾。故以乾爲龍，不單就「震之健」的乾卦初爻而言，惠棟此一引注，或顯片面。

2. 為　直

惠注作「項曰：巽之躁也」。〔註403〕虞翻、《九家易》多以乾爲直，而惠棟引項氏作「巽之躁」，主要是根據巽爲「直繩」而來，然作「巽之躁」則與「直」義不恰。朱震《漢上易傳》云：

乾其動也直，巽爲繩直者，亦乾之直也。〔註404〕

作注合宜。乾本爲直，巽作「繩直」，亦屬乾性，故不能以「爲直」作「巽之躁」，主客易位，於理不當。

3. 為　衣

惠注作「項曰：乾爲衣上服也，坤爲裳下服也」。〔註405〕《繫辭下》云「黃帝、堯、舜垂衣裳而天下治，蓋取諸乾坤」，韓康伯認爲「垂衣裳以辨貴賤，乾尊坤卑之義也」；孔穎達也認爲「取諸乾坤者，衣裳辨貴賤，乾坤則上下殊體，故云取諸乾坤也」。〔註406〕漢代多以衣裳表尊卑，揚雄《太玄》亦云「垂綃爲衣，襞幅爲裳」，〔註407〕以垂綃爲奇故爲乾，而襞福爲偶故爲坤。所以《九家易》指出：

黃帝始制衣裳，垂示天下。衣取象乾，居上覆物。裳取象坤，在下含物也。

虞翻也詁訓云：

乾爲治，在上爲衣。坤下爲裳。乾坤，萬物之縕，故以象衣裳。乾爲明君，坤爲順臣。百官以治，萬民以察，故天下治。〔註408〕

宋代朱震、項安世等皆以「乾在上爲衣，坤在下爲裳」作訓，用以示「古者

〔註402〕見《易緯乾鑿度》，卷上。引自日本京都市影印自武英殿聚珍版《古經解彙函·易經乾鑿度》，1998年，頁480。

〔註403〕見《易漢學》，卷七，頁1218。

〔註404〕見朱震《漢上易傳》，卷九，《景印文淵閣四庫全書》本，第11冊，頁274。

〔註405〕見《易漢學》，卷七，頁1218。

〔註406〕引文見《周易注疏》，卷八，引自藝文印書館《十三經注疏》本，頁167。

〔註407〕見揚雄《太玄·玄挩》。引自司馬光《太玄集注》，卷九，北京：中華書局，1998年9月北京1版1刷，頁209。

〔註408〕荀爽、虞翻之訓，見李鼎祚《周易集解》，卷十五，頁365。

衣裳相連,乾坤相依,君臣上下同體也」,〔註409〕所言爲是。

4. 爲 言

惠注作「項曰:兌之決也。震之龍,巽之繩,兌之口,皆以乾爻故也」。〔註410〕乾有「天行健」之德,故爲「行」。坤則爲「言」,故兌之爲「口」,巽之爲「號」,皆以坤柔取象。乾卦九二《文言》「庸言之信」,荀爽云「處和應坤,故曰信」;〔註411〕「言」蓋就坤而言。《九家易》以乾爲「言」,不知所本之理安在,而項氏又以兌口爲乾爻,其象意殊不知所據爲何,惠氏不能引合理者爲言,僅能就宋儒既成之訓爲據,亦失當。〔註412〕

(二)在坤卦方面

1. 爲 帛

惠棟於坤卦爲「帛」之逸象下注云:

> 杜預注《左傳》曰:坤爲布帛。朱震曰:帛當在布之下。項曰:乾爲蠶精而出於震,至巽離而有絲,至坤而成帛也。案八音離爲絲。
> 〔註413〕

惠棟並於《周易述》云:

> 坤爲帛,《九家》《說卦》文。莊二十二年《春秋傳》曰:庭實旅百奉之以玉帛。杜注云:坤爲布帛,是也。鄭注〈聘禮〉曰:凡物十曰束,坤數十故云束帛。〔註414〕

惠棟肯定杜預注《左傳》,以及鄭玄注《禮記·聘禮》,皆以坤爲「布帛」。並以項安世之言,蠶出絲於巽離,至坤時而成帛,是帛與巽離亦相關;又指出八音離卦屬「絲」。事實上,虞翻亦以巽爲「帛」,其釋賁☲卦六五「束帛戔戔」時,指出「巽爲帛、爲繩,艮手持,故束帛,以艮斷巽,故戔戔」。〔註415〕李道平從文字結構觀之,指出「帛」從巾從白,巽爲白,故「爲帛」。〔註416〕巽、離

〔註409〕見朱震《漢上易傳》,卷九,頁274。

〔註410〕見《易漢學》,卷七,頁1218。

〔註411〕見李鼎祚《周易集解》,卷一,頁10。

〔註412〕朱震《漢上易傳》同以兌口訓乾言:「震聲、兌口,聲出於口也,所以能言者,出於乾陽也。」(卷九,頁274。)

〔註413〕見《易漢學》,卷七,頁1218~1219。

〔註414〕見《周易述》,卷三,頁100。

〔註415〕見李鼎祚《周易集解》,卷五,頁122。

〔註416〕見李道平《周易集解纂疏》,卷四,頁251。

爲坤之長女、中女，「絲」、「帛」同性，所以《九家易》、虞翻各取象義。

2. 為　漿

惠棟於坤卦爲「漿」注引項安世之言曰：

> 酒主陽，漿主陰，故坤爲漿，坎震爲酒，皆乾之陽也。〔註417〕

兩漢易家多有以「酒」爲逸象，少有以「漿」爲言者。如需 ䷄ 卦九五「需于酒食」，荀爽指出「五互離，坎水在火上，酒食之象。需者，飲食之道，故坎在需家爲酒食也」。〔註418〕荀爽以坎爲酒食之象。又如坎 ䷜ 卦六四「樽酒簋，貳用缶」，虞翻指出「震主祭器，故有樽簋，坎爲酒」，「坎酒在上，樽酒之象」。〔註419〕亦以「酒」作坎象。又，困 ䷮ 卦九二「困于酒食」，李鼎祚指出「二本陰位，中饋之職，坎爲酒食」。〔註420〕李氏亦本漢儒之說，以坎爲酒食之象。酒漿同爲酒食之類，強作陰陽之分，不知項氏所本爲何。且，既以坎爲「酒」爲陽物，而坤爲「漿」爲陰物，那「酒」是否又何以視爲乾象？紀磊於《九家逸象辨證》中認爲「項氏酒陽漿陰之說，強爲區別耳！至以震亦爲酒，《易》无其象」。〔註421〕所言極是。

「酒」與「漿」既非同字，必有所別。《周禮》中區分「三酒之物」與「四飲之物」。三酒之物包括事酒、昔酒、與清酒，皆屬酒屬之類；四飲之物則包括清、醫、漿、酏等四種，爲別於酒類之飲物。「三酒」較「四飲」更具酒性；「酒」與「漿」，又以「酒」爲正。〔註422〕是知「酒」與「漿」有別。《周禮》

〔註417〕見《易漢學》，卷七，頁 1219。

〔註418〕見李鼎祚《周易集解》，卷二，頁 50。

〔註419〕見李鼎祚《周易集解》，卷六，頁 151～152。

〔註420〕見李鼎祚《周易集解》，卷九，頁 231。

〔註421〕見清紀磊《九家逸象辨證》。引自臺北：新文豐出版公司《叢書集成續編》，第二十九冊，1989 年 7 月臺 1 版，頁 492。

〔註422〕見《周禮注疏・天官冢宰下・酒正》，卷五。（引自臺北：藝文印書館《十三經注疏》本，頁 77。）「三酒」與「四飲」之別，鄭玄注云：「事酒，有事而飲也。昔酒，無事而飲也。清酒，祭祀之酒。玄謂事酒，酌有事者之酒，其酒則今之醳酒也。昔酒，今之酋久白酒，所謂舊醳者也。清酒，今中山冬釀，接夏而成。」又云：「清，謂醴之泲者。醫，《內則》所謂或以酏爲醴。凡醴濁，釀酏爲之，則少清矣。醫之字從殹從酉省也。漿，今之截漿也。酏，今之粥。《內則》有黍酏。酏飲，粥稀者之清也。鄭司農說以《內則》曰：飲重醴，稻醴清糟，黍醴清糟，梁醴清糟，或以酏爲醴，漿、水、臆。后致飲于賓客之禮，有醫酏糟。糟音聲與菹相似，醫與臆亦相似，文字不同，記之者各異耳，此皆一物。」（見《周禮注疏・天官冢宰下・酒正》，卷五，頁 77。）相較之下，「三酒」較「四飲」更具酒性；「酒」與「漿」相較，又以「酒」爲正。

賈公彥《疏》「酒正」云：

> 酒正辨四飲，則漿之政令亦掌之。今直言掌酒之政令，不言漿之政令者，但據酒之尊者而言，其實漿亦掌之。云「以式法授酒材」者，「式法」謂造酒法式，謂米麴多少及善惡也。酒材卽米麴蘗，授與酒人，使酒人造酒。旣言兼掌漿人，則漿之法式及漿材亦授之。不言者，亦舉尊言也。〔註423〕

又云：

> 漿，今之截漿也者，此漿亦是酒類，故其字亦從載從酉省。截之言載，米汁相載，漢時名爲截漿，故云今之截漿也。〔註424〕

依賈氏之言，「酒」、「漿」同屬於「酒」，以其貴賤而有別，「酒」爲尊爲貴，而「漿」次之相對爲賤。因此，項安世以「酒主陽，漿主陰」，當以其貴賤之別而分；「酒」既爲尊，則屬陽性，而「漿」不若「酒」之尊，則爲卑、爲陰性。以禮而言，用之於逸象之別，確見其繁瑣。

（三）在震卦方面

1. 爲 王

惠棟引項安世之言云「爲王者，帝出乎震」。〔註425〕乾爲君，故爲王。震則爲帝、爲公、爲侯，不取「王」象。惠氏引項氏之言爲訓，固不當也。前節論述「虞氏逸象」已述明，不再贅言。

2. 爲 鵠

惠注「吳澄本作鴻」。〔註426〕「鵠」與「鴻」同禽異名，而「鵠」不同於「鶴」，宋儒多並爲一物，是誤。《九家易》取「鵠」爲震卦之象，蓋取「鵠」之善鳴而爲象意。然禽屬，漢儒大多取陰卦爲象，如巽、離諸卦。相關之論述，延後言之。

3. 爲 鼓

惠棟引諸家言爲訓：

> 項曰：鵠古鶴字，爲鵠爲鼓，皆聲之遠聞者也，與雷同。鵠色正白，與雷的同。《攷工記》曰：凡冒鼓必以啓蟄之日。鄭注云：蟄蟲始聞

〔註423〕見《周禮注疏・天官冢宰下・酒正》，卷五，頁76。
〔註424〕見《周禮注疏・天官冢宰下・酒正》，卷五，頁77。
〔註425〕見《易漢學》，卷七，頁1219。
〔註426〕見《易漢學》，卷七，頁1219。

雷聲而動，鼓所取象。《太元》曰：三八爲木、爲東方、爲春，類爲
鼓。注云：如雷聲也。〔註427〕

案，《繫傳》有所謂「鼓之以雷霆」，震爲雷，故爲鼓，「鼓」、「雷」同象。漢代
諸家，鄭注《攷工記》，乃至揚雄《太玄》，皆以「鼓」爲震卦之象，以其聲若
雷動之狀。至若項安世云「聲之遠聞者也，與雷同」，所言亦爲是；然言「爲鵠
爲鼓」，即認爲「鵠」亦屬震象，則有商榷之必要。震有爲「鳴」之象，雖「鵠」、
「鶴」爲善鳴者，《經典釋文》指出，「鶴鳴，《草木疏》云鶴鳴，聞八九里」，〔註
428〕但不因其善鳴而取物爲震象，震所取者乃其聲狀，而非其物；所以，虞翻注
中孚䷼卦九二「鳴鶴在陰」時，云「震爲鳴，訟、離爲鶴，坎爲陰夜，鶴知夜
半，故鳴鶴在陰」，〔註429〕取「鳴」爲震象，「鶴」爲離象。清晏斯盛《易翼宗》
「鳴鶴在陰」注云，「鶴當秋而鳴，兌正秋也，又爲口，故取象鶴鳴九陽也，而
居下卦之中，故曰在陰」；〔註430〕取「鶴鳴九陽」爲兌象。《易》以「鶴」、「鴻」
之屬，皆取坤柔之象而言，《說卦》取象可見一斑，故巽爲「雞」、離爲「雉」，
從無取乾剛象者，項氏以聲遠聞、色同皐的釋之，似與象意未合。〔註431〕

《繫傳下》「鼓之舞之以盡神」，虞翻注云：

神，易也。陽息震爲鼓，陰消巽爲舞，故鼓之舞之以盡神。

荀爽亦云：

鼓者，動也。舞者，行也。〔註432〕

皆以震爲「鼓」爲「動」，巽爲「舞」爲「行」之象。揚雄《法言》云「鼓舞
萬物者，其雷風乎」，〔註433〕以鼓爲雷，即震之象；以舞爲風，即巽之象。陽
初息震，震爲雷，雷聲動萬物，故言爲鼓。陰初消巽，巽爲風，風散動萬物，
故言爲舞。風動萬物，有如行舞，故荀爽云「舞者，行也」；《左傳‧隱五年》

〔註427〕見《易漢學》，卷七，頁1219。
〔註428〕見陸德明《經典釋文》，卷六，引自臺北：臺灣商務印書館《景印文淵閣四庫
全書‧經部‧五經總義類》，第一八二冊，頁459。
〔註429〕見李鼎祚《周易集解》，卷十二，頁296。
〔註430〕見晏斯盛《易翼宗》，卷六，引自臺北：臺灣商務印書館《景印文淵閣四庫全
書‧經部‧易類》，第四十三冊，頁458。
〔註431〕朱震《漢上易傳》取義於項氏同，云：「鵠古鶴字，震、離爲鶴，中孚九二是
也。」（卷九，頁281。）朱氏取象意未明，同以「鶴」作震、離二卦之象，
殊不知震象「善鳴」者，而在此爲「鶴」之善鳴，而「鶴」則爲離象。
〔註432〕虞、荀注文，見李鼎祚《周易集解》，卷十四，頁354。
〔註433〕見《法言‧先知》。引自韓敬譯注《法言全譯》，成都：巴蜀書社，1999年9
月1版1刷，頁135。

云，「夫舞，所以節八音而行八風」，此亦「舞者，行也」之證。

「鶴」與「鵠」本屬不同之二物，後儒常混爲一物，項安世、朱震即不辨二物而混爲一說。《說文》「鶴」作「鶴鳴九皐，聲聞于天」，「鵠」作「黃鵠也」解，爲不同之二禽。段玉裁「鶴」下注云：

> 此見《詩・小雅》毛曰：皐澤也，言身隱而名著也。《爾雅》無「鶴」。……
> 後人鶴與鵠相亂。

段玉裁於「黃鵠也」注云：

> 「黃」，各本作「鴻」，今依元應書。李善〈西都賦〉注正。《戰國策》：
> 黃鵠游於江海，淹於大沼，奮其六翮，而陵清風，賈生惜誓曰：黃
> 鵠一舉兮知山川之紆曲，再舉兮知天地之圜方。凡經史言「鴻鵠」
> 者，皆謂「黃鵠」也，或單言「鵠」，或單言「鴻」。〔註434〕

段氏考「鵠」、「鶴」爲分別二物，而「鵠」又稱「鴻」、或謂「鴻鵠」、「黃鵠」者。清代黃生《字詁》考「鵠」，云：

> 鵠，胡沃切。《說文》云：鴻鵠也。《廣韻》云：黃鵠，又射鵠。師
> 古注相如賦云：水鳥。鶴，曷各切。《說文》：鳥名，鶴鳴九皐，聲
> 聞于天。《廣韻》：似鵠，長喙，朱頂。《詩》注：似鶴，善鳴。據此，
> 則鵠與鶴自是二種。然古人多以鵠字作鶴字用。〔註435〕

黃氏之考，明「鶴」、「鵠」爲二物，而二者與「鸛」又相似，並以善鳴見長。因其「善鳴」之性，宋儒藉以爲震卦之象；此宋儒以「鶴」、「鵠」同物，象震卦，非漢儒之說。

（四）在巽卦方面

1. 為 楊

巽象爲「楊」，惠棟云：

> 朱震、項安世皆作「揚」，讀爲稱揚之揚，非也。巽爲木，故爲楊。
> 大過「枯楊生稊」，仲翔曰：巽爲楊。不從手也。〔註436〕

惠棟指直朱、項二氏之非，巽風雖有揚起之義，然《九家易》意在「木」字

〔註434〕以上引《說文》與段注，見段玉裁《說文解字注》，臺北：黎明文化事業股份有限公司，1993 年 7 月 10 版，頁 153。
〔註435〕見黃生《字詁》，引自臺北：臺灣商務印書館《景印文淵閣四庫全書・經部・小學類・訓詁之屬》，第二一六冊，頁 564。
〔註436〕見《易漢學》，卷七，頁 1219。

旁之「楊」，即楊柳之屬的「楊」，符合巽為「木」而為「楊」之象意。虞翻
於大過☰☷卦九二「枯楊生稊」，作了明白的詮釋，云：

> 稊，穉也。楊葉未舒稱「稊」。巽為「楊」，乾為「老」，老楊故「枯」。

〔註437〕

以「稊」訓「穉」，《說文》云「穉，幼禾也」，〔註438〕即「稊」之義，為草木
初生之貌。《夏小正》云「柳稊」，又云「時有見稊」，〔註439〕故虞氏以「楊葉
未舒稱稊」為釋；至大過九五「枯楊生華」，虞氏並言「枯楊得澤，故生華矣」，
〔註440〕上卦為兌為澤，五爻居中得位，故能得澤而生華，於義甚恰。來知德
《周易集注》云，「巽為楊，楊之象也。木生于澤下者楊獨多，故取此象」；「稊，
木稚也。二得陰下，故言生稊」，「五得陰在上，故言生華」。〔註441〕生稊、生
華皆因得陰而生，巽為長女屬陰，得以生之。

2. 為 鸛

巽象為「鸛」，惠引項安世、朱震之言為訓：

> 項曰：鸛，水鳥，能知風雨者。朱曰：震為鸛，鸛，陽禽也。巽為
> 鸛，鸛，陰禽也。〔註442〕

朱震《漢上易傳》詳云：

> 中孚九二，「鳴鶴在陰，其子和之」。上九，「翰音登于天」，用此象為
> 鸛者，別於鶴也。震為鸛，陽鳥也。巽為鸛，陰鳥也。鶴感於陽，故
> 知夜半；鸛感於陰，故知風雨。世傳鸛或生鶴，巽極成震乎。〔註443〕

已如前述，「鶴」、「鸛」本非同物，朱震等宋儒強作一物解，且荀爽、《九家
易》並無以「鶴」作為震卦之逸象，此亦朱、項之說。「鸛」字不見經傳，與

〔註437〕見李鼎祚《周易集解》，卷六，頁146。
〔註438〕見段玉裁《說文解字注》，臺北：黎明文化事業股份有限公司，1993年7月
10版，頁324。
〔註439〕見戴德《大戴禮記·夏小正》，卷二，云：「柳稊，稊也者，發孚也。」又云：
「時有見稊始收，有見稊而後始收，是小正序也。小正之序時也。」
〔註440〕見李鼎祚《周易集解》，卷六，頁147。
〔註441〕見明來知德《周易集注》，卷六，北京：九州出版社，2004年6月1版1刷，
頁356。
〔註442〕見《易漢學》，卷七，頁1219。此惠氏引項安世《周易玩辭》之言。見項安
世《周易玩辭》，卷十五，云：「鸛，水鳥，能知風雨者。《詩》曰：鸛鳴于垤。
朱子發曰：震為鸛，鸛，陽禽也；巽為鸛，鸛，陰禽也。」
〔註443〕見《漢上易傳》，卷九，頁286。

「鵠」同類，亦當以坤柔取象。朱氏陽禽、陰禽之說，亦強爲區別，漢儒並無此說。關於中孚上九「翰音登于天，貞凶」，虞翻注云：

> 巽爲雞，應在震，震爲音，翰，高也，巽爲高，乾爲天，故「翰音登于天」。失位，故「貞凶」。《禮》薦牲，雞稱翰音也。〔註 444〕

虞氏以「巽爲雞」，爲引《說卦》之象。震善鳴，故爲「音」。《曲禮》云「雞曰翰音」。體巽爲雞，雞鳴必振其羽，故有翰音之象。漢魏《易》家多本《說卦》以巽有雞象，虞氏、侯果同是，〔註 445〕而《九家易》作鸛象，皆因雞、鸛皆禽屬而用之，非如朱震以陽禽、陰禽之分而取象。

恆☳☴卦九四「田无禽」，《象》曰「久非其位，安得禽也」，虞翻注云：

> 田爲二也，地上稱田。无禽爲五也。九四失位，利也上之五，已變承之，故曰田无禽。言二五皆非其位，故《象》曰「久非其位，安得禽也」。

虞氏此處所言之「禽」，乃就內巽而言，巽爲雞稱禽，二在地上稱田。二與五應，則巽禽爲五則有之，而九四則「田无禽」。宋鄭剛中《周易窺餘》則注云：

> 《說卦》巽爲雞，《九家易》巽爲鸛，皆禽也。在地之上，田也。《集傳》謂二應五，則巽禽爲五所有，九四處非其位，待于上而初不至，與初相易，則巽伏，安得禽哉！〔註 446〕

所訓極是。「雞」、「鸛」皆禽屬，爲巽卦之象，非必如朱氏作陰禽、陽禽之分。

（五）在坎卦方面

1. 爲 宮

惠棟引朱、項之言云：

> 朱以爲宮商之宮。項曰：宮與穴同象，皆外圍土而內居人，陷也，隱伏也，陽在中也。〔註 447〕

坎☵卦於漢魏《易》家之用，本有爲「宮」、爲「棟」、爲「穴」、爲「隱伏」

〔註 444〕見李鼎祚《周易集解》，卷十二，頁 297。

〔註 445〕侯果注中孚上九《象傳》「翰音登于天，何可長也」，云：「巽爲雞，雞曰翰音。」（見李鼎祚《周易集解》，卷十二，頁 297。）

〔註 446〕見鄭剛中《周易窺餘》，卷八，引自臺北：臺灣商務印書館《景印文淵閣四庫全書・經部・易類》，第十一冊，頁 499。

〔註 447〕見《易漢學》，卷七，頁 1219。

之象。惟以「宮」為象，取為艮象者為盛，如虞翻即是，虞釋觀卦六五，以「艮為宮室，坤為闔戶」；釋剝卦六五，以「艮為宮室」；釋困卦六三，以「艮為宮」；釋《繫傳》，亦以「艮為宮室」。〔註448〕《周易集解》載困卦六三《象傳》「入于其宮，不見其妻，不祥也」，《九家易》曰：

> 此本否卦，二四同功為艮，艮為門闕，宮之象也。六三居困而位不正，上困於民，內无仁恩，親戚叛逆，誅將加身，入宮无妻，非常之困，故曰不祥也。〔註449〕

「艮為門闕」，實《說文》之言象，是「門闕」，故有「宮」象。此處以艮作「宮」象，不同於此輯三十一象中以坎為「宮」象，不知何者為正。

又，項安世云「宮與穴同象」，「宮」是否真與「穴」同象，仍有待商榷。《繫傳》提到「上古穴居而野處，後世聖人易之以宮室，蓋取諸大壯」，蓋「穴」與「宮」當不同象，漢儒普遍以坎為「穴」象，而艮為「門闕」、為「宮室」之象。

2. 為 律

惠棟注云：

> 《釋言》曰：坎，律銓也。樊光曰：坎卦水，水性平，律亦平，銓亦平也。坎為水，故古刑法議讞之字皆從水。又為律，師初六曰：師出以律。

惠氏引注良是。虞翻坎卦有作為「罪」、為「獄」之象，與刑律義同。《九家易》於師䷆卦初六「師出以律」注云，「坎為法律也」。〔註450〕師卦下坎為法律。

3. 為 可

坎卦為「可」之逸象，惠棟云：

> 可當為河，坎為大川，故為河。逸象出老屋，河字磨滅之餘，故為可也。或云當為坷，《說文》曰：坷，坎坷也，古文省作可，亦通。朱子發解可字，多曲說不可從。〔註451〕

惠氏評朱震釋「可」，多為曲說不可從，所言極是。如朱氏釋豫䷏卦上六《象傳》「冥豫在上，何可長也」，云「上六動之三成巽，巽為長，四坎為可，冥

〔註448〕諸象皆引自《周易集解》，不作詳注。
〔註449〕見李鼎祚《周易集解》，卷九，頁232。
〔註450〕見李鼎祚《周易集解》，卷三，頁58。
〔註451〕見《易漢學》，卷七，頁1219。

豫在上而不變，未有不反，何可言也」，〔註452〕良爲附會之說。又，釋豐卦九三《象傳》「豐其沛，不可大事也，折其右肱，終不可用也」，仍以坎爲「可」釋之，〔註453〕亦曲說難以成理。至於「可當爲河」，坎本有「大川」、「溝瀆」之象，故作爲「河」象，符合坎象之性。虞翻釋泰䷊卦九二《象傳》，云「坎爲大川、爲河」，〔註454〕以坎卦有爲「河」之象。荀爽則認「河出於乾」，即乾有「河」象，其釋泰䷊卦九二「用馮河，不遐遺」，云：

> 河出於乾，行於地中，陽性欲升，陰性欲承，馮河而上，不用舟航。
>
> 自地升天，道雖遼遠，三體俱上，不能止之，故曰不遐遺。〔註455〕

《爾雅》云「河出崑崙墟」，《山海經》云「河出崑崙西北隅，虛山下基也」，《史記・大宛列傳》亦云「河出崑崙」，其它如《漢書》、《論衡》等漢儒著書，乃至地理書如《水經注》等，多有此說。《漢書・溝洫志》云武帝時，「齊人延年上書言：河出昆侖，經中國，注勃海，是其地勢西北高而東南下也」；〔註456〕而《說卦》云「乾，西北之卦也」，河源出於西北，故荀氏云「河出於乾」，以方位爲言。因此，若《九家易》以「可」確當爲「河」，而荀氏此作「河出於乾」，則二者取象不同。

（六）離卦爲「牝牛」之象

《九家易》以離䷝卦作「牝牛」之象，惠棟注云：

> 見本卦。《春秋傳》曰：純離爲牛。〔註457〕

「見本卦」，即離卦卦辭云「畜牝牛，吉」。虞翻於此注云：

> 畜，養也。坤爲牝牛，乾二五之坤、成坎，體頤養象，故「畜牝牛，吉」。俗說皆以離爲牝牛，失之矣。〔註458〕

《說卦》以坤爲「牛」、爲「子母牛」，虞翻本《說卦》坤爲「牛」象，而強爲曲說離卦「畜牝牛」之「牝牛」爲坤象，並廣以「牛」爲坤象以釋《易》。此處，虞翻言「俗說皆以離爲牝牛」，知漢代時期一般大都以離卦爲牝牛之象。諸如既濟䷾卦九五《象傳》「東鄰殺牛，不如西鄰之時也」，崔憬注云：

〔註452〕見朱震《漢上易傳》，卷二，頁65。
〔註453〕見朱震《漢上易傳》，卷六，頁194。
〔註454〕見李鼎祚《周易集解》，卷四，頁77。
〔註455〕見李鼎祚《周易集解》，卷四，頁77。
〔註456〕見《漢書・溝洫志》，卷二十九，頁1686。
〔註457〕見《易漢學》，卷七，頁1219。
〔註458〕見李鼎祚《周易集解》，卷六，頁153。

居中當位於既濟之時,則當是周受命之日也。五坎爲月,月出西方,
西鄰之謂也。二應在離,離爲日,日出東方,東鄰之謂也。離又爲
牛,坎水克離火,東鄰殺牛之象。〔註459〕

又如,未濟卦九二「曳其輪,貞吉」,干寶注云:

坎爲輪,離爲牛,牛曳輪,上以承五命,猶東蕃之諸侯,共攻三監,
以康周道,故曰貞吉也。〔註460〕

又如,《禮記・坊記》「《易》曰東鄰殺牛,不如西鄰之禴,祭寔受其福」,鄭
玄注云:

東鄰謂紂國中也,西鄰謂文王國中也。此辭在既濟,既濟離下坎上,
離爲牛,坎爲豕,西鄰禴祭,則用豕,與言殺牛而凶,不如殺豕受
福,喻奢而慢,不如儉而敬也。〔註461〕

此外,惠棟引《左傳》提到「純離爲牛」,晉杜預注云:

《易》離上離下,離、畜牝牛,吉。故言「純離爲牛」。〔註462〕

由上舉數例,知漢魏以降,多以離卦具「牛」象,而爲普遍之認識。所以惠
棟《九經古義》也對此象加以說明,云:

《左傳》卜楚丘曰:純離爲牛。離一陰居二陽之中,中美能黃,故

六二謂之黃。離牝牛之象,畜之者育其類也。與《九家》合。

證明《九家易》以離爲「牝牛」之象,雖與《說卦》以坤爲「牛」異,但非
《九家易》所獨爲妄用;而這種以離爲「牝牛」之象,從《左傳》時代,乃
至漢代,已是一種普遍用象的認識,《說卦》以坤爲「牛」,或在《左傳》之
後,故不能以《說卦》爲正,而認爲是離象爲非。

雖然,《九家易》於此以離爲「牝牛」之象,但《周易集解》於《說卦》
以坤卦爲「子母牛」下,引《九家易》之言,云「土能生育,牛亦含養,故

〔註459〕見李鼎祚《周易集解》,卷十二,頁305～306。
〔註460〕見李鼎祚《周易集解》,卷十二,頁308。「上以承五命」,即就二上應五而言。
《史記・殷世家》云:「武王封紂子武庚祿父,乃令其弟管叔、蔡叔傅相武庚。
武王既崩,管叔、蔡叔疑周公,乃與武庚作亂。周公以成王命,興師伐殷,
殺武庚、管叔,放蔡叔,以武庚殷餘民,封康叔爲衛君。」此即「東蕃之諸
侯,共攻三監,以康周道」之事,平亂事,周道興,是「貞吉」。
〔註461〕見《禮記注疏・坊記》,卷五十一,引自臺北:藝文印書館《十三經注疏本》,
頁868。
〔註462〕見《左傳注疏・昭公五年》,卷四十三,引自臺北:藝文印書館《十三經注疏
本》,頁744。

爲子母牛也」。〔註463〕仍以坤卦有「牛」象。且《繫辭下》「觀鳥獸之文」下，荀爽亦云「乾爲馬，坤爲牛，震爲龍，巽爲雞之屬是也」；〔註464〕亦視牛屬坤象。是坤、離二卦具「牛」象，爲《易》家所混用。

（七）在艮卦方面

1. 爲　鼻

艮卦爲「鼻」之象，惠棟注云：

> 管寧曰：鼻者天中之山。裴松之案，相書曰：鼻爲天中，有山象，
>
> 故曰天中之山。〔註465〕

此一注文見《三國志・魏書・方技傳》。〔註466〕是漢魏時期，《易》家乃至方術之士，皆以鼻爲艮象，視鼻者爲面之山。後儒皆沿用。今文獻可見，漢儒以虞翻特專以此象釋卦，如噬嗑䷔卦六二「噬膚滅鼻，无咎」，虞翻釋爲，「艮爲膚、爲鼻，鼻沒水坎中，隱藏不見，故噬膚滅鼻，乘剛，又得正多譽，故无咎」。〔註467〕侯果於此爻《象傳》之注，亦以艮爲鼻。〔註468〕又无妄䷘卦

〔註463〕見李鼎祚《周易集解》，卷十七，頁 418。
〔註464〕見李鼎祚《周易集解》，卷十五，頁 363。
〔註465〕見《易漢學》，卷七，頁 1219～1220。
〔註466〕見《三國志・魏書・方技傳》云：「（何）晏謂（管）輅曰：『聞君著爻神妙，試爲作一卦，知位當至三公不？』又問：『連夢見青蠅數十頭，來在鼻上，驅之不肯去，有何意故？』輅曰：『夫飛鴞，天下賤鳥，及其在林食椹，則懷我好音，況輅心非草木，敢不盡忠？昔元凱之弼重華，宣惠慈和，周公之翼成王，坐而待旦，故能流光六合，萬國咸寧。此乃履道休應，非卜筮之所明也。今君侯位重山嶽，勢若雷電，而懷德者鮮，畏威者眾，殆非小心翼翼多福之仁。又鼻者艮，此天中之山，臣松之案：相書謂鼻之所在爲天中。鼻有山象，故曰『天中之山』也。高而不危，所以長守貴也。今青蠅臭惡，而集之焉。位峻者顛，輕豪者亡，不可不思害盈之數，盛衰之期。是故山在地中曰謙，雷在天上曰壯，謙則裒多益寡，壯則非禮不履。未有損己而不光大，行非而不傷敗。願君侯上追文王六爻之旨，下思尼父《象》《象》之義，然後三公可決，青蠅可驅也。』（鄧）颺曰：『此老生之常譚。』輅答曰：『夫老生者見不生，常譚者見不譚。』晏曰：『過歲更當相見。』輅還邑舍，具以此言語舅氏，舅氏責輅言太切至。輅曰：『與死人語，何所畏邪？』舅大怒，謂輅狂悖。歲朝，西北大風，塵埃蔽天，十餘日，聞晏、颺皆誅，然後舅乃服。」（見《三國志・魏書・方技傳》，卷二十九，頁 820～821。）
〔註467〕見李鼎祚《周易集解》，卷五，頁 117。
〔註468〕噬嗑六二《象》曰「噬膚滅鼻，乘剛也」。侯果曰：「居中履正，用刑者也。二互體艮，艮爲鼻，又爲黔喙，噬膚滅鼻之象也。乘剛，噬必深，噬過其分，故滅鼻也。刑刻雖峻，得所疾也。雖則滅鼻，而无咎矣。」（見李鼎祚《周易

六三「无妄之災」文，虞翻亦以「艮爲鼻」；〔註469〕萃䷬卦上六「齎咨涕洟」，虞翻亦謂「艮爲鼻」；〔註470〕困䷮卦九五「劓刖，困于赤紱」，虞注「割鼻曰劓，斷足曰刖，四動時震爲足，艮爲鼻」；〔註471〕巽䷸卦九三「頻巽，吝」，虞翻亦云「艮爲鼻」；〔註472〕小過䷽卦《象傳》「喪過乎哀」，虞翻以「坤爲喪，離爲目，艮爲鼻，坎爲涕洟」。〔註473〕是以艮爲「鼻」，固爲漢人所識者。

2. 爲　虎

艮卦爲「虎」之象，惠棟注云：

> 吳澄曰：履《象》六三、九四，頤六四，革九五，履、革皆無艮，艮不象虎也。項曰：艮主寅，虎寅獸。案：艮之上九丙寅，故項依以爲說。京房以坤爲虎刑。陸績以兌之陽爻爲虎。先儒解《易》，皆取二象，不聞艮爲虎也。虎當爲膚字之誤也。仲翔注《易》云：艮爲膚是也。〔註474〕

依惠氏之見，歷來作虎象者，大都以坤卦或兌卦爲之，少有以艮卦象虎者，因此惠氏以虞翻有艮卦爲「膚」者，猜測「虎」字當「膚」字之誤。此揣度之言，並無實據。

虞翻頻以坤爲「虎」釋卦，如乾䷀卦《文言》「風從虎」，虞氏即云「坤爲虎，風生地，故從虎也」。〔註475〕頤䷚卦六四《象傳》「顛頤之吉，上施光也」，虞翻同以坤爲「虎」；〔註476〕革䷰卦九五「大人虎變，未占有孚」虞翻同作「坤爲虎」。〔註477〕履䷉卦卦辭「履虎尾」，虞氏云「坤爲虎，艮爲尾」，「俗儒皆以兌爲虎，乾履兌，非也。兌剛鹵，非柔也」。〔註478〕此處，虞氏認爲坤具柔性，故以虎爲象，但知虎象威武，本當爲陽剛之象爲是，何以是柔象，與實物象意似有相舛。惠棟於《周易述》中指出：

集解》，卷五，頁 117。)

〔註469〕見李鼎祚《周易集解》，卷六，頁 136。

〔註470〕見李鼎祚《周易集解》，卷九，頁 224。

〔註471〕見李鼎祚《周易集解》，卷九，頁 232。

〔註472〕見李鼎祚《周易集解》，卷十一，頁 280。

〔註473〕見李鼎祚《周易集解》，卷十二，頁 299。

〔註474〕見《易漢學》，卷七，頁 1220。

〔註475〕見李鼎祚《周易集解》，卷一，頁 13。

〔註476〕見李鼎祚《周易集解》，卷六，頁 144。

〔註477〕見李鼎祚《周易集解》，卷十，頁 243。

〔註478〕見李鼎祚《周易集解》，卷三，頁 69。

郭璞《洞林》曰：朱雀西北，白虎東起。注云：离爲朱雀，兑爲白虎。
白虎西方宿，兑正西，故云虎。《洞林》皆以兑爲虎，虞注此經云俗
儒以兑爲虎，葢漢儒相傳以兑爲虎，虞氏斥爲俗儒，非是。〔註479〕

惠氏駁斥虞氏對兑爲「虎」的反對立場，認爲以兑卦爲「虎」象，從天文方
位的角度云，兑屬西方之卦，而西方正是白虎星宿所處之位，同《說文》云
「虎，西方獸」，故漢儒以兑爲「虎」，仍可通恰。且，由虞翻之注文，可知
漢儒以兑爲「虎」象，是一種普遍的認識。如革卦九五《象傳》「大人虎變，
其文炳也」，宋衷注即以「兑爲白虎」。〔註480〕又革卦上六《象傳》「君子豹變，
其文蔚也」，陸績注「兑之陽爻稱虎，陰爻稱豹」。元代虞集《道園學古錄》
提到「兑爲白虎，至雄至武，其德爲金，威怒孰禦」。〔註481〕以八卦配天文方
位，兑象白虎之位，並以此象意釋卦，仍屬合宜。

　　京房、虞翻等以坤象「虎」，亦有理據；高誘注《淮南子》云：「虎，土
物也」，〔註482〕坤爲土，故爲「虎」。又《月令》云「仲冬之月虎始交」，《大
戴禮記‧公冠》云「虎七月而生」，〔註483〕是交於復而生於姤。姤之一陰自坤
來，故取坤卦爲「虎」。宋林希逸《竹溪鬳齋》所言，可以作爲其分歧之參考
注解，「朱《易》言象於頤虎，曰：虞仲翔以坤、艮爲虎，馬融以兑爲虎，郭
璞以兑、艮爲虎，三者異位而同象。坤爲虎，坤交乾也；艮爲虎，寅位也；
天文尾爲虎，艮也；兑爲虎，參伐之次也；龍德所衝爲虎，亦兑也」。〔註484〕

3. 爲　狐

　　艮卦爲「狐」之象，惠棟注云：

吳澄本，作豹，非也。《左傳》秦伐晉，卜徒父筮之，其卦遇蠱曰：
獲其雄狐，蠱艮爲狐。項曰：坎爲狐，取其心之險也。艮爲狐，取
其喙之黔也。〔註485〕

《九家易》以坎卦與艮卦同具有「狐」象，惠氏舉項安世之言作二卦用象之

〔註479〕見惠棟《周易述》，卷二，頁48。
〔註480〕見李鼎祚《周易集解》，卷十，頁244。
〔註481〕見元虞集《道園學古錄》，卷二十六，引自臺北：臺灣商務印書館《景印文淵
　　　　閣四庫全書‧集部‧別集類》，第一四六冊，頁379。
〔註482〕轉引自惠棟《周易述》，卷四，頁122。
〔註483〕見戴德《大戴禮記‧公冠》，卷十三。又《孔子家語‧執轡》，卷六，同文。
〔註484〕見宋林希逸《竹溪鬳齋十一藁續集‧學記》，卷二十九，引自臺北：臺灣商務
　　　　印書館《景印文淵閣四庫全書‧集部‧別集類》，第一一八五冊，頁851。
〔註485〕見《易漢學》，卷七，頁1220。

分別。其《周易述》中又作二者之分別，云：

> 僖十四年《春秋傳》曰：其卦遇蠱曰：獲其雄狐，蠱上體艮爲狐也。
>
> 坎爲狐，取其形之隱也，艮爲狐取其喙之黔也。〔註486〕

又云：

> 《九家說卦》曰：艮爲狐，狐狼皆黔喙之屬，故爲狐狼也。〔註487〕

又云：

> 坎爲鬼，《說文》曰：狐者，鬼所乘，故爲狐。子夏曰：坎爲小狐。
>
> 干寶亦云：坎爲狐也。〔註488〕

坎爲水，水性多變，符合狐多疑之性；且坎爲鬼，具隱沒之意，亦符狐性。故坎爲「狐」。漢魏《易》家，多有以坎爲「狐」者，前節論虞翻易學已略作小述，除了《九家易》外，孟喜作「小狐」，《子夏傳》亦以「坎稱小狐」，王肅也指出「坎爲水、爲險、爲隱伏，物之在險穴居隱伏往來水間者，狐也」，同以「狐」爲坎象；又干寶釋未濟☲☵卦「濡其尾」，亦云「坎爲狐」。是漢儒大多以坎爲「狐」象，合《說卦》所謂「坎，穴也，狐穴居」之象意。至於以艮作「狐」象者，除了《九家易》外，漢儒中最常用者當是虞翻：如屯☵☳卦六三，虞氏以「艮爲狐狼」；解☳☵卦九二，虞氏云「艮爲狐」等。至於以艮卦爲「狐」象，其義若在於「取其喙之黔」，「喙」形乃獸嘴長而突出者，可以如山形之凸，或合艮卦之象意，然而，此重點並不在於「喙」，而在於喙之「黔」，「黔」爲色黑者；取色黑爲象，作坎卦更爲適當，坎屬北方爲水，其色爲黑。既是如此，何以取作艮卦，令人費解。

（八）兌卦爲「常」之象

《九家易》以兌卦爲「常」之逸象，惠棟注云：

> 《九家》注曰：常，西方之神也。朱以爲當屬坤；項以爲當作商。
>
> 皆臆說。〔註489〕

陸德明《經典釋文》，以「常」爲西方之神，兌爲秋爲西，故合「常」爲西方之神之象意。至於朱震、項安世之說，爲臆說而無據，故不足盡信。明何楷《古周易訂詁》云：

〔註486〕見惠棟《周易述》，卷十八，頁614。
〔註487〕見惠棟《周易述》，卷一，頁20。
〔註488〕見惠棟《周易述》，卷十八，頁614。
〔註489〕見《易漢學》，卷七，頁1220。

象爻辭无取爲「常」象。陸德明引舊注云：常，西方神也。吳澄
云：或曰「常」九旗之一，下二奇象通帛下垂，上一偶象分繫於
杠。〔註490〕

又，清翟均廉《周易章句證異》亦云：

常，西方神也。朱震曰：爲常，當屬坤脱簡，在此坤順得常，得主
有常。項安世曰：晁以道云常即古文裳字。若然，則今坤之逸象既
有裳矣，兌之爲常，意者其爲商之誤歟。商字出兌卦。吳澄曰：爲
常，象爻詞无。或曰當爲裳；或曰當爲商；或曰常，九旗之一，下
二奇象通帛下垂，上一耦象分繫于扛。〔註491〕

歷來對朱、項之說，並未能得其正解。至於吳澄所言之九旗之一者，九旗之
說出於《周禮》。宋林之奇《尚書全解》云：

周禮司常掌九旗之物，名日月爲常，王建太常王者之旗，則畫日月
於其上，昭其明也。〔註492〕

九旗總爲何物，元梁益《詩傳旁通》云：

春官司常掌九旗之物，名各有屬，以待國事。日月爲常，交龍爲旂，
通帛爲旜，雜白爲物，熊虎爲旗，鳥隼爲旟，龜蛇爲旐，全羽爲旞，
析羽爲旌。〔註493〕

九旗當中，以日月之象的「常」最爲尊貴，既是有此最爲尊貴之意者，何以
取兌卦爲象，以乾爲象當最爲適切。因此，吳澄之說，或又臆說，與實不恰。
拙自穿鑿：日月沒於西方，而「常」爲西方之神，艮又位西方，同於「西方」
相涉，故艮卦取爲常象。附會之說，僅供參酌。

　　此外，考察《周易集解》所見荀爽與《九家易》用象，並進一步對照前
述本於《說卦》所輯《九家易》三十一逸象，可以知其異同。以下二表爲《集
解》所見荀爽與《九家易》所見八卦用象：

〔註490〕見何楷《古周易訂詁》，卷十四，引自臺北：臺灣商務印書館《景印文淵閣四庫
全書・經部・易類》，第三十六冊，頁370。
〔註491〕見翟均廉《周易章句證異》，卷十。引自臺北：新文豐出版公司《大易類聚初
集》，第十八輯，1983年10月初版，頁902。
〔註492〕見林之奇《尚書全解》，卷三十八。引自臺北：臺灣商務印書館《景印文淵閣
四庫全書・經部・書類》，第五十五冊，頁789。
〔註493〕見梁益《詩傳旁通》，卷六。引自臺北：臺灣商務印書館《景印文淵閣四庫全
書・經部・詩類》，第七十六冊，頁863。

圖表 3-2-2　　《周易集解》引荀爽用象一覽表

卦名	逸　象　與　出　處
乾卦 ䷀	燥也（乾《文言》注）；君卦也（乾九四《象注》；乾《文言》注）；乾純陽（乾《文言》注）；稱龍（坤上六爻注）；龍謂乾（乾《文言》注）；唱也（坤《文言》注）；乾堅（坤《文言》注）；霜乾（坤《文言》注）；乾君位（需上六爻注）；河出乾（泰九二爻注）；乾終始（恆《象傳》注）；爲久（恆九二《象》）；父之謂（家人《象傳》注）；爲君子（夬九二爻注）；陸也（夬九五爻注）；爲晝（《繫上》注）；晝謂乾（《繫上》注）；乾巳（《繫上》注）；爲樂天（《繫上》注）；剛爲乾（《繫上》注）；乾陽（《繫上》注）；乾三十六（《繫上》注）。
坤卦 ䷁	稱淵（乾九四《象》注）；溼也（乾《文言》注）；虎謂坤（乾《文言》注）；田謂坤（乾《文言》注）；陰卦也（坤《文言》注）；坤陰（《繫上》注）；坤純陰（乾《文言》注）；坤西南（坤象注；解《象傳》注）；坤亥（坤上六爻注；坤《文言》注；《繫上》注）；午至申坤（坤象注）；和也（坤《文言》注）；坤至靜（坤《文言》注）；稱邑（訟九二《象》注；升九三爻注）；坤三百戶（訟九二《象》注）；爲朋（泰九二爻注）；坤順從（否九五爻注；家人六二爻注）；坤終始（恆《象傳》注）；地謂坤（升《象》注）；坤暗昧（升上六爻注）；冥也（升上六爻注）；坤蕃庶（晉《象傳》注）；坤大難（明夷《象傳》注）；母之謂（家人《象傳》注）；西南謂坤（蹇《象傳》注）；眾也（解《象傳》注）；行師也（復上六爻注）；夜坤也（《繫上》注）；爲夜（《繫上》注）；柔爲坤（《繫上》注）；物謂坤（《繫上》注）；坤二十四（《繫上》注）。
震卦 ䷲	爲動（屯《象傳》注；艮九三爻注；《繫上》注）；震林（賁六五爻注）；雷也（解《象傳》注）；機也（《繫上》注）；男謂震（《繫上》注）；卯震（《説卦》注）。
巽卦 ䷸	爲岐（升六四爻注）；申命也（巽《象》注）；木謂巽（升《象》注）；陰巽也（井《象傳》注）；蠱巽也（蠱《象傳》注）；爲號令（巽《象》注）；女謂巽（《繫上》注）；爲知命（《繫上》注）。
坎卦 ䷜	坎陽府（乾《象傳》注）；險中也（屯《象傳》注）；坎險（蹇《象傳》注）；稱泥（需九三爻注）；爲酒食（需九五爻注）；坎臣職（需上六《象》注）；爲淵（訟《象傳》注）；坎大川（謙初六爻注）；爲勞（謙九三爻注）；雨也（解《象傳》注）；爲井（井象注）；陽坎也（井《象傳》注）；水坎也（井《象傳》注）；坎下降（井六四爻注）；爲腎（艮九三爻注）；男謂坎（《繫上》注）；月坎也（《繫下》注）。
離卦 ䷝	離陰府（乾《象傳》注）；離陰卦（離《象傳》注）；火也（離象注）；射也（晉六五爻注）；離矢（晉六五爻注）；爲飛鳥（明夷初九爻注）；離飛（明夷初九爻注）；章明也（姤《象傳》注）；離夏（姤《象傳》注）；離南方（姤《象傳》注）；女謂離（《繫上》注）。
艮卦 ䷳	爲止（蠱上九《象》注）；東北艮也（蹇《象傳》注）；爲山陸（中孚《象傳》注）；艮豚（中孚《象傳》注）；男謂艮（《繫上》注）；樞也（《繫上》注）；爲門（《繫上》注）。

兌卦	爲八月（臨象注）；兌秋（小畜《象傳》注）；西郊也（小畜《象傳》注）；莧也（夬九五爻注）；兌柔（夬九五爻注）；爲有言（困《象傳》注）；女謂兌（《繫上》注）；兌魚（中孚《象傳》注）。

圖表 3-2-3 《周易集解》引《九家易》用象一覽表

卦名	逸 象 與 出 處
乾卦	爲德（乾《象傳》注）；乾純陽（乾《象傳》注）；乾天道（乾《象傳》注）；乾天德（乾《象傳》注）；君卦也（乾《文言》注）；通謂乾（乾《文言》注）；乾升（泰六四《象》注）；子乾（姤《象傳》注）；乾天河（蠱《象傳》注）；始謂乾（《繫上》注）；乾元氣（《繫上》注）；乾息（《繫上》注）；爲遠天（《繫下》注）；覆物也（《繫下》注）；契也（《繫下》注）；乾上（《繫下》注）；乾居上（《繫下》注）；衣乾（《繫下》注）；爲眾物（《序卦》注）。
坤卦	爲諸侯（乾上九《象》注）；坤純陰（坤《象傳》注）；陰出坤（坤六三爻注，三引）；坤柔順（坤《象傳》注）；堅冰也（坤初六爻注）；坤亥（坤《文言》注）；坤降（泰六四《象》注）；爲亂（泰上六爻注）；爲邑國（謙上六《象》注）；邑坤（泰上六爻注）；爲行師（豫《象傳》注）；坤地水（蠱《象傳》注）；坤消（《繫上》注）；爲夜（《繫下》注）；含物也（《繫下》注）；書也（《繫下》注）；坤下（《繫下》注）；坤在下（《繫下》注）；裳坤（《繫下》注）；坤包藏（《說卦》注）。
震卦	稱乙（泰六五爻注）；爲建侯（豫《象傳》注）；爲子（隨初九爻注）；官也（隨初九爻注）；爲雷聲（明夷初九爻注）；言謂震（明夷初九爻注）；爲行（《繫下》注）；爲木（《繫下》注）；震陽（《說卦》注）。
巽卦	爲命（泰上六爻注；否九四爻注）；命令也（泰上九《象注》）；命巽（履《象傳》注；泰上六爻注）；長也（泰《象傳》注）；巽巳（姤《象傳》注）；巽攣如（小畜九五《象》注）；爲權（《繫下》注）；爲近利（《繫下》注）；巽號令（《繫下》注）。
坎卦	爲血（屯上六爻注）；爲法律（師初六爻；注坎上六爻注；明夷六二《象》注）；爲聰（噬嗑上九爻注；噬嗑上九《象》注）；坎欲降（晉九四爻注）；爲馬（明夷六二爻注）；爲心（明夷六四《象》注）；汗也（渙九五爻注）；爲盜疏（《繫下》注）；爲眾水（《序卦》注）。
離卦	爲飛鳥（明夷六二爻注）；爲肉（鼎《象傳》注）；離盛大（姤《象傳》注）；離欲升（晉九四爻注）；反目也（小畜九三《象》注）；爲明（噬嗑上九《象》注）；離瓦缶（離九三爻注）。
艮卦	宮也（困六三《象》注）；艮虎（頤六四爻注）；爲上持（《繫下》注）；爲小木（《繫下》注）；重門也（《繫下》注）；艮手持（《繫下》注）；守禦也（《說卦》注）；爲犬（《說卦》注）；艮斗（《說卦》注）；艮數三（《說卦》注）。
兌卦	兌金（困初六爻注）；水也（鼎《象傳》注）。

　　陸氏所載《說卦》輯《九家易》三十一逸象，與今《集解》可見爽荀、《九家易》用象之比較，可以發現：

　　（一）《九家易》三十一逸象不見於《集解》中荀爽與《九家易》用象者，包括：乾爲直、坤爲迷、坤爲方、坤爲黃、坤爲帛、坤爲漿、震爲王、震爲鵠、震爲鼓、巽爲楊，巽爲觀、坎爲可、坎爲棟、坎爲叢棘、坎爲狐、坎爲蒺藜、坎爲桎梏、離爲牝牛、艮爲鼻、艮爲狐、兌爲常、兌爲輔頰等多達二十二個，佔了三十一個逸象的 70% 之極高比例。

　　（二）《九家易》三十一逸象見於《集解》中荀爽或《九家易》用象者，或是象義相近者，包括：

1. 三十一個逸象中之乾爲「龍」，見於《集解》中之荀爽注文。

2. 三十一個逸象中之乾爲「衣」，見於《集解》中之《九家易》注文。

3. 三十一個逸象中之坤爲「牝」，《集解》之荀爽注文作「母之謂」，象義相近。

4. 三十一個逸象中之坤爲「囊」，《集解》中《九家易》作「坤包藏」，象義相近。

5. 三十一個逸象中之坤爲「裳」，《集解》中《九家易》作「裳坤」，用象同。

6. 三十一個逸象中之坎爲「宮」，《集解》中荀爽注文云「坎陽府」，與之義近。

7. 三十一個逸象中之坎爲「法」，《集解》《九家易》作「法律」。

8. 三十一個逸象中之艮爲「虎」，《集解》《九家易》作「艮虎」。

　　（三）《九家易》三十一個逸象與《集解》中荀爽或《九家易》用象不同者，僅一個，即三十一個逸象中之乾爲「言」，《集解》中荀爽注文，以兌卦作「爲有言」，「言」之卦用不同。

　　由對照分析後，可以看到三十一個逸象，與《集解》所收錄的荀爽注文用象之相似者僅有三個，而不同者也有一個；因此，筆者懷疑此《九家易》三十一個逸象與荀爽的相關，此三十一個逸象所代表的《九家易》，是否真的可以視爲荀爽的學說，這仍是有待考量的。

　　惠棟考索「九家逸象」，述明「九家逸象」雖未必爲荀爽之說，但與荀爽關係匪顯。並且否定朱震認爲《九家易》爲荀爽所彙集的說法，主張《九家易》是六朝時期專宗荀爽之學的人所爲，且亦非後儒所增，可以視爲荀爽的學說。

　　惠棟論述《九家易》三十一個逸象，廣引宋代朱震《漢上易傳》與項安世《周易玩辭》之說爲釋，或有肯定，或有駁斥，一以考據實是爲定。歷來批評惠氏之學，認爲惠氏惟漢是好，對於宋人之說，皆一概不取；且認爲惠氏排拒宋學，漢宋對立由是生焉。此種批評不能視之全然客觀，以惠氏所處之時空處境，是復原漢學之最佳時機，漢學研究爲一時之顯學，而漢學多與宋人之說，不論在治學方法或是內容上，多有迥異之處，自然取捨，宋學必多廢而不用。然而，惠氏於此，考述《九家易》逸象，多以朱、項之說爲主，何來有不取宋人之說者？又何來刻意排拒宋學？因此，此處可以作爲對厚誣者之駁證。

　　惠棟之釋象，精簡賅要，能有效引據前儒之說述明象義，並適時予以指正，如釋乾爲「衣」、坤爲「帛」、巽爲「楊」、坎爲「律」、坎爲「可」、離爲「牝牛」、艮爲「鼻」、艮爲「狐」、兌爲「常」等象，皆爲良例。然而，惠氏不輕下案語，故所引之文，則極爲重要，也代表了惠氏的意向，但每每顯示過於片面，未能詳爲述明，正其本來象義。如乾卦爲「龍」，惠氏引項安世作「震之健」，依項說乃單就初爻而言；乾卦六爻皆具龍象，非僅作「震之健」的初爻解。又如乾爲「直」，惠引項作「巽之躁」解，於理不當。又如乾爲「言」，以「兌之決」、「兌口」爲訓，不知何據。又如坤爲「漿」，分酒主陽、漿主陰，不知何據。又如震爲「鵠」、爲「鼓」，引項氏「鵠」作「鶴」，「鵠」又爲「鼓」，於理不當；不論「鵠」或「鶴」，乃至「鼓」，皆取其善鳴、聲響之性而爲象。又如巽爲「鸛」，非必如朱、項二氏分陰禽、陽禽而立說；《九家易》純就禽屬而言。又如艮爲「虎」，以「虎」當爲「膚」字之誤，純屬揣度之言，並無實據。諸釋象之例，皆有待商榷，或實爲惠棟之小失。

第三節　小　結

　　惠棟「虞氏逸象」的輯成與解釋，對後來研究虞翻的逸象乃至其有關學說，提供了極大的幫助，讓學者得以進一步檢視虞翻使用逸象的實際情形，以及用象釋《易》的合宜狀況；並透過對虞翻逸象的瞭解，審度用象在易學思想詮釋上的價值。《周易》透過「仰以觀於天文，俯以察於地理」，「觀象繫辭」，而使「天下之理得」，所以用「象」，本是《周易》制作上的主要法源；而虞氏大量運用逸象，並且，這些逸象的使用，本身又大都符合《周易》經傳的實質意涵。用象在量化上的提高，藉由大量的用象而使各個卦爻的關係

上更爲嚴密，或許在某種程度上是僵化、有附會的成分，但在詮釋的立場上，它未必不能視爲是一種根源於經傳而新建立的開創性的論述典範。並且，在哲學態度的表現上，逸象作爲某種符號或名象來運用於萬化之道的詮釋上，仍然有其基本的邏輯理路。如何從這種象數的脈絡中，有更豐富的哲學性論述之突破，這是惠棟乃至後學所可以努力的部份。從接受學術多元發展的態度看，「義理」與「象數」應該可以同行而不悖的；倘有「義理」壁壘於「象數」的先備立場，若對虞氏逸象有跨越一步的認識，或許可以使立場改變，距離拉近。在抽象思維中，體驗具象，享受另類的邏輯情境。

　　虞翻倡論「月體納甲」之說，進而推言《易》象，認爲「日月縣天，成八卦象」，「日月在天成八卦」，「三畫謂之象」，〔註494〕日月運行於天，月受日照，日月懸天而成象，所以八卦爲日月所成之象而生，皆以三畫成象而言，也就是八純卦所代表的象意，用以架構宇宙萬物之生成變化之道，乃至人事的吉凶休咎，用它來反映《易》道，是最恰當不過的。因此，虞氏廣用逸象，我們可以推測是原本於其「月體納甲」之說的用象之道，並且再藉由互體、升降、旁通、卦變、爻變等方法來取象。至於其用象造象，則亦皆有所據。惠棟考索虞氏逸象，知其用象並非肆意虛造、漫無根據，而是大都能本諸於經傳之義，並自有其理據，有其高度的系統性與合理性。虞氏逸象產生之原則，主要出於直接援引《周易》經傳本文或相近之義，或以經傳爲據，而進一步的推衍而成。最主要的根據，則爲《說卦》。另外，又以其之前《易》家之思想主張與用象而進一步推衍，又或因所處時代思想觀念所衍。逸象的使用，並不以虞翻爲先；虞翻所用的諸多逸象，在其之前的漢代時期，已是一種普遍性的認識，只不過虞翻更有系統而周延的廣泛運用這些逸象罷了。

　　從經典中搜尋虞氏佚文，並擇選其逸象，本是一繁瑣之功夫，尤其是就始創者言，惠氏所成，自是難能可貴，雖有小失，仍不掩其功；在三百多個逸象中，雖小有不當，但大體合宜。並且，惠氏對於所輯之逸象下，皆作小注以釋之，大體見其精要而恰當之處，而所見之失，雖在所難免，仍有釐清之必要。對於方申、紀磊諸人，部份之指誤，實多有值得商榷之處，也見其人對虞說之認識未深，故讀者不宜視之爲當然，以免誣言惠氏爲舛，也對虞說混淆與不解。

〔註494〕見虞氏釋《繫辭上》「縣象著明，莫大乎日月」之注文。引自惠棟《易漢學》
　　　　卷三，頁1111。

　　惠棟訓解虞氏逸象，主要徵引《周易》經傳與虞翻學說爲釋，不但可以相驗於虞翻用象多出於《周易》經傳之用象的合理性外，以虞說釋虞象，也最符合虞氏用象之本義。除此之外，也徵引諸家《易》說與有關經書典籍爲釋。用考據之態度，折衷採納，少立己意，廣引諸說爲言。然而，所釋過於簡要，或未盡其全意，部份象義，無法獲得較爲詳實的認識。且少數引用他說爲釋者，未必符合虞翻本意。同時，部份釋文，引自於虞言或他說者，未注明出處，有竊言之嫌。

　　惠氏論述虞翻所用之逸象，試圖使之表現的更爲明確化、絕對化，如在乾卦「君子」之逸象上，惠氏以「九三」表示「君子」，但在虞翻的運用上，「君子」之象，並不單就「九三」而言，也就是不專指「九三」一爻。如虞氏云「君子以朋友講習」，所表述的是兌卦「九二」；又如未濟的二、五爻，虞云「否二之五」，是「君子，否乾」，所言者當然是二爻與五爻，亦未涉「九三」一爻。虞氏用「君子」，所指的主要爲乾陽，或廣泛地針對乾卦而言，並未狹義的只就「九三」爻而立象。同樣的，乾卦「聖人」逸象的運用上，虞氏主要廣義的用於就乾卦卦德而言，若就爻位來看，虞氏確以初爻、五爻尤專，但並不能依惠氏單就五爻而言，惠氏過份片面依準《乾鑿度》之說。此外，乾「爲賢人」，惠氏專指「九二」；坤「爲積惡」者，惠氏專指「初六」；坤「爲密」者，惠氏專指「兌上爻」，離「爲黃」者，惠氏專指「六二」。乃至於如其《易例》所說的「初六、六四、上六爲小人」、「六二、六四爲君子」、「離四爲惡人」，〔註495〕如此狹隘的認定，使逸象的運用和論述上，失去了較多的彈性空間，也使運用逸象在論述上造成扞格齟齬的情形，反而失去了用象應具有的嚴整性與合理性。在各卦運用了富繁而龐雜的逸象的情形下，惠氏試圖從各卦再推向各爻去尋找與細分更具象徵性的逸象，希望能夠得到某個逸象能夠代表某一爻，然而這樣的意圖，並未能全然符合虞翻的意志，也未必能符合漢魏《易》家釋《易》之本義。如此一來，諸如此類的說法，落入了自家之言的窘境。

　　惠棟考索荀爽的學說主張，在升降說方面，認識到荀爽的升降說，有承於京房而來，而在目的上或是內涵上，仍有其差異存在；京房學說建立的目的，側重於陰陽災異的闡發，而荀爽則重於解說經義。在升降說的原則運用上，京房的升降，只要能符合其形式操作的合理運用原則，乃至符合其建構的合理性即可，無須過度受到《周易》本來的卦爻精神的制約，所以八宮卦

次之法，陰陽皆可升降。但是，荀爽的升降主張，則必須受限於經傳的陽尊陰卑的基本精神之影響，使其升降說的重點，仍然置重於陽升陰降的方面，而不敢放開的去多元論述。

惠棟定位荀爽的升降說爲「乾升坤降」，明顯只採荀爽「陽升陰降」的主體內涵部份，扼殺了可能有的「陽降陰升」之陰陽運動變化的另一種方式，這是值得商榷的。荀爽的乾升坤降之升降說，非限於二、五兩爻的升降轉換，但是在陽升的方面，大抵都是升於九五的尊位，至於陰降的方面，則不全然降至六二之位，它可以由上而降至六四、六三，可以說陰降無定位；在這方面，惠氏的說法，並不全然符合荀爽的本意。又，惠棟肯定荀爽與虞翻二者升降說的高度的一致性，但事實上仍有很大的差異存在，惠棟非但沒有作釐清，反而混同二者，惠氏將虞翻的諸卦既濟之主張，引爲荀爽也同有正既濟之義，爲最明顯的例子。

惠棟詮釋「時中」的意涵，並概括指出「時」爲一卦整體取義而言，而「中」則是一爻在其卦中所處之適應位置而言。這樣概括性的分別，是否恰當，仍有商榷的必要。因爲這種概括性的定義，消弱了「時中」本該可以更具豐富與廣度的哲學思想，同時也可能僵化了「時中」呈顯的多維意義與彈性思維。在易學的「中時」思想中，特別強調「中和」的意義與其體現的價值，荀爽的升降說正可與之相呼應，肯定荀爽的中和主張，必在五陽而二陰的居中得正又相應的嚴格規範下，才能臻於理想。

惠棟考索「九家逸象」，述明「九家逸象」與荀爽之關係匪顯，主張《九家易》是六朝時期專宗荀爽之學的人所爲，且亦非後儒所增，可以視爲荀爽的學說。歷來批評惠氏之學，認爲惠氏惟漢是好，對於宋人之說，皆一概不取，但惠氏於此，考述《九家易》逸象，多以朱、項之說爲主，故認爲惠氏刻意不取宋人之說、刻意排拒宋學，並非全然客觀。惠氏以復原漢學爲志，而漢學不論在方法或內容上，與宋人之說多有迥異之處，自然取捨，宋學必多不用。惠氏並不眞的刻意迴避宋學。

第四章　惠棟考索鄭玄《易》說之述評

　　鄭玄之治經，學有師承而不墨守家法，「囊括大典，網羅眾家，刪裁繁誣，刊改漏失」，〔註1〕其博采廣攬，綜理異同，整齊諸學，折衷辨正，誠「如溟海之納江河，而復為百川之所宗」，〔註2〕得通儒之名，是當然之實。

　　鄭氏易學，繼承與會通西漢孟、焦、京、費、馬諸儒之學，也深諳《易緯》諸說，以嚴謹的治經的態度治《易》，詁訓《易》義，賡續《易經》宗旨。處於讖緯橫行、災異之說漫佈的學風下，其《易》著內容，雖融合今古文與讖緯之學，但仍遠不同於西漢易學和緯書普遍存在的占驗神秘特性，仍重在訓注《易》典，探尋聖籍本義。

　　注解《易》義在方法上的運用，鄭氏特重以小學疏通經義，尤重聲音，藉由知聲音之理，以明通假之故，進而得《易》之本旨，所以能「深得聲音之理，而又力能御之，故於詁易時，則沛乎游刃而有餘也」。〔註3〕鄭氏易學內容，象數與義理並行，而特重象數之闡發。在《易》例之應用上，或沿襲前儒之慣用進而改造，或另制新例而標幟特色；其重要者，反映在爻位、互體、爻體、爻辰、五行，以及《易》象諸說。其經注繁富，《周易》等經典凡百餘萬言，〔註4〕今多有殘缺亡佚，所存不全。其《易》作之著錄，《隋

〔註1〕　見范曄《後漢書・鄭玄列傳》，卷三十五，頁1213。
〔註2〕　見胡自逢《周易鄭氏學》，臺北：文史哲出版社，1969年8月嘉新初版，1990年7月文1版，頁3。
〔註3〕　見胡自逢《周易鄭氏學》，頁3。
〔註4〕　見《後漢書・鄭玄列傳》云：「凡玄所注，《周易》、《毛詩》、《儀禮》、《禮記》、《論語》、《孝經》、《尚書大傳》、《中侯乾象歷》。又著《天文七政論》、《魯禮

書‧經籍志》有《周易》九卷，署名鄭注；又有《周易馬鄭二王四家集解》十卷；《新唐書》有《鄭氏注周易》十卷、《馬鄭二王集解》十卷。傳至宋代，《崇文總目》記載鄭作，僅稱《鄭氏易註》一卷，只存者為〈文言〉、〈說卦〉、〈序卦〉、〈雜卦〉四篇；〔註5〕爾後此作亦不復見，蓋亡佚於北宋、南宋之間。

　　鄭氏易學由鼎盛而浸衰，終至散亡的命運，南宋王應麟首開輯佚，成《周易鄭康成注》一卷。惠棟以漢學為志，復原鄭《易》，承王氏所輯而後增補，作《新本鄭氏周易》三卷，誠其有功；為其考索鄭《易》之最重要者。由於鄭《易》之不全，文獻之不足徵，已難窺其易學全豹，有清時期，申論其學者，不勝其數，早言而有功者，也當首推惠棟。惠棟考索鄭氏之學，表現在其《易》注輯佚之增補，以及較具爭議性的爻辰說之考察上。茲針對此二部份，作詳要之論述與評析。

第一節　鄭《易》之輯佚

一、王惠二家輯佚內容對照比較

　　隋唐以降，王弼之學抬頭，鄭學式微；兩宋之際，鄭學遂亡，王應麟開啟蒐羅殘闕之輯佚工作，惟創始不易，不免多見短失。其後志同者踵起，而以惠棟增輯《新本鄭氏周易》，信為王氏之功臣，亦諸家之首功。〔註6〕

　　　　禘祫義》、《六藝論》、《毛詩譜》、《駁許慎五經異義》、《答臨孝存周禮難》，凡百餘萬言。」（卷三十五，頁1212。）
〔註5〕見《周易註‧提要》云：「《鄭氏易註》至北宋尚存一卷，《崇文總目》稱存者為〈文言〉、〈說卦〉、〈序卦〉、〈雜卦〉四篇。」（引自臺北：臺灣商務印書館景印文淵閣四庫全書第7冊，頁202。）
〔註6〕南宋王應麟首開鄭《易》之輯佚，蒐采群籍，包括取至李鼎祚《周易集解》、陸德明《經典釋文》、鄭注《詩》、《禮》，以及孔安國、賈公彥《五經正義》注疏所引，然而絓漏滋多，未竟全功。繼其後者，明代有胡震亨、姚士粦，清代有惠棟、丁杰、袁陶軒、孫堂、孔廣林、張惠言與黃奭等，在王氏輯本的基礎上，踵事增華，不斷地加以增補與刊改。在增補方面，以惠棟增九十餘條為首，姚士粦亦補二十五條為次。在前儒之基礎上，益加整理補充者，張惠言《周易鄭氏注》三卷、臧庸《周易鄭注》十二卷（另附〈敘錄〉一卷）、袁鈞《易注九卷》、孔廣林《周易鄭注》十二卷、黃奭《周易注》一卷，均可視為鄭氏之功臣，並為研究鄭《易》之重要材料。其中於王氏之後，惠棟之功為首，亦「信為王氏之功臣」。（參見胡自逢《周易鄭氏學》，頁7～15；

惠棟之輯佚，《新本鄭氏周易》三卷，〔註7〕〈提要〉云：

> 初王應麟輯鄭元《易註》一卷，……皆不著所出之書，又次序先
> 後，閒與經文不應，亦有遺漏未載者，棟因其舊本，重爲補正，
> 凡應麟書所已載者，一一考求原本，註其出自某書，明其信而有
> 徵，極爲詳核，其次序先後，亦悉從經文釐定，復搜採群籍，上
> 經補二十八條，下經補十六條，〈繫辭傳〉補十四條，〈說卦傳〉
> 補二十二條，〈序卦傳〉補七條，〈雜卦傳〉補五條。……而考核
> 精密，實勝原書，應麟固鄭氏之功臣，棟之是編，亦可謂王氏之
> 功臣矣。〔註8〕

孫堂《補遺》，於其書前序文云：

> 宋王應麟集鄭康成《易注》一卷，明姚士麟又增入二十五條，惠徵
> 君棟因其摭采未備，復取而補正之，每條下注明元書出處，釐爲三
> 卷，較王氏元本共多九十二條，又作「十二月爻辰圖」、「爻辰所值
> 二十八宿圖」，以闡明鄭學。〔註9〕

　　該書爲補王氏摭采之不足，對研究鄭康成的易學有莫大的幫助。其書成
後，僅有雅雨堂刊本傳世，且尚有訛脫者，其後孫堂據惠氏所補，正其訛，
補其脫，使之更爲完備。依《提要》與《補遺》所見，惠棟增補較王氏多九
十二條，並制作《易》圖以闡明鄭學。以下針對二家所輯全文，以表呈現，
作一彼此參照比較與簡要說明。

　　　徐芹庭《兩漢十六家易注闡微》，臺北：五洲出版社，1975 年 12 月初版，
　　　頁 361～362。）
〔註7〕《新本鄭氏周易》三卷，今主要傳本有雅雨堂《李氏易傳》附本，以及《四
　　　庫全書》本；今文淵閣四庫全書本又稱《增補鄭氏周易》。
〔註8〕見《新本鄭氏周易・提要》。引自臺北：臺灣商務印書館景印文淵閣四庫全書
　　　本第 7 冊，頁 147～148。
〔註9〕見《鄭氏周易注》孫堂《補遺》序文。（引自臺北：新文豐出版社《叢書集成
　　　新編》第十四冊本，影印古經叢書本，1985 年元月初版，頁 598。）孫堂《補
　　　遺》一卷，重校併於惠氏本中，今傳本如《漢魏廿一家易注》本、《古經解彙
　　　函》本、《蜚衣館石印》本、《叢書集成》本等。

圖表 4-1-1　王惠二家鄭氏佚文參照說明表

條次 〔註10〕	釋詁對象 〔註11〕	王應麟 原引佚文	惠　棟 增刪改易之佚文	說　　明 〔註12〕
1	乾卦九二：見龍在田，利見大人。	九二：見龍在田，利見大人。二於三才爲地道，地上即田，故稱田也。九二利見九五之大人。	九二：見龍在田，利見大人。二于三才爲地道，地上即田，故稱田也。（《集解》）九二利見九五之大人。（《正義》）	惠氏增補出處；文出於《周易集解》與《周易正義》二處。
2	乾卦九三：君子終日乾乾，夕惕若，厲，无咎。	九三：君子終日乾乾。三於三才爲人道，有乾德而在人道，君子之象。	九三：君子終日乾乾，夕惕若，厲，无咎。三于三才爲人道，有乾德而在人道，君子之象。（《集解》）惕，懼也。（《釋文》）	1. 惠氏增補爻辭與出處。 2. 王氏僅引《集解》之鄭文，而《釋文》中「惕，懼也」言未引。惠氏增補。
3	乾卦九五：飛龍在天，利見大人。	九五：飛龍在天，利見大人。五於三才爲天道，天者清明無形而龍在焉，飛之象也。	九五：飛龍在天，利見大人。五於三才爲天道，天者清明无形而龍在焉，飛之象。（《集解》）	王氏文末有「也」字，惠氏則無。查今本《周易集解》卷一有「也」字；明潘士藻《讀易述》卷一，引同。清初諸家所引，亦有「也」字。〔註13〕疑惠氏誤闕。
4	乾卦上九：亢龍有悔。	上九：亢龍有悔。堯之末年，四凶在朝，是以有悔，未大凶也。	上九：亢龍有悔。堯之末年，四凶在朝，是以有悔，未大凶也。（《正義》）	惠氏增補出處。

〔註10〕依惠棟《新本鄭氏周易》輯文爲次序，條文爲惠氏所增者，並作括弧注明「惠增」。

〔註11〕表內釋詁對象之引文，以今之王弼注傳本爲準。

〔註12〕本說明欄內援引諸家之作，所用之版本，大抵依據臺北：臺灣商務印書館景印文淵閣四庫全書之版本，包括如唐李善《文選注》（第 1329 冊）、清沈廷芳《十三經注疏正字》（第 192 冊）、清查慎行《周易玩辭集解》（第 47 冊）、清李光地《周易折中》（第 38 冊）、清沈起元《周易孔義集說》（第 50 冊）、清程廷祚《大易擇言》（第 52 冊）等等，皆從四庫全書本，無法一一列明。後文所引，大致僅標明卷數及四庫全書之冊數，不再作詳細標明，以避免過於繁瑣。

〔註13〕查慎行《周易玩辭集解》卷一、李光地《周易折中》卷一、沈起元《周易孔義集說》卷一、程廷祚《大易擇言》卷一等，所引皆有「也」字。

5	乾卦用九：見群龍无首，吉	用九：見群龍无首，吉。六爻皆體龍一作乾，群龍之象也。舜既受道，禹與稷契咎繇之屬，並在于朝。	用九：見群龍无首，吉。六爻皆體乾一作龍，群龍之象也。舜既受道道一作禪，禹與稷契咎繇之屬，並在于朝。（《後漢‧郎顗傳注》、〈班固傳注〉）。	「六爻皆體乾」句，「乾」字或作「龍」；「舜既受道」句，「道」字或作「禪」。惠氏皆標明二說。
6	乾卦《彖傳》：萬物資始，乃統天。	萬物資始，乃統天。資，取也。統，本也。	萬物資始，乃統天。資，取也。統，本也。（《釋文》）	惠氏增補出處。
7	乾卦《彖傳》：大人造也。	大人造也。造，爲也。	大人造也。造，徂早反。造，爲也。（《釋文》）	惠氏增補音訓與出處。
8（惠增）	乾卦《文言傳》：君子體仁，足以長人。	（無）	《文言傳》君子體仁，足以長人。體，生也。《文選》二十四。	此佚文引自《文選注》二十四，陸士衡〈贈顧交阯公眞〉。
9	乾卦《文言傳》：不成乎名。	不成乎名。當隱之時，以從世俗，不自殊異，无所成名也。	不成名。（《釋文》）當隱之時，以從世俗，不自殊異，无所成名也。（《集解》）	惠氏注明出處。今本《文言傳》與王氏所引作「不成乎名」，惠氏則據《釋文》作「不成名」。
10	乾卦《文言傳》：確乎其不可拔。	確乎其不可拔。拔，移也。	確乎其不可拔。確，堅高之貌。拔，移也。（《釋文》）	「確，堅高之貌」句，姚士粦增補，見胡震亨本；惠氏亦引。諸引文皆取之陸德明《釋文》卷二；又，《周易註疏》卷一，陸氏《音義》同引。
11（惠增）	乾卦《文言傳》：閑邪存其誠。	（無）	閑邪以存其誠。（《會通》晁氏云）	今本《文言傳》論乾卦九二爻，云「閑邪存其誠」。惠氏引董眞卿《周易會通》卷一轉引晁氏之說，認爲鄭氏多「以」字。宋明以降諸家轉用，多有「以」字者。〔註14〕
12	乾卦《文言傳》：聖人作。	聖人作。作，起也。	聖人作。作，起也。（《釋文》）	惠氏增補出處。

〔註14〕宋明以降，轉用《說卦》此言，而多「以」字者，如宋衛湜《禮記集說》（第117冊）卷五十一、朱子《論孟精義》（第198冊）卷十三、游酢《游廌山集》（第1121冊）卷一，以及明蔡清《易經蒙引》（第29冊）卷一中、張獻翼《讀易紀聞》（第32冊）卷一、章潢《圖書編》（第968冊）卷九、張吉《古城集》（第1257冊）卷四等，皆闡引爲「閑邪以存其誠」。

13 （惠增）	乾卦《文言傳》：君子進德修業，<u>欲及</u>時，故无咎。	（無）	君子進德脩業，及時，故无咎。（《會通》晁氏云）	今本《文言傳》論乾卦九三爻，作「欲及時」，惠氏引董眞卿《周易會通》卷一轉引晁氏之說，則以鄭氏無「欲」字。此蓋鄭氏所本之不同。惠氏《周易述》卷十九從鄭氏之說。
14 （惠增）	乾卦《文言傳》：亢龍有悔，窮<u>之</u>災也。	（無）	亢龍有悔，窮志災也。（《會通》晁氏云）	今本《文言傳》論乾卦云「亢龍有悔，窮之災也」。「之」，惠氏引董眞卿《周易會通》轉引晁氏之說，以鄭作「志」字。惠氏《周易述》卷十七，從鄭之言。
15 （惠增）	乾卦《文言傳》：乾始<u>能</u>以美利利天下。	（無）	乾始<u>而</u>以美利利天下。（《會通》晁氏云）	今本《文言傳》「始能」，惠氏引董眞卿《周易會通》轉引晁氏之說，以鄭作「始而」。又，馮椅《厚齋易學》卷四十八云：「能，鄭作而。」段玉裁認爲「能」與「而」古音同假，故可通用。〔註15〕因此，古「能」字多有作「而」者，如劉向《說苑》「能」字皆作「而」，是一實例。鄭氏作「而」，或是古本。
16	坤卦初六：履霜，堅冰至。	履霜。履，讀爲禮。	履霜，<u>堅冰至</u>。履，讀爲禮。（《釋文》）	惠氏增補爻辭與出處。
17 （惠增）	坤卦初六《小象》：馴致其道。	（無）	馴致其道。馴，從也。（《釋文》）	惠氏引《釋文》「馴」字之鄭注作「從也」。〔註16〕司馬光《資治通鑑》卷一二八「亦宜馴致」，胡省三《音註》云：「易曰：馴致其道。向秀曰：馴，從也。」是向秀同此訓。惠氏《九經古義·周禮古義》卷七，同引鄭作「馴，從也」。
18	坤卦六二：直方<u>大</u>。	六二。直也，方也，地之性。此爻得中氣而在	六二：直方。直也，方也，地之性。此爻得中氣而	1. 惠氏增補爻辭與出處。 2. 今本作「直方大」，惠氏作「直方」，去「大」字。惠氏《九

〔註15〕見段氏《説文解字注》九篇下，「而」字云：「古音能與而同假，而爲能，亦假耐爲能。」（臺北：黎明文化事業股份有限公司，1974 年 9 月初版，1993 年 7 月 10 版，頁 458。）

〔註16〕陸氏《經典釋文》云：「馴，似遵反，向秀云：從也。徐《音訓》：此依鄭義。」是雖未直明鄭氏同訓此義，但知《音訓》認爲向秀所云是依鄭氏之義。

		地上，自然之性，廣生萬物，故生動直而且方。	在地上，自然之性，廣生萬物，故生動直且方。（《禮記·深衣正義》）	經古義》卷一云：「熊氏《經說》云：鄭氏古《易》云：坤爻辭：履霜直方，含章括囊，黃裳元黃，協韻。故《象傳》、《文言》皆不釋大，疑大字衍。」〔註17〕是惠氏疑「大」爲衍字。
19	坤卦上六：龍戰于野。	龍戰于野。聖人喻龍，君子喻蛇。（《儀禮注》。蛇龍，君子之類）	龍戰于野。聖人喻龍，君子喻蛇。（《儀禮注》。蛇龍，君子之類）	王、惠所引皆同。所言見於《儀禮注疏·鄉射禮》卷五，賈公彥《疏》引鄭文，「聖人喻龍，君子喻蛇」文後尚接「是蛇龍總爲君子之類也」句，王、惠皆未引。宋代諸家多有引賈《疏》此一全文。〔註18〕
20	坤卦《文言》：必有餘殃。	必有餘殃。殃，禍惡也。	必有餘殃。殃，禍惡也。（《釋文》）	惠氏增補出處。
21	坤卦《文言》：爲其嫌於无陽也，故稱龍焉。	慊于无陽也。慊，讀如羣公慊之慊，古書篆作立心，與水相近。讀者失之，故作慊。溓，雜也。陰，謂此上六也。陽，謂今消息用事乾也。上六爲蛇，得乾氣雜似龍。（《釋文》云鄭作謙）	爲其慊于陽也，（《釋文》謂鄭作溓，訛。）故稱龍焉。溓，讀如羣公慊之慊，古書篆作立心，與水相近。讀者失之，故作溓。溓，雜也。陰，謂此上六也。陽，謂今消息用事乾也。上六爲蛇，得乾氣雜似龍。	1. 惠氏增補傳辭與出處。 2. 今本《文言》「嫌」字，王、惠引作「慊」；並注明《釋文》云鄭玄作「溓」爲訛誤。〔註19〕《集解》引《九家易》作「爲其兼于陽也」。阮元《周易釋文校勘記》云：「閩、監本同，宋本嗛作兼，盧本謙改溓。作「慊」而又有「溓」、「謙」或「嫌」者，以形近而誤。惠棟以古本皆作「兼」，而至王弼而誤改作

〔註17〕孫堂《增補鄭氏周易》補遺中作案語，實引自惠氏《古義》所云。

〔註18〕宋魏了翁《儀禮要義》（第104冊）卷三、宋聶崇義《三禮圖集注》（第129冊）卷八，皆引鄭注全文。明徐元太《喻林》（第958冊）卷二十四，則同王、惠僅引「聖人喻龍，君子喻蛇」文。

〔註19〕見《釋文》卷二云：「鄭作溓，苟、虞、陸、董作嗛。」依《詩·采薇正義》引鄭氏之言，以「慊」字爲正，「古書篆作立心，與水相近。讀者失之，故作溓」。清宋翔鳳《周易考異》卷一云：「（陸氏）《音義》嫌，鄭作溓，苟、虞、陸、董嗛。按鄭作溓者，是鄭所讀也。云苟、虞、陸、董嗛，嗛字當是慊字之誤。嗛字通謙，於无陽於義趑合。」宋氏肯定以「慊」字爲正，且引苟爽云：「消息之位坤在於亥，下有伏乾，爲其兼於陽，故稱龍也。」認爲「苟又讀慊爲兼」，「慊」、「兼」二字通。（見宋氏《周易考異》，南菁書院《皇清經解續編》本，今採臺北：新文豐出版公司所影並收錄於《大易類聚初集》第二十輯，1983年10月初版，頁586。後文所引，僅標明頁次，不再詳註。）宋氏之說，與惠氏相近，惟惠氏采古本作「兼」之說。

			(《詩‧采薇正義》)	「嫌」字，其《周易述》卷一、十九，以及《易漢學》卷四、《易例》卷下，皆作「兼」字。〔註20〕
22（惠增）	屯卦《象傳》：天造草昧，宜建侯而不寧。	（無）	天造草昧，宜建侯而不寧。造，成也；草，草創；昧，昧爽也。（《文選注》三十六）	此見《文選注》卷三十六，任彥升〈天監三年策秀才文三首〉注云：「天造草昧，宜建侯而不寧。鄭玄曰：造，成也；草，草創；昧，昧爽也。」。
23（惠增）	屯卦《大象》：君子以經綸。	（無）	君子以經論。謂論撰書禮樂施政事。（《釋文》、《正義》曰：劉表：鄭玄以綸爲論字）〔註21〕	今本「綸」字鄭作「論」。見《釋文》卷二云：「經論。音倫，鄭如字，謂論撰書禮樂施政事。黃穎云：經論，匡濟也，本亦作綸。」《周易集解》中荀爽、姚信皆作「論」；又惠氏引孔穎達《正義》提及劉表亦作「論」。是知漢儒多作「論」字，今本作「綸」，乃王輔嗣之假借。元明以降，諸家多引惠氏所增之此文。〔註22〕

〔註20〕清李富孫《易經異文釋》云：「古本皆作兼，或作慊，王弼遞改作嫌，《說文》云：『慊，疑也。』則與嫌字後一義同。《坊記》注云：『慊或爲嫌。』鄭讀爲溓，溓，襍也，與兼字義略同，《荀子‧榮辱》注云：『嗛與慊同。』諸家皆以形相似而異。《九家易》云：『陰陽合居故曰兼。』」（見李氏《易經異文釋》卷二。南菁書院《皇清經解續編》本，今採臺北：新文豐出版公司所影並收錄於《大易類聚初集》第二十輯，1983年10月初版，頁528。後文所引，僅標明頁次，不再詳註。）是以古本作「兼」或「慊」爲正，而今本乃王弼之誤。惠氏《易漢學》卷四、《易例》卷下皆直斥王弼之非。

〔註21〕清沈廷芳《十三經注疏正字》卷一云：「疑誤。淪當論，字誤。案：劉說無考。《集解》述鄭註云：論，謂論撰書禮樂施政事。是本作論是也。」是「論」字，今本譌「淪」。

〔註22〕元明以降，諸家引說者，如元董眞卿《周易會通》（第26冊）卷二：「君子以經綸。呂《音訓》論，今本作綸。陸氏曰：論音倫，鄭如字，謂論撰書禮樂施政事。黃穎云：經論，匡濟也，本亦作綸。晁氏曰：苟云經，常也；論，理也，便直作綸，非。」明何楷《古周易訂詁》（第36冊）卷九：「君子以經綸，古本作論。鄭康成謂論撰書禮樂施政事，或亦作倫。」清沈炳震《九經辨字瀆蒙》（第194冊）卷七：「君子以經綸。綸本作論。鄭讀如字，謂論撰書禮樂施政事。」清吳玉搢《別雅》（第222冊）卷一：「《釋文》作經論。論音倫，鄭如字，謂論撰書禮樂施政事。」清翟均廉《周易章句證異》（第53冊）卷五：「綸，鄭玄、荀爽、劉表、陸德明作論。鄭云：謂論撰書禮樂施政事。荀云：論，禮也。晁說之。從荀爽云：直作綸，非。惠棟從論。……綸字疑即論字之誤。」諸家所說，皆肯定以「論」字爲正，爲漢儒所慣用。

24	屯卦六二：乘馬班如。	六二：乘馬般如。馬牝牡曰乘。	六二：乘馬般如。馬牝牡曰乘。(《釋文》)	今本「班如」，王、惠二氏引《釋文》「鄭本作般」。蓋以「般」爲本字，而「般」、「班」古音同，是用「班」字則同音假借。《太平御覽》卷八三三同作「般如」字。王樹枏《費氏古易訂文》中引《費氏易》亦作「般如」，並認爲「班，古文作般」。〔註23〕《說文》作「䡖如」。〔註24〕《帛書周易》作「煩如」。〔註25〕
25	屯卦六二：匪寇昏媾。	媾，猶會也。	匪寇昏媾。媾，猶會也。(《釋文》)	今本「媾」，鄭作「冓」。《釋文》：「馬云：重婚，本作冓，鄭云，猶會，本或作構者，非。」依馬氏之見，古本當作「冓」字；王樹枏考訂《費氏易》亦作「冓」字。〔註26〕惠氏《九經古義》卷二：「當作昏冓。從鄭本。」故其《周易述》皆作「昏冓」。《帛書周易》作「闉厚」。音同而借。〔註27〕
26	屯卦六三：君子幾，不如舍	君子機，不如舍。弩牙也。	君子機，不如舍。機，弩牙也。(《釋文》)	今本「幾」，而王、惠引《釋文》爲「機」。惠氏《易》依鄭說作「機」。《集解》引虞翻作「幾」。《帛書周易》亦作「幾」。〔註28〕此皆家法不同之故。
27 (惠增)	屯卦六三《小象》：以從禽也。	(無)	以從禽也。(從，于用反。《釋文》)	此惠氏引《釋文》卷二轉引鄭氏之音訓。
28	蒙：亨。匪我求童蒙，童蒙求我。初筮告。再三瀆，瀆則不告。	蒙：亨。匪我求童蒙，童蒙求我。初筮告。再三瀆，瀆則不告。蒙者，蒙	蒙：亨。匪我求童蒙，童蒙求我。初筮告。再三瀆，瀆則不告。蒙者，蒙蒙，物初生形，是	此文約引自《公羊·定十五年》何休《疏》；何《疏》中無「未冠之稱」，此出於陸德明之說。陸氏於《周易註疏》卷二《音義》與《釋文》卷二同引「童」

〔註23〕 見王樹枏《費氏古易訂文》，臺北：文史哲出版社，1990 年 11 月景印（光緒辛卯季冬文莫室）初版，頁 32～33。
〔註24〕 引自明何楷《古周易訂詁》卷一：「鄭玄本作般如，《說文》作䡖如。」
〔註25〕 見鄧球柏《帛書周易校釋》，湖南：湖南人民出版社，2002 年 6 月 3 版 1 刷，頁 193。後文再引《帛書周易》文，皆本鄧氏本，故不再作詳注。
〔註26〕 見王樹枏《費氏古易訂文》，頁 33。
〔註27〕 鄧球柏《帛書周易校釋》云：「闉，通行本作『婚』。闉、婚，疊韻。……厚，通行本作『媾』，一本作『冓』，或作『構』。媾、構、冓，古音同。媾、厚，疊韻。」（頁 194。）故古皆以音同而假借。
〔註28〕 見鄧球柏《帛書周易校釋》，頁 194。

		蒙，物初生形，是其未開著之名也。人幼稚曰童，未冠之稱。亨者，陽也。互體震而得中，嘉會禮通，陽自動其中，德施地道之上，萬物應之而萌牙生，教授之師取象焉，脩道藝於其家，而童蒙者求為之弟子，非已乎求之也。弟子初問，則告之以事義，不思其三隅相況以反解而筮者，此勤師而功寡，學者之災也。瀆筮則不復告，欲令思而得之，亦所以利義而幹事是也。	其未開著之名也。人幼稚曰童，未冠之稱。亨者，陽也。瀆，褻也。筮，問也。互體震而得中，嘉會禮通，陽自動其中，德施地道之上，萬物應之而萌牙生，教授之師取象焉，脩道藝于其家，而童蒙者求為之弟子，非已乎求之也。弟子初問，則告之以事義，不思其三隅相況以反解而筮者，此勤師而功寡，學者之災也。瀆筮則不復告，欲令思而得之，亦所以利義而幹事也。（《公羊疏》、《釋文》）	字之訓：「鄭云：未冠之稱。」又，《儀禮·喪服》云「記童子唯當室緦」，鄭氏《注》云：「童子，未冠之稱也。」又《禮記·玉藻》云「童子之節也」，鄭《注》同云：「童子：未冠之稱也。」〔註29〕故此「未冠之稱」句，乃王、惠二氏置入於《公羊疏》引之中，非其所本有者。另外，「瀆，褻也。筮，問也」句，王氏無，為惠氏所增。惠氏蓋引自陸氏之說；《周易註疏》卷二《音義》：「筮，市制反，決也，鄭云：問告。」又：「瀆，音獨，亂也，鄭云：褻也。」《釋文》同引。惠氏將陸氏引鄭玄「筮」、「瀆」二字之詁訓入於《公羊疏》文之中，且原「問告」之訓，惠氏改為「問也」。以上諸增入，皆不宜；作者之原文，不宜擅入別文，應分別呈現說明。此皆引文之失。
29	蒙卦初六：用說桎梏。	初六：用說桎梏。木在足曰桎，在手曰梏。	初六：用說桎梏。木在足曰桎，在手曰梏。（《周禮·大司寇疏》）	惠氏增補出處。出於《周禮·大司寇》賈公彥《疏》。陸氏《釋文》卷十一同引此訓，但未注明出於鄭玄之說。又，《後漢書·黨錮列傳》卷九十七「並解桎梏」，唐章懷太子賢注，同引鄭詁。又，桓寬《鹽鐵論·刺議》卷七，明張之象注，亦同引。
30	蒙卦九二：包蒙。	九二：包蒙。包當作彪；彪，文也。	九二：苞蒙。苞當作彪；彪，文也。（《釋文》）	1. 「包」字，今本、王應麟作「包」；宋本《釋文》作「苞」，惠棟從之。 2. 嚴可均石《石經校文》云「毛居正《六經正誤》以苞為誤。是宋本原作苞，後人依毛說改作包，非是」。《費氏易》作「苞」。〔註30〕阮元《校勘記》云：「岳本、閩、監、毛本同，（唐）石經包作苞。

〔註29〕引文見《儀禮註疏》卷十一，以及《禮記註疏》卷三十。
〔註30〕見王樹枏《費氏古易訂文》，頁39。

				《釋文》出苞蒙。……古經典包容字多从艸。」〔註31〕是漢儒多用「苞」字。 3.《晁氏易》認爲鄭氏「苞當作彪」，呂祖謙《古易音訓》亦引《晁氏易》云：「京房、鄭、陸績、一行皆作彪文也。」〔註32〕是知漢唐時期多有以「彪」爲正者。〔註33〕王樹柟則又認爲「鄭所據《古文易》本作苞，而從今文家讀爲彪」，「晁氏直謂鄭作彪誤矣。」〔註34〕
31	蒙卦六五《象傳》：順以巽也。	順以巽也。巽當作遜。	順以巽也。巽當作遜。(《釋文》)	惠氏注明出處。清初諸家多引鄭氏云「巽當作遜」，如毛奇齡《仲氏易》卷五、晏斯盛《易翼說》卷七、沈廷芳《十三經注疏正字》卷一皆引。晏氏特明：「鄭註：巽當作遜，然古字通用，不必改遜。」
32 (惠增)	蒙卦上九：擊蒙。	(無)	上九：繫蒙。(《釋文》)	今本蒙卦上九作「擊蒙」。惠氏引自《釋文》卷二云：「馬、鄭作繫。」董眞卿《周易會通》卷二：「呂《音訓》擊，……晁氏曰：馬融、鄭、荀爽、一行作繫。」翟均廉《周易章句證異》卷一云：「擊，馬融、鄭玄作繫。晁說之曰：荀爽、一行作繫。毛奇齡曰：作繫者字形之誤。虞翻、王肅如字。」《帛書周易》作「擊」字。〔註35〕是「擊」、「繫」乃漢《易》二本之別。
33	需卦。	需讀爲秀。陽氣秀而不直上者，畏上坎也。	需讀爲秀。陽氣秀而不直上者，畏上坎也。(《釋文》)	惠氏增補出處。

〔註31〕阮元《校勘記》，見藝文印書館《十三經注疏》本《周易注疏》，頁 31。
〔註32〕此文轉引自元董眞卿《周易會通》卷二，云：「呂《音訓》苞，今本作包。陸氏曰：鄭云苞當作彪，彪文也。晁氏曰：京房、鄭、陸績、一行皆作彪文也。」
〔註33〕古碑文亦見從「彪」者，如《司徒袁公夫人馬氏碑銘》有「蒙昧以彪」；胡廣《徵士法高卿碑》有「彪童蒙」；蔡邕《處士圂叔則碑》有「彪之用文」。是漢碑多用「彪」字。馬王堆《帛書周易》作「枹」字，（見鄧球柏《帛書周易校釋》，頁 136。）備參。
〔註34〕見王樹柟《費氏古易訂文》，頁 39～40。
〔註35〕見鄧球柏《帛書周易校釋》，頁 139。

34 （惠增）	需卦：光亨，貞吉。	（無）	光亨貞吉。（《釋文》云：鄭捴爲一句）	今本需卦云「光亨，貞吉」。
35	需卦《象傳》：位乎天位。	位乎天位。音涖。	位（音涖）乎天位。（《釋文》）	惠氏增引出處。「音涖」王氏作本文大字，而惠棟作小注。
36	需卦《象傳》：君子以飲食宴樂。	君子以飲食宴樂。宴，享宴也。	君子以飲食宴樂。宴，享宴也。（《釋文》）	惠氏增引出處。
37 （惠增）	需卦九二：需于沙。	（無）	九二：需于沚。沚，接水者。（《詩·鳧鷖正義》引作「沙」）	「沚」，今本作「沙」。惠氏《九經古義》考訂甚詳，認爲鄭氏所作之「沚」字，當作「沚」；且引《穆天子傳》與《象傳》，認爲「沙」後有「衍」字。〔註36〕明何楷《古周易訂詁》卷一亦云：「鄭康成本作沚，孟喜本沙下有衍字。」此當傳本之異。
38	需卦九三：致寇至。	致戎至。	致戎至。（《釋文》）	1. 惠氏增補出處。 2. 今本「寇」字，王、惠引作「戎」字。《釋文》卷二云：「致寇，如字，鄭、王肅本作。」《集解》引虞翻注作「戎」。〔註37〕阮元《校勘記》云：「古本亦作戎。」是以漢代古本，多作「戎」字。《帛書周易》同今本作「寇」字。〔註38〕
39	訟卦。	辯財曰訟。	辯財曰訟。（《釋文》）	惠氏增補出處。
40	訟卦卦辭：有孚窒。	有孚咥。咥，覺悔貌。	有孚咥。咥，覺悔貌。（《釋文》）	1. 惠氏增補出處。 2. 今本「窒」字，王、惠引作

〔註36〕見惠棟《九經古義》卷一云：「需于沙，鄭本沙作沚。棟案：沚當作沚，與沙同。《說文》云：沙，水散石也。從水從少，水少沙見。譚長說：沙或作沚。從处。《穆天子傳》云：天子東征，南絕沙衍。辛丑，天子渴於沙衍，求飲未至，水少沙見，故《象》云：需於沙衍，或以衍屬下句，讀非也。郭璞云：沙衍水中有沙者。」惠氏所考，極爲詳審，宋翔鳳《周易考異》與其意同。（參見宋氏《周易考異》卷一，頁 587。）王樹枏認爲《費氏易》亦作「沚」，其案云：「沚爲沚字之誤，《說文》云：譚長說沙，或從沚，沚與沚形似，鄭蓋作沚，而陸氏誤以爲沚耳。」（見王樹枏《費氏古易訂文》，頁 43。）王氏本惠氏之說，皆依《說文》作「沚」字，所言成理。

〔註37〕李氏《集解》引虞翻注云：「離爲戎。」依虞氏之義，當亦作「戎」字。

〔註38〕見鄧球柏《帛書周易校釋》，頁 168。

			「咥」字。《釋文》卷二：「窒，張栗反，徐得悉反，又得失反。馬作咥，云讀爲躓，猶止也。鄭云：咥，覺悔貌。」虞翻作「窒」。惠氏《周易述》卷九，亦作「咥」。馬衡《漢石經集存》作「愳」。徐芹庭《周易異文考》認爲「作窒者本字也」，「作咥者用假借義及引申義也」。〔註39〕
41	訟卦九二：歸而逋其邑人三百戶。无眚。	九二：歸而逋其邑人三百戶。无眚。小國之下大夫，采地方一成其定稅三百家，故三百戶也。不易之田，休一歲乃種，再易之田，休二歲乃種，言至薄也。苟自藏隱，不敢與五相敵，則无災眚。（眚，過也）	九二：歸而逋其邑人三百戶。无眚。小國之下大夫，采地方一成其定稅三百家，故三百戶也。（《雜記正義》）不易之田，休一歲乃種，再易之田，休二歲乃種，言至薄也。苟自藏隱，不敢與五相敵，則无災眚。（《正義》）眚，過也。（《釋文》）	此惠棟引自《禮記・雜記正義》與《釋文》。「眚，過也」句，王氏引作文末小注。
42	訟卦九二《象傳》：患至惙也。	患至惙也。惙，憂也。	患至惙也。（惙，陟劣反）惙，憂也。（《釋文》）	惠氏增補音訓與出處。
43	訟卦九四：渝，安貞吉。	九四：渝，然也。	渝，安貞吉。渝，然也。《釋文》	惠氏增補爻辭與出處。
44	訟卦上九：或錫之鞶帶。	上九。鞶帶，佩鞶之帶。	或錫之鞶帶。鞶帶，佩鞶之帶。（《周禮・巾車》疏）	惠氏增補爻辭與出處。
45	訟卦上九：終朝三褫之。	三扡之。扡，徒可反。	終朝三扡之。扡，徒可反。《釋文》	今本作「褫」，王、惠引《釋文》作「扡」。〔註40〕明熊過《周易象旨決錄》卷一：「褫，康成本作扡。晁以道曰：如扡紳之扡，乃得象意。吳幼清以褫與搋通訓拽。……荀、虞本曰褫。」潘士藻《讀易述》卷二、徐𤊹《徐氏筆精》卷二，論述亦近，並以荀爽、虞翻作「褫」字。

〔註39〕見徐芹庭《周易異文考》，臺北：五洲出版社，1975 年 12 月出版，頁 24。
〔註40〕見《釋文》卷二云：「褫，鄭本作扡，徒可反。」

				惠氏《周易述》卷一作「扡」字。又，《九經古義》以「扡」、「裼」二字，字異而義同。〔註41〕李富孫《易經異文釋》云：「錢氏曰：古讀裼如扡。《說文》裼讀若池，池即扡之譌。扡，奪聲相近。段氏曰：扡者裼之叚借字。」〔註42〕依李氏之見，蓋以「扡」字爲「裼」字之假借。
46	師卦。	軍二千五百人爲師，多以軍爲名，次以師爲名，少以旅爲名。師者，舉中之言。	軍二千五百人爲師，多以軍爲名，次以師爲名，少以旅爲名。師者，舉中之言。（王氏）	惠棟注出王氏。實出於《毛詩注疏·棫樸》孔穎達《疏》引鄭氏之文。惠氏不察而作出於王氏。《周禮註疏·夏官司馬》卷二十八賈公彥《疏》同引。〔註43〕
47	師卦卦辭：貞丈人吉	<u>丈人能以法度長於人</u>。丈之言長，能御眾，有正人之德。以法度爲人之長，吉而无咎，謂天子諸侯主軍者。	<u>丈人吉</u>。丈之言長，能御眾，有正人之德。以法度爲人之長，吉而无咎，謂天子諸侯主軍者。（《春官·天府疏》、《釋文》）。	惠棟於師卦卦辭云「丈人吉」，然王應麟則云「丈人能以法度長於人」，非師卦卦辭。鄭玄之文，《周禮·春官·天府》卷二十、《夏官·司馬》卷二十八賈《疏》引述之。惠氏《九經古義》卷一、《周易述》卷二，同引「丈之言長」一文。
48	師卦初六：否臧凶。	初六：否臧凶。<u>否，方有反。</u>	初六：否臧凶。（<u>否，方有反。</u>《釋文》）	「否，方有反」，王氏作本文，惠氏作小注。

〔註41〕 參見《九經古義》卷一云：「終朝三裼之，《說文》云：裼，奪衣也，讀若池。鄭康成本作三扡之，音徒可反。棟案：《淮南·人間訓》云：秦牛缺遇盜扡其衣被。高誘曰：扡，奪也。是扡與裼，字異而義同。晁以道讀爲拖紳之拖。楊慎以爲終朝三扡之，以誇於人眞小兒，強解事也。拖紳之拖，本作扡。見《說文》。」「扡」字，是否爲「奪」義，王樹枏認爲「扡」、「裼」二字爲同音字，但義不同，云：「項安世《周易玩辭》引鄭注：三扡三加之也。是鄭注不以扡爲奪。臧氏琳云：《說文》扡，曳也。《論語·鄉黨》加朝服拖紳，拖即扡之俗。馬融注：《易》以鞶爲大帶。包咸注：《論語》以紳爲大帶。是於大帶宜言扡，而非裼奪之義。楊慎《經說》亦謂上九上剛之極，本以訟而得鞶帶，不勝其矜，而終朝三扡以誇於人，故《象》曰：以訟受服。今以奪解之可乎？」（見王樹枏《費氏古易訂文》，頁46～47。）王氏質疑「扡」、「裼」二字之音義皆同，認爲「扡」字不宜作「裼奪」之義解。
〔註42〕 見李富孫《易經異文釋》卷一，頁531。
〔註43〕 明代馮復京《六家詩名物疏》卷二十六、何楷《古周易訂詁》卷二，同引鄭氏之文。

49	師卦九二：王三錫命。	九二：王三賜命。	九二：王三賜命。（《釋文》）	惠氏增補出處。今本「錫」字，王、惠依《釋文》作「賜」。是鄭《易》用「賜」作本字。「賜」、「錫」皆从易得聲，古籍多假「錫」為「賜」。〔註44〕
50	師卦九二《象傳》：承天寵也。	寵，光耀也。	承天寵也。寵，光耀也。（《釋文》）	惠氏增補《象》辭與出處。
51	比卦初六：有孚盈缶。	初六：有孚盈缶。爻辰在未，上值東井，井之水，人所汲。用缶，缶，汲器也。	初六：有孚盈缶。爻辰在未，上值東井，井之水，人所汲。用缶，缶，汲器也。（《詩·宛丘正義》。《釋文》）	惠氏增補出處：《毛詩·宛丘》卷十二孔穎達《正義》，以及《釋文》卷二。又見《爾雅·釋宮》卷四「盎謂之缶」，宋邢昺《疏》同引鄭文。明何楷《古周易訂詁》卷二同引。
52	比卦九五：王用三驅，失前禽。	九五王用三毆，失前禽。王因天下顯習兵于蒐狩焉，驅禽而射之，三則已發，軍禮也。失前禽者，謂禽在前來者，不逆而射之，傍去又不射，唯背走者順而射之，不中亦已。是皆所以失之，用兵之法亦如之，降者不殺，奔者不禁，皆敵不殺，以仁	九五王用三毆，失前禽。王因天下顯習兵于蒐狩焉，驅禽而射之，三則已法（一作發），軍禮也。失前禽者，謂禽在前來者，不逆而射之，傍去又不射，唯背走者順而射之，不中則一作亦已。是皆所以失之，用兵之法亦如之，降者不殺，奔者不禁，背者不殺，加以仁恩，養威之道。（《秋官·	1. 王、惠引《周禮·秋官·士師》卷三十四賈《疏》引鄭氏云「王因天下顯習兵于蒐狩焉」，而《左傳正義》則作「王者習兵于蒐狩」。 2. 王氏文末云「皆敵不殺，以仁恩養威之道」，出於今《周禮·秋官·士師》卷三十四；然而惠氏云「背者不殺，加以仁恩，養威之道」，則不知出於何本，今《周禮註疏》未見。 3. 今本爻辭「驅」，王、惠引鄭氏之言作「毆」字，見陸德明《釋文》卷二，並云馬融作「驅」字。〔註45〕此外，《集

〔註44〕「錫」、「賜」同音通假，古籍多可見，《禹貢》「錫土姓」，《史記》作「賜土姓」，如《左傳·莊元年》：「王使榮叔來錫桓公命。」杜注：「錫，賜也。」《唐石經》亦作來賜」字。《爾雅·釋詁》：「錫，賜也。」《離騷》「肇錫」，明代陳第《屈宋古音義》（第239冊）卷二注云：「錫，賜也。」《國語·周語上》引《詩·大雅》「陳錫載周」，三國吳章昭注同。宋代蔡沈《書經集傳》（第58冊）卷四：釋《洪範》「天乃錫」云為「錫，賜也」。《康熙字典》卷三十一：「《爾雅·釋詁》：賜也。《易》師卦：王三錫命。《書·堯典》師錫；帝曰傳錫也。《左傳·莊元年》：王使榮叔來錫，桓公命。註：錫，賜也。」段玉裁云：「凡經傳云錫者，賜之假借也。《公羊傳》：『錫者何，賜也。』是也。」是古籍以「錫」代「賜」，不可勝數；音假之故。

〔註45〕見陸氏《經典釋文》卷二云：「三驅，匡愚反。徐云：鄭作毆。馬云：三驅者，一曰乾豆，二曰賓客，三曰君庖。」《周易註疏》卷三，陸氏《音義》同引。

		恩養威之道。	士師疏》、《左傳·桓四年正義》)	解》引虞翻亦作「敺」字。惠氏於《九經古義》卷一云:「王用三驅,鄭本作敺。案:《說文》驅,馬馳也,古文作敺,从攴。《漢書》皆以敺爲驅。康成傳《費氏易》,費直本皆古字,號古文《易》,當从之是正。」是「敺」與「驅」,爲古今字,而以「敺」字爲古。
53	小畜。	小畜。畜,養也。	小畜(許六反。《釋文》)。畜,養也。(《釋文》)	惠氏增補出處與音訓。
54	小畜卦九三:輿說輻。	九三:輿說輻。謂輿下縛木,與軸相連,鉤心之木是也。輻,伏菟。	九三輿說輻。輻,伏菟。(《釋文》)謂輿下縛木,與軸相連,鉤心之木是也。(王氏)	惠棟於「謂輿下縛木,與軸相連,鉤心之木是也」句後,注出於王應麟,實不察之誤。孫堂案語:「此條見《正義》。」〔註46〕是見《周易正義》小畜卦之疏文,而非王應麟自見。清沈廷芳《十三經注疏正字·易》卷一,於「謂輿下縛木,與軸相連」條下案云:「『與軸』監本誤『輿軸』。」故「與軸」爲正。
55 (惠增)	履卦卦辭:履虎尾,不咥人,亨。	(無)	履虎尾,不咥人,亨。咥,齧也。(音誓。《文選》十)	今本履卦卦辭用「咥」,而《文選·西征賦注》卷十則引鄭氏作「噬」。按「咥」字本義爲笑貌,而「噬」字則有「齧」、「食」之義;〔註47〕二字原義不同。用「噬」字較符卦辭辭意。故鄭氏用本字,而「咥」以古音近,爲假借用。明張獻翼《讀易紀聞》卷一,引論作「噬」字。
56	履卦上九:視履考祥。	(無)	視履考詳。履道之終,考正詳備。(晁氏)	1. 此惠棟引自晁氏之說。元董眞卿《周易會通》同引晁氏言。〔註48〕

〔註46〕 孫堂語見《鄭氏周易注》,新文豐出版公司影印古經叢書本,收於《叢書集成新編》第十四輯,1985 年元月初版,頁 602。孔穎達《正義》所引,見今四庫本《周易註疏》卷三:「鄭注云:謂輿下縛木,與軸相連,鉤心之木是也。」又,《康熙字典》卷三十一,釋「鉤」字下亦同引鄭文。

〔註47〕 「咥」字之義,《說文》:「大笑也。」《詩·衛風》:「兄弟不知,咥其笑矣。」《毛傳》:「咥,咥然笑也。」《廣韻》:「笑也。」其義爲「笑」。至於「噬」之本義,《說文》:「噬,啗也。」《玉篇》:「齧,噬也。」揚雄《方言》:「噬,食也。」故以「食」、「齧」爲義。

〔註48〕 見董眞卿《周易會通》卷三:「呂《音訓》:考祥。陸氏曰:本亦作詳。晁氏曰:荀作詳,審也。鄭作詳,云:履道之終,考正詳備。」

				2. 今本履卦上九作「視履考詳」。「祥」，《釋文》、王肅本作「祥」；《書・君奭》「其終出于不祥」，以「祥」爲言。《漢石經》殘碑作「詳」。又《呂刑》「告爾祥刑」，《後漢書・劉愷傳》、鄭注「周禮」，「祥刑」皆作「詳刑」。又《春秋・昭十一年》「盟于祲祥」，服虔引「祥」亦作「詳」。又《史記・太史公自序》「陰陽之術大祥」，《漢書》作「詳」。是「祥」、「詳」古字通，而鄭玄習用「詳」字。惠氏認爲「詳，古文祥」，以鄭玄之「詳」字爲古，有「考稽詳徵」之意。〔註49〕
57	泰卦。	泰。通也。	泰。通也。(《釋文》)	惠氏增補出處。
58	泰卦《象》：后以財成天地之道，輔相天地之宜，以左右民。	后以財成天地之道。財，節也。輔相，左右助也。以者，取其順陰陽之節，爲出內之政，春崇寬仁，夏以長養，秋教收斂，冬勑蓋藏，皆可以成物助民也。	后以財成天地之道，輔相天地之宜，以左右民。財，節也。輔相，左右助也。以者，取其順陰陽之節，爲出內之政，春崇寬仁，夏以長養，秋教收斂，冬勑蓋藏，皆可以成物助民也。《集解》	惠氏增補《象》辭與出處。

〔註49〕見惠棟《周易述》卷二。「祥」、「詳」之用，清翟均廉《周易章句證異》考索云：「祥，鄭玄、荀爽本晁說之、虞翻、李鼎祚作詳。陸德明曰：祥，本亦作詳。鄭云：履道之終，考正詳備。荀云：詳，審也。虞云：詳，善也。乾爲積善，故考詳。惠棟曰：詳，古文祥。俞琰作『視履』句，『考祥其旋』句，作詳言，自視所履，詳審其旋。黃震、潘士藻、徐在漢『考祥其旋』句，祥，如字；黃云：旋旋踵踵。旋，潘云：考驗其吉祥于一念旋轉之間。徐云：考祥者，視也；其旋者，履也。吳澄『考祥其旋』句，作祥祭之祥，祥，祥祭；旋祥後復寢之時，言尚視所履于親喪之終；朱升作旁注，本之此說。毛奇齡謂升說不知所據；殆未閱澄書也。謹案：鄭玄、虞翻、王弼、孔穎達、李鼎祚、張子、程子、石介、王安石、蘇軾、楊時、郭忠孝、郭雍、朱震、朱子諸儒，俱作『視履考祥』句。」翟氏何以前引鄭玄、荀爽、虞翻、李鼎祚作「詳」字，而案語卻又認爲鄭玄、虞翻、李鼎祚等作「祥」，所據何在，並未作證實。

59	泰卦初九：拔茅茹，以其彙，征，吉。	初九。彙，類也。茹，牽引也。茅，喻君有絜白之德，臣下引其類而仕之。（茅，音苗）	初九：拔茅（音苗）茹，以其彙，征（彙，音謂）吉。彙，類也。茹，牽引也。茅，喻君有絜白之德，臣下引其類而仕之。（劉向傳（《漢書》）注。）	1.「彙，類也。茹，牽引也。茅，喻君有絜白之德，臣下引其類而仕之」一文，據《漢書·劉向傳》注，非鄭玄之文，王應麟誤引，而惠棟不察而沿之，故宜刪之。 2.《釋文》云：「彙古文作𧁕，董作𧁕，出也；鄭云：勤也。」呂祖謙《古易音訓》云：「彙，董遇作𧁕，出也；鄭作𧁕，勤也。」清沈炳震《九經辨字瀆蒙》卷七，亦引《釋文》云：「以其彙，古文作𧁕，董作𧁕，出也。」段玉裁《說文解字注》，認為「𧁕即彙乘之異者，彙，則假借字也」。惠棟《九經古義》卷二，亦引《釋文》謂：「彙，古文作𧁕。」是以鄭玄對泰卦初九作「拔茅茹，以其𧁕」，不作「彙」，並訓「勤也」。
60	泰卦九二：包荒。	九二：荒讀為康，虛也。	九二：苞荒。荒讀為康，虛也。（《釋文》）	今本作「包荒」。惠棟引《釋文》作「苞荒」。清翟均廉《周易章句證異》卷一，云：「『包』，鄭玄作『苞』。陸德明曰：『包』本作『苞』。呂祖謙云：『苞』今作『包』。」又《漢石經》殘字亦作「苞」；《唐石經》同。此外，又有以「苞荒」合言者，如梁沈約《宋書·臧質列傳》卷七十四、宋王欽若等撰《冊府元龜·奏議》卷五九二、明梅鼎祚《西晉文紀》卷十六等，亦作「苞荒」。以「苞」合於古文本字。
61	泰卦六五：帝乙歸妹，以祉元吉。	六五：帝乙歸妹，以祉元吉。五爻辰在卯，春為陽中，萬物以生，生育者嫁娶之，貴仲春之月，嫁娶男女之禮，福祿大吉。	六五：帝乙歸妹，以祉元吉。五爻辰在卯，春為陽中，萬物以生，生育者嫁娶之，貴仲春之月，嫁娶男女之禮，福祿大吉。（《周禮·媒氏疏》）	惠氏增補出處。《周禮·媒氏》卷十四，賈公彥《疏》，明指鄭氏之說。杜佑《通典·禮》卷五十九亦引該文，雖未明是鄭文，但知是鄭氏之說。又，明何楷《古周易訂詁》卷二同引。
62（惠增）	泰卦上六：城復于隍。	（無）	上六：城復于隍。隍，壑也。（《詩》韓奕《正義》）	鄭玄詁詮佚文見《毛詩註疏》卷三十五，孔穎達《正義》引鄭注所云；並且引《釋言》（《爾雅·釋言》）同云：「隍，壑也。」

				惠棟《周易述》卷二並指爲《釋言》云爲「隍，壑也」。《康熙辭典》亦引《釋言》同注。因此，孔氏引鄭注之言，或出於《爾雅》。
63	否卦九四：疇離祉。	九四：鲁離祉。	九四：鲁離祉。（《釋文》）	《釋文》云「疇，鄭作古鲁字」。《說文》以「鲁」爲古文。惠氏《周易述》卷二用「鲁離祉」，以「鲁」字爲古；《九經古義》卷二：「否九四：疇離祉。當作鲁。從鄭本。古文疇。見《說文》。」是二字爲古今字。〔註50〕
64（惠增）	否卦九五：休否。	（無）	九五：休否。休，美也。（《文選》二十五）	否卦九五云「休否」。佚文引自《文選·謝靈運還舊園詩注》卷二十五。宋趙汝楳《周易輯聞》卷二、俞琰《周易集說》卷十一、元陳應潤《周易爻變易緼》卷四、明來知德《周易集註》卷四，以及明魏濬《易義古象通》，皆引論「休，美也」。惠氏《周易述》卷四同引。
65	否卦九五：其亡，其亡，繫于苞桑。	繫于苞桑。猶紂囚文王於羑里之獄，四臣獻珍異之物，而終免於難，繫于苞桑之謂。	其亡，其亡，繫于苞桑。苞，植也。否世之人，不知聖人有命，咸曰〔註51〕：其將亡矣，其將亡矣。而聖乃自繫于植桑，不亡也。《文選》五十二。猶紂囚文王於羑里之獄，四臣獻珍異之物，而終免于難，繫于苞桑之謂。《集解》	惠氏增補爻辭與出處。惠氏增引自《文選·曹元首六代論注》云「苞，植也」段，王氏則無。

〔註50〕《爾雅·釋詁》：「疇，誰也。」《說文》：「鲁，誰也。」李富孫《易經異文釋》卷二：「從鲁爲古文疇。是鄭作鲁與《說文》合。鲁、疇，古今字。王逸《楚詞注》云：二人爲匹，四人爲疇。《國策》高注，《漢書》韋注，皆云：疇，類也。」（頁535。）鲁、疇義同而形異，爲古今字，而鄭之用字與《說文》同。惠氏慣用古字，其《易》著中皆用「鲁」字。李富孫《易經異文釋》亦認爲「鲁」字「爲古文疇，是鄭作鲁與《說文》合。鲁、疇古今字」。（見李氏《易經異文釋》卷一，頁535。）王樹枏《費氏古易訂文》中，亦以「鲁」字爲古文「疇」，並爲《費氏易》所用。（參見王樹枏《費氏古易訂文》，頁69。）
〔註51〕「咸曰」，原《文選注》作「咸云」，疑惠氏所改。

－391－

66	同人卦卦辭：同人于野,亨。	同人于野,亨。乾爲天,离爲火,卦體有巽,巽爲風,天在上,火炎上而從之,是其性同于天也。火得風,然後炎上益熾,是猶人君在上施政教,使天下之人和同而事之,以是爲人和同者,君之所爲也。故謂之同人。風行无所不徧,徧則會通之德大行。故曰同人于野,亨。	同人于野,亨。乾爲天,离爲火,卦體有巽,巽爲風,天在上,火炎上而從之,是其性同于天也。火得風,然後炎上益熾,是猶人君在上施政教,使天下之人和同而事之,以是爲人和同者,君之所爲也。故謂之同人。風行无所不徧,徧則會通之德大行。故曰同人于野,亨。(《集解》)	惠氏增補卦辭與出處。
67	同人卦六二：同人于宗。	六二。天子諸侯后夫人無子不出。	六二同人于宗。天子諸侯后夫人無子不出。(《儀禮·士昏禮》疏、《詩》河廣《正義》)	惠氏增補爻辭與出處。文出於《儀禮注疏·士昏禮》卷二賈公彥《疏》,以及《禮記注疏·內則》卷二十七孔穎達《疏》。
68	同人卦九三：伏戎于莽。	九三。莽,叢本也。	九三:伏戎于莽。莽,叢本也。(《釋文》)	惠氏增補爻辭與出處。文出於陸德明《經典釋文》卷二,以及《周易注疏》卷三陸氏《音義》。
69	同人卦九四：乘其墉。	九四:乘其庸。	九四:乘其庸。(《釋文》)	今本「墉」字,王、惠引《釋文》作「庸」字。《晁氏易》以「庸」字爲古文,蓋古多用「庸」字,鄭玄所本從之,惠氏亦從之。〔註52〕
70	大有卦卦辭:大有:元亨。	大有:元亨。六五體離處乾之上,猶大臣有聖明之德,代君爲政,處其位有其事而理之也。元亨者,又能長羣臣以善,使嘉會禮通。若周公攝政,朝諸侯于明堂是也。	大有:元亨。六五體离處乾之上,猶大臣有聖明之德,代君爲政,處其位有其事而理之也。元亨者,又能長羣臣以善,使嘉會禮通。若周公攝政,朝諸侯于明堂是也。(《集解》)	惠氏增補出處。

〔註52〕李富孫《易經異文釋》卷二云:「乘其墉,《釋文》云:墉,鄭作庸。《晁氏易》云:庸,古文。案:《詩》以作爾庸;《毛傳》云:庸,城也。《王制》:附於諸侯曰附庸。《正義》亦云:庸,城也。」(頁536。)以「庸」字爲古,省其從「土」,有城垣之義。

71 （惠增）	大有卦六四《象傳》：明辯晢也。	（無）	明辯遰也。遰，讀如明星晢晢。（《釋文》）	今《注疏》本、《漢石經》皆作「晢」。《周易集解》作「析」；虞翻云：「析之離故明辯析也。」從虞翻。《釋文》：「晢，王廙作晰，同音又作晣字，鄭本作遰，云：讀如明星晢晢。陸本作逝，虞作折。」《唐石經》亦作「晢」。宋翔鳳《周易考異》：「古文《易》作遰，博士《易》作逝，自鄭有明星晢晢之讀，至小王以後遂改作晢：虞據博士《易》改古文為逝，而讀為折，今傳其注中不著改字之由，魏人注經，其例不如漢儒之謹。……虞氏雖傳孟氏《易》，其改《易經》字多出後定，不可盡據為孟氏古文也。」鄭玄作「遰」，讀如「晢」，從折得聲。不論「晢」、「折」、「晰」、「晣」、「逝」或「遰」字，古音悉相近。「大致以做晢、作晣者為正字，作折，則或古文省也，作逝、作遰，則以古音相近而假借也」〔註53〕惠氏肯定鄭玄存用古字之功，以「遰」字為古字所有，鄭氏沿之。〔註54〕
72	謙卦：亨。君子有終。	謙：君子有終。艮為山，坤為地。山體高，今在地下，其於人道，高能下下，謙之象。亨者，嘉會之禮，以謙為主。謙者，自貶損以下人，唯艮之堅固，坤之厚順，乃能終之，故君子之人有終也。	嗛：亨，君子有終。艮為山，坤為地。山體高，今在地下，其於人道，高能下下，嗛之象。亨者，嘉會之禮，以嗛為主。嗛者，自貶損以下人，唯艮之堅固，坤之厚順，乃能終之，故君子之人有終也。（《集解》）	1. 今《周易》本、王氏引皆作「謙」字，而惠氏則改作「嗛」字。鄭玄是否用作「嗛」字，依今本《周易集解》卷四所引，實作「謙」字；倘《集解》所引，即鄭氏本字，則惠氏未 2. 依作者本意，而斷然改易，實不恰當。 3. 惠氏作「嗛」，乃考漢代慣用此字，如《漢石經》作「嗛」；《釋文》卷二云「子夏作嗛」；《漢書・藝文志》云「合於《易》之嗛嗛」，顏師古《注》云「嗛與謙通」。此外，《文

〔註53〕見徐芹庭《周易異文考》，臺北：五洲出版社，1975年12月，頁37。
〔註54〕見《九經古義》卷二：「鄭康成不輕改經文，後儒無及之者，如《易》大有九四《象》：明辯遰也，鄭注云：遰，讀如明星晢晢。」

				選·魏都賦》李善《注》、《漢書·司馬相如傳》、顏師古《注》，均謂「嗛」爲古「謙」字。〔註55〕另外，出土簡帛中，《帛書周易》亦作「嗛」，而《歸藏》則作「兼」。〔註56〕不論「兼」、「謙」或「嗛」字，均從「兼」得聲，其義亦近。惠氏專用「嗛」字，以其爲古。
73	謙卦《大象》：君子以裒多益寡。	裒多益寡。捊，取也。	君子以捊多益寡。捊，取也。(《釋文》)	1. 惠氏增補《象》辭與出處。 2. 今本「裒」字，《漢石經》同，而《唐石經》則作「襃」。王、惠作「捊」。《釋文》卷二：「裒，蒲侯反。鄭、荀、董、蜀才作捊，云：取也。《字書》作掊，《廣雅》云：掊，減。」〔註57〕《玉篇》手部引作「掊」，云「猶減也」。李氏《集解》與引虞氏亦悉作「捊」。戴侗《六書故》認爲「裒即捊」。〔註58〕徐芹庭考云，「裒、捊、掊，或音同，或義近，可以通用也」，且「襃亦與捊通」，「襃之爲裒，亦隸體之變」。〔註59〕惠氏用《周易述》用作「捊」，並指出作「裒」字，乃俗本之訛誤。〔註60〕

〔註55〕顧藹吉《隸辨》云：「嗛，馮煥殘碑陰汝南過一子讓隸釋云：嗛即謙字。按《周易》謙卦，《釋文》：謙，子夏作嗛。《書·大禹謨》：謙受益，《古文尚書》作嗛。《漢書·藝文志》：《易》之嗛嗛，師古曰：嗛字與謙同。尹翁歸傳：然溫良嗛退，師古曰：嗛，古以爲謙字。」（清代顧藹吉《隸辨》，卷二，引自京北：中華書局影印玉淵堂刊本。1986年4月1版，2003年12月北京第2刷，頁80。後文引顧氏之說，僅標明頁碼。）倪濤《六藝之一錄》，亦有相近之言。（倪濤《六藝之一錄》，見四庫全書本，第830冊，卷222。）因此，漢代多作「嗛」字，顏師古並認爲「嗛」字與「謙」字同。

〔註56〕見鄭球柏《帛書周易校釋》，頁276。

〔註57〕元董真卿《周易會通》卷四，同引《釋文》此文。

〔註58〕見宋戴侗《六書故》卷三十一：「鄭、荀、董、蜀才作捊，取也。《字書》作掊，《廣雅》云：掊，減。按：裒即捊，謂杯其多以益寡。」

〔註59〕參見李富孫《易經異文釋》，頁537。

〔註60〕見惠棟《周易述》卷十二：「《說文》曰：捊，引取也。鄭、荀、董遇、蜀才皆訓爲取；故云：捊，取也。俗作裒；《釋詁》曰：裒，多也。裒訓多，不得云裒多。俗本訛耳。」

74	謙卦初六《象》：卑以自牧也。	初六。牧，養也。	<u>卑以自牧也</u>。牧，養也。（《釋文》、《文選注》十六）	惠氏增補《象》辭與出處。文出於《釋文》卷二、《文選·潘安仁閒居賦注》卷十六。
75	謙卦六四：撝謙。	撝謙。（讀爲宣）	<u>六四撝謙。撝，讀爲宣</u>。（《釋文》）	惠氏標明六四爻辭，並注明出於《釋文》。此音訓，王氏作爲小注。
76	豫卦：利建侯、行師。	坤，順也；震，動也。順其性而動者，莫不得其所，故謂之豫。豫，喜佚說樂之貌也。震又爲雷，諸侯之象。坤又爲眾，師役之象，故利建侯、行師。	坤，順也；震，動也。順其性而動者，莫不得其所，故謂之豫。豫，喜佚說樂之貌也。震又爲雷，諸侯之象。坤又爲眾，師役之象，故利建侯、行師<u>矣</u>。（《集解》）	惠氏標明出自《集解》。今《集解》卷四，於文末有「矣」字，惠氏同，而王氏無，當王氏所遺。
77	豫卦《彖傳》：而四時不忒。	忒，差也。	<u>四時不忒。忒，差也</u>。（《釋文》）	惠氏增補《象》辭與出處。
78	豫卦《大象》：雷出地奮，豫。先王以作樂崇德，殷薦之上帝，以配祖考。	靁出地奮。奮，動也。靁動於地，萬物乃豫也。	《象》曰：雷出地奮，豫。先王以作樂崇德，殷薦之上帝，<u>以配祖考</u>。奮，動也。雷動於地，萬物乃豫也。<u>以者，取其喜佚動搖，猶人至樂，則手欲鼓之，足欲舞之也。崇，充也。殷，盛也。薦，進也。上帝，天帝也。</u>王者功成作樂，以文得之者，作籥舞，以武得之者，作萬舞，各充其德而爲制，祀天地以配祖考者，使與天同饗其功也。故《孝經》云：郊祀后稷以配天，宗祀文王於明堂，以配上帝是也。（《集解》）	惠氏增補《象》辭與出處。王氏引文出於《詩·殷其靁正義》，〔註61〕而惠氏另又增補「以者，……以配上帝是也」段，則依《周易集解》而補。「以者，取其喜佚動搖，猶人至樂，則手欲鼓之，足欲舞之也。崇，充也。殷，盛也。薦，進也。上帝，天帝也」段，《文苑英華》卷七六二亦引，而其「上帝，天帝也」句，原《集解》作「上帝，天也」，奪一「帝」字，惠棟祥考而增補之。

〔註61〕疑王應麟所引，非同於惠棟引《集解》，而是引自《詩·殷其靁正義》，由引文以「靁」字可知。

79	豫卦六二：<u>介</u>于石。	六二<u>硈</u>于石。（右八切，盖謂唐硈也）	六二<u>硈</u>于石。硈，（古八切）<u>謂磨硈也</u>。（《釋文》）	1.「古八切」，王氏誤作「右八切」，惠氏予以補正。 2. 今本「介」字，王、惠皆作「硈」。《釋文》卷二：「音界，……，古文作硈。鄭古八反，云：謂磨硈也。馬作扴，云：觸小石聲。」「硈」字爲古文，惠氏《九經古義》亦考定爲古文。〔註62〕
80	豫卦六三：盱豫。	六三。盱，誇也。	六三：<u>盱豫</u>。盱，誇也。（《釋文》）	惠氏增補爻辭與出處。
81	豫卦九四：由豫，大有得，勿疑，朋盍簪。	九四：由豫。由，用也。簪，速也。	九四：由豫，<u>大有得，勿疑，朋盍簪</u>。由，用也。簪，速也。（《釋文》）	惠氏增補爻辭與出處。
82	豫卦上六：冥豫。	上六：冥豫。（冥，讀爲鳴）	上六：冥豫。<u>冥，讀爲鳴</u>。（《釋文》）	「冥，讀爲鳴」句，王氏作小注，惠氏改爲本文。
83	隨卦：元亨利貞，无咎。	隨：元亨利貞，无咎。震，動也。兌，說也。內動之<u>以德</u>，外說之以言，則天下之人，<u>一作民</u>。咸慕其行而隨從之，故謂之隨也。既見隨從，能長之以善，通其嘉禮，和之以義，幹之以正，則功成而有福，若无此四德，則有凶咎焉。	隨：元亨利貞，无咎。震，動也。兌，說也。內動之<u>以德</u>，外說之以言，則天下之民，咸慕其行而隨從之，故謂之隨也。既見隨從，能長之以善，通其嘉禮，和之以義，幹之以正，則功成而有福，若无此四德，則有凶咎焉。<u>焦贛曰</u>：漢高帝與項籍，其明徵也。（《集解》、《左傳·襄九年》正義）	1. 惠棟標明出處。惠氏主要引自《周易集解》卷五。另，「震，動也。……故謂之隨也」段，早出於《左傳·襄九年正義》（《春秋左傳注疏》卷三十）。惟《集解》引作「內動之以德」，《左傳正義》作「內動之爲德」，惠氏用《集解》；《集解》引作「則天下之人」，《左傳正義》作「則天下之民」，惠氏用《左傳正義》。宋李衡《周易義海撮要》亦引，惟略有小異。〔註63〕 2.「焦贛曰……」段，王氏刪，惠氏補。既言焦贛之說，則不宜作鄭玄之文，當刪之。

〔註62〕見惠棟《九經古義》卷二：「介于石，古文作硈。《釋文》、晉孔坦書云：硈石之易悟。」以「硈」爲古之正字。是《晉書·孔坦傳》云「硈石之易悟」，〈桓溫傳〉亦云「硈如石焉」，文皆從「石」作「硈」。王樹枏認爲「《說文》無硈字」，「硈蓋爲扴之異文」，以「扴」字爲古。（見王樹枏《費氏古易訂文》，頁76～77。）王氏之說，合於馬融作「扴」字。

〔註63〕宋李衡《周易義海撮要》（第13冊）卷二引：「震，動也。兌，說也。內動之以德，外說之以言，則天下之民，咸慕其行而隨從。既見隨從，能長之以善，通其嘉禮，和之以義，幹之以正，則功成而有福，无此四者，有凶咎焉。」其「咸慕其行而隨從」句末缺「之」字，且後又缺「故謂之隨也」句。又，《集解》作「若无此四德，則有凶咎焉」，《撮要》作「无此四者，有凶咎焉」。又，「焦贛曰」段亦缺。

84	隨卦《象傳》：君子以嚮晦入宴息。	（無）	君子以嚮晦入宴息。晦，宴也。猶人君既夕之後，入於宴寢而止息。（《正義》）	此佚文爲釋隨卦《象傳》「君子以嚮晦入宴息」。孫堂認爲「晦，宴也」之注，「宴」字當從宋本、毛本作「冥」，鄭玄應作「冥」爲是，因字形相近而訛。《爾雅·釋言》云「晦，冥也」；〔註64〕翟玄注《公羊傳·僖十五年》、〈成十六年〉云「晦者何？冥也」；〔註65〕《穀梁傳·僖十五年》義同；《說》云「夕者，冥也」，「冥從一，夜也」。鄭注「既夕之後」，與諸書同義，宜作「冥」字解。
85	隨卦初九：出門交有功。	出門交有功。震爲大塗，又爲日門，當春分陰陽之所交也。是臣出君門，與四方賢人交，有成功之象也。昔舜愼徽五典，五典克從，納于百揆，百揆時序，賓于四門，四門穆穆。是其義也。	出門交有功。震爲大塗，又爲日門，當春分陰陽之所交也。是臣出君門，與四方賢人交，有成功之象也。昔舜愼徽五典，五典克從，內于百揆，百揆時序，賓于四門，四門穆穆。是其義也。（《集解》）	1. 惠氏增補出處。 2. 王氏作「納于百揆」，惠氏則作「內于百揆」。今本《集解》作「納」字，今本《尙書·舜典》亦或「納」。古書雖多有從「內」字或以「內」字爲古者，然而，倘鄭氏用「納」字，則不宜斷改。
86	蠱卦卦辭：先甲三日，後甲三日。	先甲三日，後甲三日。甲者，造作新令之日。先之三日而用辛也，欲取改過自新之義。後之三日而用丁也，取其丁寧之義。	先甲三日，後甲三日。甲者，造作新令之日。先之三日而用辛也，欲取改過自新之義。後之三日而用丁也，取其丁寧之義。（《正義》）	惠棟增補出處。孫堂案云：「首句是《正義》，『先之』以下，是《正義序》。」〔註66〕今孔穎達《正義》引鄭義，則文略同。〔註67〕
87	臨卦：至于八月有凶。	臨，大也。陽氣自此浸而長	至于八月有凶。臨，大也。陽氣自	惠氏增補卦辭與出處。

〔註64〕見《鄭氏周易注》，孫堂補遺序文，頁603。
〔註65〕翟玄注《公羊傳·僖十五年》：「晦者何？冥也。」〈成十六年〉同注。李道平李道平《周易集解纂疏》，卷三，引爲「晦者，冥也」。（見北京：中華書局，1994年1版，1998年北京第2刷，頁211。）
〔註66〕見《鄭氏周易注》孫堂補遺，頁603。
〔註67〕見《周易註疏》卷四，蠱卦卦辭孔穎達《疏》云：「鄭義以爲：甲者，造作新令之日。甲前三日，取改過自新，故用辛也。甲後三日，取丁寧之義，故用丁也。」孫堂所案，非實況。

		大，陽浸長矣，而有四德，齊功於乾，盛之極也。人之情盛則奢淫，奢淫將亡，故戒以凶也。臨卦斗建丑而事，殷之正月也。當文王之時，紂爲无道，故于是卦爲殷家著興衰之戒，以見周改殷正之數，云：臨自周二月用事訖，其七月八月而遯卦受之，此終而復始，王命然矣。	此浸而長大，陽浸長矣，而有四德，齊功於乾，盛之極也。人之情盛則奢淫，奢淫將亡，故戒以凶也。臨卦斗建丑而事，殷之正月也。當文王之時，紂爲无道，故于是卦爲殷家著興衰之戒，以見周改殷正之數，云：臨自周二月用事訖，其七月八月而遯卦受之，此終而復始，王命然矣。（《集解》）	
88	觀卦：盥而不薦。	坤爲地爲衆，巽爲風。九五天子之爻，互體有艮，艮爲鬼門，又爲門闕，地上有木而鬼門宮闕者，天子宗廟之象也。盥而不薦。諸侯貢士於天子，鄉大夫貢士於其君，必以禮賓之，唯主人盥而獻賓，賓盥而酢主人，設薦俎則弟子也。（王氏）	盥而不薦。坤爲地爲衆，巽爲風。九五天子之爻，互體有艮，艮爲鬼門，又爲宮闕，地上有木而鬼門宮闕者，天子宗廟之象也。（《集解》）諸侯貢士於天子，卿大夫貢士於其君，必以禮賓之，唯主人盥而獻賓，賓盥而酢主人，設薦俎則弟子也。（王氏）	1. 惠棟增補卦辭與出處。 2. 惠氏標明前段佚文出於《集解》卷五；後段佚文則注出王應麟，未詳察出處；實出於《儀禮注疏・鄉飲酒禮》卷四賈公彥《疏》，其「鄉大夫」舊稱「卿大夫」，惠氏斷自改爲「卿大夫」。 3. 出於賈《疏》之言，王氏於該段前增「盥而不薦」句，以標明是鄭氏釋此句；實無增此文之必要，惠氏據刪。王氏誤將「宮闕」作「門闕」，惠氏據改。
89	觀卦初六：童觀。	初六：童觀。童，稚也。	初六：童觀。童，稚也。（《釋文》）	惠氏增補出處。
90	噬嗑卦《大象》：先王以明罰勑法。	勑法。勑，猶理也。	先王以明罰勑法。勑，猶理也。（《釋文》）	1. 惠氏增補《象》辭與出處。 2. 今本「勑」字，王、惠引作「勑」字。陸德明《釋文》卷二與《周易註疏》卷四《音義》同引：「勑法。恥力反，此俗字也。《字林》作勑。鄭云：勑，猶理也。一云：整也。」依陸氏所言，鄭玄似作「勑」字，王、惠所改，當因陸氏云「勑」爲俗字之故，既屬鄭文，則不宜斷自

				改易。董眞卿《周易會通》卷四同引陸氏之說，並云「呂《音訓》勅」。清顧藹吉《隸辨》否定陸氏之說，認爲「勅」字非俗字，諸字書並無「勅」字，此《象》辭之言，當爲「敕」字；〔註68〕因此，也非「勑」字，更不以「勑」字爲古，此惠氏之未察。〔註69〕今觀漢魏諸書，多作「敕」字，並通作「飭」。蓋以「敕」字爲正，非「勅」字。〔註70〕

〔註68〕清顧藹吉《隸辨》否定《釋文》認爲「勅」字爲俗字之說，云：「勑非俗字也。……諸字書旣無勅字，并無來字兩來爲棶者，隸譌朿爲來，而乃謂變來爲朿；棶從重朿，見於《說文》非從來也。……後人譌敕爲敕，又譌朿爲來，轉轉相譌，遂以勞勅之勅爲敕，而乃謂敕出于勅；從攵者，力之變，尤爲荒謬。又以敕字非從約束之束，蓋未攷《說文》敕與勅爲兩字也。敕之爲勅，譌於後漢，說見《後華山廟碑》下；《易》噬嗑：先王以明罰勅法；《書‧皋陶謨》勅我五典五惇哉；《益稷》勅天之命；《康誥》惟民其勅，懋和多士勅殷命，終于帝；《詩‧楚茨》旣匡旣勅；敕皆作勅者，從石經之文也。正誤。謂爲無稽之說，以攻《釋文》不足依據。」（見顧藹吉《隸辨》，頁186。）嚴斥《釋文》之非。以字書無「勅」字；又「敕」與「勅」爲兩字，敕之爲勅，譌於後漢。今《易》噬嗑「先王以明罰勅法」，當是「敕」字之譌。

〔註69〕惠棟《九經古義》卷一考辨以「勅」字爲正，云：「《釋文》作勑，恥力反，云：此俗字也。《字林》作勅。鄭云：勅，猶理也；一云整也。宋毛居正《六經正誤》（第183冊）云：勅法，監本誤作敕，舊作勅。紹興府注疏本、建安余氏本，皆作勅。伏觀高宗皇帝御書石經作勅法。鄭康成解勅爲理，是漢以來作勅字也。顧氏《金石記》云：勅者自上命下之辭，前漢皆作敕，後漢始變爲勅。《五經文字》曰：敕古勅字，今相承皆作勅。郭宗昌《金石史》以爲從來旁力，別音賚。今《尚書‧皋陶謨》、《益稷》、《康誥》、《多士》、《詩‧楚茨》、《易》噬嗑《大象》之文，並作勅，又何說也？《周禮》樂師詔來瞽臯舞注云：來，勅也，勅爾瞽率爾眾工，奏爾悲誦，肅肅雍雍，毋怠毋凶。鄭康成，漢人也，其訓來爲勅，又何哉？棟案：訓來爲勅，此先鄭之言，後鄭所不從，顧氏以爲康成誤矣。郭氏訓勅爲賚，蓋本張有《復古編》。案秦和鍾云：萬生是勅，或訓爲賴，是敕亦可讀爲賴，則敕亦非古字矣。古字省多借飭爲勅，或作飾，《漢蓺文志》引《易》云：明罰飭法。《史記‧五帝紀》云：信飭百官。徐廣曰：飭，古勅字。《雜卦》云：蠱則飭也。高誘《呂覽》注云：飾讀爲勅，勅，正也。離俗兒。」

〔註70〕《漢書‧藝文志》：「《易》曰：先王以明罰敕法」《潛夫論‧三式》：「噬嗑之卦，下動上明。其《象》曰：先王以明罰飭法。」《魏志‧王朗傳》：「《易》稱敕法。」據此，今用「勅」字，漢魏言《易》，多作「敕」，亦未用「勅」字。又從字言，「勅」、「敕」本不同，《說文》「敕，誡也」，而「勅，勞也」；

91	噬嗑卦九四：噬乾胏。	九四噬乾胏。胏，簀也。	九四噬乾胏。胏，簀。《釋文》	惠本無「也」字，而《釋文》實有「也」字，蓋惠棟之遺漏，宜補。
92	噬嗑卦上九：何校滅耳，凶。	上九：離爲槁木，坎爲耳，木在耳上，何校滅耳之象也。	上九：何校滅耳，凶。离爲槁木，坎爲耳，木在耳上，何校滅耳之象也。《集解》	惠氏增補爻辭與出處。
93	噬嗑卦上九《象傳》：聰不明也。	聰不明也。目不明，耳不聰。	聰不明也。目不明，耳不聰。(《釋文》)	惠氏增補出處。陸氏《音義》(《周易註疏》卷四)同引。惠氏《周易述》卷十二同引鄭文作詁訓。
94	賁卦：亨。小利有攸往。	賁。賁，變也，文飾之貌。賁，文飾也。离爲日，且，天文也。艮爲石，石，地文也。天文在下，地文在上，天地之文，相飾成賁者也。猶人君以剛柔仁義之道，飾成其德也。剛柔雜，仁義合，然後嘉會禮通，故亨也。卦互體坎、艮。艮止于上，坎險止於下，夾震在中，故不利大行，小有所之則可矣。	賁：亨。小利有攸往。賁，文飾也。离爲日，天文也。艮爲石，地文也。天文在下，地文在上，天地二文，相飾成賁者也。(一云：天地之文，交相而成，賁賁然也)猶人君以剛柔仁義之道，飾成其德也。剛柔雜，仁義合，然後嘉會禮通，故亨也。卦互體坎、艮。艮止于上，坎險止于下，夾震在中，故不利大行，小有所之則可矣。《詩·白駒正義》、《集解》賁，變也，文飾之貌。(《釋文》)	1. 惠氏增補爻辭，並詳明出處。 2. 「賁，變也，文飾之貌」文，別出於《釋文》。王氏置於引文之首，而惠氏則置於文末。 3. 王氏作「天地之文」，惠氏則作「天地二文」，並小注可另作「天地之文，交相而成，賁賁然也」。是惠氏載錄較詳。
95	賁卦《象傳》：无敢折獄。	折獄。折，斷也。	无敢折獄。折，斷也。(《釋文》)	惠氏增補《象》辭與出處。
96	賁卦初九：賁其趾，舍車而徒。	初九：舍輿而徒。	初九：賁其趾，舍輿而徒。(《釋文》)趾，足。(同上)	「輿」字，今本作「車」。元熊良輔《周易本義集成》引程子之言作「輿」字。〔註71〕惠氏

二字義本然不同。又，敕字又有作「飭」者，《說文》訓「致堅也」；《集韻·韻會》訓「蓄力切，音敕」；《玉篇》訓「謹貌」。是「飭」可以通作「敕」。因此，「敕」當爲本字，而用「勑」、「勒」者，皆當譌借之字。

〔註71〕見元熊良輔《周易本義集成》(第24冊)卷一：「程子曰：趾在下，所以行也。君子修飾之道，守節處義，其行不苟，義或不當，則舍輿而徒，行眾人之所羞，而君子以爲貴也。」

				《周易述》卷三、卷十二皆作「車」字。二字音義相近，古多通用。《漢石經》「車」作「轝」，即「輿」字。
97	賁卦初九《象傳》：義<u>弗</u>乘也。	（無）	義<u>不</u>乘也。晁氏。	今本賁卦初九《象》辭作「義弗乘也」，惠棟引晁氏之說作「義不乘也」，易「弗」字作「不」字。白居易原撰，宋孔傳續撰《白孔六帖》卷二十四亦作「不」字。〔註72〕《儀禮注疏・士昏禮》卷二鄭《注》：「古文弗為不。」是「古書二字多通用，亦聲相近」。〔註73〕
98	賁卦六四：賁如，<u>皤</u>如。	六四：賁如，<u>燔</u>如。六四，巽爻也，有應於初九，欲自飾以適初，既進退未定，故燔如也。	六四：賁如，<u>燔</u>如。（燔，音煩。《釋文》）六四，巽爻也，有應於初九，欲自飾以適初，既進退未定，故燔如也。（《檀弓正義》）	1. 惠氏增補音訓與出處。 2. 王、惠引《釋文》為「燔」字。《禮記・檀弓》孔穎達《正義》作「皤」字，且今本也為「皤」。〔註74〕二人改《正義》為「燔」字。《釋文》卷二：「皤，白波反。《說文》云：老人貌。董音槃；云馬作足橫行曰皤。鄭、陸作燔，〔註75〕音煩。荀作波。」胡煦《周易函書約註》卷五：「皤如。鄭、陸作蟠，荀作波，董音槃。」是諸家引鄭玄有作「蟠」、「皤」、「燔」字者，而王、惠改作「燔」字，蓋據《說文》與《元本》而改。〔註76〕
99	賁卦六四：白馬翰如。	白馬翰如。謂九三位在辰，得巽氣為白馬。翰，	白馬翰如。（翰，寒案反。《釋文》）謂九三位在辰，得	1. 惠氏增補音訓與出處。 2. 「翰，白也」，為王應麟引《釋文》之言。今《釋文》於

〔註72〕見《白孔六帖》（第 891 冊）卷二十四。《白孔六帖》為白居易原撰，宋孔傳續撰。

〔註73〕見李富孫《易經異文釋》卷二，頁 540。

〔註74〕李富孫《易經異文釋》卷二注明：「舊本蹯作皤，非。」（見《易經異文釋》，頁 540。）肯定鄭玄作「蹯」字。

〔註75〕李富孫《易經異文釋》卷二引作「鄭、陸作蹯」。（見《易經異文釋》，頁 540。）不同於今《釋文》作「燔」字。

〔註76〕阮元《周易釋文校勘記》：「《補宋本》蟠作燔，《閩本》作膰，《監本》、《盧本》作蟠。」《鄭氏周易注》孫堂《補輯》云「《元本》作燔」。（頁 604。）蓋《元本》作「燔」，此為王應麟、惠棟所據者。不論作「皤」、「燔」、「蟠」、「膰」，或是作「波」，皆音近而假借；諸家師承各異。

		猶幹也。見六四適初未定，欲幹而有之。<u>翰，白也</u>。	巽氣爲白馬。翰，猶幹也。見六四適初未定，欲幹而有之。（《檀弓正義》）	「翰」字下云「鄭云：白也，亦作寒案反」。呂氏《音訓》所見《釋文》，當爲古本；引《釋文》亦云：「鄭云白也，又寒案反。」惟惠棟刪此「翰，白也」句，而孫堂、張惠言皆從惠氏。孫堂補遺云：「《釋文》引『翰，猶幹也』一句，一本作『翰，白也』，誤。」〔註77〕孫堂據雅雨堂《釋文》作「翰，猶幹也」，而謂「翰，白也」爲誤，雅雨堂《釋文》乃惠棟所定，而惠棟單執《正義》「翰，猶幹也」一義，未納《釋文》訓「白」之義。實「翰」字固有「白」與「幹」二訓，而「寒案反」爲訓「幹」之音；至於訓「白」之義，可以直接回應經文「白馬」二字，故不得云誤。惠棟刪此「翰，白也」，實未詳察之誤。惠棟之後，黃奭從袁陶軒所輯「寒案反者，訓幹之音，是以白爲正訓，以幹爲旁訓」之義，復將「翰，白也」三字納入注文。
100	剝卦 《象傳》：不利有攸往，小人長也。	陰氣侵陽，上至于五，萬物零落，故謂之剝也。五陰一陽，小人極盛，君子不可有所之，故不利有攸往也。	<u>不利有攸往，小人長也</u>。陰氣侵陽，上至于五，萬物<u>霝</u>落，故謂之剝也。五陰一陽，小人極盛，君子不可有所之，故不利有攸往也。（《集解》）	惠氏增補《象》辭與出處。「霝」字，張惠言、黃奭從之。王應麟作「零」，而今《周易集解》亦作「零」。
101	剝卦初六：蔑，貞凶。	蔑，輕慢。	<u>蔑，貞凶</u>。蔑，輕慢。（《釋文》）	惠氏增補爻辭與出處。
102	剝卦六二：剝牀以辨。	六二：剝牀以辨。足上稱辨，謂近膝之下，屈則相近，<u>申</u>則相遠，故謂之辨。辨，分也。	剝牀以辨。足上稱辨，謂近膝之下，屈則相近，<u>信</u>則相遠，故謂之辨。辨，分也。（《集解》）	1. 王氏「申則相遠」，惠氏作「信則相遠」，今《集解》作「申」字。 2. 「屈則相近」之「屈」，《集解》舊作「詘」，今作「屈」。王應麟、惠棟既引自《集解》，蓋版本之不同而字異。

〔註77〕見《鄭氏周易注》，頁604。

			3. 宋明以降，諸家所引，亦未一是。〔註78〕
103	剝卦六四《象傳》：切近災也。	<u>六四</u>：切近災也。切，急也。	切近災也。切，急也。（《釋文》）	惠氏無「六四」二字。補出處。
104	剝卦上九：小人剝廬。	小人剝廬。小人傲很，當剝徹廬舍而去。	小人剝廬。小人傲很，當剝徹廬舍而去。（《天官‧遺人疏》）	惠氏增補出處。「傲很」之「很」字，今本賈公彥《疏》引作「狠」字。「狠」字為正，作「很」當刻印之誤。
105	復卦卦辭：復，亨。	復，反也，還也。陰氣侵陽，陽失其位，至此始還反起<u>於</u>初，故謂之復。陽君象，君失國而還反，道德更興也。	復，亨。復，反也，還也。陰氣侵陽，陽失其位，至此始還反起於初，故謂之復。陽君象，君失國而還反，道德更興也。（《春秋正義》）	所言《春秋正義》，實《左傳‧襄二十八年正義》。
106（惠增）	復卦卦辭：七日來復。	（無）	七日來復。建戌之月，以陽氣既盡；建亥之月，純陰用事。至建子之月，陽氣始生，隔此純陰一卦，卦主六日七分，舉其成數言之，而云七日來復。（《正義序》）	此一佚文為注復卦卦辭「七日來復」之注文。宋章如愚《群書考索》續集卷三、宋魏了翁《周易要義‧綱領》、明唐順之《荊川稗編》卷四、清朱彝尊《經義考》卷十四等皆引，並明言此乃鄭康成引《易緯》之說而為言。此一佚文為姚士麟所補，實非惠棟所增輯。《易漢學》卷一同引，以六日七分之說，申明七日來復之義。
107	復卦《大象》：商旅不行。	商旅不行。資貨而行曰商，旅客也。	商旅不行。資貨而行曰商，旅客也。（《釋文》）	惠氏增補出處。宋方寔孫《淙山讀周易》卷七、元董真卿《周易會通》卷五同引。
108	復卦初九：无祗悔。	<u>初九</u>：无祗悔。祗，病也。	无祗悔。祗，病也。（《釋文》）	惠氏無「初九」言。補出處。
109	復卦六三：<u>頻</u>復。	六三：<u>卑</u>復。	六三：<u>顰</u>復。（《釋文》）	今作「頻」字。《釋文》以鄭作「顰」；惠棟從《釋文》；王作「卑」則從《晁氏易》。《古易音訓》云「卑」古文，「顰」今文。王弼、虞翻、侯果、孔穎達，訓「頻」為「頻蹙」之「頻」；

〔註78〕 如宋代丁易東《易象義》（第 21 冊）卷四、明熊過《周易象旨決錄》（第 31 冊）卷二、陳念祖《易用》（第 35 冊）卷二等，皆作「屈則相近，伸則相遠」。元董真卿《周易會通》（第 26 冊）卷五、明魏濬《易義古象通》（第 34 冊）卷四，皆作「屈則相近，申則相遠」。清翟均廉《周易章句證異》（第 53 冊）卷一則作「詘則相近，伸則相遠」。

				《尚氏學》云「頻，古文顰字」；知「頻蹙」即「顰蹙」。按「卑」、「頻」、「顰」古今字，義同。今以「頻」爲用，乃沿宋明以來之普遍用法；張子沈、項安世、俞琰、蘇軾、程子、楊萬里、郭雍、朱子、朱震、張浚、吳澄諸儒皆從「頻」字。
110（惠增）	復卦六四：中行獨復。	（無）	六四：中行獨復。爻處五陰之中，度中而行，四獨應初。（《漢上易傳》）	此一佚文爲鄭玄注復卦六四爻辭「中行獨復」之文。
111	復卦六五《象傳》：中以自考也。	<u>六五</u>：中以自考也。考，成也。	中以自考也。考，成也。（《釋文》）	惠氏無「六五」言。補出處。
112	復卦上六：有<u>災</u>眚。	有<u>災</u>眚。異自內生曰眚，自外曰祥，害物曰災。	有<u>烖</u>眚。（《釋文》）異自內生曰眚，自外曰祥，害物曰災。（《釋文》）	今本作「災」字，王應麟亦從「災」；惠棟從《釋文》爲「烖」，未加改易。又孫堂《鄭氏周易注》補遺案：「烖，《釋文》本作「災」。實陸德明《釋文》明言：「災，本又作烖，鄭作烖。案：《說文》烖，正字也；災，或字也；灾，籀文也。」故以「烖」字爲最正。」
113	无妄。	无妄。妄，猶望。謂无所希望也。	无妄。妄，猶望。謂无所希望也。（《釋文》）	惠氏增補出處。見《釋文》卷二云：「《說文》云：妄，亂也。馬、鄭、王肅皆云：妄，猶望。謂无所希望也。」元龍仁大《周易集傳》卷三、董真卿《周易會通》卷六、明何楷《古周易訂詁》卷三同引。
114（惠增）	无妄卦《象傳》：无妄之往，何之矣。	（無）	无妄之往，何之矣。妄之言望，人所望宜正，行必有所望，行而无所望，是失其正，何可往也。（《後漢書·李通傳》注）	此惠棟引自《後漢書·李通傳》卷四十五，唐章懷太子賢《注》，引鄭玄注无妄卦《象傳》「无妄之往，何之矣」之佚文。
115	无妄卦《象傳》：天命不<u>祐</u>。	<u>祐</u>，助也。	天命不右。右，助也。（《釋文》）	惠棟標明引自《釋文》，實陸德明作「不佑」，並云其「佑」字「本又作祐」；陸文並未明確指出鄭玄作「佑」字，又未嘗言及「右」字。王應麟經注則皆用「祐」字，與今注疏本同。惠棟依陸文而逕自取用「右」

				字。惠棟之依據，蓋以漢代慣用「右」字，鄭玄也不例外。馬融作「右」，謂「天命不右，行非矣」；〔註79〕李鼎祚本於漢代諸家也作「右」，並引虞翻、《九家易》作「右」，如虞云「右，助也」。鄭玄注諸經，皆用「右」字，如《集解》泰卦《象傳》「以左右民」引鄭玄注云「左右，助也」。《毛詩注疏》卷一，「參差荇菜，左右流之」，鄭玄箋「左右，助也」；蘇轍《詩集傳》同訓「左右，助也」。呂祖謙《呂氏家塾讀詩記》卷二十五，引毛氏曰「右，助也」；卷二十九，引鄭玄云「右，助也」，引東萊同。宋嚴粲《詩緝》卷十八，訓云：「右，助也，右與宥、侑通，皆助也。」宋王與之《周禮訂義》卷六十，引鄭玄云「左右，助也」；明王志長《周禮註疏刪翼》卷二十二，亦同。《禮記·祭統》，鄭玄注云「右，助也」（見《禮記注疏》卷四十九）；宋衛湜《禮記集說》卷一一六，引鄭玄亦云「右，助也」。案諸例歷歷為證，兩漢用「右」，鄭玄更是不例外，並以「助」為訓。惠棟審明用字，可見其精確之一斑。並本「右」字，《周易述》卷二、卷九，注大有初九、无妄卦時，均云「右，助也」。
116	无妄卦六二：不菑畬。	六二：不菑畬。一歲曰菑，二歲曰新，三歲曰畬。	不菑畬。一歲曰菑，二歲曰新，三歲曰畬。（王氏）	此一注文，惠棟未詳明出處，故注為王氏。實出於《詩·采芑正義》鄭箋；《爾雅·釋地疏》同引。
117	大畜卦：不家食，吉。	自九三至上九，有頤象居外，是不家食，吉而養賢。	不家食，吉。自九三至上九，有頤象居外，是不家食，吉而養賢。（《表記正義》）	惠氏增補卦辭與出處。文出於《禮記·表記正義》。

〔註79〕轉引自清翟均廉《周易章句證異》卷三，云：「佑，馬融作右，謂天不右行。李鼎祚作右，引虞翻曰：右，助也。馬君云：天命不右，行非矣。晁説之曰：馬非。陸德明曰：本又作祐。呂祖謙曰：今本作祐。」惠棟以「右」字訓用；《周易述》卷九同引馬融謂「天命不右，行非矣」。

118	大畜卦《象傳》：輝光日新其德，剛上而尚賢。	輝光日新絕句，其德連下句，剛上而尚賢。	輝光日新絕句，其德（連下句）剛上而尚賢。（《釋文》）	王應麟將「絕句」、「連下句」作本文，不妥；惠棟改為小注。由此鄭注可見諸家斷句之異。今普遍用王弼注之說法，故作「輝光日新其德，剛上而尚賢」。是王應麟、惠棟斷句同，而與王弼所斷不同。
119	大畜卦九三：良馬逐。	良馬。逐逐，兩馬走也。	良馬逐逐。逐逐，兩馬走也。（《釋文》）	今《注疏》本僅一「逐」字，《周易集解》亦同。《釋文》引鄭玄言作重字，宋魏了翁《周易要義》卷三下，也引鄭作「良馬逐逐」；《九經辨字瀆蒙》卷七，亦云「鄭本作逐逐」，與頤卦六四「其欲逐逐」義同。隋顏之推《顏氏家訓・書證》卷下，提到「《易》云良馬逐逐」，亦以重字為用。宋李昉等編《文苑英華》卷七二四，〈送陳留李少府歸上都序〉，云「天寶年中，……蓋良馬逐逐，在公之伯仲乎」，唐文此「良馬逐逐」為慣用之辭。故元本蓋脫一「逐」字。
120	大畜卦九三：日閑輿衛。	日閑輿衛。日習車徒。	日閑輿衛。日，人實反。日習車徒。（《釋文》）	惠氏補音注，並標明出處。
121	大畜卦六四：童牛之牿，元吉。	六四：童牛之牿，元吉。巽為木，互體震，震為牛之足，足在艮體之中，艮為手，持木以就足，是施牿。（鄭志泠剛問，蒙初六注云，木在足曰桎，在手曰梏。今大畜六四施牿於足，不審桎梏手足定有別否，答曰：牛無手故以足言之）	六四：童牛之牿，元吉。巽為木，互體震，震為牛之足，足在艮體之中，艮為手，持木以就足，是施牿。（《大司寇疏》）	王應麟小注為《周禮・秋官・大司寇疏》元文所附之小字，惠棟以非鄭玄所注，刪而不用。俗本用「童牛之牿」，《釋文》亦同。《說文》、《集解》引虞注、《九家易》、皆作「告」。賈公彥《疏》引鄭玄作「牿」，而魏鄭小同《鄭志・答泠剛》卷上，同引鄭注全文，並作「牿」字。宋明來降，多有以「童牛之牿」為用者，如宋趙彥肅《復齋易說》卷二、方聞一《大易粹言》卷四十六、衛湜《禮記集說》卷四十、元胡一桂《周易啟蒙翼傳》下篇、明來知德《周易集註》卷六等，均以「牿」為正。惠棟精審其義，採鄭說，《九經古義・周易古義》卷一特別指出「牿為牛馬牢，非角也」、「鄭本作牿，謂施牿於前足，是也」、「今作牿者，非也」。

122	大畜卦六五：豶豕之牙。	六五：豶豕之牙。（牙讀爲芽）	六五：豶豕之牙。牙讀爲芽。（《釋文》）	「牙讀爲芽」，王應麟作小注。今本《釋文》云：「牙，徐五加反，鄭讀爲互。」「互」、「芽」同字。鄭氏以「牙」讀爲「芽」，並有「互」之意。「牙」、「互」形近，古多有誤用，進而有「互牙古字通用」〔註80〕之情形，其實是以形似相亂之故。
123	大畜卦上九：何天之衢。	上九。艮爲手，手上肩也。乾爲首，首肩之間荷物處。乾爲天，艮爲徑路，天衢象也。	上九。何天之衢。艮爲手，手上肩也。乾爲首，首肩之間荷物處。乾爲天，艮爲徑路，天衢象也。（《後漢·崔駰傳》注）	王應麟未明爻辭、出處，惠氏補之。
124（惠增）	大畜卦上九《象傳》：道大行也。	（無）	道大行也。人君在上位，負荷天之大道。（《文選》卷十一）	此佚文爲大畜卦上九《象傳》之鄭注。宋李衡《周易義海撮要》卷三，引陸敬輿：「上爲養賢之主，其德剛厚，能負何天之大道，而致群賢之通泰也，眾賢遂志，治化日隆，道大行也。」清沈起元《周易孔義集說》卷七，同引。其義與鄭注相近。
125	頤卦卦辭：貞吉，觀頤，自求口實。	頤：貞吉，觀頤，自求口實。頤，口車輔之名也。震動於下，艮止於上，口車動而上，因輔嚼物以養人，故謂之頤。頤，養也。能行養則其幹事，故吉矣。二五離爻皆得中，離爲目，觀象也。觀頤，觀其養賢與不肖也。頤中有物者口實，自二至五有二坤，坤載養物，而人所食之物皆存焉，觀其求可食之物，則貪廉之情可別也。	頤：貞吉，觀頤，自求口實。頤，口車輔之名也。震動于下，艮止于上，口車動而上，因輔嚼物以養人，故謂之頤。頤，養也。能行養則其幹事，故吉矣。二五离爻皆得中，离爲目，觀象也。觀頤，觀其養賢與不肖也。頤中有物曰口實，自二至五有二坤，坤載養物，而人所食之物皆存焉，觀其求可食之物，則貪廉之情可別也。（《集解》）	1. 王、惠所引相近，僅「離」與「离」、「於」與「于」之不同。 2. 「口車動而上」之「上」字，《漢上易》作「止」。《左傳·襄二十八年正義》，「頤中」作「頤者」，「頤，養也」作「故謂頤爲養也」。此皆與王、惠所引稍異。

〔註80〕宋陳祥道《禮書》（第130冊）卷七十六，清秦蕙田《五禮通考》（第135冊）卷四、六十六，皆言「互」「牙」古字通用。

126	頤卦初九：觀我朵頤。	朵，動也。	觀我朵頤。朵，動也。（《釋文》）	王、惠所引同。王未明爻辭、出處。
127（惠增）	頤卦上九《象傳》：大有慶也。	（無）	大有慶也。君以得人爲慶。《漢上易傳》。	此佚文爲頤卦上九《象傳》鄭注。惠輯注明出自朱震《漢上易傳》卷三，又李衡《周易義海撮要》卷三，同引。
128（惠增）	大過卦。	（無）	大過。陽爻過也。（《漢上易傳》）	此佚文見於朱震《漢上易傳》卷三。清納喇性德編《合訂刪補大易集義粹言》卷三十二，亦引鄭注，並云「卦以四陽二陰，陽居用事之地，故曰大過」。惠棟《周易述》卷四，釋大過卦，云「大謂陽；大過，陽爻過也」，此亦轉用鄭氏之言。其卦旨在言卦中陽爻超過陰爻，喻事物剛大者過盛。
129	大過卦九二：枯楊生稊，老夫得其女妻。	九二：枯楊生荑。枯，謂無姑山榆。荑木更生，謂山榆之實。以丈夫年過娶二十之女，老婦年過嫁三十之男，皆得其子。	九二：枯楊生荑，老夫得其女妻。枯，音姑。謂無姑山榆。（羊朱反）荑木更生，（音夷）謂山榆之實。（《釋文》）以丈夫年過娶二十之女，老婦年過嫁三十之男，皆得其子。（《詩‧桃夭正義》）	1. 今傳宋本作「稊」字。王、惠同引《釋文》鄭注作「荑」；惠注明出處與字音。 2. 惠棟《周易述》論述大過卦，作「枯楊生梯」，並認爲今本作「稊」，誤。肯定以「梯」作爲本字。〔註81〕 3. 同鄭玄作「荑」者，如《文選‧風賦》云「被荑楊」；《唐開元占經》卷一一二，瞿曇悉達「竹本草藥占」云：「京房《易》侯曰：枯楊生荑，斷枯復生，六辟當之。」又唐李子卿〈功成作樂賦〉（引自《御定歷代賦彙》卷九十）、歐陽洵《藝文類聚》卷十八、宋祝穆《古今事文類聚》後集卷二十三，以及李昉《文苑英華》卷七十四，均作「枯楊生荑」。一九七三年十二月長沙馬王堆三號漢墓帛書《周易》，作「楛楊生荑」，同鄭玄用「荑」字。《後漢書‧徐登傳》引《易》作「夷」；徐鍇云，「荑，夷聲」。 4. 宋明以降，《易》家大都作「梯」或「稊」。作「梯」者，

〔註81〕 參見《周易述》，卷四，頁 123。

如宋朱震《漢上易傳》卷三、林栗《周易經傳集解》卷三十二、朱熹《周易本義》卷一、易祓《周易總義》卷九、元保巴《周易原旨》卷三、解蒙《易精蘊大義》卷四、趙汸《周易文詮》卷一、明蔡清《易經蒙引》卷四下、林希元《易經存疑》卷四、楊爵《周易辯錄》卷二、黃道周《易象正》卷五、倪元璐《兒易外儀》卷八，乃至清方以智、黃宗炎、惠棟、王心敬、王又樸、翟均廉等，均以「梯」爲用。至於作「稊」者益盛，如《子夏易傳》、魏王弼《周易註》、唐李鼎祚《周易集解》、史徵《周易口訣義》，宋代更伙，如胡瑗《周易口義》、司馬光《溫公易說》、張載《橫渠易說》、蘇軾《東坡易傳》、程子《伊川易傳》、耿南仲《周易新講義》、鄭剛中《周易窺餘》、林栗《周易經傳集解》、李衡《周易義海撮要》、趙彥肅《復齋易說》、楊萬里《誠齋易傳》、馮椅《厚齋易學》等，明清亦不勝枚舉，不予贅述。今沿王弼注本作「稊」。

5. 宋呂祖謙《呂氏家塾讀詩記》卷四：「大過九二『枯楊生梯』，鄭康成《易》作『荑』，然則所謂『荑』者，凡草本根芽皆是，非獨茅也。」又，清姚炳《詩識名解》卷十四，訓《詩·豳風·七月》：「女桑自是小桑之稱，釋木，訓爲桋桑。按『桋』桋與『荑』字不相通，傳《易》作『荑』，恐誤。《正義》又通『枯楊生梯』，爲生荑以爲葉之新生者，取合女桑，則尤誤矣。」皆以鄭康成作『荑』爲誤。此鄭氏爲舛之說，皆以其義不合。

6. 今本作「稊」，歷來指爲非者，亦鑿鑿有其理據。如宋

				毛居正《六經正誤》卷一，云：「九二枯楊生梯，作稊，誤。案：梯字从木从弟。梯，稚也。木根再生，稚條也。音題；又他兮反，階梯也。从禾者，亦音題，稊稗之稊，孟子五穀不熟，不如稊稗是也。」「稊」與「梯」二字義不盡相同，以「梯」爲「稚」爲再生之稚木，較合於《易》文原義。虞翻詁作「稬」，解爲楊葉未舒之狀，與原義相近。惠棟《周易述》作「枯楊生梯」，並指明今本作「稊」，誤。
				7. 諸字相通，或相借用者。《文選》李善注引《易》云「稊與荑同」，以「稊」與「荑」通用。宋戴侗《六書故》以「荑」亦借用「稊」、「梯」或「梮」。明方以智《通雅》卷四十二，云「荑，梯字通」，「可知古人从弟从夷之通」。《周易尚氏學》以「稊、荑同字」，「荑爲木新生之條」。蓋諸字義近，同訓稚秀初木；陽雖過而濟以陰，故能成生發之功，譬如枯楊之生新木、老漢娶得幼妻，無不利而具生生不已之象。
130	坎卦六三：<u>險</u>且枕。	六三：<u>檢</u>且枕。木在手曰檢，在首曰枕。	六三：<u>檢</u>且枕。木在手曰檢，在首曰枕。（《釋文》）	今本「險」字，王、惠依《釋文》作「檢」字。今本「險」、「枕」二字，《釋文》指出鄭玄作「檢」作「枕」字，且云古文作「檢」作「沈」。〔註82〕惠氏以「檢」字爲鄭氏所用，卻未用「沈」字，仍用「枕」。且，惠氏《周易述》坎卦則用「險」、「枕」，與今本同；《集解》及所引虞翻、干寶悉同。用「險」字，顯然在此惠氏並且依古爲用之準據，而是依坎卦之險象爲據。至於「枕」字，

〔註82〕 見陸德明《經典釋文》卷二云：「險且，如字。古文及鄭向本作檢。鄭云：木在手曰檢。枕，徐針鴆反，王肅針甚反。鄭玄云：木在首曰枕。陸云：閑礙險害之貌。《九家》作玷。溺字古文作沈。」

－410－

			李富孫提到惠氏則認爲「古文是讀爲沈溺之沈」；惠氏習改用古文，倘眞如是之說，惠氏當用「沈」字才是，何以不用呢？〔註83〕「枕」、「沈」、「玷」字，古音相近或作假借，而當以「枕」字爲正。
131	坎卦六四：樽酒，簋貳，用缶，納約自牖。	六四：尊酒，簋貳，用缶，納約自牖。六四上承九五，又互體在震上，爻辰在丑，丑上值斗，可以斟之象。斗上有建星，建星之形似簋。貳，副也。建星上有弁星，弁星之形又如缶。天子大臣以王命出會諸侯，主國尊于簋副，設玄酒而用缶也。	六四：尊酒，簋貳，用缶，內約自牖。六四上承九五，又互體在震上，爻辰在丑，丑上值斗，可以斟之象。斗上有建星，建星之形似簋。貳，副也。建星上有弁星，弁星之形又如缶。天子大臣以王命出會諸侯，主國尊于簋副，設玄酒而用缶也。（《詩·宛丘正義》。《禮器正義》）	1. 惠氏增補出處。 2. 今本「樽酒」，王、惠引作「尊酒」；「納約」，王如字，惠氏則作「內約」。惠氏詳考，以「尊」字爲正，《九經古義》卷一云：「案：樽，俗尊字。鄭注禮器引作尊，或又作罇，曹憲《文字指歸》云：檢字無此从缶从木者，《說文》云：字从酋寸，酒官法度也。今之尊卑從此，得名故尊。亦爲君父之稱。棟案：《說文》𤮺，正字；尊，或字。」以「樽」爲俗字，而「𤮺」（即「奠」字）爲正字，而「尊」爲或字。《帛書周易》即用作「奠」字。〔註84〕段玉裁認爲酌酒必資於尊，以「尊」字爲正，後而別製「罇」、「樽」字。〔註85〕是以用「尊」字爲古，並符鄭氏之用。 3. 今本「納約」，王如字，惠氏則作「內約」。董眞卿以京房與一行作「內」字。〔註86〕古「納」字多作「內」，

〔註83〕 李富孫《周易異文釋》引《釋文》言如前注注文，並云：「《晁氏易》云：險按象數當作檢。枕，干寶作枕，安也。案：檢、險形聲相似。枕，《九家》作玷，亦聲之轉或假。玷爲墊。溺字，古文作沈，陸音直林反。」又云：「惠氏曰：古文是讀爲沈溺之沈。陸續云：枕，閑礙險害之貌。輔嗣注：枝而不安。同此意。晁氏引干作桉，或字之誤。」（見《周易異文釋》卷二，頁544。）李氏引惠棟之言，今惠氏《易》著未見。

〔註84〕 見鄧球柏《帛書周易校釋》，頁162。

〔註85〕 見段玉裁《說文解字注》云：「凡酌酒者，必資於尊，故引申以爲尊卑字，猶貴賤本謂貨物而引申之也。自專用爲尊卑字，而別製罇、樽爲酒尊字矣。」（臺北：黎明文化事業公司，1974年9月初版，1993年7月10版，頁759。）

〔註86〕 見董眞卿《周易會通》卷六云：「納，晁氏曰：京、一行作內，云內自約束。」

			惠氏尊古，以「內」字爲用。〔註87〕
132	坎卦九五：祗既平。	九五：祗既平。祗，當爲坻，小<u>邱</u>也。	九五：祗既平。祗，當爲坻，小<u>丘</u>也。（《釋文》）	坎卦爻辭鄭訓。惠棟標明出於《釋文》，「祗」訓爲「小丘」，王應麟作「小邱」；以「小丘」爲正。〔註88〕
133	坎卦上六：繫用徽纆，寘于叢棘，三歲不得，凶。	上六：<u>繫拘也</u>。爻辰在巳，巳爲<u>虵</u>，虵之蟠屈似徽纆也。三五互體艮，又與震同體。艮爲門闕，<u>於木爲多節</u>，震之所爲，有叢拘之，類門闕之內，有叢才多節之木，是天子外	上六：<u>繫用徽纆，寘于叢棘，三歲不得，凶</u>。繫，拘也。爻辰在巳，巳爲<u>蛇</u>，蛇之蟠屈似徽纆也。三五互體艮，又與震同體。艮爲門闕，于木爲多節，震之所爲，有叢拘之，類門闕之內，有叢才多節	1. 王應麟誤將鄭玄訓「繫，拘也」作上六爻辭，云爲「上六：繫拘也」；惠棟正之，云「繫，拘也」。 2. 王氏作「虵」者，惠棟則作「蛇」；然王氏於《困學紀聞》卷九中作「巳爲蛇」，而惠氏於《易漢學》卷六，論〈鄭氏《易》〉，卻又作「巳爲虵」，知「蛇」、「虵」通用，惟以「蛇」字爲常。〔註89〕

〔註87〕 李富孫《易經異文釋》卷二云：「晁氏《易》云納，京、一行作內，云內自約束。《集解》引虞云：坎爲納。……案《周禮》鍾師納夏，注云：故書納作內。杜子春云：內當爲納。《書》百里賦納總，《漢·地理志》作內總。蓋古納字皆作內。《史》、《漢》猶然。《曲禮》注云：納，內也，義同。京、一行則不謂納字。」（見《易經異文釋》，頁544。）是以古多以「內」字爲用，鄭、京、一行皆同。惠氏還原古本，亦作「內」字。

〔註88〕 「祗既平」，有作「禔既平」者。《說文》：「禔，安福也，从示是聲，《易》曰：禔既平。」《釋文》：「京作禔，《說文》同，音支，又止支反，安也。」《集解》及所引虞氏注亦作「禔既平」。阮元《校勘記》：「《石經》、《岳本》，祗作祇是也。」當以「祗」爲正。「禔」从是聲，「祗」從氏聲，「是」、「氏」古音同在支部，則「禔」、「祗」以同音而通假。訓爲「小丘」，不宜作「邱」字。

〔註89〕 「蛇」、「虵」二字通用，但以「蛇」字爲常，《說文解字》卷十四下，云：「四月陽氣巳出，陰氣巳藏，萬物見成文章，故巳爲蛇，象形，凡巳之屬，皆從巳。」作「蛇」；漢代何休《春秋公羊傳注疏》卷十五，作「蛇」；王充《論衡·言毒》卷二十三，云「辰爲龍，巳爲蛇，辰巳之位在東南」，亦作「蛇」。知兩漢典籍大都作「蛇」字。宋代則「蛇」、「虵」互見，除王應麟論著二字皆見外，如：宋朱震《漢上易傳》卷九，作「巳爲蛇」；宋陸佃《埤雅》（第222冊）卷十，作「巳爲蛇」；宋司馬光《類篇》（第225冊）卷四十二，同引《說文》亦作「蛇」；王明清《揮麈後錄》（第1038冊）卷三，作「巳爲蛇」；葉廷珪《海錄碎事》（第921冊）卷二十一，則云「巳爲虵，辰爲龍」，以「虵」字爲用。明清以降，亦大都作「蛇」字，如：明何楷《古周易訂詁》卷三，引鄭玄註，同作「巳爲蛇」；盧之頤《本草乘雅半偈》（第779冊）卷十，同；清徐文靖《管城碩記》（第861冊）卷二十九，云「鄭氏曰：辰爲龍，巳爲蛇」，亦作「蛇」字；陳大章《詩傳名物集覽》（第86冊）卷五，亦作「巳爲蛇」。顧炎武《日知錄》（第858冊）卷三十二，則作「巳爲虵」。故歷來以「蛇」字爲常用。

| | | 朝左右九棘之象也。外朝者，所以詢事之處也。左嘉右，平罷民焉；右肺右，達窮民焉。罷民，邪惡之民也。上六乘陽，有邪惡之罪，故縛約徽纆，寘于叢棘而後公卿以下議之，其害人者，置之圜土而施職事焉，以明刑恥之，能復者，上罪三年而赦，中罪二年而赦，下罪一年而赦，不得者，不自思以得正道，終不自改而出諸圜土者殺。 | 之木，是天子外朝左右九棘之象也。外朝者，所以詢事之處也。左嘉右，平罷民焉；右肺右，達窮民焉。罷民，邪惡之民也。上六乘陽，有邪惡之罪，故縛以（一作約。）徽纆，寘于叢棘而使（一作後。）公卿以下議之，其害人者，置之圜土而施職事焉，以明刑恥之，能復者，上罪三年而赦，中罪二年而赦，下罪一年而赦，不得者，不自思以得正道，終不自改而出諸圜土者殺，故曰凶。（《公羊疏》） | 3. 惠棟標明《公羊疏》，詳爲〈宣元年疏〉。王氏未明。
4. 以「辰爲龍，巳爲蛇」之十二辰所肖之物，未必以鄭氏先用；王充《論衡·物勢》、〈言毒〉、許慎《說文解字》卷十四下，乃至《月令正義》蔡邕所論所食者與非所食者之十二物，十二辰所肖之物，兩漢已習成。〔註90〕 |
| 134 | 離卦《象傳》：明兩作離；大人以繼明照于四方。 | 明兩作離。作，起也。 | 明兩作離；大人以繼明照于四方。作，起也。（《釋文》）明兩者，取君明上下以明德相承，其於天下之事，無不見也。《文選注》二十一。 | 離卦《象傳》鄭玄，王應麟僅引《釋文》之注，惠棟考索《文選·謝宣遠張子房詩注》增補之。此外，丁杰引《漢上易傳》卷三鄭注佚文，補於惠補之後，其文爲：「明明相繼而起，大人重光之象，堯舜禹文武之盛也。」〔註91〕 |

〔註90〕明王鏊《震澤集》（第 1256 冊）卷三十四，提到十二辰所肖之物的源起，二十八宿分布周天，以直十二辰，並由七曜統之，各有所象之物，「此十二肖之所始也」，蓋言十二肖布之於七曜之中，是術家所用，卻未明起於何時。宋王伯大編《韓文考異》（第 1073 冊）卷三十六，《毛穎傳》中，毛穎「佐禹治東方土，養萬物有功，因封于卯地，死爲十二神」，然「其以十二物爲十二神」，「未見所從來」；十二物若何？早在三代已見？未知所云。明徐應秋《玉芝堂談薈》（第 883 冊）卷二十一，引楊升菴慎曰：「子鼠丑牛十二屬之說，朱子謂不知所始，余以爲此天地自然之理，非人能爲之也。」以四時物象之變，以十二肖代之，亦未明源起何時。但知十二物援用，因天文之說昌明而有之，兩漢正值此成熟之時。鄭玄納之於爻辰說之中，或《易》象之中，十二肖入《易》，鄭氏已然見其端倪，是否全面納用十二肖，則難作斷言。有關此一命題，將於後文補述。

〔註91〕朱震《漢上易傳》引鄭注「大人以繼明照于四方」，如上文所引。元胡震《周易衍義》（第 23 冊）卷八亦云：「明兩作離，作，起也。明明相繼而起，大人重光之象，如此舜之明繼堯之明，以啓之明繼禹之明，以武王之明繼文王之明……」文雖稍異於《漢上易傳》，亦未明屬鄭注，但義卻相同。此外，納喇性德編《大易集義粹言》（第 45 冊）卷三十四，同引《漢上易傳》之鄭注。

135 (惠增)	離卦初九：履錯然。	（無）	初九：履錯然。 （錯，七各反。《釋文》）	惠棟依《釋文》引鄭玄之注音。漢魏以降，多用此音注，如王弼《周易註》卷三，訓此卦「錯」字，云「錯，七各反，又七路反」；晉韓康伯《周易註》卷七、卷九，亦注作「錯，七各反」。所注或依鄭注而來。
136 (惠增)	離卦六二：黃離，元吉。	（無）	六二：黃離，元吉。离，南方之卦，離爲火，土託位焉。土色黃，火之子，喻子有明德，能附麗於其〔註92〕父之道，文王之（一作大）。子，發旦（一無此字）是也。〔註93〕慎成其業，則吉矣。〔註94〕（《文選注》二十。《御覽》一百四十六）	唐徐堅《初學記》同引此文。明陳耀文《經典稽疑》卷下，引鄭康成《易》：「離，南方之卦。離爲火，土託位焉。土色黃，火之子，喻子有明德，能附麗於其父之道，發旦是也。」又，明彭大翼《山堂肆考》卷三十九：「「離，南方之卦。離爲火，土託位焉。土色黃，火之子，喻子有明德，能附麗於其父之道，順成其業，故吉也。」惠棟考佚，較前賢引文益詳。
137	離卦九三：不**擊**缶而歌。	九三：不**擊**缶而歌。艮爻也。位近丑，丑上值弁星，弁星似缶。詩云：坎其擊缶。則樂器亦有缶。	九三：不**擊**缶而歌。（《釋文》）艮爻也。位近丑，丑上值弁星，弁星似缶。詩云：坎其擊缶。則樂器亦有缶。（《詩·宛丘正義》）	1. 惠氏增補出處。 2. 今本「鼓」字，王、惠依《釋文》作「擊」字。蓋古「鼓」與「擊」字音義近而通假。〔註95〕
138 (惠增)	離卦九三：則大耋之**嗟**，凶。	（無）	則大耋之**差**。（《釋文》云鄭無凶字。年踰一作餘）七十也。（《詩·車鄰正	今本爻辭作「嗟」，惠棟引鄭《易》作「差」。《說文》「嗟」字作「傞」云：「嗞也，从言差聲。」〔註96〕徐鍇《說文

〔註92〕《文選注》無「其」字。

〔註93〕「文王之子」，「之」字《御覽》作「大」字。「發旦是也」，「旦」字《御覽》無。

〔註94〕「慎成其業，則吉矣」，《初學記》「慎」作「順」，「則」作「故」，「矣」作「也」。

〔註95〕《說文》云：「鼓，擊鼓也。从支壴，壴亦聲，讀若屬。」段玉裁《注》云：「與擊雙聲。《玉篇》云：「之錄切，擊也。」是以「鼓」、「擊」二字以音義相近而通假。如《詩》「弗鼓弗考」，《釋文》云：「鼓本或作擊。」《文選·河陽縣作詩》注引作「擊」字。

〔註96〕見《說文解字注》，臺北：黎明文化事業公司，1974年9月初版，1993年7月10版，頁100。

			義》、《禮記‧射義正義》、《爾雅疏》)	繫傳》卷五云：「今俗從口作嗟。」李富孫《易經異文釋》云：「嗟，《說文》作蹉，今作差，當从省。」〔註97〕蓋「差」字爲「蹉」或「嗟」字之省，同从差聲而通用。又，鄭無「凶」字，此則鄭氏一家之學，不然則後人之遺落。
139	離卦九四：突如其來如，焚如，死如，棄如。	九四：突如其來如。震爲長子，爻失正，又互體兌兌爲附決。子居明法之家而無正，何以自斷其君父<u>之志</u>也。<u>突如</u>，震之失正，不知其所如。又爲巽，巽爲進退不知所從，不孝之罪，莫大焉，得用議貴之辟刑之，<u>莫</u>如所犯之罪。焚如，殺其親之刑。死如，殺人之刑。棄如，流宥之刑。	九四：<u>㐬</u>如其來如，<u>焚如，死如，棄如</u>。震爲長子，爻失正，又互體兌兌爲附決。子居明法之家而無正，何以自斷其君父<u>不忍</u>也。<u>㐬如</u>，震之失正，不知其所如。又爲巽，巽爲進退不知所從，不孝之罪，莫大焉，得用議貴之辟刑之，<u>若</u>如所犯之罪。焚如，殺其親之刑。死如，殺人之刑。棄如，流宥之刑。(《秋官‧掌戮疏》)	1. 今本、王氏作「突」字，惠棟則依鄭玄原字。《說文》云：「㐬，不順忽出也，从到子，《易》曰：『突如其來如』，不孝子突出不容於內也。㐬，或从到古文子，即《易》突字。」《小徐本》云下有「㐬即《易》突字也」六字；大徐本擦下有「即《易》突字」四字。《說文》突字段《注》：「倉頡之㐬即《易》之突字，非謂倉頡時已見爻辭，正謂《周易》之突，即倉頡之㐬也，此爻辭之用假借也。」《晁氏易》云「京、鄭皆作㐬」；《周禮‧秋官疏》引鄭注同。惠棟校訂《周易集解》及所引荀爽《易》作「㐬」。《說文》水部流字下云：「㐬，突忽也。」段《注》云：「㐬之本義爲不順忽出也，引申爲突忽。」因此，用「㐬」、「㐬」或「充」字，蓋爲本字，而「突」字則爲假借字。在此，惠棟忠於原作，知本字之正。 2. 王氏引作「其君父<u>之志也</u>」，而惠氏則作「其君父<u>不忍</u>也」；又，王氏引作「<u>莫</u>如所犯之罪」，而惠氏作「<u>若</u>如所犯之罪」。皆版本引用之異。
140	離卦六五《象傳》：<u>離</u>王公也。	<u>麗</u>王公也。	<u>麗</u>王公也。(《釋文》)	今本「離」，王、惠二氏因《釋文》作「麗」字。〔註98〕惠氏《周易述》卷十二云「離讀爲」

〔註97〕見李富孫《易經異文釋》卷二，頁 545。
〔註98〕見陸氏《釋文》卷二：「離王公也。音麗，鄭作麗。王肅云：麗王者之後爲公。」此外，兌卦「麗澤」，《釋文》亦云「鄭作離」。是「離」、「麗」二字，鄭玄同用。

				麗也」；蓋「離」、「麗」二字古音同，古籍往往通用。〔註99〕
141	咸卦卦辭：亨，利貞，取女吉。	咸，感也。艮爲山，兌爲澤。山氣下，澤氣上，二氣通而相應，以生萬物，故曰咸也。其於人也，嘉會禮通，和順於義，幹事能正。三十之男，有此三德，以下二十之女，正而相親說，娶之則吉也。	咸：亨，利貞，取女吉。咸，感也。艮爲山，兌爲澤。山氣下，澤氣上，二氣通而相應，以生萬物，故曰咸也。其於人也，嘉會禮通，和順於義，幹事能正。三十之男，有此三德，以下二十之女，正而相親說，娶之則吉也。（《集解》）	惠氏增補卦辭與出處。
142（惠增）	咸卦《彖傳》：二氣感應以相與。	（無）	二氣感應以相與。與，猶親也。（《釋文》）	惠棟引自唐陸德明《經典釋文》卷二。事實上《周易注疏》卷六，於咸卦《彖傳》中，孔穎達《疏》亦引「鄭云：與，猶親也」。
143	咸卦初六：咸其拇。	初六：拇。足大指也。	初六：咸其拇。足大指也。（《釋文》）	《釋文》：「拇，茂后反，馬、鄭、薛云，足大指也。子夏作踇，荀作母，云陰位之尊。」《集解》引虞翻注：「母，足大指也。艮爲指，坤爲母，故咸其母。」晁氏曰「母，古文」；元董眞卿《周易會通》卷七、卷八，同引晁氏之言，以「母」爲古文。惠棟校《集解》云「今本母爲拇，古文通」，並於《周易述》中，改易今本用「母」字。〔註100〕

〔註99〕 「離」、「麗」二字，古籍多通用者，如就《周易》本經言，《彖傳》云：「離，麗也。」《說卦傳》同云。歷代諸家注《易》之「離」字，亦作「離，麗也」，如王弼《周易註》卷三注離卦六五《彖傳》「離公也」，又如韓康伯《周易註》卷八《繫辭下》「蓋取諸離」，又如朱子注離卦諸「離」字，皆云「麗也」。其它典籍亦同，如《太玄》卷三「五枝離如」，晉范望《注》云：「離，附麗也。」如《儀禮‧鄉飲酒》「歌魚麗」，《釋文》云：「麗，本或作離。」又朱子《詩經集傳》釋〈靜女〉「鴻則離之」、嚴粲《詩緝》釋「雉離于羅」與「不離于裏」，以及明陳第《屈宋古音義》釋《橘頌》「淑離不淫」等，皆訓「麗也」。相同之訓，不勝枚舉。

〔註100〕 見《周易述》卷五，咸卦初六作「咸其拇」，並注云：「母讀爲拇，足大指也。」用鄭、虞之說。又卷十三〈象下傳〉，亦用「母」字：「咸其母，志在外也。」

144	咸卦六二：咸其腓。	六二：腓。膞腸也。	六二：咸其腓。膞腸也。（腓，市蠲反。《釋文》）	惠氏所補，增注音與出處。
145	咸卦九五：咸其脢。	九五。脢，背脊肉也。	九五：咸其脢。脢，背脊肉也。（《釋文》、《正義》）	增出處，惠氏所補較爲完整。
146	咸卦上六《象傳》：滕口說也。	上六：滕口說也。滕，送也。咸道極薄，徒送口舌言語，相感而已，不復有志於其間。	滕口說也。滕，送也。（《釋文》）咸道極薄，徒送口舌言語，相感而已，不復有志于其間。（《正義》）	1. 增出處，惠氏所補較爲完整。 2. 今本「滕」字，王、惠所引，皆作「滕」字。《釋文》：「滕，徒登反，達也。《九家》作『乘』，虞作『媵』，鄭云：送也。」《周易註疏》卷六，孔穎達《正義》云：「鄭玄又作『媵』，媵，送也。」《說文》媵字，「送也」。《儀禮・公食大夫》「眾人媵羞者」，鄭注「『媵』當作『騰』」；《燕禮》「媵觚于賓」，鄭注「媵，送也」。今文『媵』皆作『騰』。」是「媵」與「滕」通，亦通作「騰」，而鄭以「媵」字尤正。
147	恆卦卦辭：亨，无咎，利貞。	恆，久也。巽爲風，震爲雷，雷風相須而養物，猶長女承長男，夫婦同心而成家，久長之道也，夫婦以嘉會禮通，故无咎，其能和順幹事，所行而善矣。	恆：亨，无咎，利貞。恆，久也。巽爲風，震爲雷，雷風相須而養物，猶長女承長男，夫婦同心而成家，久長之道也，夫婦以嘉會禮通，故无咎，其能和順幹事，所行而善矣。（《集解》）	王應麟引鄭注，未明是注恆卦卦辭「亨，无咎，利貞」。惠棟補之，並補佚文出於《周易集解》。
148	恆卦初六：浚恒。	初六：濬恒。	初六：濬恒。（《釋文》）	今本作「浚」字，而王、惠二氏引自《釋文》云「鄭作濬」。是「浚」、「濬」二字音義相近而通。李富孫云：「古文濬、濬二形，今作浚，義竝同。」古書二字多互用。〔註101〕鄭作「濬」，爲一家之學。

〔註101〕李富孫《易經異文釋》卷三云：「案《釋言》：濬，深也。《書》濬川，《太史公自序》作浚川。《公羊・莊九年傳》曰：浚之者，深之也。眾經音義云：古文濬、濬二形，今作浚，義竝同。」（頁547。）王樹枏《費氏古易訂文》亦主古文「濬」字，今作「浚」。（頁134。）是古文「濬」與「浚」字音義近而互用。

149	恆卦九三：不恆其德，或承之羞。	九三：或承之羞。爻得正，互體爲乾。乾有剛健之德，體在巽，巽爲進退不恆其德之象。又互體兌，兌爲毀折，是將有羞辱也。	九三：不恆其德，咸承之羞。（《釋文》）爻得正，互體爲乾。乾有剛健之德，體在巽，巽爲進退不恆其德之象。又互體兌，兌爲毀折，是將有羞辱也。（《緇衣正義》）	1. 今本爻辭作「或承之羞」，王應麟改《釋文》「咸承之羞」而從今本。惠棟還《釋文》鄭之原文作「咸承之羞」。 2. 李富孫《易經異文釋》：「《後漢·馬廖傳》注引鄭說仍作或解，當以字形相涉而異。」則以形似轉寫之誤。《論語·子路註疏》卷十三、《禮記·緇衣註疏》卷五十五，註引《易》言，皆作「或承之羞」。一九七三年馬王堆《帛書周易》，同今本作「或承之羞」。故「或承」較鄭作「咸承」爲正。惠氏忠於鄭氏原字。
150（惠增）	恆卦六五：恆其德，貞；婦人吉，夫子凶。	（無）	六五：恆其德，貞；婦人吉，夫子凶。以陰爻而處尊位，是天子之女。又互體兌，兌爲和說，至尊主家之主，以和說幹家事，問正於人，故爲吉也。應在九二，又男子之象，體在巽，巽爲進退是無所定，而婦言是從，故云夫子凶也。（《緇衣注》、《正義》）	此鄭注佚文見《禮記·緇衣正義》。此段佚文，王應麟未明此乃鄭注恆卦之文，故收於其輯文末之〈易論〉內。惠氏考實其出處，爲恆卦六五之注文。
151	恆卦上六：振恒。	上六：振恒。振，搖落也。	上六：振恒。振，搖落也。（《釋文》）	惠氏增補出處。
152	遯卦卦辭：亨，小利貞。	遯，逃去之名也。艮爲門闕，乾有健德，互體有巽，巽爲進退，君子出門行，有進退逃去之象。二五得位而有應，是用正道，得禮見召聘，始仕他國，當尚謙謙小其和順之道。居小	遯：亨，小利貞。遯，逃去之名也。艮爲門闕，乾有健德，互體有巽，巽爲進退，君子出門行，有進退逃去之象。二五得位而有應，是用正道，得禮見召聘，始仕他國，當尚嗛嗛小其和順之道。居小官，幹小事，其進	1. 王應麟引鄭注，未明是注遯卦卦辭「亨，小利貞」。惠棟補之，並補佚文出於《周易集解》。 2. 「遯」，古「遯」字，惠棟用之。〔註102〕 3. 王應麟作「謙謙」，惠棟則作「嗛嗛」。「謙」字，《漢石經》多作「嗛」；漢時多以「嗛」字爲用。顏師古《漢書·藝文志》注「嗛與謙通」；《漢書·司馬相如傳》注謂「嗛，

〔註102〕李富孫《易經異文釋》認爲「遯」字「當爲遯之省變」，（李氏《易經異文釋》卷二，頁543。）故「遯」字並非爲古。

	官，幹小事，其進以漸，則遠妬忌之害，昔陳敬仲奔齊辭卿是也。	以漸，則遠妬忌之害，昔陳敬仲奔齊辭卿是也。（《集解》）	古謙字」，李善《文選・魏都賦注》亦同。又《子夏易傳》、馬王堆《帛書周易》皆作「嗛」字。「嗛」字爲漢時所慣用。
153	遯卦九三《象傳》：有疾憊也。	九三。憊，困也。	有疾憊也。憊，困也。（《釋文》）	王應麟引鄭注，未明是注遯卦爻辭內容。惠棟補之，並補佚文出於《經典釋文》。「憊，困也」，元董眞卿《周易會通》卷七引馮椅云，同爲此言；康熙御製《日講易經解義》卷十四，同引，未明出於鄭注。此外，唐楊倞注《荀子・賦篇》卷十八，「往來惛憊通于大神」，同注「憊，困也」。蓋皆出於鄭氏。
154	遯卦九四：小人否。	九四。否，塞也。備鄙反。	小人否。備鄙反。否，塞也。（《釋文》）	惠氏注文略作調整，並明出處。
155	大壯卦。	壯，氣力浸強之名。	大壯。壯，氣力浸強之名。（《釋文》）	惠氏增補出處。
156	大壯卦九三：羸其角。	九三：纍其角。	九三：纍其角。（《釋文》）	1. 惠氏增補出處。 2. 今本「羸」字，王、惠二氏依《釋文》云鄭作「纍」字。《釋文》卷二云：「羸，律悲反，又力追反。下同。馬云：大索也。徐力皮反。王肅作縲，音螺。鄭、虞作纍。蜀才作累。張作藟。」是漢魏諸家有作「羸」、「縲」、「纍」、「累」，或「藟」者。作「纍」者爲本字；以「羸」爲「纍」者，此同音通假，而「縲」、「藟」者，爲別體字，「累」即「纍」之俗變。〔註103〕惠棟《九經古義》卷一云：「馬融曰：羸，大索也。王肅本作縲，音螺。鄭、虞作纍。蜀才作累。張璠作藟。《說文》：纍，大索也；與馬訓同。則羸當爲纍，或古文以羸爲纍，所未詳也。」惠氏云以「羸」字爲「纍」，未詳其由；實聲假之故。〔註104〕

〔註103〕參見李富孫《易經異文釋》卷三，頁549。以及徐芹庭《周易異文考》，頁69。
〔註104〕李富孫針對惠氏之「未詳」，提出批駁，認爲「惠氏未悟六書叚借之恉，故云

157	大壯卦六五：喪羊于易。	六五：喪羊于易。（音亦。）謂佼易也。	六五：喪羊于易。（音亦。）謂佼易也。（《釋文》）	惠氏增補出處。
158	大壯卦上六《象傳》：不<u>詳</u>也。	上六：不<u>詳</u>也。祥，善也。	不<u>詳</u>也。（《釋文》）祥，善也。（同上）	1. 王氏有「上六」二字，然「不詳也」非上六爻辭，而爲《象傳》，故不宜僅提「上六」。惠氏未言。又惠氏增補出於《釋文》。 2. 今本作「詳」。王、惠二氏依《釋文》卷二所云：「詳，審也。鄭、王肅作祥；善也。」鄭玄、王肅皆作「祥」字。《集解》引虞翻云「乾善爲詳」，則虞氏解用「詳」字。晁氏則云古文爲「祥」字。〔註105〕二字古皆可通；用字之不同，蓋因所本之異。惠氏肯定古文爲「祥」字，然其《周易述》仍用「詳」字，蓋依虞翻之說。〔註106〕
159	晉卦卦辭：康侯用錫馬蕃庶，晝日三接。	康侯。康，尊也，廣也。晝日三接（音捷。）。接，勝也。蕃庶。蕃（發袁反）庶（止奢反），謂蕃遮禽也。	晉：康侯用錫馬蕃庶。康，尊也，廣也。（《釋文》）蕃（發袁反。）庶（止奢反），謂蕃遮禽也。（同上。）晝日三接（音捷。）。接，勝也。（王氏）	1. 王、惠佚文錯置不同，以惠氏爲順。 2. 「接，勝也」一文，惠氏注出王氏，實未明察出於《釋文》卷二晉卦注文之誤。 3. 《禮記注疏》卷二十八鄭注、《毛詩注疏》卷十六鄭箋，均云「捷，勝也」；又宋衛湜《禮記集說》卷七十一，云「鄭氏曰：接，讀爲捷；捷，勝也」。鄭以「捷」、「接」通，

未詳。《左傳》杜注曰：古字聲同皆相叚借」。（見李富孫《易經異文釋》卷三，頁549。）因此，以「羸」爲「纍」，乃聲同而相叚借之故。王樹枏《費氏古易訂文》，認爲馬融、荀爽皆作「羸」，且鄭注《乾鑿度》亦作「羸」字，而「《釋文》言鄭作纍者，當是讀爲纍」，是鄭氏當本作「羸」，當源於《費氏易》。（見王樹枏《費氏古易訂文》卷二，頁140～141）。王氏言之成理，備作參照。

〔註105〕參見董眞卿《周易會通》卷七所引：「呂《音訓》：詳。陸氏曰：詳，審也。鄭、王肅作祥，善也。晁氏曰：案古文祥字。」

〔註106〕參見惠棟《周易述》卷十三，釋「不詳也」云：「乾善至詳也，此虞義也。詳，古文祥。《釋詁》云：詳，善也。乾元善之長，一乾以至三乾，成爲積善。故云：乾善爲詳。上隔於四，不得三應，故不詳。三體乾也。」「詳」與「祥」同爲「善」之義，並以「祥」字爲古。然依虞氏之說，而用「詳」字。

				於其群經注文可證。《鄭氏周易注》孫堂補遺，案語：「此句見《釋文》、《集韻》及《群經音辯》，引並同。《禮·內則》注：接讀爲捷，捷，勝也，與此訓合。《春秋左氏·莊十二年》經，「宋萬弒其君，捷」。《公羊》、《穀梁》捷字皆作接，是接與捷古通。」孫堂此言，實引自惠棟《春秋左傳補註》之說。〔註107〕
160	晉卦《象傳》：明出地上，晉；君子以自昭明德。	明出地上，晉。地雖生萬物，日出于上，其功乃著，故君子法之，而以明自照其德。	《象》曰：明出地上，晉；君子以自照明德。地雖生萬物，日出於上，其功乃著，故君子法之，而以明自照其德。(《集解》)	1. 惠棟引注內容較爲詳明，並注出處。 2. 「君子以自照明德」之「照」字，今本作「昭」。《集解》引鄭、虞皆作「照」字。孔穎達《周易正義》云：「昭，周氏等爲照，以爲自照己身。老子曰：『自知者明』，用明以自照爲明德。」「昭」、「照」音義同，漢儒多有通用。惠棟依鄭氏原字爲「照」。
161	晉卦初六：晉如摧如。	初六：摧如。摧。(讀如南山崔崔之崔)	初六：晉如摧如。摧，讀如南山崔崔之崔。(《釋文》)	1. 「讀如南山崔崔之崔」句，王氏誤作小注，惠氏改之。 2. 依鄭氏之注，「摧」有高大之義。〔註108〕虞翻云「摧，憂愁也」；王弼云「退也」。諸家各以其意釋之，義皆不同。惠棟《周易述》訓爲「摧，退也」，〔註109〕同王弼之義。
162	晉卦六二：晉如愁如。	六二：愁如。(愁，予小反。變色貌)	六二：晉如愁如。(愁，予小反)愁，變色貌。(《釋文》)	「愁，變色貌」句，王氏置於音注之後，爲小字。惠氏易正。

〔註107〕惠棟《春秋左傳補註》卷一，於「（莊）十二年經，宋萬弒其君，捷」文，注云：「賈逵曰：《公羊》、《穀梁》曰接。案捷與接古字通。《易》晉卦曰：晝日三接，鄭注云：接，勝也。《禮·內則》接以太牢注：接讀爲捷，捷，勝也。音義皆同。」孫堂所言，實抄自惠詁。

〔註108〕《毛傳》云「南山崔崔」，「崔崔，高大也」。(見《毛詩注疏》卷八) 歷來訓「崔崔」，皆有高大之義。鄭氏「摧」字引「南山崔崔之崔」作音訓，似又有「崔崔」之義。

〔註109〕參見惠棟《周易述》，卷五，頁148。

163	晉卦九四：晉如鼫鼠。	九四：鼫鼠。詩云：碩鼠碩鼠，无食我黍。謂大鼠也。	九四：晉如鼫鼠。詩云：鼫鼠鼫鼠，无食我黍。謂大鼠也。（《正義》）	1. 王氏於《詩經》語，作「碩鼠」，而惠氏仍如爻辭作「鼫鼠」。 2. 元本經文及注，皆作「晉如鼫鼠」；《集解》引《九家易》及翟元本皆作「碩鼠」。《釋文》云「《子夏傳》作『碩鼠』」。《說文》鼫字「從鼠石聲」，碩字「從頁石聲」；「鼫」、「碩」二字同從石聲，義皆爲鼠。《尚氏易》謂「音同通用」。
164	晉卦六五：失得勿恤。	六五：矢得勿恤。	六五：矢得勿恤。（《釋文》）	今本「失」字，王、惠二氏引《釋文》作「矢」。《釋文》卷二云：「失得。如字。孟、馬、鄭、虞、王肅本作矢。馬、王云：離爲矢。虞云：矢，古誓字。」《集解》及所引荀爽《易》悉作「矢」。《帛書周易》亦作「矢」。〔註110〕據此，則漢魏諸儒多作「矢」字。惠氏以「矢」字爲正，故用之，《周易述》卷五云：「六居五爲失位，宜有悔也。五之正，故悔亡。《論語》：夫子矢之，孔安國註云：矢，誓也。矢、誓同物同音。故知矢爲古誓字。誓以著信，故云信。」惠氏依虞義而申說。因此，以「矢」字爲正，並爲兩漢《易》家所用，王弼斷改誤作「失」字，蓋「矢失以字形相涉而亂」，「若作失，於象數不合」。〔註111〕
165	明夷卦：利艱貞。	明夷：利艱貞。夷，傷也。日出光，至其入也，明則傷矣，故謂之明夷。日之明傷，猶聖人君子有明德而遭亂世，抑在下位，則宜自艱，无幹事政，以避小人之害也。	明夷：利艱貞。夷，傷也。日出地上，其明乃光，至其入地，明則傷日之明傷，猶聖人君子有明德而遭矣，故謂之明夷。亂世，抑在下位，則宜自艱，无幹事政，以避小人之害。（《集解》）	「地」字，王氏誤作「也」字，惠氏據改。《集解》鄭注作「以避小人之害也」，王氏原引存「也」字，惠棟則無「也」字，蓋誤缺；宜補。

〔註110〕見鄧球柏《帛書周易校釋》，頁372。
〔註111〕括弧所引，參見李富孫《易經異文釋》卷三，頁549。其所言「若作失，於象數不合」，乃引晁氏之說。宋翔鳳提到「漢魏《易》皆作矢，王弼乃改失」，則王弼以形近而誤。

166 （惠增）	明夷卦《象傳》：以蒙大難。	（無）	以蒙大難。蒙，猶遭也。（《釋文》）	此爲惠氏引陸德明《釋文》卷二新增之鄭氏佚文；惟陸氏引鄭注「蒙，猶遭也」文後，又云「一云，蒙，冒也」，不知此句是否同爲鄭文，或是陸氏別引它文之說。無句讀可明其文之歸屬。
167	明夷卦《象傳》：文王以之。	文王<u>似</u>之。	文王<u>似</u>之。（《釋文》）	1. 惠氏增補出處。 2. 今本「以」字，王、惠引《釋文》作「似」字。據《釋文》卷二所云：「鄭、荀、向作似之。」宋吳棫《韻補》卷三：「似，象也。《詩》：似續妣祖，《釋文》云：毛如字，嗣也。鄭讀如巳午之巳，《易》：箕子似之，鄭氏、荀氏皆作似。」則漢魏儒者如鄭玄、荀爽、向秀者，有作「似」字。且「似」、「巳」通用。惠棟《九經古義》卷二云：「『文王以之』、『箕子以之』，『以』讀爲『似』，古『似』字作『以』。」李富孫《易經異文釋》卷三認爲「似」字，《正義》直讀爲巳，並云：「《說文》巳午字，即訓爲巳然之巳，从反巳用也，以與巳古通。則以與似亦通。」因此，古「以」、「㠯」「似」、「巳」多有通用。〔註112〕
168	明夷卦《象傳》：箕子<u>以</u>之。	箕子<u>似</u>之。	箕子<u>似</u>之。（《釋文》）	
169	明夷卦六二：明夷，<u>夷</u>于左股。	六二：明夷，<u>睇</u>于左股。旁視爲睇。六二辰在酉，酉是西方又	六二：明夷，<u>睇</u>于左股。旁視爲睇。六二辰在酉，<u>酉</u>在一作是。西方又下	1. 王、惠所引，大體一致，惟惠氏增小注：「在」字一作「是」，王氏作「是」。惠氏並注出處。
		下體離，<u>離</u>爲目。九三體在震，震東方，九三九在辰，辰得	體<u>离</u>，<u>离</u>爲目。九三體在震，震東方，九三九在辰，辰得巽氣爲股。此	2. 今本作「夷于左股」。《周易註疏》卷六，孔穎達《疏》云：「夷于之夷，如字，子夏作睇，鄭、陸（績）同，云

〔註112〕李富孫之說，見其《易經異文釋》卷三，頁 549。許慎《說文》訓㠯（以）字，「用也，从反巳」，即「以」字之形與「巳」字相反，段玉裁《注》云：「與巳篆形勢略相反也。巳主乎止，㠯主乎行，故形相反，二字古有通用者。」（見《說文解字注》，頁 753。）顧藹吉《隸辨》卷三：「《說文》㠯從反巳，《漢書》以皆作㠯，師古曰：㠯古以字。」（北京：中華書局，1986 年 4 月第 1 版，2003 年 12 月第 2 刷，頁 87。）是「㠯」字爲古「以」字，而又與「巳」字相反，古又通用。且，「似」字，又讀爲「巳」。因此，古「以」、「㠯」「似」、「巳」多有通用。

		巽氣爲股。此謂六二有明德，欲承九三，故云睇于在股。	謂六二有明德，欲承九三，故云睇于在股。（《內則正義》）	旁視曰睇。亦作睼。」《釋文》卷二：「夷，如字。子夏作睇。鄭、陸同。京作睇。」董眞卿《周易會通》卷七，云「九家無此夷字，直云『明夷于左股』」。《說文》云「睇，目小視也」；《玉篇》云「睇，目小視也」；《集韻》云「睇」字音「與睇同」，「睇，或作睇」。據此，李富孫《易經異文釋》云：「夷、弟古字相通，則睇與睇同，舊本或从省作夷」。〔註113〕是以「夷」字漢儒有作「睇」、「睇」者。
170	明夷卦六二：用拯馬壯。	拯，承也。	<u>用拯馬</u>。拯，承也。（《釋文》）	惠棟增補爻辭與出處。
171	家人卦初九：閑有家。	<u>初九</u>。閑，習也。	<u>閑有家</u>。閑，習也。（《釋文》）	惠棟增補爻辭與出處。
172	家人卦六二：无攸遂，在中饋。	六二：中饋。饋，酒食也。	六二：<u>无攸遂，在中饋。二爲陰爻，得正于內，五陽爻也，得正于外，猶婦人自修正于內，丈夫修正于外。无攸遂，言婦人无敢自遂也。爻體离，又互體坎，火位在下，水在上，飪之象也。</u>饋，酒食也，<u>故云在中饋也</u>。（《後漢書·楊震傳》注、〈王符傳〉注）	王氏僅引「饋，酒食也」一語，惠氏依《後漢書》增補之。
173	家人卦九三：家人嗃嗃。	<u>九三</u>。嗃嗃，苦熱之意。	<u>家人嗃嗃</u>。嗃嗃，苦熱之意。（《釋文》）	惠棟增補爻辭與出處。
174	家人卦九三：婦子嘻嘻。	嘻嘻，驕佚喜笑之意。	<u>婦子嘻嘻</u>。嘻嘻，驕佚喜笑之意。（《釋文》）	惠棟增補爻辭與出處。
175	家人卦九五：王假有家。	<u>九五</u>。假，登也。	<u>王假有家</u>。假，登也。（《釋文》）	惠棟增補爻辭與出處。王弼《周易注》訓「至也」。陸德明《釋文》卷二云：「更白反，注同至也。鄭云登也。」則舊音讀如「格」。《尙

			氏學》引《尚書‧堯典》「格于上下」,《孔傳》訓「格,至也」,是「格」、「至」互訓之證。鄭氏訓「登」,與「至」義相近。	
176 (惠增)	睽卦	（無）	睽（音圭。《釋文》）	惠氏引《釋文》作音訓。
177	睽卦:小事吉。	睽,乖也。火欲上,澤欲下,猶人同居而志異也。故謂之睽。二五相應,君陰臣陽,君而應臣,故小事吉。（睽,音圭）	睽:小事吉。睽,乖也。火欲上,澤欲下,猶人同居而志異也。故謂之睽。二五相應,君陰臣陽,君而應臣,故小事吉。（《集解》）	惠棟增補卦辭與出處。王氏文後作音訓,惠氏移於卦名之下;如前欄所引。
178	睽卦六三:其牛掣。	六三:其牛掣。牛角皆踊曰觢。	六三:其牛觢。牛角皆踊曰觢。（《釋文》）	1. 惠氏增補出處。 2. 今本「掣」字,王、惠引《釋文》云鄭氏作「觢」字。《釋文》作「掣」字,並指出諸家有作「觢」「𢎜」「契」「觭」者。〔註114〕蓋以音義近而通,而依《說文》之言,以「𢎜」為本字,〔註115〕尤以「觢」、「𢎜」二字特同。因此,鄭氏所用為本字。〔註116〕惠氏詳考其字,其《易》著皆采《說文》用之「𢎜」字,並特別指鄭氏所用之「觢」字,餘諸家明,除當作「𢎜」字外,或作之字,則不當。〔註117〕

〔註114〕見陸氏《釋文》卷二:「掣,昌逝反。鄭作觢,云:牛角皆踊曰觢。徐市制反。《說文》作𢎜,之世反,云角一俯一仰。子夏作契。《傳》云:一角仰也。荀作觭。劉本從《說文》,解依鄭。」

〔註115〕見許慎《說文解字》云:「一角仰也。從角切聲。《易》曰:其牛𢎜。」（引自《說文解字注》,頁187。）

〔註116〕《爾雅‧釋畜》云「皆踊𢎜」,陸氏《釋文》云:「𢎜字或作觢。」李富孫詳考云:「兩角豎者名𢎜。……是觢𢎜同字,故鄭作觢,義與𢎜同。王弼讀為牽掣之字,失之。段氏曰:鄭作觢,與《爾雅》、《說文》同。」（《易經異文釋》,卷三,頁551。）依李氏之見,以鄭氏作「觢」字,最符其本字本義。

〔註117〕惠棟睽卦皆用「𢎜」字(《周易述》卷五),認為以《說文》所用之「𢎜」字為正,並或可用鄭氏之「觢」字。所以《九經古義》卷一特別明言:「睽六三:『其牛掣』,當作『𢎜』,從《說文》。或作觢,從鄭。」事實上,惠氏之言,並非臆說,其於《九經古義》卷一中,特作詳考,云:「睽六三:見輿曳,其牛掣。《說文》引作𢎜,云:一角仰也。從角切聲。鄭作觢,云:牛角皆踊曰

179 （增補）	睽卦上九：後說之弧。	（無）	後說之壺。（《釋文》）	今本作「弧」，惠氏引陸德明之言作「壺」。《釋文》卷二云：「本亦作壺，京、馬、鄭、王肅、翟子玄作壺。」《集解》與所引虞翻注，亦作「壺」。董眞卿《周易會通》引陸績注，「弧一作壺」。故漢儒有習用「壺」者。惠棟從古，《周易述》亦作「壺」字；《九經古義》特明作「壺」字尤正，云：「今作弧者，聲之誤也。《禮說》云：古說與設相通。虞云：猶置也。張弧者拒之如外寇，設壺者禮之若內賓，壺誤爲弧，失其義矣。」《公羊傳》注云「壺，禮器」，晁氏亦指明「陸希聲作壺是」。由是輔證，可明漢儒作「壺」爲正。惠棟考詁精確。
180	蹇卦《象傳》：往得中也。	往得中也。中，和也。	<u>往得中也。中，和也。</u>（《釋文》）	惠氏增補出處。
181	蹇卦初六《象傳》：宜待也。	<u>初六：宜待時也。</u>	<u>初六：宜待時也。</u>（《釋文》）	1. 惠氏增補出處。 2. 王、惠二氏皆作「初六」，當指初六爻辭，然實當是初六《象傳》之辭。此二者之未明。陸氏《周易註疏》卷七《音義》與《釋文》卷二同云：「宜待也。張本作宜時也。鄭本宜待時也。」《集解》及所引《虞氏易》亦悉作「宜待時也」。惠氏《周易述》依鄭、虞作「宜待時也」，並云「俗本脫時」；漢《易》當從鄭本，餘諸家之異蓋脫落之故。
182	蹇卦六四：往蹇，來連。	六四：往蹇，來連。連連如字。，遲久之意。	六四：往蹇，來連。（連如字）連，遲久之意。（《釋文》）	小注「連如字」三字，王、惠所置不同。惠又標明出處。

挈。子夏作契。荀爽作觭。虞翻曰：牛角一低一仰故稱觢。《爾雅》牛屬云：角一俯一仰，觭。《字林》音丘戲反，云：一角低一角仰。樊光云：傾角曰觭。牛屬又云：皆踊觢。郭璞云：今豎角牛。《釋文》云：字亦作挈。《字林》音之女反，從虞翻説，當依荀氏作觭。從鄭氏説，當依《爾疋》作觢。張有《復古編》云：觢從角契省，別作挈，非。觢從角契，故《子夏傳》作契。觭，角一低一仰，故荀爽作觭。諸家無作挈者。王弼以爲其牛挈者，滯隔所在，不獲進是，讀爲牽挈之字，失之。」惠氏詳考諸字之義，以「觢」、「挈」字爲正，而王弼則未明字義而讀爲牽挈之字，實妄用之失。

183	解卦《象傳》：天地解而雷雨作，雷雨作而百果草木皆甲<u>坼</u>。	百果草木皆甲<u>宅</u>。木實曰果。<u>皆</u>讀如人倦之解。解謂坼呼（呼，火亞反），皮曰甲，根曰宅；宅，居也。	<u>天地解而雷雨作，雷雨作而百果草木皆甲宅</u>。木實曰果。<u>解</u>，讀如人倦之解。解謂坼嘑（嘑，火亞反），皮曰甲，根曰宅；宅，居也。（《文選·蜀都賦注》）	1. 王、惠引鄭玄注，王氏作「呼」字，而惠氏則作「嘑」字。二字音同。 2. 惠氏易「皆」爲「解」，以「皆」字爲正。 3. 《釋文》卷二云：「坼，勅宅反。《說文》云裂也。《廣雅》云分也。馬、陸作宅，云根也。」「坼」與「宅」字疊韻。李鼎祚《集解》及引荀爽《易》皆作「宅」字。是漢儒多作「宅」字，而王弼作「坼」，乃用假借字。《文選·蜀都賦》「百果甲宅」，亦作「宅」；並注引鄭玄注云：「皆讀如人倦之解。解謂坼嘑，皮曰甲，根曰宅；宅，居也。」則鄭確作「宅」字。惠棟精審古字，依準漢儒用「宅」字，《九經古義》卷一，援引鄭注，並下案語：「古文宅字作㡯，與坼相似，故誤作坼。馬、鄭皆从古文，非改坼爲宅也。」馬融、鄭玄皆從古文作「宅」。
184	損卦。	損。艮爲山，兌爲澤，互體坤。坤爲地，山在地上，澤在地下，澤以自損，增山之高也，猶諸侯損其國之富，以貢獻于天子，故謂之損矣。	損。艮爲山，兌爲澤，互體坤。坤爲地，山在地上，澤在地下，澤以自損，增山之高也，猶諸侯損其國之富，以貢獻于天子，故謂之損矣。（《集解》）	惠氏增補出處。
185	損卦《象傳》：二簋可用享。	二簋可用<u>享</u>。四以簋進黍稷<u>於</u>神也。初與二直，其四與五承上，故用二簋。四，巽爻也，巽爲木。五，離爻也，離爲日。日體圓，木器而圓，簋象也。	二簋可用<u>享</u>。四以簋進黍稷<u>于</u>神也。初與二直，其四與五承上，故用二簋。四，巽爻也，巽爲木。五，离爻也，离爲日。日體圓，木器而圓，簋象也。（《考工記·旊人疏》、《少牢饋食禮疏》、《詩·權輿正義》）	1. 引文見《周禮·冬官·考工記下》與《詩·少牢饋食禮》賈公彥《疏》引。又《周禮·地官·舍人》賈《疏》引：「損卦以離巽爲之，離爲日，日圓，巽爲木，木器圓，簋象，是用木明矣。」《儀禮·少牢饋食禮》賈《疏》引：「離爲日，日圓，巽爲木，木器象，是其周器有聞也。」諸引文均賈《疏》引，提爲「注云」，是何人「注云」並未明。孫志祖校嘉靖本云：「此約鄭

				《易注》義。陳刻張惠言校輯鄭《易注》云『初與二直』，『初』字誤，當為『三』。」〔註118〕是歷來將此佚文歸作鄭注，僅是推說，並非確斷之論。
				2. 今本《象傳》「享」字，王氏如字；惠氏則作「亨」字。《漢石經》作「亨」，蜀才亦同。〔註119〕又「簋」字，惠氏雖引作如字，然據《釋文》卷二所云，「簋，蜀才作軌」，惠氏同考，認為鄭氏古文亦當作「軌」字。〔註120〕
186	損卦《象傳》：君子以懲忿窒欲。	徵忿懫欲。徵，猶清也。懫，止也。	君子以徵忿懫欲。徵，猶清也。懫，止也。（《釋文》）	1. 惠棟增補《象》辭與出處。 2. 今本作「懲忿窒欲」，王、惠引鄭注作「徵忿懫欲」。首先，「懲」、徵二字之用，陸氏《釋文》卷二：「徵，直升反，止也；鄭云：猶清也。劉作澂（一本作澄），云清也。蜀才作澄（一本作證）。」《周易集解》作「徵」，引《虞氏易》亦作「徵」字。阮元《校勘記》：「虞本證作澂，云舊本澄。據訓云清也，則當作澂。」「徵」、音近，或假借；所以，而漢儒「懲」、「澂」、「澄」、「證」皆多作「徵」字。〔註121〕另外，

〔註118〕轉引自李學勤主編《十三經注疏・周禮注疏》，北京：北京大學出版社，1999年12月1版1刷，頁1133。

〔註119〕見《釋文》卷二：「用享。香兩反，下同。蜀才許庚反。」依音訓則蜀才當作「亨」字。

〔註120〕參見《九經古義》卷一：「〈公食大夫禮〉云：設黍稷六簋于俎西，鄭氏注云：古文簋皆為軌。《周禮・小史》云：叙昭穆之俎簋，注云：故書簋或為几。鄭司農云几，讀為軌，古文也。《說文》曰：古文簋或作匭，或作朹，蜀才依古文故作軌。又渙之九二云：渙奔其机，机亦古文簋。」

〔註121〕《說文》：「澂，清也，從水徵省聲。」是「澂」、「徵」音同。段玉裁《注》：「澂之言持也，持之而後清。《方言》曰：『澄，清也。』澂、澄古今字。《周易》君子以徵忿，徵者澂之假借字。」據此，蓋以「澂」為本字，「澄」則為「澂」之俗字，而「徵」則又為「澂」之假借字，並為漢儒所慣用，鄭玄亦訓為「清也」。「懲」字，《說文》為「從心徵聲」，是「懲」、「徵」二字又同音，所以，段《注》云「古亦叚徵為懲」；《荀子・正論》：「凡刑人之本，禁暴惡惡且徵其

				窒」、「憸」二字之用，《釋文》：「鄭、劉作憸。憸，止也。孟作恎，陸作眘，如字。」鄭玄、劉表作「憸」，訓爲止；《說文》無「恎」、「憸」二字，而「窒」訓「塞也，从穴至聲」；《集韻》憸「脂利切」，即音至；「窒」、「恎」、「憸」同音。《說文》「愼」字，「眘，古文」，而段玉裁《注》云「寮字從此」；又，《說文》云「療，或从寮」，訓爲「治」。由是，「眘」通假。蓋「窒」爲本字，而「憸」與其它諸字，則以音同而通用。
187	損卦六五：或益之十朋之龜。	六五：十朋之龜。案《爾雅》云十朋之龜者，一曰神龜，二曰靈龜，三曰攝龜，四曰寶龜，五曰文龜，六曰筮龜，七曰山龜，八曰澤龜，九曰水龜，十曰火龜。	或益之十朋之龜。案《爾雅》云十朋之龜者，一曰神龜，二曰靈龜，三曰攝龜，四曰寶龜，五曰文龜，六曰筮龜，七曰山龜，八曰澤龜，九曰水龜，十曰火龜。（《禮器正義》、《正義》）	惠棟增補爻辭與出處。引《爾雅》之言，出於〈釋魚〉，是否爲鄭玄所引，《禮記正義》中，孔穎達並未明指出於鄭氏引自《爾雅》，是否確是鄭氏之引注，未成定說。又，《周禮注疏》卷二十四，賈公彥《疏》，以及《左傳注疏》卷五十一，孔穎達《疏》，亦引此《爾雅》之文。
188	益卦：利有攸往，利涉大川。	益：利有攸往，利涉大川。陰陽之義，陽稱爲君，陰爲臣。今震一陽二陰，臣多於君矣。而四體巽之不應初，是天子損其所有以下諸侯也。人君之道，以益下爲德，故謂之益也。震爲雷，巽爲風，雷動風行，二者相成，猶人君出教令，臣奉行之，	益：利有攸往，利涉大川。陰陽之義，陽稱爲君，陰稱爲臣。今震一陽二陰，臣多於君矣。而四體巽之不應初，是天子損其所有以下諸侯也。人君之道，以益下爲德，故謂之益也。震爲雷，巽爲風，雷動風行，二者相成，猶人君出教令，臣奉行之，故利有攸往，利涉大川也。（《集	1. 惠氏引「陰稱爲臣」句，王氏無「稱」字，以《周易集解》有之，疑王氏誤闕。又末句，惠氏作「利涉大川也」，而王氏作「利涉大川矣」，王氏同於《集解》。 2. 「而四體巽之不應初」句，王、惠均引《集解》而未詳考修訂，其「不」字，實當作「下」字；李衡《周易義海撮要》即作「下」字，是「而四體巽之下應初」爲正。

來也。」《漢羊竇道碑》：「盜賊憸止。」是「徵」、「懲」通用之例證。因此，惠棟《九經古義》卷一舉證明訓：「《左傳‧襄廿七年》云：以徵過也。杜氏云：徵，審也；清，徵也。案：懲當作徵，讀爲懲；古懲字皆作徵。《史記》引《詩》曰：荊荼是徵。今《毛詩》及《孟子》皆作懲，非也。」「懲」字漢儒皆作「徵」。

		故利有攸往，利涉大川矣。	解》）	
189	夬卦：夬：揚于王庭。	夬，決也。陽氣浸長至於五，五，尊位也，而陰先之，是猶聖人積德說天下，以漸消去小人，至於受命爲天子，故謂之夬。揚，越也。五互體乾，乾爲君，又居尊位，王庭之象也。陰爻越其上，小人乘君子罪惡，上聞于聖人之朝，故曰「夬，揚于王庭」。	夬：揚于王庭。夬，決也。陽氣浸長至于五，五，尊位也，而陰先之，是猶聖人積德說天下，以漸消去小人，至於受命爲天子，故謂之夬。揚，越也。五互體乾，乾爲君，又居尊位，王庭之象也。陰爻越其上，小人乘君子罪惡，上聞于聖人之朝，故曰「夬，揚于王庭」也。（《集解》）	惠棟增補卦辭與出處。句末惠氏多一「也」字，今《集解》有「也」字。
190	夬卦九二：惕號，莫夜。	九二：惕號（音号），莫夜（莫如字。莫，无也。无夜，非一夜）	九二：惕號（音号，《釋文》），莫夜（莫如字。同上）。莫，无也。无夜，非一夜。（《釋文》）	1. 王、惠文句放置不一，惠氏爲正。「莫，无也。无夜，非一夜」句，王氏作小注，接於「莫如字」之後。 2. 鄭氏「莫」作「无」訓，《周易集解》卷七、八，虞翻注，同作「莫，无也」。此外《毛詩注疏》卷十八、二十二、二十四，鄭《箋》亦作「無」解；又《禮記注疏》卷八，鄭注亦同。鄭慣訓作「無」。「莫」作爲「暮」之本字時，則「暮夜」之義就較模糊了。今學者釋此言時，有多作深夜之義。惠棟依鄭、虞之義爲詮。
191	夬卦九三：壯于頄。	九三：壯于頄。頄，夾面也。	九三：壯于頄。頄，夾面也。（《釋文》）	1. 惠氏增補出處。 2. 今本「頄」字，王、惠據《釋文》言，鄭玄作「頯」，蜀才作「仇」。《釋文》並引翟云訓「頄」爲「面顴頰間骨」。〔註122〕《說文》無「頄」字，釋「頯」云：「頯，權也。從頁矛聲。渠追切。」而段玉裁《注》云：「權者，今之

〔註122〕參見《釋文》卷二云：「頄，求龜反，顴也，又音求，又丘倫反。翟云：面顴頰間骨也。鄭作頯：頯，夾面也。王肅音龜。江氏音琴威反。蜀才作仇。」

				顀字。」王弼《注》云：「頯，面權也。」是「頯」、「顀」二字同訓；然惠氏以《說文》無「頯」字，而從鄭作「顀」字。〔註123〕
192 （惠增）	夬卦九四：其行次且。	（無）	其行趑趄。（趑，七私反。趄，七餘反。《釋文》）	今本「次且」惠棟引鄭注作「趑趄」。《釋文》卷二云「次」，「本亦作趑，或作跂，《說文》及鄭作趑」；「且」，「本亦作趄，或作跙」；「王肅云：趑趄，行止之礙也」。《說文》云，「趑趄，行不進也」。「趑趄」，音義同「次且」。「趑趄」，為本字，「次且」則古文从省。「趑」作「趑」，段《注》二字同在十五，部是古音相近而通假。又，劉向《新序》卷五，引《易》云「臀無膚，其行趑趄」；南唐徐鍇《說文繫傳》卷三，云：「趑趄，行不進也，从走次聲。臣鍇曰：《易》曰：其行趑趄也。」李昉等撰《御覽》卷三九四，云「《易》困卦曰：臀無膚，其行趑趄」。〔註124〕「趑趄」與「趑趄」歷來普遍互用。作「次且者為馬本」。〔註125〕此外，《帛書周易》作「郪胥」，〔註126〕同於《詩·有客》「有萋有且」的「萋且」。是以何辭最古，似難成定說。
193	夬卦九五：莧陸。	莧陸，一名商陸。	九五：莧陸。莧陸，一名商陸。（《釋文》、《正義》）	惠棟增補爻辭與出處。
194	姤卦：女壯，勿用取女。	遘，遇也。一陰承五陽，一女當五男，苟相遇耳，非禮之正，故謂之遘。女壯如是，壯健似淫，故不可娶，	遘：女壯，勿用取女。遘，遇也。一陰承五陽，一女當五男，苟相遇耳，非禮之正，故謂之遘。女壯如是，壯健似淫，故不可	1. 惠棟增補卦辭與出處。 2. 遘卦之「遘」字，《集解》用「姤」；惠氏雖注引自《集解》，但知古用此「遘」字，同於王氏所引。「姤」字，《說文》不載，「《古文易》作遘，鄭氏从之，王輔嗣改就俗，

〔註123〕關於蜀才作「仇」字：《說文》「夅讀如逺逺」，篆文作「尯」，《爾雅》音仇。所以蜀才作「仇」，以其音近而通。

〔註124〕《太平御覽》引作《易》困卦，實當為夬卦九四爻辭。

〔註125〕宋翔鳳《周易考異》據陸德明《音義》引馬融云「次，卻行不前也」，而斷定作「次且」者為馬氏所本。（參見宋氏《周易考異》卷二，頁599。）

〔註126〕見鄧球柏《帛書周易校釋》，頁321。

		婦人以婉娩爲其德也。	娶，婦人以婉娩爲其德也。（《集解》）	獨《雜卦傳》一字未改，此古文之僅存者」，〔註127〕《唐石經》於《雜卦》亦作「遘」字。惠氏詳之，以「遘」字爲古爲正。 3. 惠氏引「壯健似淫」之「淫」字，王氏作「滛」，今《集解》本亦作「淫」。然而，惠氏於《周易述》卷十五，則又作「滛」；以惠氏用字精審，而「淫」、「滛」混用，不知惠氏所本爲何。
195	姤卦《象傳》：后以施命誥四方。	誥四方。誥，正也。	后以施命誥四方（誥，起一反。）。誥，止也。（《釋文》）	1. 惠棟增補《象》辭與出處。 2. 今本《象傳》「誥四方」之「誥」，王、惠引《釋文》皆作「詰」字：「詰，鄭作誥，止也。王肅同。」查《尚書·呂刑》、《周禮·秋官·司寇》、《漢石經》、《漢書·刑法志》、《晉書·刑法志》、《魏書·刑罰志》、《隋書·經籍志》，以及荀悅《前漢紀》卷二十四，皆作「詰四方」。顧炎武《九經誤字》：「詰四方，《石經》、《監本》同。《釋文》詰，起一反，今本作誥，誤。」是漢儒多作「詰」，並爲漢《易》之原文。惠棟尤尚「詰」字，同其父士奇所主；〔註128〕棟並認爲「誥當從《說文》，京房作告，古文也。」「告」、「誥」爲古今字。
196	姤卦九五：以杞包瓜。	九五。杞，栁也。	以杞包瓜。包，百交反。杞，栁也。（《釋文》）	惠棟增補爻辭與出處。「包」字，《釋文》引《子夏傳》作「苞」，《虞氏易》同；明周祈《名義考》卷九、元龍仁夫《周易集傳》卷五，同云「包與苞同」。惠棟《周易述》遘卦作「苞」。孔《疏》作「匏」。是「包」、「苞」、「匏」三字通用。

〔註127〕見李富孫《易經異文釋》卷三，卷553。

〔註128〕見惠士奇《惠氏易說》云：「后以施命詰四方，詰或作誥，傳寫之訛。鄭康成、王肅本皆作詰。《釋文》音起一反，止也，謂禁止奸慝。姤一陰生，奸慝將萌之象，故禁止之。《書》曰：度作詳刑，以詰四方。謂禁止四方之奸慝也。晉《易》亦作詰。」（引自臺北：藝文印書館印《皇清經解易類彙編·惠學士易說》，卷二百一十一，頁364。）

197	萃卦卦辭：亨；王假有廟。利見大人，亨，利貞；用大牲，吉，利有攸往。	萃：亨无亨字。萃，聚也。坤為順，兌為悅，臣下以順道承事，其君悅德，居上待之，上下相應，有事而和通，故曰萃，亨也。假，至也。互有艮、巽；巽為木，艮為闕，木在闕上，宮室之象也。四本震爻，震為長子，五本坎爻，坎為隱伏，居尊而隱伏，鬼神之象。長子入闕升堂，祭祖禰之禮也。故曰王假有廟。二本離爻也；離為目，居正應五，故利見大人矣。大牲，牛也，言大人有嘉會時可幹事，必殺牛而盟，既盟則可以往，故曰利往。（《集解》）	萃：王假有廟。（《釋文》）利見大人，亨，利貞；用大牲，吉，利有攸往。萃，聚也。坤為順，兌為說，臣下以順道承事，其君說德，居上待之，上下相應，有事而和通，故曰萃，亨也。（案：《釋文》亨字疑衍）假，至也。互有艮、巽；巽為木，艮為闕，木在闕上，宮室之象也。四本震爻，震為長子，五本坎爻，坎為隱伏，居尊而隱伏，鬼神之象。長子入闕升堂，祭祖禰之禮也。故曰王假有廟。二本離爻也；離為目，居正應五，故利見大人矣。大牲，牛也，言大人有嘉會時可幹事，必殺牛而盟，既盟則可以往，故曰利往。（《集解》）	1. 惠棟增補卦辭與出處。 2. 惠棟作「說」，王氏作「悅」字。今本《周易集解》作「悅」字。 3. 王氏「萃：亨」，「亨」字下小注「无亨字」，即指萃卦的卦辭「亨」字本當無。惠氏於鄭玄注文「故曰萃，亨也」中，小注「案：《釋文》亨字疑衍」，以「疑」言之，未敢輕言作斷論。「亨」字，《釋文》云：「王肅本同。馬、鄭、陸、虞等，並無此字。」然今《集解》本及所引虞、鄭之文，皆有「亨」字，或陸氏所見版本與李氏所見不同。宋明以降，據言「亨」字衍，以朱子《周易本義》卷二為首，爾後董楷《周易傳義附錄》卷七下、俞琰《周易集說》卷七、元胡炳文《周易本義通釋》卷二、趙采《周易程朱傳義折衷》卷二十四、董真卿《周易會通》卷九等，皆據朱子之說而傳。《帛書周易》卒（萃）卦卦辭亦無「亨」字，〔註129〕蓋可旁證漢代多有無「亨」字者。
198	萃卦《象傳》：君子以除戎器。	除戎器。除，去也。	君子以除戎器。除，去也。（《釋文》）	惠棟增補《象》辭與出處。
199	萃卦初六：一握為笑。	初六：一握。握當讀為夫三為屋之屋。	一握為笑。握當讀為夫三為屋之屋。（《釋文》）	惠棟增補爻辭與出處。
200	萃卦六二：孚乃利用禴。	六二。禴，夏祭名。	孚乃利用禴。禴，夏祭名。（《釋文》）	惠棟增補爻辭與出處。
201	萃卦上六：齎咨涕洟。	上六。自目曰涕，自鼻曰洟。	齎咨涕洟。（《釋文》）齎咨，嗟歎之辭也。自目曰涕，自鼻曰洟。（《釋文》）	惠棟增補爻辭、鄭注文與出處。

〔註129〕見鄧球柏《帛書周易校釋》，頁325。

202	升卦。	昇。昇，上也。坤地巽木，木生地中，日長而上，猶聖人在諸侯之中，明德日益高大也，故謂之昇。昇，進益之象也。	昇。（《釋文》）昇，上也。坤地巽木，木生地中，日長而上，猶聖人在諸侯之中，明德日益高大也，故謂之昇。昇，進益之象也。（《集解》）	1. 惠氏增補出處。 2. 今本升卦之「升」字，王、惠二氏，依《釋文》云「鄭本作昇」。然而《集解》引鄭氏作「升」字。李富孫云：「《說文》無昇字，為徐鉉新坿，此後出之俗體。《玉篇》昇或升字。《乾鑿度》與鄭同。」〔註130〕因此，「升」字當後出之俗體字。惠棟《周易述》不從鄭氏作「昇」字，而依「升」為本字。《帛書周易》作「登」，〔註131〕備參。
203	升卦六四：王用亨于岐山	王用亨于岐山。亨，獻也。（亨，許兩反）	六四：王用亨于岐山。（亨，許兩反）亨，獻也。（《釋文》）	惠棟增補爻辭與出處。
204	困卦卦辭：亨。	坎為月，互體離，離為日，兌為暗昧，日所入也。今上掩日月之明，猶君子處亂代，為小人所不容，故謂之困也。君子雖困，居險能悅，是以通而无咎也。	困：亨。坎為月，互體离，离為日，兌為暗昧，日所入也。今上弇日月之明，猶君子處亂代，為小人所不容，故謂之困也。君子雖困，居僉能說，是以通而无咎也。（《集解》）	1. 惠棟增補卦辭與出處。 2. 今本《周易集解》「君子處亂代」，其「代」字原當為「世」字，避唐諱之故。又，《集解》「今上掩日月之明」，「掩」字，王應麟如字，惠氏作「弇」字，《周易述》困卦亦同，蓋依虞翻、荀爽之故。〔註132〕又，《集解》「居險能悅」，王如字，惠作「居僉能說」。同年代程廷祚《大易擇言》卷二十五、趙繼序《周易圖書質疑》卷十，同引鄭注，云「君子雖困，居險能說」，用「說」字與惠氏同；惟惠氏用「僉」字，不知所據。
205	困卦九二：困于酒食，朱紱方來，利用亨祀。	九二：困于酒食，朱韍方來，利用亨祀。二據初辰在未，未為	九二：困于酒食，朱韍方來，利用亨祀。二據初辰在未，未為土，此二	1. 今本爻辭「朱紱」之「紱」字，《儀禮·士冠禮》云「韎韐」，以「紱」作「韐」，賈公彥《疏》，同作「韐」，為

〔註130〕見李富孫《易經異文釋》卷四，頁555。
〔註131〕見鄧球柏《帛書周易校釋》，頁305。
〔註132〕《經典釋文》云：「捈，本又作掩，於檢反。虞作弇。」又，《周易集解》引荀爽《易》亦作「弇」。「弇」、「捈」、「掩」三字音義皆同，故古可通用，因師法而異字。

	土，此二爲大夫有地之象。未上值天厨，酒食象。困于酒食者，采地薄不足已用也。二與日爲體，<u>離爲鎭</u>霍。爻四爲諸侯有明德受命當王者，<u>離爲火</u>，火色赤。四爻辰在午時，離氣赤<u>又朱</u>，是也。文王將王天子，制用朱韍，(《士冠禮疏》) 朱深<u>云</u>赤。	爲大夫有地之象。未上值天厨，酒食象。困于酒食者，采地薄不足已用也。二與日爲體，<u>離爲鎭</u>霍。爻四爲諸侯有明德受命當王者，<u>離爲</u>火，火色赤。四爻辰在午時，離氣赤<u>爲朱</u>，是也。文王將王天子，制用朱韍，(《士冠禮疏》) 朱深于赤。(王氏)	祭服之屬，以飾異而別於「韍」。〔註133〕鄭玄注《易緯乾鑿度》同作「韍」。《詩》云「朱芾斯皇，三百赤芾」，「赤芾在股，邪幅在下」，「韍」皆作「芾」字；王應麟《玉海》卷八十一，引《正義》作「朱韍方來」，並云《詩箋》「芾，太古蔽膝之象」，「韍韠但是蔽膝之象，其制則同，但尊祭服異其名耳」，與賈氏同詁。「朱芾斯皇」，「芾」《釋文》作「茀」。《說文》：「市，韠也。天子朱市，諸侯赤市。」案，「市」、「芾」、「茀」、「韍」、「絨」皆同義。〔註134〕 2. 王氏引鄭注作「朱深<u>云</u>赤」，而惠氏則作「朱深<u>于</u>赤」，並小注引自王氏；孫堂補遺作「朱深<u>旦</u>赤」。此語見《斯·斯干正義》，惟作「朱深<u>云</u>赤」。惠氏未察語出《詩正義》，而草注王氏，並改作「于」字，是其失。
206	困卦九五：劓劓。	九五。劓劓當爲倪仉。	九五：劓劓。劓劓當爲倪仉。(《釋文》)	惠棟增補爻辭與出處。
207	井卦。	<u>井，法也</u>。坎，水也；巽木，桔橰也。互體<u>離</u>兑。<u>離</u>外堅中虛，瓶也。兑爲暗澤，泉口也。	井。坎，水也；巽木，桔橰也。互體離兑。離外堅中虛，瓶也。兑爲暗澤，泉口也。言桔橰引瓶，下入泉	惠棟增補出處。「井，法也」句，王氏置於引文之前，而惠氏則置於文末。

〔註133〕《儀禮·士冠禮》卷一，賈公彥《疏》：「祭服謂之韍，其他服謂之韠。《易》困卦九二，困於酒食，朱韍方來，利用享祀，是祭服之韍也。又案明堂位云：有虞氏服韍，夏后氏山殷火周龍章，鄭云後王彌飾天子備焉，諸侯火，而下卿大夫山，士韎韋而已。是士無飾則不得單名韍，一名韎韐，一名縕韍而已。是韍有與韠異，以制同飾異。故鄭云：韍之制似韠也，但染韋爲韍之體，天子與其臣，及諸侯與其臣有異。」是「韍」與「韠」之較，以制同而飾異，以祭服謂之韍，其他服謂之韠。

〔註134〕徐芹庭《周易異文考》以「市爲古文，作韍者篆文，《詩經》作芾，《釋文》或作茀。皆假借字也。作絨則其俗字也」。備作參考。(見徐氏《周易異文考》，臺北：五洲出版社，1975年12月出版，頁91。)

		言桔槔引瓶，下入泉口，汲水而出，井之象也。井以汲人，水无空竭，猶君子以政教養天下，惠澤无窮也。	口，汲水而出，井之象也。井以汲人，水无空竭，猶君子以政教養天下，惠澤无窮也。（《集解》）井，法也。（《釋文》）	
208（惠增）	井卦卦辭：汔至亦未繘井。	（無）	汔至亦未繘井。繘，綆也。（《釋文》）	惠氏引《釋文》鄭玄注文。唐孔穎達《周易註疏》卷八疏，同云「繘，綆也」，蓋本於鄭詁。程朱以降，皆作此訓。惠氏《周易述》卷七：「鄭云：繘，綆也。《方言》曰：關西謂綆爲繘。郭璞注云：汲水索也。巽爲繩，故巽繩爲繘。」補鄭氏之訓。
209（惠增）	井卦卦辭：羸其瓶。	（無）	羸其瓶。羸讀曰虆。（《釋文》）	惠氏引鄭玄音訓佚文；《釋文》：「蜀才作累。鄭讀曰虆。」「羸」，《帛書周易》作「纍」字，〔註135〕音同。
210	井卦九二：井谷射鮒，甕敝漏。	九二：井谷射鮒。九二，坎爻也；坎爲水，上直巽。生一，艮爻也；艮爲山，山下有井，必因谷水，所生魚無大魚，但多鮒魚耳。夫感動天地，此魚之至大，射鮒井谷，此魚之至小，故以相況。（《文選·吳都賦注》。甕，停水器也。）	九二：井谷射鮒，甕（《釋文》）敝漏。九二，坎爻也；坎爲水，上直巽。九三，艮爻也；艮爲山，山下有井，必因谷水，所生魚無大魚，但多鮒魚耳。言微小也。夫感動天地，此魚之至大，射鮒井谷，此魚之至小，故以相況。《文選·吳都賦注》。甕，停水器也。（《釋文》）	1. 惠棟增補爻辭與出處。 2. 王氏闕「言微小也」句，惠氏增補。 3. 王氏誤將「九三」作「生一」，惠氏改正。 4. 「甕」字，《說文》作「罋」。古時从瓦從缶之字往往相同，故「甕」、「罋」二字同義。
211	井卦九三：井渫不食。	井渫不食。謂已浚渫也，猶臣修正其身以事君也。	井渫不食。謂已浚渫也，猶臣修正其身以事君也。（《文選·登樓賦注》）	惠氏增補出處。
212	革卦。	革。革，改也。水火相息而更用事，猶王者受命，改正朔，易服色，故謂之革。	革。革，改也。水火相息而更用事，猶王者受命，改正朔，易服色，故謂之革。（《集解》）（《釋文》）	惠氏增補出處。

〔註135〕見鄧球柏《帛書周易校釋》，頁198。

213	鼎卦。	鼎。鼎，象也。卦有木火之用，<u>互</u>體乾、兌。乾爲金，兌爲澤；澤鍾金而含水，爨以木火，鼎亨<u>熟</u>物之象。鼎亨<u>熟</u>以養人，猶聖君興仁義之道，以教天下也。故謂之鼎矣。	鼎。鼎，象也。卦有木火之用，<u>亙</u>體乾、兌。乾爲金，兌爲澤；澤鍾金而含水，爨以木火，鼎亨<u>孰</u>物之象。鼎亨<u>孰</u>以養人，猶聖君興仁義之道，以教天下也。故謂之鼎矣。（《集解》）	惠氏增補出處。王氏作「熟」字，而惠氏則作「孰」字。今《集解》本作「孰」字，故惠氏謹於原字。
214	鼎卦《象傳》：君子以正位凝命。	凝命。凝，成也。	<u>君子以正位凝命。</u>凝，成也。（《釋文》）	惠棟增補《象》辭與出處。
215	鼎卦初六：鼎顛趾，利出否；得妾以其子，无咎。	初六：鼎顛趾。顛，踣也。趾，足也。無事日趾，陳設日足，爻體巽爲股，初爻在股之下，足象也。足所以承正鼎也。初陰爻而柔，與乾同體，以否正承乾，乾爲君，以喻君夫人事君，若失正禮，踣其爲足之道，情無怨，則當以和義出之，然如否者，嫁於天子，雖失禮，无出道，廢遠之而已，若其无子，不廢遠之，后尊如故。其犯六出，則廢之遠之。子廢坤爲順，又爲子母牛，今在后妃之旁，側妾之例也。有順德，子必賢，賢而立以爲世子，又何咎也。	初六：鼎顛趾，<u>利出否；得妾以其子，无咎</u>。顛，踣也。趾，足也。無事日趾，陳設日足，爻體巽爲股，初爻在股之下，足象也。足所以承正鼎也。初陰爻而柔，與乾同體，以否正承乾，乾爲君，以喻君夫人事君，若失正禮，踣其爲足之道，情無怨，則當以和義出之，然如否者，嫁于天子，雖失禮，无出道，廢遠之而已，若其无子，不廢遠之，后尊如故。其犯六出，則廢之遠之。子廢坤爲順，又爲子母牛，今在后妃之旁，側妾之例也。有順德，子必賢，賢而立以爲世子，又何咎也。（《士昏禮疏》、《內則正義》、《御覽》一百四十五）	惠棟增補爻辭與出處。此鄭氏以禮釋《易》之典型例子。
216	鼎卦九二：我	九二：我仇有	我仇有疾。怨耦日	惠氏增補出處。引爻辭，王氏

	仇有疾。	疾。怨耦曰仇。	仇。（《釋文》）	多「九二」字。
217	鼎卦九三：雉膏不食。	九三。雉膏，食之美者。	雉膏不食。雉膏，食之美者。（《釋文》）	惠棟增補爻辭與出處。
218	鼎卦九四：鼎折足，覆公餗，其<u>形渥</u>。	九四：鼎折足，覆公餗，其<u>刑屋</u>。（《釋文》「剭」。《周禮注》云「其刑剭」）糝謂之餗。震為竹，竹萌曰筍，筍者餗之為菜也。餗美饌，<u>具八珍之食</u>。鼎三足，三公象，若三公傾覆王之美道，屋中刑之。（一云「臣下曠官，失君之美道，當刑之于屋中」。「餗」一作「莍」。注：一莍為八珍所用）	九四：鼎折足，覆公餗，其<u>刑剭</u>。（音屋。《釋文》）糝謂之餗。震為竹，竹萌曰筍，筍者餗之為菜。餗美饌，是一作具。八珍之食。鼎三足，三公象，若三公傾覆王之美道，屋中刑之。（《天官‧醢人疏》、《秋官‧司烜氏疏》、《詩》韓奕《正義》）	1. 惠氏詳引出處。 2. 王氏小注一云「臣下曠官，失君之美道，當刑之于屋中」。並云「餗」一作「莍」。惠氏則刪之。 3. 今本九四爻辭「其刑渥」之「渥」字，王氏作「屋」，惠氏作「剭」；惠氏本鄭玄之言。《周禮注疏》卷三十六，鄭《注》「屋讀如其刑剭之剭」，以音同而通用；賈公彥《疏》作「其刑屋」。《漢石經》作「其刑剭」；荀悅《前漢紀‧武帝三》卷十二、宋祁《新唐書》卷一四五等皆同。朱震《漢上易傳》卷五，云「其形渥，凶。鄭康成、虞仲翔本作其刑剭」，「師氏、子夏傳作握。蓋傳之久，字誤而音存也。王輔嗣作其形渥，易傳從輔嗣」。馮椅《厚齋易學》卷四，「剭」字「舊作渥或握，京謂刑在頒為剭，從《九家》、京、鄭、一行」。《晁氏易》：「渥，京房、《九家》、一行；陸希聲作剭。薛云：古文作渥。」《帛書周易》作「其刑屋」。〔註136〕蓋「剭」、「渥」、「屋」音同而通假；漢代大多用「剭」字。 4. 今本爻辭作「形」字，王、惠引鄭氏作「刑」字，《九家》、京房、荀爽、虞翻、一行、陸希聲等皆作「刑」字。〔註137〕帛書《周易》亦作

〔註136〕見鄧球柏《帛書周易校釋》，頁396。
〔註137〕《晁氏易》云：「形，《九家》、京、荀、虞、一行、陸希聲作刑。」易祓《周易總義》卷十四亦云：「《九家》、京、荀、虞以形為刑。」先秦漢魏常以今「形」義之字作「刑」字。「形」、「刑」二字多互用，漢碑尤常可見。

				「刑」。漢代「刑」、「形」多混用。〔註138〕
219	鼎卦六五：金鉉。	六五。金鉉，喻明道能舉君之官職也。	六五：金鉉。金鉉，喻明道能舉君之官職也。(《文選·西征賦注》、《唐律義疏》)	惠棟增補爻辭與出處。
220	震卦卦辭：亨。	(王氏引文置於釋卦辭「震驚百里，不喪匕鬯」下)	震：亨。震為雷，雷動物之氣也。雷之發聲，猶人君出政教以動國中之人也，故謂之震。人君有善聲教，則嘉會之禮通矣。(《集解》、《詩·召南正義》)	惠氏引此佚文，王氏置於釋「震驚百里，不喪匕鬯」之下。惠氏之區分為善。
221 (惠增)	震卦卦辭：震來虩虩。	(無)	震來虩虩。恐懼貌。(《釋文》)	此惠氏引《釋文》新增之佚文。履卦「履虎尾愬愬」之「愬愬」，宋魏了翁《周易要義》卷一下云：「《子夏傳》云：恐懼貌。何休注《公羊傳》云：驚愕也。馬本作虩，音許逆反，云恐懼也。《說文》同《廣雅》，云懼也。」又「震來虩虩」之「虩虩」，卷二云：「虩，許逆反。馬云恐懼貌，鄭同，荀作愬愬。」是漢儒馬、鄭、荀、何諸家，乃至《子夏傳》皆作恐懼之貌解。宋明學者多沿之。〔註139〕
222	震卦卦辭：笑言啞啞。	啞啞。樂也。	笑言啞啞。樂也。(《釋文》)	惠棟增補卦辭與出處。
223	震卦卦辭：震驚百里，不喪匕鬯。			1. 惠棟增補卦辭與出處。 2.「震為雷，……則嘉會之禮通矣」段，惠棟另作分出，已如前文所述。 3. 王氏作「警戒」，惠氏作「驚戒」。

〔註138〕李富孫《易經異文釋》，詳考「形渥」二字，肯定「古本多作刑剭，或通作形」。(參見李氏《易經異文釋》卷四，頁557。)

〔註139〕宋趙善譽《趙氏易說》卷四、馮椅《厚齋易學》卷三十六、李過《西谿易說》卷十一、趙汝楳《周易輯聞》卷五、元李簡《學易說》卷五、陳櫟《定宇集》卷五等諸家《易》著，皆云「虩虩，恐懼貌」，當引自漢儒詁訓。

	震驚百里，不喪七鬯。震為雷，雷動物之氣也。雷之發聲，猶人君出政教以動國中之人也，故謂之震。人君有善聲教，則嘉會之禮通矣。驚之言警戒也。雷發聲聞於百里，古者諸侯之象。諸侯之出教令，能驚戒其國疆之內。則守其宗廟社稷，為之祭主，不亡其七與鬯也。人君於祭之禮，七牲體薦鬯而已，其餘不親為也。升牢於俎，君七之，臣載之。鬯，秬酒芬芳條鬯，因名焉。	震驚百里，不喪七鬯。驚之言驚戒也。雷發聲聞于百里，古者諸侯之象。諸侯之出教令，能驚戒其國疆之內。（《詩·召南正義》）則守其宗廟社稷，為之祭主，不亡其七與鬯也。人君於祭之禮，尚（一作七）牲體薦鬯而已，其餘不親為也。（一云「其餘不足觀也」。《特牲饋食禮疏》）升牢於俎，君七之，臣載之。鬯，秬酒芬芳條鬯，因名焉。（《集解》）	
224	震卦六二：億喪貝。	六二：億喪貝。十萬曰億。於力反。	億喪貝。（億，於力反）十萬曰億。（《釋文》）	惠棟增補出處。音注位置不同。
225	震卦六三：震蘇蘇。	六三。蘇蘇，不安也。	六三：震蘇蘇。蘇蘇，不安也。（《釋文》）	惠棟增補爻辭與出處。
226	震卦上六：震索索，視矍矍。	上六。索索，猶縮縮，足不正也。矍矍，目不正。	上六：震索索，視矍矍。索索，猶縮縮，足不正也。矍矍，目不正。（《釋文》）	惠棟增補爻辭與出處。
227	艮卦卦辭：艮其背。	艮之言很也。艮為山，山立峙各於其所，无相順之時，猶君在上，臣在下，恩敬不相與通，故謂之艮。	艮其背。艮為山，山立峙各於其所，无相順之時，猶君在上，臣在下，恩敬不相與通，故謂之艮也。（《集解》）艮之言很也。（《釋文》）	1. 惠棟增補卦辭與出處。2. 「艮之言很也」句，王、惠所置不同，以惠氏為善。

228	艮卦九三：艮其限，列其夤。	九三。限，要也。列其腞。	九三：艮其限，列其腞。（《釋文》）限，要也。（《釋文》）	1. 惠棟增補爻辭與出處。「列其腞」句，爲九三爻辭，王氏置於注文之後，是王氏未察之誤。 2. 今本作「列其夤」，王、惠作「列其腞」。《周易註疏》卷九，陸德明《音義》云：「夤，引眞反。馬云夾脊肉也。鄭本作腞，徐又音胤，荀作臏，云互體有坎，坎爲臏。」其《經典釋文》同云。王弼《周易注》作「列其夤」。《周易集解》引《虞氏易》作「裂其夤」。元董眞卿《周易會通》卷十引《晁氏易》云：「孟、京、一行作胂，鄭作腞。」《說文》云「胂，夾脊肉也」，即作「胂」字。《帛書周易》作「肥」，疑今之「肥」字。〔註140〕是諸家作字各異，而音義相近。
229	漸卦初六：鴻漸于干。	初六。干，謂大水之傍，故停水處者。	初六：鴻漸于干。干，謂大水之旁，故停水處者。（《詩·伐檀正義》、〈斯干正義〉、《釋文》）	1. 惠棟增補爻辭與出處。 2. 《毛詩注疏》卷九、十八，孔穎達《疏》作「大水之傍」，宋明以降大都從此說。〔註141〕亦有作旁字者，如宋段昌武《毛詩集解》卷十八，則引鄭注作「旁」字，又《康熙辭典》亦作「旁」。〔註142〕二字互用。
230	漸卦九三：夫征不復，婦孕不育。	九三：婦孕不育。九三上與九五互體爲離，離爲大腹，孕之象也。又互體爲坎，坎爲大夫，坎爲水，水流而	夫征不復，婦孕不育。九三上與九五互體爲离，离爲大腹，孕之象也。又互體爲坎，坎爲丈夫，坎爲水，水流而去，是夫征不復	1. 惠棟增補爻辭與出處。 2. 王氏引作「坎爲大夫」，「大」爲「丈」字之誤。漸卦九三爻辭謂「夫征不復」，「夫」即爲人丈夫者，故以「坎爲丈夫」爲正。歷來引鄭注皆作「坎爲丈夫」，如《禮記註疏》卷二

〔註140〕見鄧球柏《帛書周易校釋》，頁114。
〔註141〕宋明以降作「傍」字者，如宋范處義《詩補傳》卷十七、呂祖謙《呂氏家塾讀詩記》卷二十、嚴粲《詩緝》卷十九，均引鄭注作「傍」字。
〔註142〕《御定康熙辭典》卷九云：「《詩·小雅·秩秩斯干傳》，干，澗也，又水涯也。《易》漸卦，鴻漸于干，註干謂大水之旁，故停水處者。」引鄭《易》作「旁」。此外，又如明馮復京《六家詩名物疏》卷二十三，亦同；清余蕭客《古經解鉤沉》卷二下，亦同。

		去，是夫征不復也。夫既不復，則婦人之道顛覆，故孕而不育。孕，猶娠也。	也。夫既不復，則婦人之道顛覆，故孕而不育。（《郊特牲正義》）孕，猶娠也。（《釋文》）	十五孔穎達《疏》、宋楊復《儀禮經傳通解續》卷二十八下、明熊過《周易象旨決錄》卷四、潘士藻《讀易述》卷九、陳祖念《易用》卷四等，皆作「丈」字。惠棟補正。
231	歸妹卦六三：歸妹以須。	六三：歸妹以須。須，有才智之稱。（天文有須女，屈原之姊名女須。姊，一作妹）	六三：歸妹以須。須，有才智之稱。天文有須女，屈原之妹名女須。（《詩·桑扈正義》）	此佚文惠棟引自孔穎達《毛詩正義》作「屈原之妹」。然，此文又見賈公彥《周禮·冢宰疏》，「有才智之稱」句，無「有」字，「屈原之妹」作「屈原之姊」；賈《疏》作「姊」有據，如王逸《楚辭注》云「女須屈原姊」，則是一證。
232	歸妹上六：女承筐，无實。	上六：女承筐，无實。宗廟之禮，主婦奉筐米。《士昏禮》云：婦入三月，而後祭行。	女承筐，无實。宗廟之禮，主婦奉筐米。王氏。《士昏禮》云：婦入三月，而後祭行。（《詩·葛屨正義》）	1. 「女承筐」之「筐」字，《釋文》：「曲亡反，鄭作匡。」王、惠引作「筐」字，不符鄭玄原本。 2. 惠棟小注出處，云爲王氏，實出於《儀禮·特饋食禮疏》；惠氏未明察。
233	豐卦《彖傳》：日中則昃，月盈則食。	（無）	日中則昃，月盈則食。言皆有休已，無常盛也。《公羊疏》。	此佚文惠氏引自《公羊疏》卷二十六。又余蕭客《古經解鉤沉》卷二下，引作「言皆有休已，無常盛同」，其「同」字，不同於惠氏引作「也」字。
234	豐卦初九：遇其配主。	初九：遇其妃主。嘉耦曰妃。	初九：遇其妃主。嘉耦曰妃。（《釋文》）	1. 惠氏增補出處。 2. 今本初九爻辭作「配」字，王、惠二氏依《釋文》云「鄭作妃」。《集解》引虞翻云：「妃嬪，謂四也。」是虞翻亦作「妃」。朱震《漢上易傳》引孟喜亦同。李富孫《易經異文釋》認爲「『妃』爲正字，『配』假借字」，且「古『配』讀爲『妃』」。〔註143〕惠氏《九經古義》卷二特別提到：「豐初九：遇其配主，當作妃，以

〔註143〕參見李富孫《易經異文釋》卷四云：「《釋詁》曰：妃，合也。又訓匹對，媲義同。《說文》云：妃，匹也。配，酒色也。《詩·皇矣疏》引某氏云：天立厥妃。今《毛詩》作配。是妃爲正字，配假借字。惠氏士奇曰：古配讀爲妃。虞注亦曰：妃嬪。蓋配，古妃字，非改配爲妃也。《大戴》：配以及配，《禮記》作妃，古今字。段氏曰：妃，本上下通偁，後人以爲貴偁耳。配當是妃省聲，故假爲妃字。」（見李書，頁559。）

				鄭、虞。」惠氏《周易述》缺豐卦，然其意仍當從鄭、虞而作「妃」字。是漢代諸家，大多作此字。〔註144〕
235	豐卦初九：雖<u>旬</u>无咎。	雖<u>旬</u>无咎。初<u>修</u>禮上朝四，四以匹敵恩厚待之，雖留十<u>旬</u>不爲咎，正以十日者，朝聘之禮，止<u>於</u>主國以爲限，聘禮畢歸，大禮曰旬而稍，旬之外爲稍，久留非常。	雖<u>旬</u>无咎。初<u>脩</u>禮上朝四，四以匹敵恩厚待之，雖留十<u>日</u>不爲咎，正以十日者，朝聘之禮，止<u>于</u>主國以爲限，聘禮畢歸，大禮曰旬而稍，旬之外爲稍，久留非常。（《詩·有客正義》）	1. 今本初九爻辭「雖旬无咎」之「旬」字字，《釋文》云：「旬，如字，均也，荀作均，劉昞作鈞。」《帛書周易》「雖旬」作「唯旬」。十日爲旬，「旬」有作「均」、「鈞」者，未見作「曰」者，王氏恐誤。另外，王氏作「十旬」者，亦非，當爲「十日」。 2. 今本《毛詩》孔穎達《正義》作「修」字，惠氏作「脩」字。
236	豐卦六二：豐其<u>蔀</u>。	六二：豐其<u>菩</u>。菩，小席。	六二：豐其<u>菩</u>。菩，小席。（《釋文》）	惠氏增補出處。今本「蔀」字，王、惠引自《釋文》作「菩」字。〔註145〕《說文》無「蔀」字，於「菩」則云：「菩，艸也，从艸音聲。」「蔀」字，字書有作草、小席之義；〔註146〕《易》家亦有作小草之義。是二字音同義近而通用。晁氏則認爲「菩」爲古文「蔀」字。〔註147〕「蔀」字後出，惠氏以其當然爲古。《帛書周易》作「剖」字；備參。〔註148〕
237	豐卦九三：豐其<u>沛</u>。	九三：豐其<u>芾</u>。芾，祭祀之蔽膝。	九三：豐其<u>韍</u>。（一作芾）韍，祭祀之蔽膝。（《釋文》）	今本九三爻辭作「豐其沛」，「沛」字，王氏作「芾」，惠氏作「韍」，並小注作「芾」。《周易註疏》卷九，陸德明《音義》云：「沛，本或作旆，謂幡幔也。又普貝反，姚云滂沛也，王廙豐蓋反，又補賴反，徐普蓋反，子夏作芾，《傳》云小也。鄭、

〔註144〕《帛書周易》作「肥」字。（見鄧球柏《帛書周易校釋》，頁246。）蓋「肥」音近於「妃」而通假。

〔註145〕見《釋文》卷二云：「蔀，音部。王廙同蒲戶反。王肅普苟反。《畧例》云：大暗之謂蔀。馬云：蔀，小也。鄭、薛作菩，云小席。」

〔註146〕「蔀」字之義，《廣韻》云：「蔀，小席也。」《集韻》則云：「草也。」宋楊簡《楊氏易傳》卷十七：「蔀，草也。馬云：蔀，小也。蔀雖豐亦小矣。」丁易東《易象義》卷七亦云：「蔀，草也。豐其蔀，草木之盛者也。」

〔註147〕轉引自董眞卿《周易會通》卷十，云：「晁氏曰：案菩古文蔀字。」

〔註148〕見鄧球柏《帛書周易校釋》，頁248。

				干作韍,云祭祀之蔽膝。」《說文》卷七下云:「市,韠也,古衣蔽前而已。」又云:「韍,篆文市,从韋从犮。」段《注》云:「韍,或借芾為之,如《詩·侯人》、〈斯干〉、〈采菽〉是也。或借沛為之,如《易》豐其沛;一作芾,鄭云:蔽膝是也。芾與沛蓋本用古文作市,而後人改之。」蓋「沛」、「芾」、「旆」、「市」、「韠」、「韍」、「韋」等字,皆因音義近而通用。又,《帛書周易》作「蘋」,草名,義與前諸字異,備作參考。〔註149〕
238	豐卦九三:日中見<u>沫</u>。	日中見<u>昧</u>。	日中見<u>昧</u>。(《釋文》)	今本「沫」字,王、惠引自《釋文》作「昧」字。《釋文》云:「沫。徐武蓋反,又亡對反,微昧之光也。《字林》作昧,亡太反,云斗杓後星。王肅云:音妹。鄭作昧。服虔云:日中而晻也。《子夏傳》云:昧,星之小者。馬同。薛云:輔星也。」《漢書·五行志》劉歆作「昧」字;〈王商傳〉、〈王莽傳〉同。《晁氏易》云:「《九家》、虞亦作昧。」《廣韻》「十三未」引同。〔註150〕是漢代諸家多作「昧」;子夏、馬、薛、《字林》、王肅等皆言星,而鄭、服則謂昏昧之義。王弼作「沫」,以「沫」為微昧之明。是二字聲義相近而通。惠棟於《周易集解》評注時,認為日中見斗,是日食之象,即漢儒以日中見沫,則為日食。所評良然。《帛書周易》作「茉」字,音假;備參。

〔註149〕帛書引文見鄧球柏《帛書周易校釋》,頁289。「蘋」字訓:宋吳仁傑《離騷草木疏》卷二,「蘋」字云:「蘋蘅槁而節離,王逸《註》:蘋草秋生,今南方湖澤皆有之。洪慶善云:蘋,音煩,《淮南子》云:路無莎蘋,註云:蘋狀似葴,《上林賦》薛莎青蘋,張楫曰:青蘋似莎,生江湖,雁所食。」明盧之頤《本草乘雅半偈》卷八:「蘋即青蘋,一名大莎,《說文》以為青蘋似薍,但大小有異,生江湖,為鳾所食。」清吳景旭《歷代詩話》卷十三云:「蘋音煩,《九歌》登白蘋兮騁望,注云:蘋草秋生,今南方湖澤皆有之,似莎而大,鳾所食也。」蓋「蘋」音「煩」,草名,秋天生,為雁所食者。

〔註150〕諸書所見,轉引自李富孫《易經異文釋》卷四,頁559。

239	豐卦九三：折其右肱。	折其右肱。三，艮爻。艮爲手，互體爲巽，巽又爲進退，手而便于進退，右肱也，猶大臣用事于君，君能誅之，故无咎。	折其右肱。三，艮爻。艮爲手，牙體爲巽，巽又爲進退，手而便于進退，右肱也，猶大臣用事于君，君能誅之，故无咎。（《儀禮‧覲禮疏》）	惠氏增補出處。
240	豐卦上六：闃其无人。	闃其無人。闃，無人貌。	闃其無人。闃，無人貌。（《釋文》）	惠氏增補出處。
241	豐卦上六《象傳》：天際翔也。	天際翔也。際當爲瘵；瘵，病也。	天際祥也。（《釋文》）際當爲瘵；瘵，病也。（《釋文》）	《周易註疏》卷九，陸德明《音義》：「際如字，鄭云當爲瘵；瘵，病也。翔，鄭、王肅作祥。」元董眞卿《周易會通》卷十：「呂《音訓》際，陸氏曰：如字。鄭云：當爲瘵，病也。翔，陸氏曰：鄭、王肅作祥。晁氏曰：孟亦作祥，云天降惡祥。」《集解》本及所引虞翻、孟喜《易》皆作「天降祥也」。由諸家所引，知漢儒皆作「祥」，惠棟所引爲是。
242	豐卦上六《象傳》：自戕也。	自戕也。（戕，傷也）	自戕也。戕，傷也。（《釋文》）	1.「戕，傷也」，王氏引作小注。以惠氏爲宜。 2.今本《象傳》作「自藏也」。陸德明《經典釋文》卷二：「藏，如字。眾家作戕，慈羊反。馬、王肅云：殘也。鄭云：傷也。」《漢書》卷二十七下，「後闍戕吳子」，顏師古注：「戕，傷也。」蓋漢儒多作「戕」，鄭氏亦同。清翟均廉《周易章句證異》、胡煦《周易函書約註》，均認爲鄭玄作「藏」，是誤。〔註151〕
243	旅卦初六：旅瑣瑣，斯其所取災。	初六。瑣瑣，猶小小也。爻互體艮，艮小石，小小之象。三爲聘客，初與二其介	初六：旅瑣瑣，斯其所取災。瑣瑣，猶小小也。爻互體艮，艮小石，小小之象。三爲聘客，	惠棟增補爻辭與出處。「爻互體艮」句，魏了翁《儀禮要義》引賈《疏》作「爻互艮」，無「體」字；察今本《儀禮註疏》中之賈《疏》，仍作「爻互體艮」，

〔註151〕清翟均廉《周易章句證異》卷六：「藏，陸德明云：眾家作戕。馬融云：戕，殘也。王肅同。鄭玄云：藏，傷也。按虞翻作藏。」胡煦《周易函書約註》卷十一，亦云「鄭作藏」。蓋翟氏據引《釋文》，並增溢鄭注「藏」字而誤。胡氏則不知所本。

－445－

		也。介當以篤實之人爲之,而用小人瑣瑣然。客主人爲言,不能辭曰非禮,不能對曰非禮,每者不能以禮行之,則其所以得罪。	初與二其介也。介當以篤實之人爲之,而用小人瑣瑣然。客主人爲言,不能辭曰非禮,不能對曰非禮,每者不能以禮行之,則其所以得罪。(《儀禮‧聘禮疏》)	確有「體」字,殊不知魏氏所本爲何。〔註152〕
244（惠增）	兌卦《象傳》:麗澤兌。	(無)	離澤兌。離,猶併也。(《釋文》)	惠氏引陸德明之言,爲鄭氏新增佚文。《釋文》卷二云:「麗澤,如字。麗,連也。鄭作離,云:猶併也。」今「麗」字,鄭作「離」,蓋二字一音之轉,義可兼通。離卦《象傳》云「離,麗也」;王弼《周易注》卷三、八,亦訓「離,麗也」;孔穎達《正義》卷三、五、六、十二、十三,同訓計五次;歷代學者作此訓者,不勝枚舉。又訓「麗,離也」者,如《集解》卷八引虞翻訓睽卦「麗乎明」之「麗」,作「麗,離也」;劉熙《釋名》卷八,有同訓;魏張揖《廣雅》卷五,亦有同訓。由前引,「離」、「麗」二字之互訓可證。
245	兌卦九四:商兌。	九四:商兌。商,隱度也。	九四:商兌。商,隱度也。(《釋文》)	惠棟增補出處。
246（惠增）	渙卦九五:渙汗其大號。	(無)	渙汗其大號。號,令也。(《文選》三)	此佚文爲渙卦九五鄭注之文。引自《文選注》卷三。
247	節卦《象傳》:節以制度,不傷財,不害民。	節以制度。空府藏則傷財,力役繁則害民,二者奢泰之所致。	節以制度,不傷財,不害民。空府藏則傷財,力役繁則害民,二者奢泰之所致。(《後漢書‧王符傳》注)	惠棟增補《象》辭與出處。
248	中孚卦卦辭:中孚,豚魚吉。	中孚,豚魚吉。三辰在亥,亥爲豕,爻失正,故變而從小名言豚耳。四辰在丑,丑爲鼈、蟹;鼈、蟹,	中孚,豚魚吉。三辰在亥,亥爲豕,爻失正,故變而從小名言豚耳。四辰在丑,丑爲鼈、蟹;鼈、蟹,魚之	1. 惠棟增補卦辭與出處。 2. 「牙」字惠氏作小注:牙一作三。明何楷《古周易訂詁》卷六,以及清余蕭客《古經解鉤沉》卷二下,均作「三」。徐文靖《管城碩記》卷二十

〔註152〕今胡自逢《周易鄭氏學》引魏氏之言,按云「體」字當爲衍文,而「互」字疑爲「在」字之誤。胡氏援魏氏之說,是未明今本孔《疏》而誤。

－446－

	魚之微者。爻得正，故變而從大名言魚耳。互體兌，兌爲澤，四上值天淵。二五皆坎爻，坎爲水，二浸澤則豚利，五亦以水灌淵則魚利。豚、魚以喻小民也，而爲明君賢臣恩意所供養，故吉。	微者。爻得正，故變而從大名言魚耳。牙體（壬一作三）兌，兌爲澤，四上值天淵。二五皆坎爻，坎爲水，二浸澤則豚利，五亦以水灌淵則魚利。豚、魚以喻小民也，而爲明君賢臣恩意所供養，故吉。（《詩‧無羊正義》）	四，引其部分內容。 3. 《易緯稽覽圖》云：「……三辰在亥爲豕，爻失正，故變而爲小名言豚。四辰在丑爲鼈，鼈魚之微者，爻爲正變以其大節言魚，三體兌爲澤，四值天淵，二五皆坎爻如水，水以水度侵澤所養故吉。互體是震，震爲木，二爻巽爲風，木在水上，而風行之。……」所言近於此則佚文。
249	中孚卦《象傳》：乘木舟虛也。	乘木舟虛也。舟謂集板，如今目空木大爲之曰虛。	乘木舟虛也。舟謂集板，如今目空木大爲之曰虛。（《詩‧谷風正義》）	惠棟增補出處。語出於孔穎達《毛詩正義》卷七。
250	小過卦卦辭：亨利貞。	中孚爲陽，貞于十一月子，小過爲陰，貞于六月未，法于乾坤。	小過：亨，利貞。中孚爲陽，貞于十一月子，小過爲陰，貞于六月未，法于乾坤。（王氏）	惠棟增補卦辭與出處，惟惠氏云出於王氏。案，此條爲《易緯乾鑿度》文，《漢上易傳》誤引，王又爲《漢上易》所誤，而惠棟未察明其出處，以定爲王氏之言。
251	小過卦卦辭：不宜上。	不宜上。上（如字），謂君也。	不宜上。上，如字，謂君也。（《釋文》）	惠氏增補出處。「如字」，王氏作小注，惠氏則列爲本文。
252 （惠增）	小過六五《象傳》：密雲不雨，已上也。	（無）	密雲不雨，已尙也。（《釋文》）尙，庶幾也。（《釋文》）	此惠棟引自《釋文》之佚文。《釋文》卷二：「已上也，並如字。上，又時掌反，注同。鄭作尙，云庶幾也。」鄭玄作「尙」字，訓爲「庶幾」；此訓義鄭氏一以貫之，如《禮記‧檀弓上》「尙行夫子之志乎哉」，鄭《注》「尙，庶幾也」；《毛詩》鄭《箋》、《儀禮》鄭《注》皆同。歷代諸家訓「尙」字，多同此釋。此外，「尙」字又有作「止」者，則字誤之非。〔註153〕
253	既濟卦。	既濟。既，已也，盡也。濟，度也。	既濟。既，已也，盡也。濟，度也。（《釋文》）	惠棟增補出處。

〔註153〕清任啓運《周易洗心》卷四：「上，鄭作尙，郭、京謂上當作止，非。」是郭象、京房作「止」字，義似不妥。

254	既濟卦六二：婦喪其茀。	六二。茀，車蔽也。	六二：婦喪其茀。茀，車蔽也。(《釋文》)	惠棟增補爻辭與出處。
255	既濟卦九三《象傳》：憊也。	九三：憊。劣弱也。	憊也。劣弱也。(《釋文》)	惠棟增補出處。王、惠引辭略異。
256	既濟卦六四：繻有衣袽。	繻有衣袽。繻音須。	繻有衣袽。繻音須。(《釋文》)	惠棟增補出處。
257	既濟卦九五：東鄰殺牛，不如西鄰之禴祭。	九五：東鄰殺牛，不如西鄰之禴祭。互體為坎，又互體為離。離席為日，坎為月，日出東方，東鄰象；月出西方，西鄰象也。(《坊記疏》云：東鄰謂紂國中也，西鄰謂文王國中也。既濟離下坎上，離為，牛坎為豕，西鄰禴祭，則用豕。與言殺牛而凶，不如殺豕受福，喻奢而慢，不如儉而敬也。與《易》注不同)禴，夏祭之名。	九五：東鄰殺牛，不如西鄰之禴祭。互體為坎，又互體為離。離為日，坎為月，日出東方，東鄰象；月出西方，西鄰象。(《坊記正義》)禴，夏祭之名。(王氏)	1. 王應麟列《坊記》孔穎達《疏》作小注。惠棟以未涉鄭注而刪。 2. 「東鄰象」與「西鄰象」之句末，孔穎達《正義》均有「也」字，即「東鄰象也」與「西鄰象也」，故宜補。 3. 「禴，夏祭之名」文，惠氏未察，小注出於王氏，實出於《詩・天保正義》。
258	未濟卦辭：小狐汔濟。	汔，幾也。	小狐汔濟。汔，幾也。(《釋文》)	惠棟增補卦辭與出處。
259	《繫辭上傳》：天尊地卑，乾坤定矣。卑高已陳，貴賤位矣。	君臣尊卑之貴賤，如山澤之有高卑也。	天尊地卑，乾坤定矣。卑高已陳，貴賤位矣。君臣尊卑之貴賤，如山澤之有高卑也。(《樂記正義》)	惠棟增補《繫傳》傳辭與出處。
260	《繫辭上傳》：動靜有常，剛柔斷矣。	動靜。雷風也。	動靜有常，剛柔斷矣。雷風也。陽動陰靜，剛柔之斷也。(同上《樂記正義》、《穀疏》、《公羊疏》)	惠棟增補《繫傳》傳辭、鄭注與出處。「雷風也」，鄭玄在訓「動靜」二字，惠氏僅列「雷風也」，未明鄭氏所訓，故宜依《樂記正義》，於「雷風也」前加入「動靜」二字。

261	《繫辭上傳》：方以類聚，物以羣分。	類聚，羣分。謂水火也。	方以類聚，物以羣分。謂水火也。（同上《樂記正義》）	惠棟增補《繫傳》傳辭與出處。
262	《繫辭上傳》：在天成象。	成象。日月星辰也。	在天成象。日月星辰也。（同上《樂記正義》）	惠棟增補《繫傳》傳辭與出處。
263	《繫辭上傳》：在地成形。	成形。謂草木鳥獸也。	在地成形。謂草木鳥獸也。（同上《樂記正義》、御覽三十九）	惠棟增補《繫傳》傳辭與出處。
264（惠增）	《繫辭上傳》：八卦相盪。	（無）	八卦相盪。（《釋文》）	今本作「盪」字。《釋文》卷二：「眾家作蕩。馬云：除也。韓云：相推盪。」又，《集解》及所引《虞氏易》均作「蕩」。《禮記·月令》「仲冬，諸生蕩」，鄭《注》云：「蕩謂物動萌芽也。」《說文》以「盪」爲「滌器」，而《廣韻》並云：「滌盪，搖動貌。」蓋以「蕩」爲本字，後義近而互用。清顧藹吉《隸辨》卷三釋「蕩」字云：「《隸釋》云：以盪爲蕩。按《爾雅》釋訓盪，盪，邢昺《疏》云：盪、蕩音義同，《易·繫辭》八卦相盪，《釋文》云：盪，眾家作蕩。《漢書·郊祀志》盪盪如繫風捕景，蕩亦作盪。」惠棟《易》皆作「蕩」，《九經古義·周易古義》卷二：「案：《說文》盪爲滌器，當從諸家作蕩。後漢惟《蔡湛碑》以盪爲蕩，從俗作也。《釋名》云：蕩，盪也，排盪去穢垢也。則知盪非古字。」《周易述》卷十八詳云：「蕩，俗作盈，六經无盪字，蓋始于後漢，韓伯以爲推盪，俗訓也。」是惠棟察稽甚詳，以「蕩」爲古爲本。宋翔鳳與惠氏同意，「按當時以韓伯《注》續王弼《易注》，故《音義》《繫辭》以下皆用韓本。據此知眾家作蕩，唯韓作盪」。〔註154〕

〔註154〕見宋翔鳳《周易考異》卷二，頁603。

265	《繫辭上傳》：乾以易知。	乾以易知。音亦。	乾以易知。（易，音亦。《釋文》）	惠氏增補出處。
266	《繫辭上傳》：三極之道也。	三極之道也。三極，三才也。	三極之道也。三極，三才也。（《釋文》）	惠氏增補出處。
267（惠增）	《繫辭上傳》：君子居則觀其象而<u>玩</u>其辭。	（無）	君子居則觀其象而<u>翫</u>其辭。（《釋文》）	今本「玩」字，惠棟引《釋文》鄭氏作「翫」字。《集解》本及所引虞翻注，也作「翫」。惠氏本「翫」作古字，《周易述》卷十五引《說文》釋「翫」字云：「翫，習厭也。故云翫習也。」《帛書周易》作「妧」字，備作參考。〔註155〕
268	《繫辭上傳》：震无咎者存乎悔。	震无咎。震，懼也。	震无咎者存乎悔。震，懼也。（《釋文》）	惠棟增補《繫傳》傳辭與出處。以「震」訓「懼也」，古多有之，如《國語・周語上》「玩則無震」，韋昭注「震，懼也」；〈晉語〉「莫不震動」、〈楚語〉「滯久不震」，注也同。《太玄經》卷一「震自衛也」，晉范望注亦同。
269（惠增）	《繫辭上傳》：《易》與天地準。	（無）	《易》與天地準。準，中也，平也。（《釋文》）	此惠氏引自《釋文》卷二：「天地準，如字。京云：準，等也。鄭云：中也，平也。」
270	《繫辭上傳》：原始<u>反</u>終。	原始<u>及</u>終。	原始<u>及</u>終。（《釋文》）	1. 惠氏增補出處。 2. 今本「反」字，王、惠二氏引《釋文》作「及」字；《釋文》卷二云：「反終，鄭、虞作及終。」又李鼎祚《周易集解》亦作「及」。是知漢《易》以降，有作「反」、「及」二本者；或因形近而誤所致。〔註156〕
271	《繫辭上傳》：精氣爲	精氣爲物，遊魂爲變。精氣，謂	精氣爲物，遊魂爲變，是故知鬼神之	王氏所引之文出於《禮記・樂記正義》，其小注者，則出於

〔註155〕見鄧球柏《帛書周易校釋》，頁485。「妧」字，《廣雅・釋詁一》：「妧，好也。」《廣韻・換韻》：「妧，好皃。」《字滙・女部》：「妧，女好貌。」故本義爲女子美好貌。今爲「玩」字之假借。

〔註156〕李富孫《易經異文釋》卷五云：「案《樂記》：克殷反商。注云：反當爲及，及與反以字形相似而湉耳。」（頁564。）「反」、「及」二字，常因形近而相互湉用。

	物，遊魂爲變，是故知鬼神之情狀，與天地相似，故不違。	七八也。遊魂，謂九六也。七八，木火之數；九六，金水之數。木火用事而物生，故曰精氣爲物。金水用事而物變，故曰遊魂爲變。<u>遊魂謂之鬼，物終所歸；精氣謂之神，物生所信也。言木火之神生物東南，金水之鬼終物西北。二者之情，其狀與春夏生物，秋冬終物相似。</u>（一云二物變化，其情與天地相似，故無所差違之也）	情狀，與天地相似，故不違。精氣，謂七八也。遊魂，謂九六也。七八，木火之數；九六，金水之數。木火用事而物生，故曰精氣爲物。金水用事而物變，故曰遊魂爲變。精氣謂之神，遊魂謂之鬼。木火生物，金水終物。二物變化，其情與天地相似，故无所差違之也。（《集解》、《樂記正義》）	《集解》；亦即惠氏所引者，爲《集解》之文。
272	《繫辭上傳》：而道濟天下。	道濟天下。道，當作導。	而道濟天下。道，當作導。（《釋文》）	惠棟增補《繫傳》傳辭與出處。李富孫認爲「文義作導尤通」。〔註157〕二字古多通用。
273	《繫辭上傳》：範圍天地之化。	範圍。範，法也。	範圍天地之化。範，法也。（《釋文》）	惠棟增補《繫傳》傳辭與出處。
274	《繫辭上傳》：故君子之道鮮矣。	故君子之道尟矣。	故君子之道尟矣。尟，少也。（《釋文》）	1. 王氏未列鄭注，惠氏增補之。 2. 今本《繫辭》作「鮮」字，王、惠引《釋文》卷二作「尟」。《釋文》云：「鮮，鄭作尟，馬、鄭、王肅云：少也。」《集解》本亦作「尟」。依《說文》所訓，當以「尟」爲本字，作「鮮」乃通假字。〔註158〕惠氏《周易述》作尟，卷十七：「尟亦作尠，《釋詁》曰：尠，寡也。郭注云：謂少。故云：少也。俗作鮮。」

〔註157〕見李富孫《易經異文釋》卷五，頁564。

〔註158〕《說文》「尟」字云：「尟，是少也，尟，俱存也。从是少。」「鮮」字云：「鮮魚也，出貉國。」段《注》云：「鮮乃魚名，經傳乃假爲新盬字，又假爲尟少字，而本義廢矣。」故以「少」爲義者，當以「尟」爲本字，而「鮮」爲假借字，後二字皆相通。

				《帛書周易》作「鮮」字。〔註 159〕《汗簡》云:「魡,本古文鮮字。」〔註 160〕二字漢代已互用。
275	《繫辭上傳》:<u>藏</u>諸用。	臧諸用。臧,善也。	臧諸用。臧,善也。(《釋文》)	1. 惠氏增補出處。 2. 今本「藏」字,王、惠二氏引《釋文》作「臧」字。〔註 161〕《漢書‧翼奉傳》卷七十五亦引作「臧」。《漢書‧禮樂志》云「臧于禮官」,顏師古云:「古書懷藏之字,本皆作臧,《漢書》例為臧耳。」是《漢書》多有以「臧」字為「藏」字。《說文》無「藏」字。今作「藏」為俗字,而古本當作「臧」。〔註 162〕因此,阮元《校勘記》認為「臧、藏,古今字」。因此,鄭氏用「臧」字,當為古來原有之字。
276	《繫辭上傳》:言天下之至<u>賾</u>,而不可惡也。	言天下之至賾。(賾,當為動)	言天下之至賾,而不可惡也。(惡,烏落反。《釋文》)	1. 惠棟增補《繫傳》傳辭、音訓與出處。王氏小注「賾,當為動」,惠氏則置於後句「言天下之至嘖,而不可亂也」之鄭訓。 2. 今本「賾」字,王氏亦同,惠氏則作「嘖」字。然惠氏作「嘖」,非鄭玄之用,《釋文》云:「鄭本作至賾,云:賾,當為動。」故惠氏改易鄭氏之賾,此是失當。許慎《說文‧敘》云「知天下之至嘖而不可亂也」,知許氏用「嘖」字。「賾」、「嘖」漢儒多有互用,惟各家取義各有不同。惠氏《九經古義‧周易古義》卷二,考「嘖」字云:「《九家》作冊,京房、許慎皆作嘖。棟案:經賾字皆當作嘖。後漢《范式碑》

〔註 159〕見鄧球柏《帛書周易校釋》,頁 494。
〔註 160〕轉引自李富孫《易經異文釋》卷五,頁 564。
〔註 161〕參見《釋文》卷二云:「藏,鄭作臧,云:善也。」
〔註 162〕參見李富孫《易經異文釋》卷五:「班《書》皆以臧為藏。〈魏相傳〉:臧器於身,今亦作藏,俗字。此古本當作臧,故鄭訓為善。」(頁 564。)

				云：探賾研機。楊子《太玄經》云：陰陽所以抽賾。賾，情也。定四年《左氏傳》云：賾有煩言，賈逵曰：賾，至也。《正義》云：《易·繫辭》云：聖人有以見天下之賾，謂見其至深之處，賾亦深之義也。是古皆作賾。《釋名》曰：冊，賾也。是冊與賾通。」依惠氏之見，「賾」是古字，後與「賾」、「冊」字通用。有「情」、「至」、「深」，乃至「初」之義。〔註163〕《帛書周易》作「業」字，非通假之字，乃作「德業」解。〔註164〕
277	《繫辭上傳》：言天下之至賾，而不可亂也。	（「賾，當爲動」句，王氏小注置於前欄之文）	言天下之至賾，而不可亂也。賾，當爲動。（《釋文》）	此惠棟依《釋文》而增補者。「賾」、「賾」之用，已如前述。
278	《繫辭上傳》：樞機之發，榮辱之主也。	樞機之發，榮辱之主也。樞，戶樞也。機，弩牙也。戶樞之發，或明或闇，弩牙之發，或中或否；以譬言語之發，或榮或辱。	樞機之發，榮辱之主也。樞，戶樞也。機，弩牙也。戶樞之發，或明或闇，弩牙之發，或中或否；以喻君子之言，或榮或辱。（一云：以譬言語之發有榮有辱。《禮記·曲禮正義》《左傳·襄二十五年正義》）	惠棟增補出處，並作小注。王引文「以譬言語之發」句，惠氏作「以喻君子之言」，並將王氏之句，引作小注。
279	《繫辭上傳》：慎斯術也。術，道。	慎斯術也。術，道。	慎斯術也。術，道。（《釋文》）	惠氏增補出處。
280	《繫辭上傳》：有功而不德。	有功而不置。置當爲誌。	有功而不置。置當爲德。一作誌。（《釋文》）	1.「置當爲誌」句，王氏引用小注；惠氏作鄭注本文，爲「置當爲德」，並小注「德」字「一作誌」。 2.今本作「德」字。《釋文》卷二：「鄭、陸、蜀才作置，鄭

〔註163〕《周易述》卷十六、十七、二十、二十一，「賾」字，惠棟又訓作「初」之義。又《易例》卷下，「諸例」下，引虞註云「賾謂初」。故「初」之義，蓋從虞氏。

〔註164〕見鄧球柏《帛書周易校釋》，頁499。

				云：置當爲德。」惠氏《九經古義‧周易古義》卷二考「有功而不置」云：「鄭云：置當爲德，晁氏曰：案德古文類置字，因相亂。」《周易述》卷十五，釋嗛卦之言，云：「置，古文德字，從直心，傳寫訛爲置，故云置當爲德。」故鄭氏所見之本用「置」字，鄭氏認爲當爲「德」字。是「德」字古本作「惪」，與「置」字形相近，故或有錯用。〔註165〕《帛書周易》作「有功而不德」。〔註166〕
281	《繫辭上傳》：君不密則失臣，臣不密則失身，幾事不密則害成。	（無）	君不密則失臣，臣不密則失身，幾事不密則害成。幾，微也。密，靜也。言不愼于微而以動作，則禍變必成。（《公羊疏》）	此惠棟引《公羊‧文六年疏》。
282	《繫辭上傳》：冶容誨淫。	野容誨淫。（言妖野容儀）飾其容而見於外曰野。教誨淫泆。	野容誨淫。飾其容而見於外曰野。言妖野容儀，教誨淫泆。（《釋文》《後漢‧崔駰傳注》）	1. 「言妖野容儀」句，王氏作小註，惠氏則置於本文。「飾其容而見於外曰野」句，出於《後漢書注》，句前有「謂」字；「言妖野容儀，教誨淫泆」句，出於《釋文》，句末有「也」字。宜補。 2. 今本《繫辭》「冶」字，王、惠皆作「野」。《漢石經》作「冶」字。《釋文》卷二：「冶，音也。鄭、陸、虞、姚、王肅作野，言妖野容儀，教誨淫泆也。」二字同音而通。《太平廣記》作「蠱容誨婬」。「冶」字《說文》段《注》：「《易》野容誨淫，陸德明本作冶容，按野、冶皆蠱之假借也，張衡賦言妖蠱，今言妖冶。」依段氏之見，是「野」、「冶」二字皆假借，而鄭氏作「野」。

〔註165〕李富孫《易經異文釋》云：「古道德字作惪，與置字形似，亦易相亂。盧氏曰：置、德古通用。《大戴》哀公問五義云：躬行忠信，其心不置。《荀子》：哀公言忠信而心不德。」（見李氏書卷五，頁566。）是二字因相亂而互用。

〔註166〕見鄧球柏《帛書周易校釋》，頁500。

| 283 | 《繫辭上傳》：大衍之數五十，其用四十有九。 | 大衍之數五十，其用四十有九。天地之數，五十有五，以五行氣通，凡五行減五，大衍又減一，故四十九也。衍，演也。揲，取也。天一生水於北，地二生火於南，天三生木於東，地四生金於西，天五生土於中。陽无耦，陰无配，未得相成，地六成水於北，與天一并。天七成火於南，與地二并。地八成木于東，與天三并。天九成金於西，與地四并。地十成土於中，與天五并也。大衍之數，五十有五，五行各氣并，氣并而減五，惟有五十，以五十之數，不可以為七八九六，卜筮之占以用之，更減其一，故四十有九也。（《月令正義》） | 大衍之數五十，<u>其用四十有九</u>。天地之數，五十有五，以五行氣通，凡五行減五，大衍又減一，故四十九也。（《正義》）衍，演也。揲，取也。（《釋文》）天一生水于北，地二生火于南，天三生木于東，地四生金于西，天五生土于中。陽无耦，陰无配，未得相成，地六成水于北，與天一并。天七成火于南，與地二并。地八成木于東，與天三并。天九成金于西，與地四并。地十成土于中，與天五并。大衍之數，五十有五，五行各氣并，氣并而減五，惟有五十，以五十之數，不可以為七八九六，卜筮之占以用之，更減其一，故四十有九也。（《月令正義》） | 惠棟增補《繫傳》傳辭與出處。王氏「於」字，惠氏作「于」。王氏「與天五并也」句，惠氏無「也」字。「天地之數，……故四十九也」段，引自孔穎達《周易正義》卷十一；康熙《御製月令輯要》卷一，論大衍之數，同引鄭氏此文；《佩文韻府》卷三十七之五，引同。「衍，演也。揲，取也」段，引自《釋文》卷二。餘引自《禮記·月令正義》。 |
| 284 | 《繫辭上傳》：天數五，地數五，五位相得而各有合。 | 天數五，地數五，五位相得而各有合。天地之氣各有五。五行之次，一曰水，天數也；二曰火，地數也；三曰木，天數也；四曰金，地數也；五曰土，天數也。此五者，陰无匹，陽无 | 天數五，地數五，五位相得而各有合。天地之氣各有五。五行之次，一曰水，天數也；二曰火，地數也；三曰木，天數也；四曰金，地數也；五曰土，天數也。此五者，陰无匹，陽无耦，故又合之地六為天一匹也，天 | 惠氏增補出處。文出於孔穎達《春秋左傳正義》卷四十五。 |

		耦，故又合之地六為天一匹也，天七為地二耦也，地八為天三匹也，天九為地四耦也，地十為天五匹也。二五陰陽各有合，然後氣相得施化行也。	七為地二耦也，地八為天三匹也，天九為地四耦也，地十為天五匹也。二五陰陽各有合，然後氣相得施化行也。（《春秋正義》）	
285	《繫辭上傳》：以制器者尚其象。	以制器者尚其象。此者存於器象，可得而用，一切器物及造立皆是。	以制器者尚其象。此者存于器象，可得而用，一切器物及造立皆是。《春官・太卜疏》。	惠棟增補出處。王氏「於」字，惠氏作「于」。
286	《繫辭上傳》：聖人之所以極深而研幾也。	研機。機當作幾。幾，微也。	聖人之所以極深而研機也。機當作幾。幾，微也。（《釋文》）	1. 惠棟增補《繫傳》傳辭與出處。 2. 今本《繫辭》「幾」字，鄭氏時本為「機」，注作「幾」。《漢石經》作「機」。《帛書周易》作「達幾」。〔註167〕《釋文》卷二：「幾，本或作機。鄭云：機當作幾。幾，微也。」惠氏《周易述》卷十六：「機當為幾，鄭義也。古文作機，鄭讀為幾。幾謂初爻，初爻尚微，故曰幾，微也。」依惠氏之見，古文作「機」，鄭作「幾」。李富孫云：「幾、機二字，義本異，古或通借用之。惠氏曰：《范式碑》作研機，是古《易》皆作機，今王弼本直作鄭所訓字，失其本矣。」〔註168〕是古《易》皆用「機」字，鄭氏從古而訓「幾」義；王弼直用「機」字，為非。
287	《繫辭上傳》：蓍之德圓而神。	蓍之德圓而神。蓍形圓而可以立變化之數，故謂之神也。	蓍之德圓而神。蓍形圓而可以立變化之數，故謂之神也。（《少牢饋食禮疏》）	惠氏增補出處。文見《儀禮・少牢饋食禮疏》卷十六。宋楊復《儀禮經傳通解》續卷十八、魏了翁《儀禮要義》卷四十七，同引鄭氏此文。

〔註167〕見鄧球柏《帛書周易校釋》，頁507。
〔註168〕見李富孫《易經異文釋》卷五，頁567。

288 （惠增）	《繫辭上傳》：神武而不殺者夫。	（無）	神武而不殺者夫。（殺，所戒反。《釋文》）	增補鄭氏音訓，惠氏引自《釋文》。
289 （惠增）	《繫辭上傳》：《易》有太極。	（無）	《易》有太極。極中之道，淳和未分之氣也。（《文選》十九）	此引自《文選注》卷十九，張茂先〈勵志詩〉。
290	《繫辭上傳》：兩儀生四象。	四象。布六於北方以象水，布八於東方以象木，布九於西方以象金，布七於南方以象火。	兩儀生四象。布六于北方以象水，布八于東方以象木，布九于西方以象金，布七于南方以象火。王氏。	此條惠氏引自王氏，未察明出自何處，故作小注作「王氏」。朱震《漢上易傳・叢說》亦引此鄭氏注文，亦未明其出處。此文實出於《易緯乾鑿度》鄭注，故不宜視爲鄭氏之佚文。另外，此文可以作爲鄭氏太極生次說的重要資料。
291 （惠增）	《繫辭上傳》：以定天下之吉凶，成天下之亹亹者，莫大乎蓍龜。	（無）	定天下之吉凶，成天下之亹亹者，莫善乎蓍龜。凡天下之善惡，及沒沒之眾事，皆成定之，言其廣大無不包也。（《公羊疏》）	1. 此見何休《公羊傳・定八年疏》。今本本「莫大乎著龜」，而《疏》作「莫善乎蓍龜」。鄭氏於注文中，並未明是用「善」或「大」；而《禮記・禮運》鄭注則確作「善」字。此或鄭氏所本之不同。 2. 作「善」字者，又如《漢書・藝文志》引《易》作「莫善於」；《白虎通・蓍龜》作「莫善乎」；何休同；《儀禮・士冠禮》賈《疏》、《文選注・廣絕交論》、李氏《集解》皆同，〔註169〕虞翻注作「莫善於」；《帛書周易》亦作「莫善乎」。〔註170〕漢董眞卿《周易會通》卷十二：「莫善乎蓍龜，今本作莫大，陸氏曰：〔註171〕本亦作莫大。」實漢代多作「善」字。 3. 「亹亹」字，《說文》無「亹」字；徐鉉《長箋》雜增字義云：「亹，字書所無，《易》：亹亹，當作娓。」據此，「亹」似又作「亹」，而《易》中此

〔註169〕諸如賈公彥《疏》云：「凡草之靈，莫善於著，凡蟲之知，莫善於龜也。」皆
　　　　用「莫善」字。
〔註170〕見鄧球柏《帛書周易校釋》，頁511。
〔註171〕即陸德明《經典釋文》卷二所云。

				形之字，當作「娓」字。惠氏《易》著皆作「娓娓」。《周易述》卷十六云：「娓娓者聖人則之知存知亡而不失其正也。」備作參考。〔註172〕
292	《繫辭上傳》：河出圖，洛出書，聖人則之。	河出圖，洛出書，聖人則之。《春秋緯》云：河以通乾出天苞，洛以流坤吐地符，河龍圖發，洛龜書成。河圖有九篇，洛書有六篇。	河出圖，洛出書，聖人則之。《春秋緯》云：河以通乾出天苞，洛以流坤吐地符，河龍圖發，洛龜書成。河圖有九篇，洛書有六篇也。(《集解》)	惠棟增補出處。文末惠氏多一「也」字，確本於《集解》。此文又見《周易注疏》卷十一、《毛詩注疏》卷二十三，孔穎達《疏》引。
293	《繫辭上傳》：又以尚賢也。	有以尚賢也。	有以尚賢也。(《釋文》)	1. 惠氏增補出處。 2. 今本作「又」字，而王、惠依《釋文》作「有」字。《集解》及所引《虞氏易》同。惠氏《儀禮古易》中詳考二字，並引鄭注《儀禮‧鄉射禮》云：「古文有作又。」注《禮記‧內則》云：「有讀爲又。」箋《詩經‧長發》云：「有之言又也。」是二字古今字，音義相通。 〔註173〕依鄭氏之詁訓，晁

〔註172〕惠氏《周易述》卷十六，益作詳注，云：「娓从尾。尾，微同物、同音。王弼曰：『娓娓，微妙之意。』故云『陰陽之微』。《管子》曰：靐濁，寒能存，而不能亡者也；伏闇，能存而能亡者也，著龜與龍是也。存故定天下之吉凶，亡故成天下之娓娓。乾爲著者，著數百，乾爻三十六，三爻一百八，略其奇五。故乾爲百數與著合，故乾爲著。乾五變之坤成大有體离。离爲龜，月生震初，初尚微，故成天下之娓娓者。《白虎通》曰：『聖人獨見先睹必問著龜何？』或曰：『清微無端緒，非聖人所及，聖人亦疑之。』《尚書》曰：『女則有疑。』謂武王也，是成天下娓娓之事也。上皆言大，此獨稱善者，陰陽之微，即乾坤之元。元者，善之長，故莫善乎著龜也。娓娓，鄭氏作亹亹，云『猶沒沒也』。凡天下之善惡，及沒沒之眾事，皆成定之，言其廣大无不包也。訓亹亹爲沒沒者。《釋詁》曰：『亹亹，蠠沒，勉也。』郭氏云：『蠠沒猶黽勉，尋免，黽勉。古作密勿，《詩》：黽勉從事。』《韓詩》作密，勿密蠠沒。勿古今字，亹沒同訓，故云『亹亹，猶沒沒也』。」由此詁訓，可以體現惠氏詁證之細，尤對「娓娓」之訓詳明。又，尤其引作「密勿」者，《帛書周易》作「勿勿」，（鄧球柏《帛書周易校釋》，頁510。）可以爲輔證。

〔註173〕見《九經古義》卷九：「『唯君有射於國中』，注云：『古文有作又。』《汗簡》云：『《古文尚書》有作又。』《石鼓戊文》云一作甲文。云：『漫漫又魚。』董逌曰：『又通作有。』《秦惠王詛楚文》云：『又』。秦嗣王義作『有』。古文又，

				氏云：「又，古文有字，今文當作有。」〔註174〕以「又」字爲古，而今文作「有」字。惠氏《周易述》卷二，論大有卦時，引《繫辭》用「又」字。
294	《繫辭下傳》：古者包犧氏之王天下也。	包犧。包，聚也。鳥獸全具曰犧。	<u>古者包犧氏之王天下也。</u>包，取（一作聚）也。鳥獸全具曰犧。（《釋文》）	惠棟增補《繫傳》傳辭與出處。王氏作「聚」字，惠氏作「取」字，並小注「一作聚」。
295（惠增）	《繫辭下傳》：黃帝、堯、舜垂衣裳。	（無）	黃帝、堯、舜垂衣裳。始去羽毛。（《公羊疏》）金天氏、高陽、高辛遵黃帝之道，無所改作。（《春官·大司樂疏》）	此惠棟引自何休《公羊傳注疏》卷四，以及《周禮注疏》卷二十二，賈公彥《疏》。「金天氏」，今四庫本賈《疏》無「氏」字。
296	《繫辭下傳》：蓋取諸乾、坤。	蓋取諸乾、坤。乾爲天，其色<u>元</u>，坤爲地，其色黃。<u>但土無正位，託於南方，南方色赤，黃而兼赤，故爲繡也。</u>	蓋取諸乾、坤。乾爲天，其色<u>玄</u>，坤爲地，其色黃。（《王制正義》）	1. 王氏「但土無正位，託於南方，南方色赤，黃而兼赤，故爲繡也」一文，主在訓冕服，惠氏刪而不錄。〔註175〕 2. 所引佚文，《周官》鄭注「凡冕服玄衣繡裳」文，用作詮言，既是「玄衣」，所言當是「色玄」，王氏不宜作「色元」。《周禮·司服疏》、《禮記·王制正義》、《詩·七月正義》皆作「玄」字。玄者，即色黑，此在明《周禮》色黑之冕服。〔註176〕

又作有。《周易·繫辭》曰：『履信思乎順，又以尚賢也。』《鄭氏易》『又』作『有』。《詩·長發》云：『有虔秉鉞』，《箋》云：『有之言又也。』《內則》：『凡養老五帝憲三王有乞言』，《注》云：『有讀爲又。』《戰國策》：『公子他謂趙王曰今又』。案：兵劉錢本『又』作『有』。《說文》云：有者，不宜有也。從月又聲。《春秋傳》曰：日有食之。」蓋以「又」爲古，二字互用。

〔註174〕轉引自李富孫《易經異文釋》卷五，頁569。
〔註175〕正氏引「但土無正位，託於南方」句，出於《周禮·司服疏》；「南方色赤，黃而兼赤，故爲繡也」句，出於《禮記·王制正義》。惠氏皆刪而不錄。
〔註176〕明王志長《周禮註疏刪翼》卷十三：「凡冕服皆玄上繡下，大裘者黑羔裘也，玄衣之下用黑羔裘，取其同色也。凡冕服皆玄上繡下，何也？《易》曰：黃帝、堯、舜垂衣裳而天下治，蓋取諸乾、坤。乾爲天，其色玄，坤爲地，其色黃。但土旺于季夏，南方屬火，其色赤。黃而兼赤爲繡，故裳用繡也。《玉藻》曰：衣正色，裳間色。鄭注云：謂冕服玄上繡下是也。自黃帝始備。」是知冕服玄上繡下，即衣上裳下，衣正色爲黑，裳間色爲黃而兼赤。

| 297 | 《繫辭下傳》：重門擊柝，以待暴客。 | 重門擊柝。豫，坤下震上，九四體震，又互體有艮，艮爲門，震日所出，亦爲門，重門象。艮又爲手，巽爻也，應在四，皆木也。手持二木也。手持二木以相敲，是爲擊柝。擊柝爲守備警戒也。四又互體爲坎，坎爲盜，五离爻爲甲冑戈兵，盜謂持兵，是暴客也。又以其卦爲豫有守備，則不可自逸。 | 重門擊櫐，以待毚客。（《釋文》）豫，坤下震上，九四體震，又互體有艮，艮爲門，震日所出，亦爲門，重門象。艮又爲手，巽爻也，應在四，皆木也。手持二木也。手持二木以相敲，是爲擊櫐。櫐爲守備驚戒也。四又互體爲坎，坎爲盜，五离爻爲甲冑戈兵，盜甲冑，持戈兵，是毚客也。又以其卦爲豫有守備，則不可自佚。（《天官·宮正疏》） | 王氏引「盜謂持兵，是暴客也」文，惠氏作「盜甲冑，持戈兵，是毚客也」。今本《周禮·天官·宮正疏》，賈氏云爲王氏所本。今本《周官》作「重門擊柝，以待暴客」，王氏從之，惠氏則改作「重門擊櫐，以待毚客」。「櫐」字，依字書所述，與「柝」、「楝」字音義皆同，以「櫐」爲本字，而古典籍皆有互用之情形。〔註177〕故《易》有「柝」「櫐」二本。〔註178〕今《周易集解》與其所引《九家易》作「櫐」，而惠氏同用，乃考據其本字而易用之。至於「毚」字，今本與王氏作「暴」字。《釋文》：「暴，鄭作毚。」《集解》與所引《九家易》、干寶等亦作「毚」。清翟均廉《周易章句證異》：「暴，鄭作毚，荀、《九家易》、干寶、李鼎祚同。惠棟從毚。按：朱彝尊、毛奇齡引鄭作毚。」二字音義悉同，漢儒大抵用「毚」字。另外，《帛書周易》作「旅客」，其義與「暴」、「毚」不同。〔註179〕 |

〔註177〕《說文》卷六木部：「，夜行所擊者，从木橐聲。《易》曰：重門擊櫐。」又云：「楝，判也从木席聲，《易》曰：重門擊楝，他各切。」南唐徐鍇《說文繫傳》卷十一：「楝，判也，從木席聲，《易》曰：重門擊楝。臣鍇曰：柝亦楝也。」《廣韻·十九》卷五：「楝，擊楝，《漢書》曰：宮中衛城門擊刁斗傳五更衛士，周盧擊楝，亦作柝。櫐，上同。」段玉裁《說文解字注》於「楝」字下云：「櫐下引《易》重門擊櫐，櫐之本義也，引經言轉注也；此引《易》擊楝者，櫐之借字也，引經言假借也。《易》有異文，兼引之而六書明矣。」是「櫐」爲本字，而「楝」、「柝」皆通用。《左傳·哀七年》：「魯擊柝聞於邾。」《漢書·王莽傳》引作「楝」。《周禮·天官·宮正》「夕擊柝而比之」，鄭云：「柝，戒守者所擊也。」賈《疏》引鄭《易》：「手持二木以相敲，是爲擊柝」，即上文王氏欄內所引。又《秋官·脩閭氏》云「比國中宿互櫐者」，鄭氏注云：「謂行夜擊櫐。」已見鄭氏「柝」、「櫐」互用。《釋文》認爲「柝字又作櫐」，《文選·齊竟陵王行狀注》云「櫐與柝同」。是以依段氏之見，「櫐」爲本字，而「柝」、「楝」爲借字。宋翔鳳亦認爲「是正字，是叚藉，故《說文》兩存之」。（見宋氏《周易考異》卷二，頁606。）

〔註178〕《易》除有作「柝」、「櫐」者，《帛書周易》則作「柝」字。（參見鄧球柏《帛書周易校釋》，頁528。）

〔註179〕參見鄧球柏《帛書周易校釋》，頁528。

298（惠增）	《繫辭下傳》：後世聖人易之以棺椁，蓋取諸大過。	（無）	後世聖人易之以棺椁，蓋取諸大過。大過者，巽下兌上之卦。初六在巽，體巽爲木，上六位在巳，已當巽位，巽又爲木，二木在外以夾四陽，四陽牙體爲二乾，乾爲君爲父，二木夾君父（一作是），棺椁之象。（《檀弓正義》）	1. 此條佚文，王應麟置於其〈易贊〉之後，並未明爲訓《繫辭下傳》「後世聖人易之以棺椁」之言。惠氏增補之。 2. 語出《禮記·檀弓正義》，然《正義》並未直言是鄭氏之說。
299	《繫辭下傳》：上古結繩而治。	結繩爲約，事大，大其繩；事小，小其繩。	<u>上古結繩而治</u>。結繩爲約，事大，大結其繩；事小，小結其繩。（《正義》）	惠棟增補《繫傳》傳辭與出處。王氏無二「結」字。孔穎達《周易正義》卷十二，有「結」字；孔序《正義》則無二「結」字。又《周易集解》卷十五引《九家易》曰：「古者无文字，其有約誓之事，事大大其繩，事小小其繩。結之多少，隨物眾寡，各執以相考，亦足以相治也。」其字、義近於鄭氏所云。
300	《繫辭下傳》：後世聖人易之以書契。	書契。書之<u>於</u>木，刻其側爲契，各持其一，後以相考合。	<u>後世聖人易之以書契</u>。書之于木，刻其側爲契，各持其一，後以相考合。（《書正義》）	惠棟增補《繫傳》傳辭與出處。文出於《書·序正義》。唐張鷟《龍筋鳳髓判》卷三，明劉允鵬注，同引此文。又，錢澄之《四間易學》亦引，惟作「民之於木」與「書之於木」異。〔註180〕
301	《繫辭下傳》：陽一君而二民，君子之道也；陰二君而一民，小	一君二民，君子之道也；二君一民，小人之道也。一君二民，謂黃帝、堯、	陽<u>一君而</u>二民，君子之道也；<u>陰二君而</u>一民，小人之道也。一君二民，謂黃帝、堯、舜，謂	惠棟增補《繫傳》傳辭與出處。文見《禮記·王制正義》；今《王制正義》作「夷狄」，王氏同，而惠氏作「四裔」，不知所本爲何。〔註181〕

〔註180〕見錢澄之《四間易學》卷八云：「案《書序》註云：民之於木，刻其側爲契，各持其一，後以相考合，書契以爲言也。」引作「民之於木」，今本爲「書之於木」。

〔註181〕《毛詩·角弓注疏》卷二十二，孔穎達《疏》：「是凶危之地，謂四方荒裔遠處，即九州之外也。文十八年《左傳》曰：投諸四裔，以禦魑魅。是四裔之文，即羽山東裔，崇山南裔，三危西裔，幽州北裔是也。九州之外而言，幽州者，以州界甚遠，六服之外，仍有地屬之故，繫而言焉。」江永《春秋地理考實·文公》卷二：「渾敦、窮奇、檮杌、饕餮，投諸四裔，以禦螭魅。杜注：渾敦謂驩兜，窮奇謂共工，檮杌謂鯀。按饕餮杜不言，三苗缺也。《疏》：《舜典》云：流共工于幽州，放驩兜於崇山，竄三苗於三危，

	人之道也。	舜，謂地方萬里，爲方千里者百，中國之民，居七千里，七七四十九，方千里者四十九，<u>夷狄</u>之民，居千里者五十一，是中國<u>夷狄</u>，二民共事一君。二君一民，謂三代之末，以地方五千里，一君有五千里之土，五五二十五，更足以一君二十五，始滿千里之方五十，乃當堯、舜一民之地，故云二君一民。	地方萬里，爲方千里者百，中國之民，居七千里，七七四十九，方千里者四十九，<u>四裔</u>之民，居千里者五十一，是中國四裔，二民共事一君。二君一民，謂三代之末，以地方五千里，一君有五千里之土，五五二十五，更足以一君二十五，始滿千里之方五十，乃當堯、舜一民之地，故云二君一民。(《王制正義》)	
302 (惠增)	《繫辭下傳》：君子知微知章。	（無）	君子知微知章。知微，謂幽昧；知章，謂明顯也。 (《文選·西征賦注》)	此文引自《文選·西征賦注》卷十，僅題「《周易》注曰」，未明出於鄭玄之注，惠氏引此作爲鄭氏佚文，不知所據爲何？倘未有明據可證爲鄭文，此段宜刪。
303	《繫辭下傳》：男女<u>構</u>精。	男女<u>覯</u>精。覯，合也。男女以陰陽合其精氣。	男女<u>覯</u>精。覯，合也。男女以陰陽合其精氣。<u>《詩·草蟲正義》。</u>	1. 惠氏增補出處。此出於《毛詩·草蟲》孔穎達《正義》引鄭注之言。 2. 今本「構」字，多有作「搆」字者，如《子夏易傳》、韓康伯《周易註》、李鼎祚《周易集解》及引虞氏注等，歷代《易》家亦多沿用。「構」、「搆」二字，蓋因形近而通用。鄭氏作「覯」字。李富孫考源其字，認爲「鄭所據《易》作覯，今皆作構，蓋

殛鯀於羽山。孔安國云：幽州北裔，崇山南裔，三危西裔，羽山東裔，在海中。」是知「四裔」指羽山、崇山、三危、幽州等諸夷族。徐鍇《說文繫傳》卷十六：「裾，衣邊也，故謂四裔。」以四裔爲四方之族。元龍仁夫《周易集傳》卷六，釋既濟卦九三「高宗伐鬼方」，云「夷方本无專指」，而《左傳》所指「投諸四裔」者，即指鬼方而言。「四裔」之義，後儒皆作夷狄外族之通稱。惠氏此處引鄭氏之文，不同於今本「夷狄」而作「四裔」，義同而詞異，通指邊族，然不知所本爲何。

				失之矣」。〔註182〕以「覯」當爲正字,而後代用「構」字,概失其正。惠氏《易微言》卷上作「搆」字,蓋依李鼎祚《集解》與虞氏之說。
304	《繫辭下傳》:因貳以濟民行。	因貳以濟民行。貳當爲弌。	因貳以濟民行。貳當爲弌。(《釋文》)	惠氏增補出處。
305	《繫辭下傳》:損德之修也。	損德之修也。修,治也。	損德之修也。修,治也。(《釋文》)	惠氏增補出處。
306	《繫辭下傳》:困德之辨也。	困德之辨也。辨,別也。遭困之時,君子固窮,小人窮則濫,德于是別也。	困德之辨也。辨,別也。遭困之時,君子固窮,小人窮則濫,德于是別也。(《集解》)	惠氏增補出處。
307	《繫辭下傳》:益長裕而不設。	益長裕而不設。設,大也。雜物算德,算,數也。《周禮·攷工》曰:中其莖,設其後。	益長裕而不設。設,大也。《周禮·攷工》曰:中其莖,設其後。(《攷工》桃氏疏)	王氏有「雜物算德,算,數也」文,此文不宜置於其中,當另立一文,惠氏據刪,而另作一文。(見下欄)
308	《繫辭下傳》:若夫雜物撰德。	(王氏併於前欄之文)	若夫雜物算德。算,數也。(《釋文》)	1. 此一佚文王氏併於前欄「益長裕而不設」條中。 2. 今本作「雜物撰德」,王、惠二氏作「雜物算德」。《釋文》卷二:「撰,鄭作算,云數也。」漢儒諸家皆作「撰」,惟鄭氏作「算」。音義皆近而互用。〔註183〕
309	《繫辭下傳》:則居可知矣。	居可知矣。(居,音基)	則居可知矣。(居,音基,辭也)	惠棟增補《繫傳》傳辭與詁訓。今本《釋文》卷二釋此「居」字:「鄭、王肅音基,辭。」孫堂案:「舊本《釋文》,辭下無也字。王應麟《集注》及抱經堂校正《釋文》,並無辭字。」〔註184〕《春秋左傳注疏》卷二十五,「以棄魯國,國將若之

〔註182〕見李富孫《易經異文釋》卷六,頁574。

〔註183〕李富孫《易經異文釋》云:「《周禮·大司馬》:撰車徒,鄭注云:撰讀曰算。算車徒,謂數擇也。撰、算,音之轉。撰與選亦通,《論語》:何足算也。《漢·車丞相傳》贊作選,選、撰皆从巽聲,與算義竝相近。」(卷六,頁576。)因此,「撰」、「算」二字,音義皆近而互用。

〔註184〕見《鄭氏周易注》孫堂《補遺》,頁54。

				何？誰居後之人必有任是夫國棄矣」，杜預《注》:「居，辭也。言後人必有當此患。」陸德明《音義》:「居，音基。」是杜氏之訓義與鄭氏同。惠氏《周易述》卷十八亦云:「居音基，居，辭，鄭、王肅義也。」惠氏從《釋文》之言。
310	《繫辭下傳》:知者觀其彖辭。	知者觀其彖辭。象辭，爻辭也。	知者觀其彖辭。象辭，爻辭也。(《釋文》)	惠氏增補出處。
311（惠增）	《繫辭下傳》:當文王與紂之事耶。	（無）	當文王與紂之事耶。據此言，以《易》文王所作，斷可知矣。(《左傳·昭二年正義》)	此惠氏引自《左傳·昭二年》卷四十二，孔穎達《正義》所云；又，《左傳·序正義》亦云。「以《易》文王所作」句，本當爲「以《易》是文王所作」，惠氏闕「是」字；宜補。
312	《繫辭下傳》:成天下之亹亹者。	亹亹，汲汲也。	成天下之亹亹者。亹亹，沒沒也。(《釋文》)	陸德明《釋文》卷二:「亹亹，亡偉反，鄭云:汲汲也；王肅云:勉也。」《周易註疏》卷十二，陸德明《音義》同引。董眞卿《周易會通》卷十三，則引鄭氏注作「沒沒也」。惠氏《周易述》卷十六:詳作考證:「鄭氏作亹亹，云『猶沒沒也』。凡天下之善惡，及沒沒之眾事，皆成定之，言其廣大无不包也。訓亹亹爲沒沒者。《釋詁》曰:『亹亹，蠠沒，勉也。』郭氏云:『蠠沒猶黽勉，尋免，黽勉。古作密勿，《詩》:黽勉從事。』《韓詩》作密，勿密蠠沒。勿古今字，亹沒同訓，故云『亹亹，猶沒沒也』。」又《詩·大雅·文王》「亹亹文王，令聞不已」，《箋》云:「勉勉乎不不倦。」《禮記·禮器》「君子達亹亹焉」，注云「勉勉也」。此皆證「亹亹」猶言「勉勉」，亦猶言「沒沒」。惠氏用「沒沒」爲是，陸氏、王氏作「汲汲」俱誤。
313（惠增）	《繫辭下傳》:人謀鬼謀。	（無）	人謀鬼謀。鬼謀，謂謀卜筮於廟門是也。(《士冠禮疏》)	此惠氏引自《儀禮·士冠禮》卷一孔穎達《疏》。

314 (惠增)	《繫辭下傳》：愛惡相攻。	（無）	愛惡相攻。惡，烏落反。（《釋文》）	此明姚士粦引自《釋文》卷二：「愛惡，烏路反，注同。鄭烏洛反。」《釋文》原「洛」字，姚氏改作「落」。惠氏據引。
315	《說卦傳》：昔者聖人之作《易》也。	昔者聖人。謂伏犧、文王也。	昔者聖人之作《易》也。謂伏犧、文王也。（《尚書》孔序《正義》）	惠棟增補《說卦傳》傳辭與出處。
316	《說卦傳》：參天兩地而倚數。	參天兩地而倚數。天地之數備於十，乃三之以天，兩之以地，而倚託大演之數五十也，必三之以天，兩之以地者，天三覆，地二載，必極於數，庶幾得吉凶之審也。	參天兩地而倚數。天地之數備於十，乃三之以天，兩之以地，而倚託大演之數五十也，必三之以天，兩之以地者，天三覆，地二載，必極於數，庶幾得吉凶之審也。（《正義》）	惠棟增補出處。見孔穎達《周易正義》卷十三。
317	《說卦傳》：發揮於剛柔。	揮，揚也。	發揮于剛柔。揮，揚也。（《釋文》）	惠棟增補《說卦傳》傳辭與出處。
318 (惠增)	《說卦傳》：窮理盡性以至於命。	（無）	窮理盡性以至于命。言窮其義理，盡其人之情性，以至于命，吉凶所定。（《文選注》六十）	此惠棟引自《文選・陸士衡弔魏武帝文注》卷六十。其注文「吉凶所定」句後又接「又曰：研喻思慮」此亦當為鄭氏之注文。宜補。
319 (惠增)	《說卦傳》：兼三才而兩之。故《易》六畫而成卦。	（無）	兼三才而兩之。故《易》六畫而成卦。三才，天、地、人之道。六畫，畫六爻。（《士冠禮疏》）	此惠棟引自《儀禮・士冠禮》卷一孔穎達《疏》。
320	《說卦傳》：雷風相薄。	雷風相薄。薄，入也。	雷風相薄。薄，入也。（《釋文》）	惠氏增補出處。見《釋文》卷二云：「相薄，旁各反。陸云：相附薄也。馬、鄭、顧云：薄，入也。」惠氏詮此「雷風相薄」，採鄭氏之說，以乾入坤而言入。〔註185〕

〔註185〕參見惠棟《周易述》卷二十，云：「薄，入也。乾位在亥，消息坤亦在亥，故十月卦乾消剝上入坤，故陰陽相入。陽言出，陰言入，不言陰陽相出入者，據乾入坤，故言入也。」

| 321
（惠增） | 《說卦傳》：萬物出乎震，震東方也。齊乎巽，巽東南也；齊也者，言萬物之絜齊也。离也者，明也，萬物皆相見，南方之卦也；聖人南面而聽天下，嚮明而治，盖取諸此也。坤也者，地也，萬物皆致養焉，故曰致役乎坤。兌，正秋也，萬物之所說也，故曰說言乎兌。戰于乾，乾西北之卦也，言陰陽相薄也。坎者，水也，正北方之卦也，勞卦也，萬物之所歸也，故曰勞乎坎。艮東北之卦也，萬物之所成終而所成始也，故曰成言乎艮。 | （無） | 萬物出乎震，震東方也。齊乎巽，巽東南也；齊也者，言萬物之絜齊也。离也者，明也，萬物皆相見，南方之卦也；聖人南面而聽天下，嚮明而治，盖取諸此也。坤也者，地也，萬物皆致養焉，故曰致役乎坤。兌，正秋也，萬物之所說也，故曰說言乎兌。戰于乾，乾西北之卦也，言陰陽相薄也。坎者，水也，正北方之卦也，勞卦也，萬物之所歸也，故曰勞乎坎。艮東北之卦也，萬物之所成終而所成始也，故曰成言乎艮。萬物出於震，雷發聲以生之也。齊於巽，相見於离，風搖動以齊之也。絜，猶新也。萬物皆相見，日照之使光大，萬物皆致養焉。地氣含養，使有秀實也。萬物之所說，草木皆老，猶以澤氣說成之。戰言陰陽相薄。西北，陰也，而乾以純陽臨之，猶君臣對合也。坎，勞卦也，水性勞而不倦，萬物之所歸也。萬物自春出生於地，冬氣閉藏，還皆入地。萬物之所成終而所成始，言萬物陰氣終，陽氣始，皆艮之用事也。 | 1. 此惠氏引自朱震《漢上易傳》卷九與李光地《周易折中》卷三十六，二本中之用字，略與惠氏引有異。又程廷祚《大易擇言》卷三十六、朱軾《周易傳義》卷十二，同引此文，且蓋引自《漢上易傳》。

2. 惠氏所引，並不完全。引文末句「皆艮之用事也」後，依黃奭引宋李衡《周易義海撮要》卷九，認為宜接以下之文：「坤不言方，神之養物，不專此時也。兌不言方而言正秋者，秋分也。兌言秋分，則震為春分，坎為冬至，離為夏至，乾為立冬，艮為立春，巽為立夏，坤為立秋可知。兌言正秋者，正時也。離言聖人南面而聽天下，嚮明而治。則餘卦亦可以類推矣。戰乎乾，言陰陽相薄而乾勝也。」《撮要》之文，是否全屬鄭氏之作，尚待商榷，但知所引「坤不言方，神之養物，不專此時也」文，確有他引之文與之相近；《周易註疏》孔穎達《疏》：「坤不言方者，所言地之養物，不專一也」。魏了翁《周易要義》卷九、明熊過《周易象旨決錄》卷七，同引孔《疏》此文，並明言鄭注。此段小文，確是鄭文，宜補。又，朱震《漢上易傳》亦云：坤不言方，坤之養物，不專此時也。兌不言方而言正秋者，臣曰兌言正秋秋分也於兌言秋分則震為春分坎為冬至離為夏至乾為立冬艮為立春巽為立夏坤為立秋可知言正秋者正時也離言聖人南面而聽天下嚮明而治則餘卦亦可以類推矣戰乎乾言陰陽相薄而乾勝也」。文中「臣曰」之前數句，確乎鄭氏之文，而既以「臣曰」為稱， |

| 322
（惠增） | 《說卦傳》：神也者，妙萬物而為言者也。 | （無） | 神也者，眇萬物而為言者也。共成萬物，物不可得而分，故合謂之神。（《漢上易》） | 1. 此惠氏引自朱震《漢上易傳》卷九。此外，李衡、董真卿、熊過、張獻翼、蔡清、潘士藻、胡廣、何楷，皆同引鄭玄此文，而熊氏、潘氏、何氏「共成萬物」句前有「乾坤」二字。〔註187〕

2. 傳文「妙」字為今傳本，惠氏作「眇」，是否為鄭氏之本意，不能斷言。《釋文》卷二：「妙，王肅作眇，音妙，董云：眇，成也。」《說文》無「妙」字，其「眇」云：「眇，一目視也。從目少。」段《注》云「眇即妙也」，古人以「眇」為言，即「妙」字之用。〔註188〕董真卿《周易會通》卷十四作「眇」：「呂音訓妙，陸氏曰：如字。王肅作眇，音妙。董云：眇，成也。晁氏曰：眇，古文妙字。」惠棟《九經古義》卷二：「妙，王肅本作眇，音妙。董遇曰：眇，成也。棟案：妙字近老莊語，後儒遂有真精妙合之 |

（前表接續上頁）
（《漢上易》九卷。《周易折中》）

當是朱氏自言，不宜作鄭文；故《撮要》之引文，多有與「臣曰」之言相近，當非鄭文。〔註186〕

〔註186〕胡自逢《周易鄭氏學》中，以黃奭引《義海撮要》全文作鄭氏之佚文。（胡氏《周易鄭氏學》，臺北：文史哲出版社，1990年七月文一版，頁85。）拙案：內文所引述，除「坤不言方，神之養物，不專此時也」數句外，餘有待商榷。又孔《疏》「坤不言方者，所言地之養物，不專一也」，亦屬鄭文；其字稍異。

〔註187〕見宋李衡《周易義海撮要》卷九、元董真卿《周易會通》卷十四、明熊過《周易象旨決錄》卷七、張獻翼《讀易紀聞》卷六、蔡清《易經蒙引》卷十二上、潘士藻《讀易述》卷十五、胡廣《周易傳易大全》卷二十四、何楷《古周易訂詁》卷十四，皆同引鄭氏此文；而熊氏、潘氏、何氏「共成萬物」句前有「乾坤」二字。此外，清錢澄之《田間易學》卷九、查慎行《周易玩辭集解》卷十，亦引鄭氏此文，並於「共成萬物」句前有「乾坤」二字。

〔註188〕見段玉裁《說文解字注》四篇上云：「眇訓小目，引申為凡小之稱，又引申為微妙之義。《說文》無妙字，眇即妙也。《史記》：户說以眇論，即妙論也。《周易》：眇萬物而為言。陸機賦，眇眾慮而為言，皆今之妙字也。」（臺北：黎明文化事業公司，1993年7月10版，頁136。）蓋漢代皆假「眇」為「妙」字。

				說，當从王子雍本作眇，陸士衡《文賦》云：眇眾慮而爲言。蓋用《說卦》不作妙字，此其證也。」依惠氏之見，似以漢代無「妙」字，而以「眇」字爲用；同時，以「眇」字爲古。所以惠氏理所當然作「眇萬物而爲言」了。〔註189〕
323	《說卦傳》：莫盛乎艮。	莫盛乎艮。盛音成，裏也。	莫盛乎艮。（盛音成）盛，裏也。（《文釋》）	「盛音成」之音訓，王氏作本文，而惠氏作小注。
324（惠增）	《說卦傳》：故水火不相逮。	（無）	故水火相逮。（《釋文》）	引文出於《釋文》卷二：「水火不相逮。音代。鄭、宋、陸、王肅、王廙，无不字。」據此，漢《易》有作「水火不相逮」

〔註189〕徐芹庭先生《周易異文考》中，肯定「眇」字可以通假爲「妙」字。並且認爲漢代並非眞無「妙」字之用，如《老子》云：「眾妙之門。」，《莊子・寓言》云：「自吾聞子之言，九年而大妙。」《漢書・李夫人傳》：「妙麗善舞。」《三老袁君碑》：「朕以妙身。」皆用「妙」字。所以，「是妙字，自古有之，疑《說文》失收」；進一步斷言「妙爲本字，眇爲借字」。同時，也認爲《釋文》僅言王肅作「眇」字，而讀爲「妙」者，「正言王肅假眇爲妙也，《釋文》不言孟、京、馬、鄭、荀、劉」，「明孟、京、馬、鄭、荀、劉皆作妙也」。肯定漢《易》以「妙」爲正，作「眇」則假借字。因此，指出惠棟作「眇」字之說，實屬失察。（參見徐氏《周易異文考》，臺北：五洲出版社，1975年12月出版，頁156。）徐氏考證之說，言之成理，然惠氏之言，亦有所據，非徒臆說。李富孫《易經異文釋》云：「《荀子・王制》曰：王者仁眇天下，義眇天下，咸眇天下。《史記・貨殖傳》云：雖戶說以眇諭。《索隱》：音妙。〈漢元帝紀〉：贊窮極幼眇。師古曰：幼眇讀曰要妙。〈厤律志〉、〈藝文志〉注云：眇讀曰妙。《九歌》云：美要眇之宜修。（拙案：李氏所引《九歌》語，當爲「美要眇兮宜修」，「之」字非。《藝文類聚》卷七十一、《太平御覽》卷七七〇，均引作「妙兮」。「眇」字，李善等《六臣註文選》卷三十二，注：「眇，妙。」元祝堯《古賦辯體》卷一云「音妙」；清蔣驥《山帶閣註楚辭》卷二：「眇，同妙。」）《鄭固碑》：清眇冠乎群彥。古無妙字，皆即以眇爲妙也。……段氏曰：《說文》眇訓小目，引申爲凡小之偁，又引申爲微眇之義。《說文》無妙字，眇即妙也。蔡邕題《曹娥碑》有幼婦之言知妙，字漢末有之，許書不錄者，晚出之俗字也。」（見《易經異文釋》卷六，頁575。）依李氏所考，許愼時期尚無「妙」字，「妙」字乃漢末晚出者，而以「眇」字爲正。互參惠、李二氏之言，皆認爲《說文》之前無「妙」字，然徐氏所指確有其字，班固時用之，《莊子・寓言》亦見，並不代表「眇」、「妙」二字早已同時出現，至少在《楚辭》、《史記》時期，並無「妙」字之用。故考其原字，以「眇」爲正，是合理之說；然而，《釋文》並未書明鄭玄用「眇」字，不宜直截斷說。

				者。惠氏本鄭玄，作「水火相逮」。〔註 190〕
325	《說卦傳》：兌爲羊。	兌爲羊。其畜好剛鹵。	兌爲羊。其畜好剛鹵。（《夏官·羊人序官疏》）	此文見《周禮·夏官·司馬》卷二十八，賈公彥《疏》引。明何楷《古周易訂詁》卷十四同引。惠氏《周易述》卷二十同引敘義。
326（惠增）	《說卦傳》：兌爲口。	（無）	兌爲口。上開似口。（《漢上易》）	引自朱震《漢上易傳》卷九。
327（惠增）	《說卦傳》：乾爲天。	（無）	乾爲天。天清明无形。（《漢上易》）	引自朱震《漢上易傳》卷九。王應麟《六經天文編》卷上亦引。惠氏《周易述》卷七引作井卦之闡釋。
328（惠增）	《說卦傳》：爲瘠馬。	（無）	爲瘠馬。凡骨爲陽，肉爲陰。（同上）	引自朱震《漢上易傳》卷九。惠氏《周易述》卷二十同引。
329（惠增）	《說卦傳》：爲龍。	（無）	爲龍。龍讀爲尨，取日出時色雜也。（《漢上易》）	引自朱震《漢上易傳》卷九，並云：「虞翻曰：駹蒼色，震東方，故爲駹，舊作龍。」所以，古多以「駹」作「龍」，「龍」讀爲「駹」。〔註 191〕三字音同。惠氏作「龍」，《九經古義》卷二云：「是古駹字皆作龍，讀爲駹。」

〔註 190〕清翟均廉《周易章句證異》卷十：「鄭玄、宋衷、陸績、王廙、李鼎祚諸儒皆无不字；董楷有不字；吳澄云：无不字者非；毛奇齡云：有不字者誤。」引諸家之說，有「不」與否，眾說紛紜，莫衷一是。惠棟《周易述》卷二十、《易漢學》卷三、《九經古義》卷二，皆作「水火相逮」。今徐芹庭先生則認爲以「水火不相逮」爲正，「蓋水者坎也，坎爲月；火者離也，離爲日，日月不相及，始能維持太陽系運行之軌道，否則日月相及，則軌道亂，而地球其或毀矣。」自然物理現象雖是如斯，然日月相繫，關係密切，又何嘗不可說「水火相逮」或「水火相及」呢？明代章潢《圖書編》卷二云：「自兩卦反易互觀之，乾坤正觀爲地天泰，反觀爲天地否，則是乾坤交而神妙乎萬物者也。坎離正觀爲火水未濟，反觀爲水火既濟此之謂水火不相逮也。艮巽正觀爲澤山咸，反觀爲雷風恒，此之謂雷風不相悖也。震兌左觀爲雷風益，右觀爲山澤損，此之謂山澤通氣也。此八卦先天方圖相交之用，周易之反對本此，此後天所以爲方圖也。」以水火不相逮而成既濟卦，是不種吉象之卦。故「不」字之有無，各有其執說，而鄭玄去「不」字，惠棟沿之。

〔註 191〕見《周禮注疏》卷二十七，「駹車萑蔽」，賈公彥《疏》云「故書駹作龍」。又，佚名《周禮集說》卷八釋「龍」，云「鄭司農讀爲駹」。知鄭氏以「龍」音「駹」、「尨」。古「駹」、「龍」二字尤多混用。

330 （惠增）	《說卦傳》： 為尃。	（無）	為專。（專，市戀 反。《釋文》）	此惠氏引自《釋文》卷二：「為 尃，王肅音孚，干云花之通 名。鋪為花貌謂之藪，本又作 專，如字，虞同。姚云：專一 也。鄭，市戀反。」鄭氏音訓 「市戀反」，即作「專」字。《集 解》及其引《虞氏易》悉作「專」 字。雖鄭氏作「專」，然惠氏 推求古字，以「尃」字為本。 〔註192〕
331 （惠增）	《說卦傳》： 為大塗。	（無）	為大塗。國中三道 曰塗。震上值房 心，塗而大者，取 房有三塗焉。（《漢 上易》）	引自朱震《漢上易傳》卷九。「取 房有三塗焉」，亦有作「有三塗 為長子」者。〔註193〕
332 （惠增）	《說卦傳》： 為萑葦。	（無）	為萑葦。竹類。 （《漢上易》）	引自朱震《漢上易傳》卷九。《爾 雅》訓同。〔註194〕
333 （惠增）	《說卦傳》： 為反生。	（無）	為反生。生而反出 也。（《漢上易》）	引自朱震《漢上易傳》卷九。
334 （惠增）	《說卦傳》： 為繩直，為 工。	（無）	為繩直，為墨。（晁 氏云）	此惠氏引自《晁氏易》云：「鄭 作為墨。」
335	《說卦傳》： 其於人也為 宣髮。	其于人也為宣 髮。宣髮，取四 月靡草死，髮在 人體，猶靡草在 地。	其於人也為宣 髮。宣髮，取四月 靡草死，髮在人 體，猶靡草在地。 （攷工車人疏）	1. 惠氏增補出處。文出於賈 公彥《周禮・攷工車人疏》 卷四十二，引鄭玄注文。 2. 今本「宣」字，惠氏以鄭 氏作「宣」字。《釋文》云： 「宣髮，如字。本又作宣。

〔註192〕參見惠氏《九經古義》卷二：「為尃。虞本作專，云陽在初隱靜未出，觸坤故專，則乾靜也。專，延叔堅說以專為尃，大布，非也。案：尃，王肅音孚，干寶云花之通名。鋪為花兒謂之藪，棟謂尃當作專，專古布字，見《說文》延篤說是也。張有《復古編》云：專，布也。从寸甫，別作尃，非芳無切。棟案：秦銘勳鐘專字作尃，是秦以來始从方也。裴松之云：古敷字與專相似，寫書者多不能別，古敷字亦作尃，从寸不从万，汗簡云古文敷作尃。故或作尃。《易經》古文十不存一，間有存者，又經傳寫謬誤，訓詁家不能博攷遺文，隨事釋義，致使三代遺文薈然莫攷，是可慨也。」惠氏以古多从方之字，即用「尃」字為是。

〔註193〕參見宋代馮椅《厚齋易學》卷四十七：「鄭康成曰：國中三道曰塗，震直房心，有三塗為長子。」又，丁易東《易象義》卷六：「國中三道曰塗，震直房心，有三塗也，為長子。」二見於《漢上易》所引略有所異。

〔註194〕元解蒙《易精蘊大義》卷十一、清毛奇齡《仲氏易》卷三十、沈起元《周易孔義集說》卷二十，同訓為「竹類」。

				黑白雜爲宣髮。」虞翻並作「宣」，認爲「爲白故宣髮」。「寡」、「宣」二字義近可通，而李富孫則認爲「宣當爲古說」。〔註195〕惠棟《周易述》卷二十，用「宣髮」；《九經古義》並考「宣髮」爲正。〔註196〕
336	《說卦傳》：爲廣顙。	爲黃顙。	爲黃顙。（《釋文》）	今本作「廣」。《釋文》云：「廣，鄭作黃。」《集解》及所引《虞氏易》亦作「廣」。《公羊·襄二十年》陳侯之弟光；《左傳》作「黃」；《風俗通》云「黃，光也」。因此，「黃、廣聲之轉，又字形相涉」，〔註197〕故通用。〔註198〕惠氏《周易述》作「廣顙」，並依虞翻之言作詁訓。〔註199〕
337（惠增）	《說卦傳》：爲矯輮。	（無）	爲矯輮。（《釋文》）	引《釋文》作「矯輮」，同今本。〔註200〕

〔註195〕參見李富孫《易經異文釋》卷六云：「《釋文》：宣本或作寡。注云：頭髮皓落曰宣。是宣當爲古說。《輟耕錄》云：人之年壯而髮斑白者，俗曰算髮，以爲心多思慮所致。《本草》云：蕪菁子壓油塗頭能變蒜髮。則亦可作蒜。算、蒜與宣皆聲相近。」（頁577。）「宣髮」本義爲頭髮斑白，即虞翻之義。宋翔鳳與惠、李同意，認爲「宣、寡義得兩通」，「鄭爲宣不作寡」，且虞亦作「宣髮」。（參見宋氏《周易考異》卷二，頁607。）

〔註196〕參見惠棟《九經古義》卷二云：「巽爲寡髮，《釋文》云：寡又作宣。虞翻曰：爲白故宣髮。馬君以宣爲寡髮，非也。棟案：《攷工》曰：車人之事半矩謂之宣。鄭康成曰：頭髮皓落曰宣。《易》巽爲宣髮。鄭《易》注云：宣髮，取四月靡草死，髮在人體，猶靡草在地。」惠氏以「宣」爲正，故用之。

〔註197〕參見李富孫《易經異文釋》卷六，頁577。

〔註198〕今徐芹庭《周易異文考》云：「廣，黃音近形似，其或鄭氏以通假言之歟，抑後人轉寫錯誤邪，《集解》及所引《虞氏易》皆作廣，則作廣顙者漢《易》之正文也，作黃顙者非假借字，則後人傳鈔之誤也。」（見徐氏《周易異文考》，臺北：五洲出版社，1975年12月出版，頁160。）認爲漢《易》以「廣顙」爲正，而鄭氏作「黃顙」，蓋傳鈔之誤。

〔註199〕參見惠棟《周易述》卷二十：「爲廣顙者，虞云：變至三坤爲廣，四動成乾爲顙，故爲廣顙。」

〔註200〕參見《釋文》卷二云：「矯，紀表反，一本作撟，同。輮，如九反，王肅奴又反，又女九反，又如又反，馬、鄭、陸、王肅本作此。宋衷、王廙作揉。宋云：使曲者直，直者曲爲揉，京作柔，荀作橈。」諸家用字有異，皆以音同而義近。

338 （惠增）	《說卦傳》： 爲月。	（無）	爲月。臣象也。 （《文選·月賦 注》）	此惠氏引《文選·月賦注》卷 十三。《欽定詩經傳說彙纂》卷 三亦引。〔註201〕
339 （惠增）	《說卦傳》： 爲電。	（無）	爲電。取火明也。 久明似日，暫明似 電也。（《集解》）	此惠氏引《周易集解》卷十七。 《庾子山集》卷四，「離光初繞 電，震氣始乘雷」句，倪璠《註》 同引。
340	《說卦傳》： 爲乾卦。	爲乾卦。乾當爲 幹。陽在外能幹 正也。	爲乾卦。乾當爲 幹。（董遇本作幹） 陽在外能幹正 也。（《釋文》）	惠氏增小注。小注「董作幹」， 亦引自《釋文》卷二。惠氏《九 經古義》卷二：「乾卦，乾當 作幹，從鄭氏。董遇作幹，《列 子》云：木葉幹殼，注云：幹 音乾。」以鄭氏從古《易》， 作「幹」字。
341 （惠增）	《說卦傳》： 爲鼈、爲蟹、 爲蠃、爲蚌、 爲龜。	（無）	爲鼈、爲蟹、爲 蠃、爲蚌、爲龜。 皆骨在外。（《攷工 梓人疏》）	此引自《周禮·冬官·考工記· 梓人》卷四十一，賈公彦《疏》 所云。元熊忠《古今韻會舉要》 卷二十七亦引。惠氏《周易述》 卷二十同引。
342	《說卦傳》： 爲科上槁。	爲科上槀。	爲科上槀。科上 者，陰在內爲疾。 《漢上易》。	1. 王氏僅列傳辭「爲科上槀」， 而惠氏則依《漢上易傳》卷 九，引鄭氏之注言「科上者， 陰在內爲疾」；納喇性德《大 易集義粹言》同引。 2. 今本傳辭「槁」字，王、惠 皆作「槀」。據陸氏所云而 作；《釋文》卷二：「槁，苦 老反。鄭作槀，干作熇。」 案：「槁」字，《說文》作「槀」； 《周禮·小行人》注云「故 書槁爲熇」，清秦蕙田《五禮 通考》、江永《禮書綱目》同 引，並云：「鄭司農云：槀當 爲槁，謂槁師也。」〔註202〕

〔註201〕《欽定詩經傳說彙纂》卷三云：「鄭氏康成曰：日君象也，月臣象也。君道當常明如日，而月有虧盈，君失道而任小人，大臣專恣則日如月。然臣不遇於君，猶不忍去厚之至也。」此引明示鄭氏之說。以日月作君臣之象者，又如揚雄《太玄·從銳至事》卷二，云「初一日，幽嬪之月，冥隨之基」，晉范望《注》云「日，君象也」，「月，臣象也」。又《太平御覽》卷四，「王其舒朔而月見東方謂之側匿，側匿則侯王其肅」句下小注，云「日君象也，月臣象也」。以月作臣下之義，古書多可見。

〔註202〕見秦蕙田《五禮通考》卷二五一、江永《禮書綱目》卷三十三，同引，云：「小行人，若國師役則令槁禬之注：故書槁爲槀。鄭司農云：槀當爲槁，謂槁師也。」

				此「槀」字又有作「稿」者。〔註203〕「槀」、「稾」形近義同而通。又干寶作「熇」字者，蓋「槀、熇竝从高聲，熇訓火熱，與槀義亦相近」，故通。〔註204〕
343（惠增）	《說卦傳》：為徑路。	（無）	為徑路。田間之道曰徑路。艮為之者，取山間鹿兔之蹊。（《初學記》二十四）	此惠氏引自唐徐堅《初學記》卷二十四，「馬跡」一詞引鄭玄之注。又佚者著《錦繡萬花谷》後集卷二十五〈道路〉同引。〔註205〕
344（惠增）	《說卦傳》：為指。	（無）	為小指。晁氏云。	董眞卿《周易會通》卷十四云：「為指。晁氏曰：鄭作為小指。」翟均廉《周易章句證異》卷十亦指晁氏云鄭作小指。〔註206〕
345	《說卦傳》：為黔喙之屬。	為黔喙。謂虎豹之屬，貪冒之類，取其為山獸。	為黔喙之屬。謂虎豹之屬，貪冒之類，取其為山獸。（《漢上易》。《釋文》）	此引自《漢上易傳》與《釋文》卷二。又宋魏了翁《周易要義》卷九、元董眞卿《周易會通》卷十四同引。《釋文》云：「黔，其廉反，徐音禽。王肅，其嚴反；鄭作黚，謂虎豹之屬，貪冒之類。」「黔」、「黚」字形相近，音義皆同而互通。〔註207〕

〔註203〕如清沈廷芳《十三經注疏正字》卷二十七云：「以禮禮節疏則命槀襘之。命經作令，槀作稾。註：故書槀為稾。稾當為槀，謂槀師也。」《欽定周官義疏》卷三十八，同作「槀」字。是《周官》經文，本有作「稿」者。二字音形皆近而通假。

〔註204〕參見李富孫《易經異文釋》卷六，頁577。

〔註205〕《錦繡萬花谷》為宋代之著，今作者未詳。其書包括《前集》四十卷、《後集》四十卷，與《續集》四十卷，不著撰人名氏。書前有自序，題淳熙十五年十月一日，是著作之時。宋孝宗時，陳振孫《書錄解題》載此書作《錦繡萬花谷》四十卷、《續》四十卷，而無《後集》。黃虞稷《千頃堂書目》所載，則《前集》、《後集》、《續集》外，又有《別集》三十卷。

〔註206〕清李富孫《易經異文釋》云：「鄭以上云小石，故此亦作小指。疏云：為陽卦之小者是也。」（卷六，頁578。）認為依鄭氏之行文，前有「小石」之語，後則當然作「小指」；且艮卦亦屬陽卦之小者，故言「小」者。徐芹庭《周易異文考》認為「諸本悉作指，恐鄭氏《易》作小指者乃後人傳鈔之誤，且作指，義較廣」，「是漢《易》以作指為正」。（臺北：五洲出版社，1975年12月出版，頁163。）二說備參。

〔註207〕「黔」、「黚」二字，《說文》云：「黔，黎也。从黑今聲，秦謂民為黔首，謂黑色也，周謂之黎也。《易》曰：為黔喙。」而「黚」則作「淺黃黑色」之義。《集韻》「黔」字為「其淹切」。《廣雅》「黔」、「黚」皆作「黑也」。《廣韻》：「巨金切，黔，黑而黃，又巨炎切。黚，黃黑色，又巨炎切。」是二字，其形相近，音義皆同。

346 (惠增)	《說卦傳》： 為羊。	（無）	為陽。（今本羊） 此陽謂為養无家 女行賃炊爨，今時 有之，賤于妾也。 《漢上易》，（晁氏 同）	此惠氏引自《漢上易傳》卷九 與晁氏之說。今本作「羊」，鄭 氏「作陽」。《集解》本同虞氏 作「羔」，並云「羔女使皆取位 賤，故為羔」。《漢上易傳》云： 「羊，鄭康成本作陽，虞翻本 作羔，今從鄭。」《晁氏易》云： 「鄭作陽，云此陽謂養无家女 賃炊爨，今時有之賤於妾 也。」又俞琰《周易集說》卷三十八、 熊過《周易象旨決錄》卷七、 潘士藻《讀易述》卷十五、何 楷《古周易訂詁》卷十四皆同 引《漢上易傳》之說。《周易註 疏》卷十三〈考證〉引《仲氏 易》：「羊，鄭氏本作陽，陽蓋 無家女行賃炊爨，賤於妾者。」 案：《漢書‧武帝紀》「陽石公 主」，師古注云：「陽字或作羊。」 《古今人表》「樂陽」，《釋名》 云：「羊，陽也。」是「羊」、「陽」 音同而通假。〔註208〕
347 (惠增)	《序卦》：物 生必蒙，故 受之以蒙， 蒙者蒙也， 物之穉也。	（無）	物生必蒙，故受之 以蒙，蒙者蒙也， 物之穉也。蒙，幼 小之貌。齊人謂萌 為蒙也。《集解》。	此惠氏引自《周易集解》，其卷 二、卷十七同引鄭氏此說。俞 琰《周易集說》卷三十九、何 楷《古周易訂詁》卷一同引。 王氏將鄭注此「蒙，幼小之貌。 齊人謂萌為蒙也」文，作為蒙 卦之注。惠氏改正為《序卦》 之注文。
348	《序卦》：物 穉不可不養 也。	物穉不可不養 也。言孩稚不養 則不長也。	物穉不可不養 也。言孩稚不養則 不長也（《集解》）	惠氏增補出處。
349	《序卦》：飲 食必有訟， 故 受 之 以 訟。	訟猶爭也，言飲 食之會恒多諍 也一作諍。。	飲食必有訟，故受 之以訟。訟猶爭 （一作諍）也，言 飲食之會恒多爭 也。（《集解》）	惠棟增補傳辭與出處。二者小 注位置不同。王氏作「諍」字， 惠氏則作「爭」。
350 (惠增)	《序卦》：履 而泰，然後 安，故受之 以泰。	（無）	履然後安，故受之 以泰。（晁氏云）	此惠氏引晁氏之說。所引鄭氏 之說，脫「而泰」二字。

〔註208〕 李富孫認為「羊與陽當為聲誤」，「此字當為廐養之養，其作羊作陽，皆養字
聲近之誤」。（參見李氏《易經異文釋》卷六，頁 578。）認為「羊」、「陽」
皆非本字，以「養」字為正。一說備參。

351 （惠增）	《序卦》：有大者不可以盈。	（無）	有大有不可以盈。晁氏云。	此惠氏引自晁氏之說。又，《子夏易傳》卷十作「大有不可以盈」，句首闕「有」字。翟均廉《周易章句證異》卷十一云：「鄭玄作：有大有不可以盈（本晁說之），李鼎祚作：有大不可以盈（无者字）。」李氏「大」字後闕「有」字。
352	《序卦》：有大而能謙必豫，故受之以豫。	故受之以豫。言國既大而能謙德，則于政事恬逸。雷出地奮逸，豫行出而喜樂之意。	有大而能嗛必豫，故受之以豫。言同既大而有嗛德，則於政事恬豫。雷出地奮豫，豫行出而喜樂之意。（《集解》）	今本《周易集解》卷四云：「鄭玄曰：言國既大而能謙，則於政事恬豫。雷出地奮逸，豫行出而喜樂之意。」而《周易集解》卷十七又云：「鄭玄曰：言同既大而有謙德，則於政事恬逸，雷出地奮豫，豫行出而喜樂之意。」同書而二出處之鄭文略有不同。惠氏大抵從卷十七所言，惟「則於政事恬逸」句，「逸」字仍作「豫」。
353	《序卦》：豫必有隨。	豫必有隨。喜樂而出，人則隨從。孟子曰：吾君不游，吾何以休；吾君不豫，吾何以助。此之謂也。	豫必有隨。喜樂而出，人則隨從。孟子曰：吾君不游，吾何以休；吾君不豫，吾何以助。此之謂也。（《正義》）	惠氏增補出處。語出孔穎達《周易正義》卷十三引鄭氏之文。
354	《序卦》：可觀而後有所合。	可觀而後有所合。《易乾鑿度》曰：陽起于子，陰起于午，天數天分，以陽出離，以陰入坎；坎為中男，离為中女，太乙之行，出從中男，入從中女，因陰陽男女之偶為終始也。	可觀而後有所合。《易乾鑿度》曰：陽起於子，陰起於午，天數大分，以陽出离，以陰入坎；坎為中男，离為中女，太乙之行，出從中男，入從中女，因陰陽男女之偶為終始也。王氏。	1. 惠氏未察此文出於《易緯乾鑿度》卷下鄭注，而《後漢書·崔駰傳》卷八十二，唐章懷太子賢《注》，以及王欽若《冊府元龜》卷七六九，皆有援引。既是《易緯》鄭注，則此非屬佚文，宜刪。 2. 原王氏作「天數天分」，惠氏考索從正，為「天數大分」。是惠氏對文句之細察。
355	《序卦》：致飾然後亨則盡矣。	致飾然後亨則盡矣。（亨，許兩反）	致飾然後亨則盡矣。（亨，許兩反。《釋文》）	惠氏增補傳辭與出處。
356 （惠增）	《序卦》：有无妄然後可畜。	（無）	有无妄物然後可畜。（項安世《周易玩辭》，晁氏同）	此惠氏引自晁氏之說，與項安世《周易玩辭》卷十六。又翟均廉《周易章句證異》卷十一

			亦引。〔註209〕今本無「物」字，鄭玄增。
357	《序卦》：故受之以大過。	故受之以大過。以養賢者宜過于厚。	故受之以大過。以養賢者宜過于厚。（《正義》）	惠氏增補出處。語出孔穎達《周易正義》卷十三引鄭氏之文。
358	《序卦》：夫婦之道不可以不久也。	夫婦之道不可以不久也。言夫婦當有終身之義，夫婦之道謂咸恒也。	夫婦之道不可以不久也。言夫婦當有終身之義，夫婦之道謂咸恒也。（《集解》）	惠氏增補出處。
359（惠增）	《序卦》：物不可以久居其所，故受之以遯。	（無）	物不可以終久於其所，故受之以遯。晁氏云。	此惠氏引自晁氏之說；「終久於其所」言，今本作「久居其所」。俞琰《周易集說》卷三十九與董眞卿《周易會通》卷十四，同引晁氏云鄭玄之說。又馮椅《厚齋易學》卷四十九亦引。蓋鄭氏之言，乃漢《易》之別本。
360（惠增）	《序卦》：主器者莫若長子。	（無）	主器者莫若長子。謂父退居田里，不能備祭宗廟。長子當親視滌濯鼎俎，是也。（《曲禮正義》）	此惠氏引自《曲禮正義》，即今四庫本《禮記註疏‧曲禮上》卷一，孔穎達《疏》。
361（惠增）	《雜卦》：屯見而不失其居。	（無）	屯見而不失其居。見如字。（《釋文》）	此引自《釋文》卷二，陸氏云：「見。賢遍反，注及下皆同。鄭如字。」用此「見」字與今本同。不足作爲鄭氏佚文。《釋文》考引諸家之說，此處何以僅提「鄭如字」，是否別本有他字（如「現」字）之用，不可得知。
362（惠增）	《雜卦》：損益盛衰之始也。	（無）	損益衰盛之始也。（《釋文》。引見《會通》，今《釋文》無之）	今本「損益盛衰」，而佚文爲「損益衰盛」；惠氏依《周易會通》引《釋文》之說，以鄭玄、虞翻作「衰盛」，〔註210〕惟今本《釋文》無其說。李鼎祚《周易集解》與所引虞氏之說，作「衰盛」；虞氏並云：「損，泰

〔註209〕翟均廉《周易章句證異》卷十一云：「有无妄物然後可畜。本晁說之、項安世。李鼎祚同。廉案：今李本脫物字。」依翟氏之見，認爲李氏《集解》原應有「物」字，不知何因而脫。

〔註210〕見董眞卿《周易會通》卷十四：「呂《音訓》盛衰，陸氏曰：鄭、虞作衰盛。」是鄭玄、虞翻作「衰盛」。

				初益上，衰之始。益，否上益初，盛之始。」說明損自泰來，爲衰之始；而益自否來，爲盛之始。故用作「衰盛」爲是。〔註211〕
363（惠增）	《雜卦》：兌見而巽伏也。	（無）	兌說而巽伏也。（晁氏云）	今本「兌見」，惠氏引《晁氏易》作「兌說」。《雜卦》作此，僅鄭氏一說，是漢《易》之別本。《周易集解》卷十二，釋中孚卦《大象傳》，引王肅之說云：「王肅曰：三四在內，二五得中，兌說而巽順，故孚也。」其「兌說而巽順」與鄭氏「兌說而巽伏也」義相近。備作參考。
364	《雜卦》：蠱則飭也。	蠱則飭也。	蠱則飭也。（《釋文》）	惠氏增補出處。見《釋文》云：「飭，鄭、王肅作飾。」《集解》及所引《虞氏易》、《唐石經》悉作「飾」。歷來故書，二字多有通用者，如《月令》「飭喪紀」，《淮南子·時則》作「飾」；《月令》又「天子乃厲飾執弓」，孔穎達《正義》云「俗本作飭」；《樂記》「復亂以飭歸」，《樂書》作「飾歸」；《穀梁·莊二十四年》「斷自脩飭」，陸德明《音義》云「一本作飾」；《莊子·漁父》「飾禮樂」，《釋文》云「飾本作飭」；宋童宗說等注柳文〈朗州員外司戶薛君妻崔氏墓誌〉「潔服飭容而終」，云「飭一本作飾」；又注〈斬曲几文〉「謹飾度」，亦云：「一本作飭」。明周復俊輯陳子昂〈梓州射洪縣武東山陳居士碑〉文，於「有純德恭巳飭行」句下注：「一本作飾」。〔註212〕是二字从食聲，義亦相近，古籍往往通用。

〔註211〕李富孫《易經異文釋》考釋亦認爲作「衰盛」爲是。（參見是書卷六，頁578。）
〔註212〕參見宋童宗說、張敦頤等注《柳河東集注》卷十三，〈朗州員外司戶薛君妻崔氏墓誌〉中「潔服飭容而終」句注：「飭一本作飾。」又於卷十八，〈斬曲几文〉中「謹飾度」句注：「一本作飭。」明周復俊編《全蜀藝文志》卷四十七，輯陳子昂〈梓州射洪縣武東山陳居士碑〉文，於「有純德恭巳飭行」句下注云：「一本作飾。」是「飾」、「飭」二字之互通，宋明以降仍行。

365 （惠增）	《雜卦》：大過顛也。	（無）	大過顛也。自此以下卦音不協，似錯亂失正，弗敢改耳。（晁氏云）	此惠氏引自《晁氏易》。翟均廉《周易章句證異》卷十二同引晁氏之說。
366 （惠增）	《雜卦》：小人道憂也。	（無）	小人道消也。（晁氏云）	今本「道憂」，惠氏引《晁氏易》作「道消」。今《周易集解》與虞氏易均作「道消」。此言夬卦，李道平認爲「夬言君子之決小人，故君子道長，小人道消也。」〔註 213〕夬卦以剛決柔，即以君子之象決小人之象；五陽剛決一陰柔，故「小人道消」。因此，作「小人道消」似較佳。惠氏校訂《集解》，乃至《周易述》釋卦爻義，均用「道消」。〔註 214〕從字音言，二字屬尤侯、蕭宵二部，古音並通。〔註 215〕

二、主要貢獻與缺失

惠棟之增補輯佚，主要之貢獻與缺失，茲分述於下。

（一）貢獻方面

1. 王氏無而惠氏新增之佚文：約計八十七條，包括：

〔註 213〕見李道平《周易集解纂疏》，北京：中華書局，1994 年 3 月第 1 版，1998 年 12 月北京第 2 刷，頁 736。

〔註 214〕惠氏《周易述》卷四，釋復卦卦辭，云：「故君子道長，謂往成乾，故利有攸往也。荀氏：至五也。利往居五，亦謂陽息至五，得位得中，則君子道長，小人道消，非謂初居五也。陽息至五成夬，《雜卦》曰：夬，決也，剛決柔也。君子道長，小人道消也。知義與虞同也。」又卷五釋大壯卦，云：「以大壯陽息之卦，息至五體夬，夬上爲小人，故《雜卦》曰：夬，決也，剛決柔也。君子道長，小人道消也。是上爲小人也。」又卷九釋泰卦，云：「君子至謂五。《乾鑿度》以泰三爲君子，謂陽得位也。剝五爲小人以陰失位也。泰五失位，與剝五同，故亦爲小人。陽息至道消，陽息至三，故君子道長至五成夬，故小人道消。《雜卦》曰：夬，決也，剛決柔也。君子道長，小人道消，義並同也。」又卷十釋夬卦，云：「陽息成乾，內外體備，故乾體大，成陽爲君子，陰爲小人。《雜卦》曰：夬，決也，剛決柔也。君子道長，小人道消，故以決小人。四月乾成，卦終于上，終乾之剛，故乃終也。」惠氏依虞氏之說，以乾坤消息云君子小人之道長道消。

〔註 215〕參見李富孫《易經異文釋》云：「案古尤侯部音轉入蕭宵宥豪部，故此二部字古音竝通，是消亦可與柔協。」（卷六，頁 579。）

條10：《文言傳》君子體仁，足以長人。體，生也。（《文選》二十四）

條11：閑邪以存其誠。（《會通》晁氏云）

條13：君子進德脩業，及時，故无咎。（《會通》晁氏云）

條14：亢龍有悔，窮志災也。（《會通》晁氏云）

條15：乾始而以美利利天下。（《會通》晁氏云）

條17：馴致其道。馴，從也。（《釋文》）

條22：天造草昧，宜建侯而不寧。造，成也；草，草創；昧，昧爽也。（《文選注》三十六）

條23：君子以經論。謂論撰書禮樂施政事。（《釋文》。《正義》曰：劉表：鄭玄以綸爲論字）

條27：以從禽也。從，于用反。（《釋文》）

條32：上九：繫蒙。（《釋文》）

條34：光亨貞吉。（《釋文》云：鄭摠爲一句）

條37：九二：需于沚。沚，接水者。（《詩·鳧鷖正義》引作「沙」）

條55：履虎尾，不噬人，亨。噬，齧也。音誓。（《文選》十）

條56：視履考詳。履道之終，考正詳備。（晁氏）

條62：上六：城復于隍。隍，壑也。（《詩》韓奕《正義》）

條64：九五：休否。休，美也。（《文選》二十五）

條71：明辯遰也。遰，讀如明星皙皙。（《釋文》）

條84：君子以嚮晦入宴息。晦，宴也。猶人君既夕之後，入於宴寢而止息。（《正義》）

條97：義不乘也。（晁氏）

條106：七日來復。建戌之月，以陽氣既盡；建亥之月，純陰用事。至建子之月，陽氣始生，隔此純陰一卦，卦主六日七分，舉其成數言之，而云七日來復。（《正義序》）

條110：六四：中行獨復。爻處五陰之中，度中而行，四獨應初。（《漢上易傳》）

條114：无妄之往，何之矣。妄之言望，人所望宜正，行必有所望，行而无所望，是失其正，何可往也。（《後漢書·李通傳》注）

條124：道大行也。人君在上位，負荷天之大道。（《文選》卷十一）

條127：大有慶也。君以得人爲慶。（《漢上易傳》）

條 128：大過。陽爻過也。(《漢上易傳》)

條 135：初九：履錯然。錯，七各反。(《釋文》)

條 136：六二：黃離，元吉。离，南方之卦，離爲火，土託位焉。土色黃，火之子，喻子有明德，能附麗於其父之道，文王之（一作大。）子，發旦（一無此字。）是也。愼成其業，則吉矣。(《文選注》二十。《御覽》一百四十六)

條 138：則大耋之差。(《釋文》云鄭無凶字。)年踰（一作餘。）七十也。(《詩·車鄰正義》、《禮記·射義正義》、《爾雅疏》)

條 142：二氣感應以相與。與，猶親也。(《釋文》)

條 150：六五：恆其德，貞；婦人吉，夫子凶。以陰爻而處尊位，是天子之女。又互體兌，兌爲和說，至尊主家之主，以和說幹家事，問正於人，故爲吉也。應在九二，又男子之象，體在巽，巽爲進退是無所定，而婦言是從，故云夫子凶也。(《緇衣注》、《正義》)

條 166：以蒙大難。蒙，猶遭也。(《釋文》)

條 175：王假有家。假，登也。(《釋文》)

條 176：睽音圭。(《釋文》)

條 179：後說之壺。(《釋文》)

條 192：其行越趑。越，七私反。趑，七餘反。(《釋文》)

條 208：汔至亦未繘井。繘，綆也。(《釋文》)

條 209：羸其瓶。羸讀曰虆。(《釋文》)

條 221：震來虩虩。恐懼貌。(《釋文》)

條 233：日中則昃，月盈則食。言皆有休巳，無常盛也。(《公羊疏》)

條 244：離澤兌。離，猶併也。(《釋文》)

條 246：渙汗其大號。號，令也。(《文選》三)

條 252：密雲不雨，已尙也。《釋文》。尙，庶幾也。(《釋文》)

條 264：八卦相蕩。(《釋文》)

條 267：君子居則觀其象而翫其辭。(《釋文》)

條 269：《易》與天地準。準，中也，平也。(《釋文》)

條 281：君不密則失臣，臣不密則失身，幾事不密則害成。幾，微也。密，靜也。言不愼于微而以動作，則禍變必成。(《公羊疏》)

條 288：神武而不殺者夫。殺，所戒反。(《釋文》)

條289：《易》有太極。極中之道，淳和未分之氣也。（《文選》十九）

條291：定天下之吉凶，成天下之亹亹者，莫善乎蓍龜。凡天下之善惡，
　　　　及沒沒之眾事，皆成定之，言其廣大無不包也。（《公羊疏》）

條295：黃帝、堯、舜垂衣裳。始去羽毛。（《公羊疏》。）金天氏、高陽、
　　　　高辛遵黃帝之道，無所改作。（《春官・大司樂疏》）

條298：後世聖人易之以棺椁，蓋取諸大過。大過者，巽下兌上之卦。初
　　　　六在巽，體巽為木，上六位在巳，已當巽位，巽又為木，二木在
　　　　外以夾四陽，四陽互體為二乾，乾為君為父，二木夾君父（一作
　　　　是），棺椁之象。（《檀弓正義》）

條302：君子知微知章。知微，謂幽昧；知章，謂明顯也。（《文選・西征
　　　　賦注》）

條311：當文王與紂之事耶。據此言，以《易》文王所作，斷可知矣。（《左
　　　　傳・昭二年正義》）

條313：人謀鬼謀。鬼謀，謂謀卜筮於廟門是也。（《士冠禮疏》）

條314：愛惡相攻。惡，烏落反。（《釋文》）

條318：窮理盡性以至于命。言窮其義理，盡其人之情性，以至于命，吉
　　　　凶所定。（《文選注》六十）

條319：兼三才而兩之。故《易》六畫而成卦。三才，天、地、人之道。
　　　　六畫，畫六爻。（《士冠禮疏》）

條321：萬物出乎震，震東方也。齊乎巽，巽東南也；齊也者，言萬物之
　　　　絜齊也。离也者，明也，萬物皆相見，南方之卦也；聖人南面而
　　　　聽天下，嚮治，蓋取諸此也。坤也者，地也，萬物皆致養焉，故
　　　　曰致役乎坤。兌，正秋也，萬物之所說也，故曰說言乎兌。戰于
　　　　乾，乾西北之卦也，言陰陽相薄也。坎者，水也，正北方之卦也，
　　　　勞卦也，萬物之所歸也，故曰勞乎坎。艮東北之卦也，萬物之所
　　　　成終而所成始也，故曰成言乎艮。萬物出於震，雷發聲以生之也。
　　　　齊於巽，相見於离，風搖動以齊之也。絜，猶新也。萬物皆相見，
　　　　日照之使光大，萬物皆致養焉。地氣含養，使有明而秀實也。萬
　　　　物之所說，草木皆老，猶以澤氣說成之。戰言陰陽相薄。西北，
　　　　陰也，而乾以純陽臨之，猶君臣對合也。坎，勞卦也，水性勞而
　　　　不倦，萬物之所歸也。萬物自春出生於地，冬氣閉藏，還皆入地。

萬物之所成終而所成始，言萬物陰氣終，陽氣始，皆艮之用事也。
（《漢上易》九卷。《周易折中》）

條322：神也者，眇萬物而爲言者也。共成萬物，物不可得而分，故合謂
之神。（《漢上易》）

條324：故水火相逮。（《釋文》）

條326：兌爲口。上開似口。（《漢上易》）

條327：乾爲天。天清明无形。（《漢上易》）

條328：爲瘠馬。凡骨爲陽，肉爲陰。（同上）

條329：爲龍。龍讀爲尨，取日出時色雜也。（《漢上易》）

條330：爲專。專，市戀反。（《釋文》）

條331：爲大塗。國中三道曰塗。震上值房心，塗而大者，取房有三塗焉。
（《漢上易》）

條332：爲萑葦。竹類。（《漢上易》）

條333：爲反生。生而反出也。（《漢上易》）

條334：爲繩直，爲墨。（晁氏云）

條337：爲矯輮。（《釋文》）

條338：爲月。臣象也。（《文選·月賦注》）

條339：爲電。取火明也。久明似日，暫明似電也。（《集解》）

條341：爲鼈、爲蟹、爲蠃、爲蚌、爲龜。皆骨在外。（《玫工梓人疏》）

條343：爲徑路。田間之道曰徑路。艮爲之者，取山間鹿兔之蹊。（《初學
記》二十四）

條344：爲小指。（晁氏云）

條346：爲羊。今本羊。此羊謂爲養无家女行賃炊爨，今時有之，賤于妾
也。（《漢上易》，晁氏同）

條343：物生必蒙，故受之以蒙，蒙者蒙也，物之穉也。蒙幼小之貌齊人
謂萌爲蒙也。（《集解》）

條350：履然後安，故受之以泰。（晁氏云）

條351：有大有不可以盈。（晁氏云）

條356：有无妄物然後可畜。（項安世《周易玩辭》，晁氏同）

條359：物不可以終久於其所，故受之以遯。（晁氏云）

條360：主器者莫若長子。謂父退居田里，不能備祭宗廟。長子當親視滌

濯鼎俎，是也。（《曲禮正義》）

條 361：屯見而不失其居。見如字。（《釋文》）

條 362：損益衰盛之始也。（《釋文》。引見《會通》，今《釋文》無之）

條 363：兌說而巽伏也。（晁氏云）

條 365：大過顛也。自此以下卦音不協，似錯亂失正，弗敢改耳。（晁氏云）

條 366：小人道消也。（晁氏云）

惠氏所補，爲繼王氏之後增補最多者。所增佚文，對進一步研究與瞭解鄭氏之易學，有極大的貢獻。

2. 繼王氏之後，精覈詳審，可以作爲研究鄭氏易學思想之重要輯本。輯本內容材料，可以呈現鄭氏以下之重要思想：

（1）將鄭氏〈易贊〉移置卷首，以表易含三義：鄭玄在《繫辭傳》與《易緯》的啓發下，對「易」義新作定義，〔註216〕〈易贊〉所言，即鄭氏對「易」之精簡而概括之詮釋：

> 易之爲名也，一言而函三義。簡易，一也；變易，二也；不易，三也。故《繫辭》云：「乾坤其易之縕耶。」又曰：「易之門户耶。」又曰：「夫乾，確然示人易矣；夫坤，隤然示人簡矣。」「易則易知，簡則易從。」此言其易簡之法則也。又曰：「其爲道也屢遷，變動不居，周流六虛，上下无常，剛柔相易，不可爲典要，唯變所適。」此言從時變易，出入移動者也。又曰：「天尊地卑，乾坤定矣。卑高以陳，貴賤位矣。動靜有常，剛柔斷矣。」此言張設布列不易者也。
>
> 據茲三義而說，《易》之道廣矣大矣。〔註217〕

簡易之理存於天地之間，萬物的生成變化，既易且簡，是乾坤以知簡易，「乾

〔註216〕《易傳》對「易」之含義提出「生生之謂易」之概括，「易」具有生生不息、人化流行的本質。《易緯》則進一步推求「易」義，《乾鑿度》云：「易者，易也，變易也，不易也。」《乾坤鑿度》也提到：「易名有四義，本日月相銜，又易者，又易，易定。」主要反映出「易」是生物之本原；也象徵日月往來的變易現象，世界上的一切皆在變化，而「變易也者，其氣也」（《乾鑿度》），是一種氣化變易的宇宙觀。同時，「易」又有「不易」之義，即不易其位，也就是永恆不變之位，宇宙自然與轉諸於人事，皆有其恆常不變者，特別是相對關係上的地位之不變。這樣的「易」義，影響了鄭玄對「易」義所作的新解。

〔註217〕見《新本鄭氏周易·鄭氏周易贊》，頁 148。

知大始，坤作成物，乾以易知，坤以簡能，易則易知，簡則易從」，〔註 218〕宇宙自然的化生，有其易簡之性，根本上言是「一陰一陽之謂道」。鄭氏釋「易」函三義，基本上是以《繫辭》爲據，引文立說，亦皆《繫辭》之言，相對地與緯書所言有所差別，特別是以「簡易」取代了《易緯》的「易」義，是一種對緯書思想的改造與創新。〔註219〕

（2）爻辰說：惠棟根據鄭玄《周禮・太師注》，作「十二月爻辰圖」，並依《月令注》作「爻辰所值二十八宿圖」，置於輯本之末，同時駁朱震《漢上易傳》對鄭氏爻辰說認識之誤，藉以釐清鄭氏爻辰說易爲人淆舛之處，並且強調爻辰說爲鄭氏易學思想的重要地位，代表著鄭氏易學的主要特色，讓學者對鄭學爻辰說有第一時間的認識。關於此說，將於後文詳述。

（3）五行說：鄭氏佚文中，論述其五行思想的重要條文，包括：

條 284：天數五，地數五，五位相得而各有合。天地之氣各有五。

五行之次，一曰水，天數也；二曰火，地數也；三曰木，天數也；四曰金，地數也；五曰土，天數也。此五者，陰无匹，陽无耦，故又合之地六爲天一匹也，天七爲地二耦也，地八爲天三匹也，天九爲地四耦也，地十爲天五匹也。

二五陰陽各有合，然後氣相得施化行也。」（《春秋正義》）

此條乃鄭氏以五行思想來解說「天地之數」。〔註220〕鄭氏認爲天數爲奇爲陽，

〔註218〕見《繫辭上傳》。

〔註219〕胡自逢認爲：「康成惟以『易簡』二字代緯文之『易』字，蓋乾以易知，坤以簡能，易簡之則，於乾坤之法象見之矣，故又益簡字以增足緯辭，其意（緯意）得以愈見彰著也。而簡易之要義，緯文佼易（鄭注，佼易者，寂然无爲之謂）清淨，不煩不撓句，亦頗著見。蓋佼易清淨以立易簡之則；不煩不撓，則簡易之施爲及其績效也，於人事治理可以見之；而无思无爲之旨，大傳已先之矣。」（見胡自逢《周易鄭氏學》，頁151。）胡氏論述鄭《易》之淵源，也強調鄭氏所言三義與緯書的内在聯繫。事實上「易」與「簡易」在内涵上仍有其顯著的差異存在。《易緯》的「易」，是一種具有「通情無門」、「藏神無内」的萬物因之以生的宇宙本源，與老子的「道」或「無」相近。至於鄭氏的「簡易」，並無宇宙本源之超越意涵，更無老子「道」的那般寂然無爲之特質，而是陳述天地萬物生成的簡易形式，認爲天地萬物的生成衍化，可以簡單的模式形成或表示，或是萬物的生成，本然存在著簡易的特性。因此，鄭氏之概念，比較傾向於認識論的意義。（參見姜廣輝主編《中國經學思想史》第二卷，北京：中國社會科學出版社，2003年9月1版1刷，頁536~537。）

〔註220〕《繫辭上傳》云：「天一，地二，天三，地四，天五，地六，天七，地八，天九，地十。天數五，地數五。」此十個自然之數，即稱之爲「天地之數」。關

地數爲偶爲陰。天地事物皆遵循一陰一陽之道，單獨之陰或陽，則無化生之能。天地之數與五行方位相配時，亦當陰陽結合。即天一配地六爲水，地二配天七爲火，天三配地八爲木，地四配天九爲金，天五配地十爲土；如此，五行之行的化生萬物即可通過天地之數的形式，充份地體現出來。

> 條　271：精氣爲物，遊魂爲變，是故知鬼神之情狀，與天地相似，故不違。精氣，謂七八也。遊魂，謂九六也。七八，木火之數；九六，金水之數。木火用事而物生，故曰精氣爲物。金水用事而物變，故曰遊魂爲變。精氣謂之神，遊魂謂之鬼。木火生物，金水終物。二物變化，其情與天地相似，故无所差違之也。(《集解》、《樂記正義》)

　　此條乃鄭氏透過五行之數所代表的卦氣說與七八數不變、九六數變的原則，來解釋《繫辭上傳》之文。八爲春爲木，七爲夏爲火；春種夏長，春夏木火用事而生長萬物，所以「精氣爲物」，「謂七八也」。九爲秋爲金，六爲冬爲水；秋收冬藏，萬物由生長鼎盛而漸至收藏衰亡，這種秋冬的變化，遠比春夏成長來的明顯，故「游魂爲變」，即此時節爲游魂的性質而變化，所以是九六之數。依鄭氏所見，五行之數七八九六本於天地之數，而此四數即反映四時的生息循理之自然規律。

> 條　283：大衍之數五十，其用四十有九。天地之數，五十有五，以五行氣通，凡五行減五，大衍又減一，故四十九也。《正義》。衍，演也。揲，取也。《釋文》。天一生水于北，地二生火于南，天三生木于東，地四生金于西，天五生土于中。陽无耦，陰无配，未得相成，地六成水于北，與天一并。天七成火于南，與地二并。地八成木于東，與天三并。天九成金于西，與地四并。地十成土于中，與天五并。大衍之數，五十有五，五行各氣并，氣并而減五，惟有五十，以五十之數，不可以爲七八九六，卜筮之占以用之，更減其一，故四十有九也。」(《月令正義》)

此條佚文主要是在解說《繫辭上傳》的「大衍之數」，提出「大衍之數」源自

　　於以五行解釋「天地之數」，除了此條佚文外，鄭氏訓注《乾鑿度》(卷下)時，亦多有詳言。

於「天地之數」的觀點。〔註221〕運用五行說的觀點來論述，尤重於藉五行之數的陰陽結合來解說「五十有五」；依鄭玄之說，北方天一地六和爲七，東方天三地八和爲十一，南方天七地二和爲九，西方天九地四和爲十三，中央天五地十和爲十五，五方之和爲五十五。同時，「大衍之數五十」是來自「天地之數五十有五」；「大衍之數」本來同於「天地之數五十有五」，但因爲五行之氣各有相并（如水之生數一與成數六相并於北），故從「五十有五」中減去五，而後乃有「大衍之數五十」。

（4）互體說與爻體說：王應麟於《周易鄭康成注》自序中強調「鄭康成學《費氏易》，爲注九卷，多論互體」，且同書《四庫提要》也提到「元註多言互體」，〔註222〕是鄭氏擅長於以互體解《易》。王、惠所輯佚文，言互體者不勝枚舉。如條28言「互體震而得中」；條66言「卦體有巽」；條88言「互體有艮」；條94「卦互體坎、艮」等等。互體說，於京房時已明確提出，鄭氏承之爲釋《易》之常例。爻體說同樣爲鄭氏釋《易》之重要體例，在佚文中出現的次數也十分地頻繁。這部份的介紹，將移至後文考索「爻辰說」時，再多詳述。

3. 全面注明佚文出處：王應麟所著之佚文，全未標明出處，惠棟針對書中所輯，一一詳加考求原本，注明出處。同段文字，有出於多處者，亦皆能釐正注明。例如條1鄭釋乾卦九二爻辭，前段「二于三才爲地道，地上即田，故稱田也」，惠氏注明出於李氏《周易集解》；後段「九二利見九五之大人」，惠氏注明出於孔穎達《周易正義》。又如條5鄭釋乾卦用九之文，惠氏注明出於唐太子李賢《後漢書‧郎顗傳注》與〈班固傳注〉。又條28鄭釋蒙卦卦辭之文，惠氏注明出於《公羊疏》與《釋文》。條41，惠氏注出於《雜記正義》、《周易正義》、《釋文》等三處。三百多條佚文，惠氏大抵皆能準確注明出處。

〔註221〕在鄭玄之前，對於「大衍之數五十」的說法，主要有京房提出：「五十者，謂十日、十二辰、二十八宿也，凡五十，其一不用者，天之生氣將欲以虛來實，故用四十九焉。」馬融也提出：易有太極，謂北辰也。太極生兩儀，兩儀生日月，日月生四時，四時生五行，五行生十二月，十二月生二十四氣，北辰居位不動，其餘四十九，轉運而用也。」（見《周易注疏》卷十一，孔氏《正義》。）《易緯乾鑿度》所言亦近於京氏之說：「大衍之數五十，所以成變化而行鬼神也，日十干者，五音也。辰十二者，六律也。星二十八宿者，七宿也。凡五十所以閡物而出之者也。」鄭氏所云，不取諸前說，而與之相異，專以五行解說「天地之數」的基礎下，來論述「大衍之數」。

〔註222〕見王應麟《周易鄭康成註‧提要》，頁130。

4. 釐定經傳次序與增訂佚注的經傳文字：王氏所輯篇次凌亂，與經傳多有不相應者，一卦之內，六爻先後，亦紊其自然之序，特別是《繫辭傳》所輯，益加雜亂。惠氏依經文前後，詳覈釐定其次序，使之井然。如條347，王氏將鄭注「蒙，幼小之貌。齊人謂萌爲蒙也」文，作爲蒙卦之注文，惠氏改爲釋《序卦》「物生必蒙，故受之以蒙，蒙者蒙也，物之穉也」之注文。條47，王氏引鄭氏之佚文，作爲釋師卦「丈人能以法度長於人」文，然此文非師卦卦爻辭，惠氏改正作釋師卦卦辭「丈人吉」。條220，震卦卦辭注文，王氏所置不當，惠氏改置「震：亨」之下爲宜。條307、308，王氏將《繫辭下傳》「益長裕而不設」、「雜物算德」二文，與鄭氏注文混雜一併，惠氏區分爲二條，使之清晰可辨。王氏引鄭氏佚文，每每短引經傳之文，如條16、條43、條44、條50、條58、條59、條65、條67等等，此種情形十分頻繁，不一一列述；惠氏能予適當增補，方便讀者之閱讀與資料之檢索。

5. 補正王氏之誤字：王氏所輯，每有誤字，如條88，王氏誤將「宮闕」作「門闕」，惠氏據改。條79，王氏「古」字，誤作「右」字，惠氏予以改正。條132，王氏作「小邱」，惠氏改作「小丘」爲正。如條210，王氏誤將「九三」作「生一」，惠氏改正。條149，王氏作恆卦九三爻辭作「或」字，同今本，惠氏則依《釋文》改作「咸」字。條165，王氏誤作「也」字，惠氏改正爲「地」字。條235，王氏誤作「十旬」，惠氏改正爲「十日」。條241，王氏誤作「翔」字，惠氏改正爲「祥」。條354，王氏誤將「大」字作「天」字，惠氏詳察予以改正。

6. 更置王氏引文，以及將王氏附於卷末〈易論〉之文，考正後入於注文序列中：如條95，「賁，變也，文飾之貌」文，別出於《釋文》；王氏置於引文之首，而惠氏則置於文末，以惠氏所置較爲適當。條207，將王氏所引「井，法也」文，置於末句。條227，原王氏引文「艮之言很也」句置於文首，惠氏改置於末爲宜。條150，「以陰爻而處尊位」段文，王應麟未明此乃鄭注恆卦之文，故收於其輯文末之〈易論〉內；惠氏考實其出處，爲恆卦六五之注文。如條298，王氏原將「大過者，巽下兌上之卦。初六在巽，體巽爲木，上六位在巳，已當巽位，巽又爲木，二木在外以夾四陽，四陽㐄體爲二乾，乾爲君爲父，二木夾君父一作是。，棺椁之象」一文置於〈易論〉中，惠氏考明其爲鄭玄釋《繫辭下傳》「後世聖人易之以棺椁，盖取諸大過」之文。

7. 注明二說與增補音訓：凡佚文有二說者，皆悉標明，如條5乾卦用九

鄭氏注文「六爻皆體乾」之「乾」字，惠氏注明一作「龍」；「舜既受道」之「道」字，注明一作「禪」。條 52，「法」字，注明一作「發」；「則」字一作「亦」。條 94，「天地二文，相飾成賁者也」文，惠氏注明一作「天地之文，交相而成，賁賁然也」，載錄較為詳明。條 136，「文王之子」之「之」字，惠注一作「大」；「發旦」之「旦」字，惠亦注「一無此字」。條 169，「在」字，惠注一作「是」。條 237，「韋」字，惠注一作「帀」。條 248，「亍」字，惠注一作「三」。條 278，「以喻君子之言，或榮或辱」文，惠氏另作小注云，一作「以譬言語之發，有榮有辱」。條 280，「置」字下，惠氏注明一作「誌」。條 294，「取」字下，惠氏注明一作「聚」。條 298，「父」字下，惠氏注明一作「是」。增補音訓者，如條 7、條 42、條 48、條 53、條 59、條 99、條 120、條 129、條 276 等等。

8. 王本所引不足或奪字而增補者：如條 2 鄭釋乾卦九三爻辭，王本所引為「三于三才為人道，有乾德而在人道，君子之象」，惠氏注明出於《集解》，並增引「惕，懼也」，且注明出於陸氏《經典釋文》。如條 10，惠氏同姚士粦增補「確，堅高之貌」。條 28，惠氏增補「瀆，褻也；筮，問也」句。條 54，惠氏增補「輻，伏」句。條 65，引《文選注》「苞，植也……」段，以補王氏之缺。條 134，王應麟僅引《釋文》之注，惠棟考索《文選·謝宣遠張子房詩注》增補之。條 210，王氏闕「言微小也」句，惠氏增補。條 78，惠氏增補「以者……」一段文字。條 172，惠氏依《後漢書》增補「二為陰爻」段。條 78，原《周易集解》奪一「帝」字，惠氏據補。條 188，王氏奪「稱」字，惠氏據補。條 189，王氏奪「也」字，惠氏據補。條 210，王氏奪「言微小也」句，惠氏據增。條 292，王氏奪「也」字，惠氏據補。

（二）缺失方面

1. 注明出處上之缺誤：部文條文未能考明出處者，則小注作出於「王氏」。如條 46，注出王氏，實出於孔穎達《毛詩正義》引鄭氏之文。條 54，注出王氏，實出於《周易正義》。如條 88，實出於《儀禮注疏·鄉飲酒禮》卷四賈公彥《疏》，惠氏未明而注出王氏。條 116，惠氏作出於「王氏」，實出於《詩·采芑正義》鄭箋；《爾雅·釋地疏》同引。條 232，惠氏注出「王氏」者，實出於《儀禮·特饌食禮疏》。條 250，惠氏注出「王氏」者，實出於《易緯乾鑿度》文。條 257，「禴，夏祭之名」文，惠氏未察，小注出於「王氏」，實出於《詩·天保正義》。條 290，惠氏未明出處，作小注云出於「王氏」；惠氏本

於王氏，而王氏又因朱震《漢上易傳》，然此文實出於《乾鑿度》鄭注，不宜視為鄭氏《易》注之佚文。條354，惠未察該文出於《乾鑿度》卷下鄭注，而小注云出於「王氏」；該文不宜視為鄭氏《易》注之佚文。條86，惠注出於《正義》，不夠精詳，實前句出於《正義》，後出於《正義序》。

2. 王氏本誤而未改者：條250，朱震《漢上易傳》誤引《乾鑿度》文，王氏同誤，以鄭氏《易緯》之注為《易》注，惠氏亦不明而注作王氏所引，實不察之失。如條163王應麟、胡孝轅誤改「碩鼠」為「鼫鼠」，惠氏同誤。條17，姚士粦誤以向秀之訓直作鄭訓，雖《音訓》云向秀本於鄭氏，然並無明文可證以直用，故不宜直用為鄭氏之訓，惠氏同誤。如條59，非鄭氏之文，王應麟誤引，而惠棟不察而從之。條28，末句王氏多「是也」二字，惠氏去「是」字而留「也」字，「也」字本無，當去之；同條，「未冠之稱」句，出於《禮記‧玉藻》鄭注，王、惠皆注入於《公羊疏》鄭文之中。條188，「不」字當為「下」，王氏引《集解》同誤，惠氏亦同，宜改正，或注明《集解》用「不」字之誤。

3. 逕改經文或原出處之文：如易「謙」為「嗛」，易「納」為內，易「熟」為「孰」，易「互」為「牙」，易「烹」為「亨」，易「離」為「离」，雖與古文合，然未必即為鄭氏之原文。特別像條25，易今本「媾」字，而云鄭作「冓」；惠氏引自《釋文》，而《釋文》云馬融本作「冓」，並無明言鄭氏作「冓」字者。條115，《釋文》本作「祐」字，王應麟同，惠氏以漢代慣用「右」，而擅自改易。條152，易「邂」字為「逯」字，認為「逯」字為古，用己意之字，非鄭氏之文。條183，易「皆」字為「解」字，以「皆」字為正。條185，易「享」為「亨」，以蜀才之用為鄭字。條276、277，易「賾」為「嘖」字；按《釋文》所云，鄭作「賾」字，而惠氏考以「嘖」為古字，故擅自改易鄭氏作「嘖」字。條322，易《說卦傳》「妙」字為「眇」，並無確切證據可以斷言鄭氏作「眇」，《釋文》僅言王肅作「眇」字，故不宜以己意為鄭意。宜以小字注明當作某，不可逕改經字。如條88，《儀禮‧鄉飲酒禮》賈公彥《疏》作「鄉大夫」，惠氏擅自改為「卿大夫」，雖舊稱為「卿大夫」，亦不宜直改，可以加注說明。

4. 誤刪或缺引奪字者：如條99，惠氏未能詳察，而刪王氏原有之「翰，白也」文。如條19，引自《儀禮‧鄉射禮》賈公彥《疏》引文後尚接「是蛇龍總為君子之類也」句，王、惠皆未引；宋代諸家多有引賈《疏》此一全文，

疑王、惠皆缺漏。條 91，「也」字，《釋文》實有，王氏引同，惠氏缺漏。如條 3，王氏本有「也」字，惠氏奪之。如此之類尚多。如條 18，「直方大」，惠氏疑「大」字爲衍而奪之。條 257，惠氏奪「也」字。條 260，惠氏奪「動靜」二字。

此外，亦有誤引者，如條 83，「焦贛曰……」文，王氏刪而不用，惠氏增補；既言焦贛之說，則不宜作鄭玄之文，當刪之。又，置〈易贊〉於卷首，雖有凸顯鄭氏思想之義，然失古人綴序於卷末之素。

總之，惠氏之失，首在改易作者原文，改易原文，必以明據，不可因嗜古求古而爲之；其次爲出處未能考明，而轉作「王氏」之言，且引鄭注《乾鑿度》作爲鄭氏《易》注，此不察之失；其它誤字或奪字，則爲其小疵。雖見其多有所失，仍瑕不掩瑜，無毀其功，對鄭學之保殘完缺，多有貢獻。除了多增佚文與增補出處外，在文字的審辨上，尤可見其細心取捨之一面，博蒐詳稽，並可引發後學對鄭氏《易》本之關注。

從輯本中看惠氏用字，惠氏在推用古字上，可見其精審核實之處，如條 264：今本作「八卦相盪」，而考鄭氏作「八卦相蕩」。雖《釋文》僅云「眾家作蕩」，「韓云：相推盪」，未明言鄭氏作「蕩」字，然考索《集解》及所引《虞氏易》均作「蕩」，並云：

> 《說文》盪爲滌器，當从諸家作蕩。後漢惟《蔡湛碑》以盪爲蕩，从俗作也。《釋名》云：蕩，盪也，排盪去穢垢也。則知盪非古字。蕩，俗作盈，六經无盪字，蓋始于後漢，韓伯以爲推盪，俗訓也。
> 〔註 223〕

是惠棟察稽甚詳，以「蕩」爲古爲本，在推求古字古義上，仍具有科學實證之精神，而非妄自生說。因此，惠氏進一步體察鄭氏《易》本用字，肯定鄭玄存續古字，並欲平後人對鄭氏之誣評，《九經古義》云：

> 凡經字誤者，當仍其舊作某字讀若某，所以尊經也。漢時惟鄭康成不輕改經文，後儒無及之者。如《易》大有九四《象》：「明辨遘也」，鄭注云：「遘，讀如明星晢晢」。《繫辭》：「言天下之至賾而不可惡也」，「言天下之至賾而不可亂也」，鄭于下句注云：「賾當爲動。」「勞而不伐，有功而不置」，鄭云：「置當爲德。」晁氏

〔註 223〕引文見惠氏《周易古義》卷二、《周易述》卷十八。詳細考文，參見前表條 264。

曰：案德古文類置，字因相亂。聖人之所以極深而研機也，《范式
碑》云：探嘖、研機。是《古易》皆作機。鄭云：機當爲幾；幾，
微也。今王弼本直作鄭所訓字，失其本矣。後儒謂鄭氏好改字，
吾未之敢信也。〔註224〕

鄭氏源其所本，作爲用字之取捨，而非好改經文。今人總以保存完整的王弼
本爲典式，作爲研《易》之主要依準，卻不思考王弼乃後起者，之前的漢代
《易》家，雖傳本缺舛甚多，但就時序先後言，當較爲古，較近於原本。且
傳本之差別，不能偏執一方以爲正。今傳王弼本經傳之文與鄭玄佚文相較，
有百餘則用文相異，詳細請參見【附錄四】；蓋二家所本殊異甚夥，而以鄭
玄所用爲古，並多本之費氏、馬融之法，其詁證字義，多可正王弼之誤。惠
氏所考，提供我們得以再次認識鄭學，或許在態度上與評價上，有會所改變。

第二節　爻辰說

　　鄭玄以爻辰解說經傳，爲其易學之重要特色，蓋其爻辰之法，雖首開風
氣，然有所先承。鄭氏承接與運用西漢《易》家的爻辰說，經過鎔新鑄舊的
整合與再造，建構一個嶄新而有系統的爻辰學說，作爲工具或方法引進《周
易》的思想詮釋中。鄭氏此一新制或主張，雖未必能符原始《周易》的眞正
本意，但從對思想發展或詮釋建構的歷史向度來看，也是一個重要的積極進
路，特別是在象數易學的發展史上，鄭氏的爻辰說仍有其代表性的意義存在。

　　以鄭氏在經學學術史上的崇高成就，其易學主張本應相對也會受到重視
和青睞才對，然而不然；在重要易學發展傳承的歷程，鄭氏《易》說，特別
是爻辰的主張，往往被排拒於千里之外。惠棟考索鄭《易》，指出「王輔嗣解
《易》不用爻辰，孔氏《正義》黜鄭存王」〔註225〕的偏狹不當之作法，這種
對待，對鄭玄而言，是極爲不公平的。魏晉時期以義理作爲主流價值，王弼
融攝老莊思想入《易》，有意地剝除各種象數之說，鄭氏的爻辰主張自然無法
幸免，特別是曾經叱吒風雲於一時，在浸微失勢後，也隨之將成爲刻意被復
歸於平靜的冷落對象，並在後代一直延續中。唐代孔穎達奉勅撰立《周易正
義》，則黜鄭崇王而爲正宗；同時代的李鼎祚成《周易集解》，博采已佚的漢

〔註224〕見惠棟《九經古義》卷二，頁378～379。
〔註225〕見《易漢學》卷六，頁1207。

魏象數易學，成爲代表漢魏象數易學的經典輯著，卻獨不取鄭氏爻辰說。明清以降，常有對鄭氏爻辰說提出批駁者，如焦循《易圖略》嚴屬斥其「謬悠非《經》義」，〔註226〕顯見經學家對其說非議之深。復以其《易》作佚闕不全，不能窺其全貌，因此更容易被忽略。惠棟根據《周禮》、《禮記》、《詩經》等典籍中的注疏所遺留下的片語支言，經過一番湊合，並製成「十二月爻辰圖」與「爻辰所值二十八宿圖」，爻辰之說大抵得以續存。

一、源於《易緯》而立說

鄭玄易學，其最顯著的特點，即以爻辰說解釋《周易》經傳文字，而其爻辰法，根據惠棟所引，主要根源於《易緯》，特別是《乾鑿度》的貞辰之說而另爲創制。《繫辭傳》提到「乾坤，其《易》之縕耶」！「乾坤，其《易》之門耶」！乾坤爲《易》卦之主，爲萬化之源。《乾坤鑿度》將乾坤二卦視爲天、人之門，以《易》始於乾而爲開闢元氣的天德之所，且「天德兼坤」，坤「德配在天」，「萬物蠢然俱受蔭育」，合德而無疆。〔註227〕鄭氏深刻體會乾坤二卦立於《易》之主位，因此，建立一套以爻辰論卦之說，將乾坤十二爻之爻辰視爲產生《周易》其它六十二卦百七十二爻之爻辰的根本。

惠棟引《乾鑿度》與鄭注云：

> 乾，陽也；坤，陰也，並治而交錯行。乾貞於十一月子，左行，陽時六。康成注云：貞，正也。初爻以此爲正。次爻左右著，各從次數之。坤貞於六月未，乾坤，陰陽之主，陰退一辰，故貞於未。右行，陰時六，以順成其歲。歲終，從於屯蒙。歲終，則從其次屯蒙、需訟也。〔註228〕

又云：

> 陰卦與陽卦同位者，退一辰以未爲貞，其爻右行，間時而治六辰。
> 陰陽同位，陰退一辰，謂左右交錯相避。〔註229〕

鄭氏爻辰法僅以乾坤二卦爲二，不同於京氏用八純卦。是否同於《易緯》的

〔註226〕見焦循《易圖略》。引自李一忻點校焦氏《易學三書》，北京：九州出版社，2003年12月1版1刷，頁156。

〔註227〕參見《易緯乾坤鑿度》卷上，頁466。

〔註228〕見《易漢學》卷六，頁1196。惠氏引「以順成其歲」，《乾鑿度》實作「以奉順成其歲」；引「從於屯蒙」，《乾鑿度》實作「次從於屯蒙」。惠氏闕「奉」、「次」字。

〔註229〕見《易漢學》卷六，頁1196。

貞辰之說，惠棟在考索鄭玄爻辰法時，特別肯定源出於《乾鑿度》，並與之相同。《乾鑿度》以月作爲基礎，言占驗推軌、卦曆相配之法，明白推定「天道左旋，地道右遷，二卦十二爻而期一歲」的十二爻辰說，也就是以爻配辰而爲月。太陽由西向東運行，是順時鐘方向，而地道則爲由東向西的逆時鐘方向，這種認識是合於事實的現象，〔註230〕藉由這種天文實證現象，配合卦爻辰以推曆法。《乾鑿度》並詳云：

> 歲終，次從於屯蒙。屯蒙主歲，屯爲陽，貞於十二月丑，其爻〔註231〕左行，以間時而治六辰；蒙爲陰，貞於正月寅，其爻右行，亦間時而治六辰，歲終則從其次卦。陽卦以其辰爲貞，其爻左行，間辰而治六辰。……泰否之卦，獨各貞其辰，共比〔註232〕辰左行相隨也。中孚爲陽，貞於十一月子；小過爲陰，貞於六月未，法於乾坤。三十二歲期而周，六十四卦，三百八十四爻，萬一千五百二十析，復從於貞。〔註233〕

將六十四卦，依目前通行之卦序，兩兩爲一組，六十四合三十二組代表三十二年，則二卦十二爻爲一年，每爻主一月。十二爻與十二個月的相配，以卦屬陰陽爲原則，三十二組卦當中，每組第一卦爻爲陽，第二卦爻爲陰，二二相耦，一爲陽卦，一爲陰卦，二卦相配而期一歲。確定月建十一月建子的次序，則十二月建丑，一月建寅，乃至十月建亥。三十二年一週期，始於乾坤二卦而爲第一組，乾坤十二爻爲三十二年之第一年的十二個月，至既濟與未濟二卦，則爲週期中的最後一組（第三十二年），其十二爻則爲第三十二年的十二個月。一週期之後，再終而復始，重新由乾坤二卦爲另一週期的開始。惠棟考索結果，以鄭氏依《易緯》之說|而制作，其中乾卦六爻配子、寅、辰、午、申、戌等六地支與京氏同，而坤卦初爻至上爻則依序配未、酉、亥、丑、卯、巳，這與京氏在次序上就有不同；此外，乾坤二卦十二爻除了配十二地支外，另配一歲十二個月，而爲所謂的「乾坤爻辰圖」，圖式如下：

〔註230〕天旋地動、天左旋等說法，由來已早。漢代論天，有所謂蓋天說、渾天說與宣夜說，皆肯定天左旋的看法。詳說可參見《周髀算經》、張衡《靈憲》、《渾儀》，以及《晉書·天文志》等。緯書言盛，如《尚書考靈曜》、《春秋緯元命苞》、《春秋運斗樞》等等。

〔註231〕原作「丑與」，據張惠言《易緯略義》改爲「其爻」。

〔註232〕原作「北」，據張惠言《易緯略義》改爲「比」。

〔註233〕見《乾鑿度》卷下，頁489～490。

圖表 4-2-1　鄭氏乾坤爻辰圖（一）

	乾　卦				坤　卦	
九　月	▬▬	戌	四　月	▬　▬		巳
七　月	▬▬	申	二　月	▬　▬		卯
五　月	▬▬	午	十二月	▬　▬		丑
三　月	▬▬	辰	十　月	▬　▬		亥
正　月	▬▬	寅	八　月	▬　▬		酉
十一月	▬▬	子	六　月	▬　▬		未

以建子 11 月爲始，依序排列乾坤二卦十二爻，所建爻辰另作圖示如下：

圖表 4-2-2　鄭氏乾坤爻辰圖（二）

月份	11月	12月	1月	2月	3月	4月	5月	6月	7月	8月	9月	10月
支屬	子	丑	寅	卯	辰	巳	午	未	申	酉	戌	亥
卦名	乾	坤	乾	坤	乾	坤	乾	坤	乾	坤	乾	坤
爻位	初九	六四	九二	六五	九三	上六	九四	初六	九五	六二	上九	六三

　　乾坤二卦，以陽氣始生於十一月子，陰氣始生於五月午，子午位皆陽辰，依「陽卦以其辰爲貞，陰卦與陽卦同位者，退一辰以爲貞」之例，乾貞於十一月子，坤則貞於六月未，何以退一辰而爲未，乃陰卦右行，爲逆數，故退一辰爲未而非巳。這一方面，除了同於《乾鑿度》所言，也同於漢代律歷的普遍主張，〔註234〕更同於京房所謂的「建子陽生，建午陰生」，「陰從午，陽從子，子午分行」的說法。〔註235〕鄭氏對此乾坤十二爻配十二辰的排序，並非肆意的杜撰圓說，本有其理路與內在的根據，所根據的是當時天文歷法等自然科學知識而來。原本十一月值隆冬，將是陰盛之時，而五月也是陽氣最盛的時刻，然而，漢人的理解上，在陰氣最盛之時產生陽氣，而在陽氣最盛

〔註234〕例如《漢書・律歷志》云：「十一月，乾之初九，陽氣伏於地下，始著爲一，萬物萌動，……六月，坤之初六，陰氣受任於太陽，繼養化柔，萬物生長，楙之於未。……正月，乾之九三（宋祁曰：九三當作九二），萬物楙通……。」乾卦初九，爲陽氣之始生於十一月子，坤卦初六，則爲陰氣楙於六月未。這樣的說法，爲兩漢以降貞辰之說的共同法則。

〔註235〕見《京氏易傳》卷下。引自郭彧《京氏易傳導讀》，山東：齊魯書社，2002年 10 月 1 版 1 刷，頁 133。

之時產生陰氣，所以才會有十一月爲陽而五月爲陰之情形。由於陰氣避諱與陽氣相沖，故不言五月產生陰氣，而言生於六月。這就是鄭氏之所以云「乾坤，陰陽之主，陰退一辰，故貞於未」的原因。〔註236〕天道左旋，乾爲天，故左行，左行爲順，故乾卦初爻貞於子，依序而配如前述六陽時，而地道右遷，坤爲地，故右行，右行爲逆，故坤卦初爻貞於未，依序而配如前述六陰時，如此，乾坤二卦十二爻，兩相反對，交叉並行，故云「並治而交錯行」。

　　鄭玄以乾坤十二爻主十二辰，並視《周易》其它六十二卦的爻辰爲乾坤十二爻辰所派生。其聯繫的關係爲逢陽爻從乾爻所值，逢陰爻從坤爻所值。以泰卦六五爲例，六五陰爻從坤卦六五爲卯；坎卦上六爲陰爻，從坤卦上六爲巳；困卦九四爲陽爻，從乾卦九四爲午；明夷卦九三爲陽爻，從乾卦九三爲辰。鄭氏以乾坤十二爻辰爲核心，以秦漢以降的天文歷法之自然科學知識爲背景，有系統地建立六十四卦的爻辰說。這樣的爻辰主張，基本上與其注解《易緯》，並對《易緯》的認識有密切關係，從思想發展的演進言，可以視爲《乾鑿度》的延續與開展。惠棟引《乾鑿度》來論述與建構鄭玄的爻辰說，並據以構製爻辰圖式，大抵認爲鄭氏的爻辰說，主要源於《乾鑿度》，且在內容的論述上，也與《乾鑿度》相近，肯定鄭氏之說是《乾鑿度》貞辰思想的解讀與擴伸，二者關係密不可分。

二、左右行之理解

　　鄭玄的爻辰思想，既源自《乾鑿度》，則其「天左行、地右行」的法則，當然也是本於《乾鑿度》，惠棟在考索鄭學時是如是認爲的。也就是說，天左行以乾卦六爻納六陽支，亦即「陽時六」，其順序爲：子、寅、辰、午、申、戌；地右行以坤卦六爻納六陰支，亦即「陰時六」，其順序爲：未、酉、亥、丑、卯、巳。然而，鄭氏的爻辰次序果真如《乾鑿度》之說？事實上鄭玄理解下的爻辰左右行之說，與《乾鑿度》在理解與運則上，是有極大的差異存在。

〔註236〕《乾鑿度》云：「乾坤，陰陽之主也。陽始於亥，形於丑，乾位在西北，陽祖微據始也。陰始於巳，形於未，據正立位，故坤位在西南，陰之正也。」鄭玄注云：「陽氣始於亥，生於子，形於丑，故乾位在西北也。」又云：「陰氣始於巳，生於午，形於未，陰道卑順，不敢據始以敵，故立於正形之位。」表現在易學上，子午不相沖，「若在沖也，陰則退一辰」。故爻辰乾初爻始於子，而坤初爻不始於午而始於未，乾坤二卦自初爻到上爻，分別表現出陽氣與陰氣由微而顯、由弱而強、由小而大的變化。

　　兩漢《易》說，早有涉足爻辰者，大概京房是個典型的例子，已如前述，京房的納支主張可以視爲爻辰說。京氏以乾卦由初至上爻納六陽支，爲左行順數之序：子、寅、辰、午、申、戌；復以坤卦六爻分別納六陰支，爲右行逆數之序：未、巳、卯、丑、亥、酉。這樣的順逆之序，歷來爲無任何疑議的普遍理解。這樣的次序，相照於鄭氏之爻辰之序，則不相同。倘如惠棟所理解的《乾鑿度》是如此一斑（同鄭氏之序），則鄭氏與《乾鑿度》同屬而相異於京氏之說。

　　然而，《乾鑿度》的論述主張，值得細觀與釐清。首先，惠氏引《乾鑿度》云「乾貞於十一月子，左行，陽時六。坤貞於六月未，右行，陰時六，以順成其歲」，十二地支分屬乾坤二卦爲「陽時六」與「陰時六」，這是很明確而無爭疑議的；「陽時六」的次序爲：子、寅、辰、午、申、戌，是左行的順取之數。而「陰時六」的次序，則爲歷來所爭論的焦點；坤卦六辰的排序，有兩組不同的次序：

　　　一是逆數之序，即未、巳、卯、丑、亥、酉；

　　　另一是順數之序，即未、酉、亥、丑、卯、巳。

依惠棟的理解，認爲《乾鑿度》取的是順數之序：未、酉、亥、丑、卯、巳，鄭玄的坤辰之說，即出於此。〔註237〕然而，歷來學者有不同於惠棟之說者，認爲《乾鑿度》坤卦六爻取的是「右行」的逆數之序：未、巳、卯、丑、亥、酉。黃宗羲《易學象數論》明白指出：

　　　陽卦左行，陰卦右行，兩卦以當一歲。前爲陽，後爲陰；左行者其

　　　次順數，右行者其次逆數；皆間一辰。〔註238〕

黃氏清楚地區隔「左行」與「右行」的差異，「左行」者取順數之次，而「右行」者則取逆數之次。也就是說，《乾鑿度》所云之「左行」與「右行」本來

〔註237〕今人朱伯崑言《乾鑿度》的爻辰說，將鄭玄爻辰說與《乾鑿度》爻辰說視爲同一學說，即同於惠棟所云之「陰時六」的順序。（參見朱伯崑《易學哲學史》第一卷，北京：華夏出版社，1995年北京1版1刷，頁182～186。）晚近學者劉慧珍同惠、朱之言，坤卦六辰同采順數，即未、酉、亥、丑、卯、巳；且屯蒙所主爻辰，二卦亦皆取順數，其蒙卦爻辰由初至上爻依序爲：寅、辰、午、申、戌、子。需訟以降諸卦同理。（見劉慧珍《漢代易象研究》，臺北：輔仁大學中國文學研究所博士論文，1997年，頁466～471。）此以鄭氏之說凌於《乾鑿度》之上，混同二者。

〔註238〕見黃宗羲《易學象數論・乾坤鑿度二》卷四。引自《黃宗羲全集》第九冊，浙江：浙江古籍出版社，1992年12月1版，1993年11月2刷，頁140。

就有其差別性或分別性存在，也就是區分出其方向或次序的不同。「左行」或「右行」的觀念，乃源於傳統的天文知識。實際的日月星辰之天體運行，每日皆是由東向西的視運動，也就是「左行」；而大地（地球）相應於天體，則自西向東迎合天體的運動，也就是所謂的「右行」。所以《乾鑿度》才有提出「天道左旋，地道右遷」的自然觀，〔註239〕融於爻辰之說，當然「左行」與「右行」在方向次序上就有不同了。這種不同，即黃氏所謂的「陽時六」左行取其順數：子、寅、辰、午、申、戌；「陰時六」右行取其逆數：未、巳、卯、丑、亥、酉。以爻辰圖示則當爲：

圖表 4-2-3　黃宗羲乾坤爻辰圖（一）

	乾　卦			坤　卦	
九　月	▬▬	戌	八　月	▬ ▬	酉
七　月	▬▬	申	十　月	▬ ▬	亥
五　月	▬▬	午	十二月	▬ ▬	丑
三　月	▬▬	辰	二　月	▬ ▬	卯
正　月	▬▬	寅	四　月	▬ ▬	巳
十一月	▬▬	子	六　月	▬ ▬	未

以建子 11 月爲始，依建子 11 月爲始，乾坤二卦十二爻，所建爻辰另作圖示如下：

圖表 4-2-4　黃宗羲乾坤爻辰圖（二）

月份	11月	12月	1月	2月	3月	4月	5月	6月	7月	8月	9月	10月
支屬	子	丑	寅	卯	辰	巳	午	未	申	酉	戌	亥
卦名	乾	坤	乾	坤	乾	坤	乾	坤	乾	坤	乾	坤
爻位	初九	六四	九二	六三	九三	六二	九四	初六	九五	上六	上九	六五

黃氏充份地掌握「左行」與「右行」的本根上之不同，符合《乾鑿度》

〔註239〕這種「天道左旋，地道右遷」的天體運行的自然觀，爲先秦兩漢時期在天文歷法高度發達下的普遍性知識。緯書引其自然現象或自然科學知識言災異，多有論及，如《春秋緯・元命苞》也提到「天左旋，地右動」。左右的區分，表明了天地的對應性，從方向的角度言，它是一種可以形成交集的對應，倘天與地是在同一方向下驅動，則永遠在平行線上，不能形成互動的關係。

所強調的乾左行、坤右行之「並治而交錯行」的法則。〔註240〕然而，假如依照惠棟的說法，「陽時六」的次序爲：子、寅、辰、午、申、戌，是左行的順取之數，而「陰時六」的次序也是左行的順數之序：未、酉、亥、丑、卯、巳；如此一來，天地陰陽皆取順數之序，並未合於自然的運則，也未合於《乾鑿度》的本意。

因此，在乾坤左右行的理解上，惠棟認爲《乾鑿度》乾貞於子，左行子、寅、辰、午、申、戌，坤貞於未，右行未、酉、亥、丑、卯、巳，與鄭注《周禮·春官·太師》十二律相生圖合，並謂宋儒朱子發「十二律圖」以坤貞于未而右行（未、巳、卯、丑、亥、酉）之說爲謬，故云鄭氏爻辰本於《乾鑿度》。〔註241〕惠氏未能細察而誤解了《乾鑿度》的說法，其乾坤俱爲左行，與《乾鑿度》之「乾左行，坤右行」的基本法則不符。張惠言在《周易鄭氏義》中批評惠氏的說法，認爲：

> 惠定宇作爻辰圖，謂乾貞於子左行，子、寅、辰、午、申、戌；坤貞於未右行，未、酉、亥、丑、卯、巳。引《周禮》鄭注十二律相生之次證之，謂朱子發圖未、巳、卯、丑、亥、酉爲右行者誤，今謂不然。經于泰否言共比辰，左行相隨，則餘卦云左右行者不相隨，可知惠云坤貞於未，若從巳向卯，是爲左行，然則否貞於申，從酉向戌，何以得爲左行？蒙貞於寅，若如惠例，當從辰向午，何以得爲右行乎？凡言左右，各從其本位言之耳。十二律之位，乾坤相並俱生，乃《易》參天兩地六畫之位，故交錯相隨，不必與此爲一。《火珠林》八卦六位，乾子、寅、辰、午、申、戌；坤，未、巳、卯、丑、亥、酉，蓋本此也。〔註242〕

詳細指出《乾鑿度》左右行配用十二辰於六十四卦三十二年的基本原則，《火珠林》也是如此，因此，「惠又以爲此即《乾鑿度》貞于子而左行，坤貞于未而右行，則非《乾鑿度》自論六十四卦貞歲之法」，《乾鑿度》與鄭玄之說，

〔註240〕黃氏並進一步推衍六十四卦的貞辰主歲之情形，作成「乾坤鑿度主歲卦」，圖示如【附錄五】，卑供參佐。（參見黃宗羲《易學象數論·乾坤鑿度二》卷四。引自《黃宗羲全集》第九冊，浙江：浙江古籍出版社，1992年12月1版，1993年11月2刷，頁146〜148。）

〔註241〕王昶《春融堂集·乾鑿度主歲卦解》，亦同惠氏之說。

〔註242〕見張惠言《易緯略義》卷一。引自上海古籍出版社《續修四庫全書》本，第40冊，頁547。

在左行右行上根本是不同的，「彼（《乾鑿度》）乾坤左右行，此（鄭玄）乾坤皆左行也」。〔註243〕此外，焦循《易圖略》直指惠氏之非，認爲「鄭康成以爻辰說《易》，本於《乾鑿度》，而實不同」，「乾所以貞子，坤所以貞未，此本京氏《易》」，也就是實質地符合「左行陽時六，右行陰時六」的原則。〔註244〕又，徐昂《釋鄭氏爻辰補》於論述「爻辰左行右行辨正」中，也依黃宗羲的說法；黃元炳《卦氣集解》中云「卦氣與貞辰之相關」，同樣取黃宗羲之說。〔註245〕劉玉建《兩漢象數易學研究》，討論鄭氏爻辰說時，特別申說鄭說與《乾鑿度》的異同，大抵肯定黃宗羲的看法，並且認爲《乾鑿度》不同於鄭玄之說，而與京房的爻辰同。〔註246〕

《乾鑿度》以乾坤二卦爲首，十二爻左右行，相間以成其歲，歲終則次轉由屯☳☶蒙☶二卦主歲屯蒙二卦所建爻辰如下：

圖表 4-2-5　《乾鑿度》屯蒙所值十二爻辰

月份	12月	1月	2月	3月	4月	5月	6月	7月	8月	9月	10月	11月
支屬	丑	寅	卯	辰	巳	午	未	申	酉	戌	亥	子
卦名	屯	蒙	屯	蒙	屯	蒙	屯	蒙	屯	蒙	屯	蒙
爻位	初九	初六	六二	上九	六三	六五	六四	六四	九五	六三	上六	九二

屯卦於卦氣值十二月丑，故屯初貞於十二月丑，屯爲陽卦，其爻左行，以間時而治六辰，初至上爻依序爲丑、卯、巳、未、酉、亥。蒙卦於卦氣值正月寅，故蒙初貞於正月寅，蒙爲陰卦，其爻右行，初至上爻依序治六辰爲寅、子、戌、申、午、辰。屯蒙歲終，從其次卦，即需、訟二卦主歲。需貞辰於二月卯，訟貞辰於三月辰，推法同於屯、蒙二卦。歲終則師、比二卦值歲；師值四月巳，比值五月午，師以四月巳爲貞而順行，比以午爲貞而逆行。其他各卦亦據此法而推。至於鄭玄的爻辰說，屯☳☶蒙☶二卦所建爻辰皆取順數，圖示如下：

〔註243〕見張惠言《周易鄭氏義·略例》。引自《大易類聚初集》第十九輯，影印庚申補刊《皇清經解》本，臺北：新文豐出版公司，1983 年 10 初版，頁 261。

〔註244〕見焦循《易圖略》。引自李一忻點校焦氏《易學三書》，北京：九州出版社，2003 年 12 月 1 版 1 刷，頁 151～152。

〔註245〕見黃元炳《卦氣集解》，臺北：集文書局，1977 年 8 月出版，頁 52～59。

〔註246〕見劉玉建《兩漢象數易學研究》，廣西：廣西教育出版社，1996 年 9 月 1 版 1 刷，頁 405～408。

圖表 4-2-6　鄭玄屯蒙所值十二爻辰

月份	12月	1月	2月	3月	4月	5月	6月	7月	8月	9月	10月	11月
支屬	丑	寅	卯	辰	巳	午	未	申	酉	戌	亥	子
卦名	屯	蒙	屯	蒙	屯	蒙	屯	蒙	屯	蒙	屯	蒙
爻位	初九	初六	六二	九二	六三	六三	六四	六四	九五	六五	上六	上九

　　相較於《乾鑿度》，鄭玄理解下的《乾鑿度》蒙卦爻辰，同取順數，故二者爻辰明顯不同。

　　六十四卦中，《乾鑿度》特別指出，除了乾坤二卦外，泰、否二卦，以及中孚、小過二卦之推辰法亦有其特例。按照《乾鑿度》言「泰否之卦，獨各貞其辰，共比辰左行相隨也」，鄭玄注云：

> 泰否獨各貞其辰，言不用卦次，……泰貞於正月，否貞於七月，六爻皆泰得否之乾，否得泰之坤。比辰左行，謂泰從正月至六月皆陽爻，否從七月至十二月皆陰爻，否泰各自相從。〔註247〕

　　也就是泰卦由初至上爻分別納寅、卯、辰、巳、午、未，否卦由初至上爻分別納申、酉、戌、亥、子、丑。以爻辰圖示如下：

圖表 4-2-7　鄭玄泰否所值十二爻辰

	泰　卦			否　卦	
六　月	▬▬	未	十二月	▬▬	丑
五　月	▬▬	午	十一月	▬▬	子
四　月	▬▬	巳	十　月	━━	亥
三　月	━━	辰	九　月	▬▬	戌
二　月	━━	卯	八　月	▬▬	酉
正　月	━━	寅	七　月	▬▬	申

　　《乾鑿度》云泰否二卦，特別皆作「左行相隨」的順數之序，不同於其一般左行、右行相次的原則。惠棟特別提到泰否二卦所主之爻辰，並製作「泰否所貞之辰異于地卦圖」，如下圖所示：

〔註247〕見《乾鑿度》卷下，頁490。

圖表 4-2-8　泰否所貞之辰異于地卦圖

惠氏同時並舉《乾鑿度》與鄭玄言，且作小注與案語云：

《乾鑿度》曰：泰否之卦，獨各貞其辰，其共北辰，左行相隨也。
康成云：言不用卦次，泰當貞於戌，否當貞於亥。戌，乾體所在；
乾上九。亥，又乾消息之月。荀爽曰：消息之位，坤在於亥，下有伏乾。干
寶曰：戌亥，乾之都也。京房曰：戌亥，乾本位。《詩緯》亦以乾爲天門在亥也。
泰否乾坤，體氣相亂，故避而各貞其辰，謂泰貞於正月，否貞於
七月，六爻者，泰得否之乾，否得泰之坤。之乾之坤，謂泰變乾，否
變坤也。又云：北辰共者，否貞申右行，則三陰在西，三陽在北，
泰貞寅左行，則三陽在東，三陰在南。此坤卦西南得朋，東北喪朋之一
說。是則陰陽相比，共復乾坤之體也。否九四在亥，至泰九三而乾體備。
泰六四在巳，至否六三而坤體全。乾位在亥，坤位在未。今云巳者陰實始于巳，
不敢敵陽，故立於正形之位。案鄭于主歲卦注云：北辰左行謂泰從正月
至六月，此月陽爻，否從七月至十二月，此月陰爻，否泰各自相
隨。此說與圖不合。故鄭于卷末言否泰不比及月，先師不改，故
亦不改也。〔註248〕

─────────────────

〔註248〕見《易漢學》卷六，頁 1209～1210。

惠氏「泰否所貞之辰異于地卦圖」所現，是其對鄭玄泰否所主爻辰之理解，與《乾鑿度》本意相合，所言者當然也是鄭玄對於《乾鑿度》的認識，更是鄭玄自己所理解建構的爻辰說，沒有左行、右行的明顯區隔，基本上雖是對《乾鑿度》的再詮釋，卻是與《乾鑿度》不同的；泰否主爻辰是《乾鑿度》左右分行的特例，非《乾鑿度》的一般原則，﹝註249﹞在這方面，惠氏對鄭玄解釋，則與《乾鑿度》同。可惜惠棟在理解此一特例的同時，不能進一步的詳審《乾鑿度》的一般軌範，瞭解《乾鑿度》與鄭玄之說有其基本上的差異；原本可以透過《乾鑿度》此一特例，得以還原《乾鑿度》的本來面貌，得以清楚鄭玄與《乾鑿度》的根本差異，可惜惠氏並未能掌握。

總之，從左右行的理解，可以看出《乾鑿度》的乾坤貞辰序列，以及掌握「天左行，地右動」的原則，與京房的主張是相同的，而鄭玄的說法，則不同於前二者。惠氏認爲鄭玄之說與《乾鑿度》同，是認識上的誤舛。

三、鄭玄爻辰說所涵攝的重要內容

已如前述，鄭玄的爻辰說，以乾坤爲首，將二卦十二爻配十二地支，並推至其它六十二卦，也就是六十四卦三百八十四爻均主月納辰。然而，鄭玄並未僅僅於此，他同時將秦漢時期包括像《呂氏春秋》、《禮記‧月令》、《淮南子》，乃至《周禮‧天官》等天文、地理、歷律，以及西漢易學思想普遍盛行的卦氣主張所采用者，納入於其爻辰說當中。除了十二支、十二月外，又如四時、四方、五行、十二律、十二生肖、二十四節氣、二十八宿等，合而建立相配對應的關係。

惠棟考索鄭氏爻辰說，作「十二月爻辰圖」與「爻辰所值二十八宿圖」，如下表所示：

﹝註249﹞黃宗羲《易學象數論》提到《乾鑿度》「以兩卦獨得乾坤之體，故各貞其辰而皆左行」，其理解正確。中孚與小過二卦，《乾鑿度》認爲「中孚爲陽，貞於十一月子；小過爲陰，貞於六月未，法於乾坤」；中孚之貞於十一月子，固無可疑，然小過則正月卦，依例當退一辰而貞於二月卯，但今云貞於六月未，並非其應然之辰，且法於乾坤，又不知何據？故黃宗羲斥之，「蓋諸卦皆一例，惟乾、坤、泰、否、中孚、小過六卦不同，此是作者故爲更張，自亂其義」。（參見黃氏《易學象數論‧乾坤鑿度二》卷四。引自《黃宗羲全集》第九冊，浙江：浙江古籍出版社，1992年12月1版，1993年11月2刷，頁141。）建構學說主張，未執其一，更作特例，自顯其不周延處，亦亂其「左行」、「右行」的本義與原則，是小疵之所在。

圖表 4-2-9　十二月爻辰圖　　　　圖表 4-2-10　爻辰所值二十八宿圖

 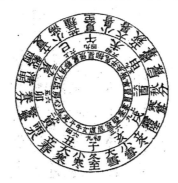

合二圖可以看到其所涵攝配應之內容，以圖式呈現，包括：

圖表 4-2-11　爻辰配位、呂律、節氣與二十八宿

卦名	乾	坤	乾	坤	乾	坤	乾	坤	乾	坤	乾	坤
爻位	初九	六四	九二	六五	九三	上六	九四	初六	九五	六二	上九	六三
主月	十一	十二	正	二	三	四	五	六	七	八	九	十
地支	子	丑	寅	卯	辰	巳	午	未	申	酉	戌	亥
得氣	坎氣	艮氣	艮氣	震氣	巽氣	巽氣	離氣	坤氣	坤氣	兌氣	乾氣	乾氣
方位	正北	北	東	正東	東	南	正南	南	西	正西	西	北
四時	冬	冬	春	春	春	夏	夏	夏	秋	秋	秋	冬
十二呂律	黃鍾	大呂	太簇	夾鍾	姑洗	中呂	蕤賓	林鍾	夷則	南呂	無射	應鍾
二十四節氣	冬至大雪	大寒小寒	雨水立春	春分驚蟄	穀雨清明	小滿立夏	夏至芒種	大暑小暑	處暑立秋	秋分白露	霜降寒露	小雪立冬
二十八宿〔註250〕	女、虛、危	斗、牛	箕、尾	心、房、氐	亢、角	軫、翼	張、星、柳	鬼、井	參、觜	畢、昴、胃	婁、奎	壁、室

對於十二地支與四方、四時，乃至與十二月份的相配關係，早為秦漢時期在天文曆法上的基本知識，並為兩漢象數《易》家所廣泛使用。至於二十

〔註250〕十二辰相配於二十八宿，李開《惠棟評傳》作子辰值虛危，丑辰值斗牛女，寅辰值尾箕，卯辰值氐房心，辰辰值角亢，巳辰值翼軫，午辰值星張，未辰值鬼柳，申辰值觜參井，酉辰值昂畢，戌辰值婁胃，亥辰值室壁奎。（見李開《惠棟評傳》，江蘇：南京大學出版社，1997 年 7 月 1 版 1 刷，頁 229～230。）其引說未盡正確：二十八宿分布周天，以直十二辰，每辰二宿，而子、午、卯、酉則三。正確內容參照拙製表格末欄所示，不復贅列。

四節氣的運用，早在《淮南子‧天文訓》，以及孟喜的卦氣說，已有具體明確的論述。二十八宿之相配，《淮南子‧天文訓》已有完整之論述，將十二辰、十二次與之作了相配應，以圖式呈現如下：〔註251〕

圖表4-2-12　十二次十二辰歲名圖　圖表4-2-13　十二次與二十八宿對應圖

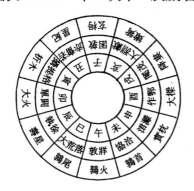 

〔註251〕見《淮南子‧天文訓》：「太陰在寅，歲名曰攝提格，其雄爲歲星，舍斗、牽牛，以十一月與之晨出東方，東井、輿鬼爲對。太陰在卯，歲名曰單閼，歲星舍須女、虛、危，以十二月與之晨出東方，柳、七星、張爲對。太陰在辰，歲名曰執除，歲星舍營室、東壁，以正月與之晨出東方，翼、軫爲對。太陰在巳，歲名曰大荒落，歲星舍奎、婁，以二月與之晨出東方，角、亢爲對。太陰在午，歲名曰敦牂，歲星舍胃、昴、畢，以三月與之晨出東方，氐、房、心爲對。太陰在未，歲名曰協洽，歲星舍觜觽、參，以四月與之晨出東方，尾、箕爲對。太陰在申，歲名曰涒灘，歲星舍東井、輿鬼，以五月與之晨出東方，斗、牽牛爲對。太陰在酉，歲名曰作鄂，歲星舍柳、七星、張，以六月與之晨出東方，須女、虛、危爲對。太陰在戌，歲名曰閹茂，歲星舍翼、軫，以七月與之晨出東方，營室、東壁爲對。太陰在亥，歲名曰大淵獻，歲星舍角、亢，以八月與之晨出東方，奎、婁爲對。太陰在子，歲名曰困敦，歲星舍氐、房、心，以九月與之晨出東方，胃、昴、畢爲對。太陰在丑，歲名曰赤奮若，歲星舍尾、箕，以十月與之晨出東方，觜觽、參爲對。」（（引自劉文典《淮南鴻烈集解》，北京：中華書局，1989年5月1版，1997年1月北京2刷，頁117～120。）早在殷虛甲骨之中，已有十二支之用。將十二支用於天區的劃分即爲十二辰。正北子，正東爲卯，正南爲午，正西爲酉。十二辰與十二次的劃分方向適爲相反。沿天球之赤道，自北向西、向南、向東之順序爲星紀、玄枵、娵訾、降婁、大梁、實沈、鶉首、鶉火、鶉尾、壽星、大火、析木，此爲右旋。戰國時設有一個與歲星（即木星）運行速度相同（十二年一週天），方向相反的稱「太歲」，又名「歲陰」或「太陰」，按十二辰方向進行，每年行一辰，稱「歲星爲陽，右行於天；太歲爲陰，左行於地」，之後又演繹爲「太歲爲雄，歲星爲雄」。十二辰、十二次與與二十八宿相配應即如內文二圖所示。二圖引自張其成《易經應用大百科》（下篇），臺北：地景企業股份有限公司，1996年5月初版，頁36。

　　由二圖相對照，知《淮南子》所言十二辰配二十八宿，與惠氏所制鄭玄「爻辰所值二十八宿圖」同。鄭玄的《易》說，同樣將這些內容作普遍性的運用。其它幾個有關的內容，以下特別提出說明。

（一）十二律的運用

　　十二律與支月相配，早在《淮南子・天文訓》中已闡明，即建子十一月爲黃鐘，十二月丑爲大呂，正月寅爲太蔟，二月卯爲夾鐘，三月辰爲姑洗，四月巳爲中呂，五月午爲蕤賓，六月未爲林鐘，七月申爲夷則，八月酉爲南呂，九月戌爲無射，十月亥爲應鐘。〔註252〕宋代朱震在《漢上易傳》中，據鄭注《周禮・太師》作「律呂起於冬至之氣圖」與「十二律相生圖」，〔註253〕如下所示：

圖表4-2-14　律呂起於冬至之氣圖　　　圖表4-2-15　十二律相生圖

　　在乾坤十二爻主十二辰的次序方面，朱震對鄭玄爻辰的理解爲：乾卦六爻自初至上，依序爲子、寅、辰、午、申、戌；坤卦六爻自初至上，依序則

〔註252〕見《淮南子・天文訓》云：「黃鐘爲宮，宮者，音之君也，故黃鐘位子，其數八十一，主十一月，下生林鐘。林鐘之數五十四，主六月，上生太蔟。太蔟之數七十二，主正月，下生南呂。南呂之數四十八，主八月，上生姑洗。姑洗之數六十四，主三月，下生應鐘。應鐘之數四十二，主十月，上生蕤賓。蕤賓之數五十七，主五月，上生大呂。大呂之數七十六，主十二月，下生夷則。夷則之數五十一，主七月，上生夾鐘。夾鐘之數六十八，主二月，下生無射。無射之數四十五，主九月，上生仲呂。仲呂之數六十，主四月，極不生。」（引自劉文典《淮南鴻烈集解》，北京：中華書局，1989年5月1版，1997年1月北京2刷，頁113。）
〔註253〕見朱震《漢上易傳・卦圖》，卷中。引自臺北：臺灣商務印書館景印文淵閣四庫全書本第11冊，頁329、331。本文二圖，仿朱本而製。

爲未、巳、卯、丑、亥、酉。乾起於子而終於戌，與鄭氏之義相符而無異議，
然坤起於未而終於酉，則與鄭義相違；朱氏所云之坤卦的爻辰，實合於《乾
鑿度》的配置，卻不合鄭氏之說。因此，惠棟透過十二律相生之說，以正朱
震之誤。惠氏云：

> 《易緯》之說，與十二律相生圖合。鄭于《周禮・太師》注云：「黃
> 鍾，初九也，下生林鍾之初六，林鍾又上生太蔟之九二，太蔟又下
> 生南呂之六二，南呂又上生姑洗之九三，姑洗又下生應鍾之六三，
> 應鍾又上生蕤賓之九四，蕤賓又上生大呂之六四，大呂又下生夷則
> 之九五，夷則又上生夾鍾之六五，夾鍾又下生無射之上九，無射又
> 上生中呂之上六。」韋昭注《周語》云：「十一月黃鍾，乾初九也；
> 十二月大呂，坤六四也；正月太蔟，乾九二也；二月夾鍾，坤六五
> 也；三月姑洗，乾九三也；四月中呂，坤上六也；五月蕤賓，乾九
> 四也；六月林鍾，坤初六也；七月夷則，乾九五也；八月南呂，坤
> 六二也；九月無射，乾上九也；十月應鍾，坤六三也。」鄭氏注《易》，
> 陸績注《太玄》，皆同前說，是以何妥《文言》注，以初九當十一月，
> 九二當正月，九三當三月，九四當五月，九五當七月，上九當九月
> 也。宋儒朱子發作《十二律圖》，六二在巳，六三在卯，六五在亥，
> 上六在酉，是坤貞于未而左行，其誤甚矣。今作圖以正之。〔註254〕

朱震以《乾鑿度》的陽左行、陰右行之順逆次序，理解爲鄭氏之次序；鄭氏
的左行與右行，並無順逆之別，只是陽月、陰月的前後相次罷了，因此，惠
棟藉此匡正朱氏之誤謬。〔註255〕同時，由惠氏之案語，可以看出其考索佐證
之詳，引韋昭之《國語・周語》注、陸績《太玄》注，以及何妥《文言》注，
輔以斧正。韋氏諸家之言，蓋出於鄭氏之學，非《乾鑿度》本然之說。

　　另外，惠氏認爲「《易緯》之說，與十二律相生圖合」，此說則誤解了《乾
鑿度》的說法，所以焦循《易圖略》中提到「自爲鄭氏一家之，學非本之《乾
鑿度》，亦不必在於月律也」；「惠氏棟謂《乾鑿度》之說，與『十二律相生圖』

〔註254〕見《易漢學》卷六，頁109。
〔註255〕張惠言《周易鄭氏義》肯定惠氏之考證，並在此一基礎上，進一步指出朱震
　　　　爻辰說在配音律方面的錯誤，其誤主要爲「朱誤以南呂在巳，以中呂在酉」，
　　　　「朱誤應鍾爲夷則」，「朱誤夾鍾爲應鍾」。（參見張氏《周易鄭氏義・略例》。
　　　　引自《大易類聚初集》第十九輯，影印庚申補刊《皇清經解》本，臺北：新
　　　　文豐出版公司，1983年10初版，頁260。）

合，引鄭氏上生下生之序，此亦非也」。〔註256〕焦氏之說，直截認爲鄭氏之學非本於《乾鑿度》，仍有可議之空間，然對惠氏錯誤的批評，則仍屬允恰。十二律與乾坤十二爻的相配，早在劉歆、班固時儼然已成。《漢書·律歷志》班固論述劉歆《三統歷》時云「黃鐘，初九之數也」，「黃鐘初九，律之首，陽之變也。因而六之，以九爲法，得林鐘初六，呂之首，陰之變也」。班固進一步解說「三統」之義：

> 十一月，乾之初九，陽氣伏於地下，始著爲一，萬物萌動，鐘於太陰，故黃鐘爲天統，⋯⋯六月，坤之初六，陰氣受任於太陽，繼養化柔，萬物生長，楙之於未令，種剛彊大，故林鐘爲地統，⋯⋯正月，乾之九三，〔註257〕萬物棟通，族出於寅，人奉而成之，仁以養之，義以行之，令事物各得其理。寅，木也，爲仁，其聲商也，爲義，故太族爲人統。

班固並以「此三律之謂矣，是爲三統，其於三正也，黃鐘子爲天正，林鐘未之衝丑爲地正，太族寅爲人正」。〔註258〕班固沿襲劉歆「三統」之說，以乾坤卦爻配十二支與十二律，這樣的論述，事實也可以視爲爻辰的理論主張，雖然片面，但基本上與鄭氏所言相近。因此，鄭氏之說，蓋有因於劉氏等前儒之言；與其說鄭氏此十二律配爻辰之說，源之於《乾鑿度》，還不如說是本於劉歆、班固律歷之論。

（二）十二生肖納卦之說

十二生肖又稱十二屬相，源於何時，未可考知，然早在《詩經》、《左傳》已有零碎的記載，而漢晉時期王充《論衡·物勢》、蔡邕《月令問答》、葛洪《抱朴子·登涉》等典籍之論述，則較具全面。趙翼在《陔餘叢考》中肯定明代學者陸深所提源於北俗，且起於東漢；然而一九七五年湖北雲夢睡虎地出土的秦竹簡《日書·盜者》已較早記載了十二生肖，表明十二生肖在那個時代已流行且被運用於占卜之中，只不過其十二生肖與後來王充與今日所認定的不同。〔註259〕

〔註256〕見焦循《易圖略》。引自李一忻點校焦氏《易學三書》，北京：九州出版社，2003 年 12 月 1 版 1 刷，頁 155～156。

〔註257〕案《漢書·律歷志》考證，宋祁認爲「九三當作九二」，故以「九二」爲正。

〔註258〕以上班固諸引文，見《漢書·律歷志》，卷二十一上，頁 961。

〔註259〕清人趙翼在其《陔餘叢考》中，對有關生肖的各種說法進行評述，認爲明代學者陸深《春風堂隨筆》里所言生肖起於北狄風俗的說法較爲合理並指出生

　　十二生肖運用於易學之中，則漢代《易》家之說，已可見其端倪，特別是鄭玄的爻辰說。惠氏引《乾鑿度》與鄭注云：

> （《乾鑿度》）孔子曰：復，表日角。注云：表者人體之章識也。名復者，初震爻也。震之體在卯，日於出陽，又初應在六四，於辰在丑，爲牛，牛有角。復，人表象。〔註260〕

復▦▦卦初九與六四相應，六四爻辰在丑，並以丑辰相屬爲牛。可以看到鄭氏引用十二屬相之牛配於丑辰。惠氏進一步引王充、《九家易》、王應麟之言：

> 王充《論衡》曰：寅，木也，其禽虎也。戌，土也，其禽犬也。丑、未，亦土也，丑禽牛，未禽羊也。木勝土，故犬與牛羊爲虎所伏也。亥，水也，其禽豕也。巳，火也，其禽蛇也。子，亦水也，其禽鼠也。午，亦火也，其禽馬也。水勝火，故豕食蛇；火爲水所害，故馬食馬鼠屎而腹脹。又云：酉，雞也。卯，兔也。申，猴也。東方，木也，其星倉龍也。西方金，其星白虎也。南方，火也，其星朱鳥也。北方，水也，其星元（玄）武也。天有四星之精，降生四獸之體，以四獸驗之，以十二辰之禽效之。

> 《九家易》注《說卦》曰：犬近奎星，蓋戌宿直奎也。

> 王伯厚曰：吉日庚午，既差我馬，午爲馬之證也。季冬出土牛，丑爲牛之證也。《說文》亦謂巳爲虵，象形。〔註261〕

肖之說起於東漢，漢以前未有言及者。（見趙翼《陔餘叢考》，卷三十四，臺北：世界書局，1970 年 6 月 3 版，頁 7。）然而，一九七五年沛北雲夢睡虎地秦簡《日書・盜者》完整地記載十二生肖，並用以說明不同日子的小偷相貌與某種動物有相似之處，云：「盜子，鼠也。……多鼠鼬孔午郘。者丑，牛也。……多徐善趨以未。寅，虎也……多虎豻貙豹申。卯，兔也。……多兔竈陸突垣義酉。……辰，盜者男子，青赤色。……多獲不圖射亥戌。巳，蟲也。……多西莒亥日。午，鹿也。……未，馬也。……名建章丑吉。申，環也。……名賣環貉豻干都寅。酉，水也。……名多酉起嬰。戌，老羊也。……名馬童彝恩辰戌。亥，豕也。……名豚孤夏谷□亥。」（見王子今《睡虎地秦簡《日書》甲種疏證》，湖北教育出版社，2003 年 2 月 1 版 1 刷，頁 448～449。）該簡書多以干支論事，其十二支配肖，配辰缺，然云「青赤色」，當爲龍屬；又云「蟲」者，即言蛇；環即猿、猴；水又可能爲雉、雞之屬；然午鹿、未馬、戌羊的搭配，與今所云者相異。

〔註260〕見《易漢學》卷六，頁 1204。
〔註261〕見《易漢學》卷六，頁 1204～1205。其引王應麟之說，見《困學記聞・天道》卷九，其全文爲：「吉日庚午，既差我馬，午爲馬之證也。季冬出土牛，丑爲牛之證也。蔡邕《月令》論云：十二辰之會五時，所食者必家人所畜，丑牛、

依所引王充之言，十二屬相之配如表下所示：

圖表 4-2-16　十二辰配十二生肖圖

地支	子	丑	寅	卯	辰	巳	午	未	申	酉	戌	亥
方位	正北	北	東	正東	東	南	正南	南	西	正西	西	北
十二生肖	鼠	牛	虎	兔	龍	蛇	馬	羊	猴	雞	狗	猪
四獸	玄武	玄武	蒼龍	蒼龍	蒼龍	朱雀	朱雀	朱雀	白虎	白虎	白虎	玄武
五行	水	土	木	木	土	火	火	土	金	金	土	水

王充已明確將十二辰相配於十二生肖，並且呼應二十八宿與四方之獸。

鄭氏云應在六四爻，為屬牛丑時，合於王充之說。此外，《乾鑿度》又言「遯，表日角連理」，鄭玄又注云：

> 名遯者，以离爻也。离爲日，消卦，遯主六月，於辰未，未爲羊，
> 有角。

> 當兌之上，兌爲口，虎唇又象焉。〔註262〕

明白地指出「遯主六月，於辰未，未爲羊」，亦合於王充之十二屬相說。又，《增補鄭氏周易》中，惠氏引《公羊‧宣元年》疏，坎卦上六鄭注云「爻辰在巳，巳爲蛇，蛇之蟠屈似徽纆也」，〔註263〕巳辰屬蛇，同合王充之說。因此，我們可以肯定鄭氏已將十二生肖納配十二辰，並引作釋《易》之例。同時，惠氏也旁引《九家易》云「犬近奎星」，而戌辰宿奎，亦合於王充所言戌辰、五行土象、其禽爲犬之說。又旁引王應麟《困學紀聞》所言午辰屬馬、丑辰屬牛、巳爲蛇象，同合於王充之說。這裡另外特別說明惠氏引《九家易》之說；《九家易》已將十二生肖、十二辰配二十八宿，是否爲是配之始？明代王鏊《震澤集》云：

> 或問十二辰所肖何謂也？曰：是非吾儒之所講也。雖然嘗聞之於人，
> 二十八宿分布周天，以直十二辰，每辰二宿，子、午、卯、酉則三，
> 而各有所象。女，土蝠；虛，日鼠；危，月燕；子也。室，火猪；
> 壁，水貐；亥也。奎，木狼；婁，金狗；戌也。胃，土雉；昴，日

> 未羊、戌犬、酉雞、亥豕而已。其餘虎以下非食也。《月令正義》云：雞爲木，
> 羊爲火，牛爲土，犬爲金，豕爲水，但陰陽取象多塗，故午爲馬，酉爲雞不
> 可一定也。十二物見《論衡‧物勢篇》。《說文》亦謂巳爲蛇，象形。」

〔註262〕《乾鑿度》與鄭注文，見《易緯乾鑿度》卷下。引自日本京都市影印自光緒
　　　　　戊子夏月武英殿聚珍版《古經解彙函‧易緯八種》，1998 年，頁 495。
〔註263〕見《增補鄭氏周易》卷上，頁 160。

－509－

雞；畢，月烏；酉也。觜，火猴；參，水猨；申也。井，木犴；鬼，

金羊；未也。柳，土獐；星，日馬；張，月鹿；午也。翼，火蛇；

軫，水蚓；巳也。角，木蛟；亢，金龍；辰也。氐，土貉；房，日

兔；心，月狐；卯也。尾，火虎；箕，水豹；寅也。斗，木獬；牛，

金牛；丑也。天禽地曜，分直于天，以紀十二辰，而以七曜統之。

此十二肖之所始也。〔註264〕

依王鏊之見，十二辰所肖之物的源起，與二十八宿分布周天，並直以十二辰，是有密切相關的，此即十二肖之所始，卻未明起於何時。然而從惠氏所考鄭玄爻辰說，並制作「十二月爻辰圖」與「爻辰所值二十八宿圖」二圖，且鄭玄不論是詁訓《乾鑿度》，或是《易》卦之釋義，亦將十二辰與十二生肖合說，因此，綴合這些有限的內容，也不難可以聯繫出鄭玄時期，已將爻辰合十二生肖與二十八宿而爲新說。雖未見其全貌，但已可循其軌跡。這是惠棟考索鄭玄爻辰說給我們的導引與啓示。

（三）十二辰納八卦卦氣之說

傳統的八卦方位，源起於《說卦傳》中的八卦方位說，也就是宋人所說的「文王後天八卦方位」，這樣的八卦方位，在兩漢卦氣說盛行的時期，與十二地支有著普遍對應的關係。然而配辰後另得一卦氣，則似以鄭玄較具系統化。

徐昂在其《釋鄭氏爻辰補》中，〔註265〕對鄭玄八卦配十二辰，乃至配辰得卦氣，建立了嚴密的體系，以方位言，將八純卦同《易緯》分四正、四維之卦，而分配於十二辰，其中坎、離、震兌四正卦各配一辰，乾、坤、艮、巽四維卦各配二辰；同時十二辰的次序，依文王八卦方位的次序相配：

圖表4-2-17　十二辰配四維四正圖

坎	艮	震	巽	離	坤	兌	乾
四正卦	四維卦	四正卦	四維卦	四正卦	四維卦	四正卦	四維卦
北	東北	東	東南	南	西南	西	西北
子	丑、寅	卯	辰巳	午	未、申	酉	戌亥

〔註264〕見王鏊《震澤集‧答問》，卷三十四。引自臺灣商務《四庫全書》本第 1256 冊，頁 502。

〔註265〕參見徐昂《釋鄭氏爻辰補》，卷一。引自嚴靈峯編輯《無求備易經集成》，第 148 冊，臺北：成文出版社有限公司，頁 7～10。

這種分配之法，顯然是受到卦氣說的影響。鄭氏創制解《易》新例爻體說，〔註266〕並以爻體主爻辰，即以乾坤六子主爻分配八辰：

在乾卦方面：初九、九四震爻，辰在卯。

　　　　　　九二、九五坎爻，辰在子。

　　　　　　九三、上九艮爻，辰在丑。

在坤卦方面：初六、六四巽爻，辰在辰，或在巳。

　　　　　　六二、六五離爻，辰在午。

　　　　　　六三、上六兌爻，辰在酉。

並且，合卦氣之說，乾坤二卦十二爻主十二辰得卦氣，其情形爲：

圖表4-2-18　乾坤十二爻辰得卦氣圖

乾坤	乾　　卦						坤　　卦					
爻位	初九	九二	九三	九四	九五	上九	初六	六二	六三	六四	六五	上六
主辰	子	寅	辰	午	申	戌	未	酉	亥	丑	卯	巳
得氣	坎氣	艮氣	巽氣	離氣	坤氣	乾氣	坤氣	兌氣	乾氣	艮氣	震氣	巽氣

初九辰在子，得坎氣，九二辰在寅，得艮氣，餘十爻辰如上表所云。鄭

〔註266〕爻體說是鄭氏新立之釋《易》體例，張惠言在《周易鄭氏義》中首稱其爲「爻體說」。「爻體」之「爻」，爲一卦之某一爻，而「體」則指八經卦（三畫卦），或是重卦後的八純卦之卦體。爻體指某一爻可以代表某一卦體，同時也代表某一卦之卦義。以震卦言，二陰一陽，初爻爲陽，故凡初、四爻爲陽者，可以稱爲「震爻」，該爻也因此具有震卦之義；以坎卦言，同樣二陰一陽，二爻爲陽，故凡二、五爻爲陽者，可以稱爲「坎爻」，該爻也同樣具有坎卦之義；以艮卦言，以三、上爻爲陽者，稱「艮爻」；又以巽卦言，二陽一陰，初爻爲陰，凡初、四爻爲陰者，可以稱爲「巽爻」；以離卦言，二、五爻爲陰者，爲「離爻」；以兌卦言，三、上爻爲陰者，爲「兌爻」。乾坤生六子，由六子主爻體。鄭玄釋《易》，廣泛運用爻體之說，也參附於爻辰說中以申卦義。今見鄭《易》佚文，乃至《易緯》鄭注中，每可見其爻體之說，劉玉建《兩漢象數易學研究》，於鄭氏爻體說中，彙集鄭氏運用爻體說計三十一處，（見劉玉建《兩漢象數易學研究》，廣西：廣西教育出版社，1996年9月1版1刷，頁392～394。）又，《詩・宛丘正義》引鄭氏釋離卦九三「不擊缶而歌」，云「艮爻也」。可見鄭氏以爻體釋《易》，爲其常例。鄭氏爻體說，源於《說卦傳》乾坤父母卦統六子之說，並依《易》例以少統眾的卦主原則，轉化而爲爻體說。因此，「鄭玄的爻體說便是對這種卦主說的強化及運用，也是對傳統卦主說在新的意義上的豐富與發展」。（見劉氏《兩漢象數易學研究》，頁395。）

玄特別重視以此法釋《易》。如離卦九三爻辭「不擊缶而歌」，惠氏引《詩正義》中之鄭玄佚注云：

> 艮爻也。位近丑，丑上值弁星，弁星似缶。〔註267〕

鄭氏直云艮爻位近於丑辰，惠氏並作案語：

> 案「位近丑」，據《周天玉衡圖》也。丑爲大寒，艮爲立春，故云近也。〔註268〕

指出鄭玄訓「位近丑」，是據緯書之言，是否如此，未可斷言，但知此等思想觀念，確爲兩漢讖緯所有，如《孝經授神契》即有類似之記載。〔註269〕此外，《周易集解》釋《繫辭下傳》「六爻相雜，唯其時物也」，引干寶云「一卦六爻，則皆雜有八卦之氣」、「以午位名離，以子位名坎」，〔註270〕所言者亦同於鄭玄以爻辰論八卦卦氣，且午位離氣、子位坎氣，與鄭氏之說同。

　　爻辰配合卦氣之說，爲鄭玄作爲詁訓《易》義之重要根據與內容。可見之釋例，後文亦作呈現，俾供參考輔證。

四、鄭氏爻辰說之佚文

（一）佚文之蒐整

　　鄭玄以爻辰說爲其解經的重要方式，更是其易學之重要特色，惠棟引《鄭氏易》佚文、《易緯》鄭注與《易正義》所見先儒之言。〔註271〕

1. 引《鄭氏易》佚文者，計十三則，包括：〔註272〕

〔註267〕見惠棟《易漢學》卷六、《增補鄭氏周易》卷上，同引。鄭氏佚文出於《詩・宛丘正義》。

〔註268〕見《易漢學》卷六，頁1202。

〔註269〕《孝經授神契》云：「斗指周天玉衡六問曰：大寒後十五日，斗指艮爲立春，後十五日，斗指寅，爲雨水。後十五日，斗指甲，爲驚蟄。後十五日，斗指卯，爲春分。後十五日，斗指乙，爲清明。後十五日，斗指辰，爲穀雨。」（引自安居香山、中村璋八輯《緯書集成》中冊，河北：河北人民出版社，1994年12月1版1刷，頁953。）明白指出丑時在大寒後十五日，斗指艮爻之時爲立春。

〔註270〕見李鼎祚《周易集解》卷十六，臺北：臺灣商務印書館，1968年12月臺版1刷，1996年12月2刷，頁391～392。

〔註271〕惠氏所謂先儒者，「謂康成、何妥諸人也」，並且認爲「孔氏《正義》黜鄭存王，故有是說」。（見《易漢學》卷六，頁1207。）也就是說，其所引孔穎達《正義》云先儒者，所指的是鄭玄、何妥這些人。在此，同時認爲何妥也主張爻辰之說。

〔註272〕引《鄭氏易》佚文十三則，見《易漢學》卷六，頁1200～1203。

（1）坤《文言》曰：陰疑於陽，必戰，爲其慊於陽王弼俗本陽上有无字。

也。注云：慊讀如羣公溓之溓。古書篆作立心，與水相近，讀者

失之，故作慊。溓，雜也。字書無訓溓爲

雜者，古訓之亡其來久矣。陰謂此上六也，陽謂今消息用事乾也。上

六爲蛇，上六在巳。得乾氣，雜似龍。《詩正義》。《繫辭》曰：觀鳥獸之

文。陸績曰：朱鳥、白虎、蒼龍、玄武，四方、二十八宿，經緯之文。

案：此則爻辰說論及十二生肖與卦氣。坤卦上六在巳爲蛇，得乾氣；乾爲龍，
故其得乾氣，則雜似龍。此爲爻辰合卦氣之釋例。

（2）比初六，有孚盈缶。注云：爻辰在未，上值東井，井之水，人所

汲用。缶，汲器。（《詩正義》引《春秋元命包》曰：東井八星主

水衡。）

案：此則以比 ䷇ 卦初六爻辰在未。比卦坎上坤下，下體爲坤，坤卦初爻爲未，
所以云比卦初六爻辰在未。

（3）泰六五，帝乙歸妹，以祉元吉。注云：五爻辰在卯，春爲陽中，

萬物以生，生育者嫁娶之實，仲春之月，嫁娶男女之禮，福祿大

吉。（《周禮疏》）

案：鄭玄注此泰 ䷊ 卦，云六五爻辰在卯，倘依惠棟所言的泰否之貞辰法，並
對照其「泰否所貞之辰異于地卦圖」，泰卦六五所貞當爲五月辰午，顯然於鄭
氏此注所主之「五爻辰在卯」不符。惠棟所云泰否之貞辰法，爲鄭玄對《乾
鑿度》的注解與詮釋，與其爻辰說並不相涉。泰卦上坤下乾，六五爻居上體
坤，坤卦六五爻辰在卯，此即泰卦六五所辰。卯辰二月，才是「仲春之月」，
「春爲陽中，萬物以生」之時。

（4）蠱上九，不事王侯，高尚其事。注云：上九艮爻，艮爲山，辰在

戌，得乾氣，父老之象，是臣之致事，故不事王侯，是不得事君，

君猶高尚其所爲之事。（《禮記正義》）

案：蠱 ䷑ 卦上艮下巽，上九居艮體之上，艮爲乾子，故以乾爲辰，乾卦上九
爻辰在戌。因此，鄭氏注此蠱卦上九云爲「辰在戌，得乾氣」。此又爲爻辰合
卦氣之釋例。

（5）賁六四，白馬翰如。注云：謂九三位在辰，得巽氣，爲白馬。六

四，巽爻也。翰，猶幹也。見六四適初未定，欲幹而有之。（《禮

記正義》）

案：賁☲☶卦鄭氏注用九三爻，而不用六四爻；爲乾卦九三爻辰在辰，得巽氣。不用六四，以六四適上卦之初而未定，退而以下卦之上爲幹。

（6）大過。注云：大過者，巽下兌上之卦，初六在巽體，巽爲木，上
六位在巳，巳當巽位。巽爻爲木，二木在外，以夾四陽，四陽互
體爲二乾，乾爲君爲父，二木夾君父，是棺槨之象。（《禮記正義》）

案：大過卦☱☴，上六爲坤爻在巳，且上六爲巽位，初六同之，夾二乾君父，故爲棺槨之象。此卦含爻辰、爻體與四爻互體說之釋例。

（7）坎六四，尊酒簋，貳用缶，納約自牖。注云：六四上承九五，又
互體在震。上爻辰在丑，丑上值斗，可以斟之象。斗上有建星，
<small>建星六星在南斗北。賈逵曰：古黃帝、夏、殷、周魯曆，冬至日在建星。建星，
即今斗星也。康成注《月令》云：建星在斗上。建星之形似簋。貳，副
也。建星上有弁星，石氏星經謂之天弁，在建近河。弁星之形又如缶，
天子大臣以王命出會諸侯，主國尊于簋，副設玄酒而用缶也。（《詩
宛邱正義》）</small>

案：坎☵☵卦二至四互體爲震，其上爻即坎卦六四爻，即坤卦六四爻辰在丑；丑辰值二十八宿中之斗、牛二宿，故注鄭云「丑上值斗，可以斟之象」。

（8）坎上六，繫用徽纆。注云：繫，拘也。爻辰在巳，巳爲虵。虵，
蟠屈似徽纆也。（《公羊疏》）

案：坎卦上六爻辰在巳，屬相爲蛇，已如前述。

（9）離九三，不鼓缶而歌。注云：艮爻也，位近丑，丑上值弁星，弁
星似缶。詩云：坎其擊缶，則樂器亦有缶。（《詩正義》）

案：惠棟作案語認爲鄭氏說是據《周天玉衡圖》，已如前述。離☲☲卦九三爲艮爻，所以艮爻爻辰在丑。又，「丑上值弁星」，弁星爲古星座名，屬斗宿，符合丑辰值牛、斗二宿之原則。此十二辰配文王後天八卦方位、二十八宿之釋例。

（10）明夷六二，明夷睇於左股。注云：旁視爲睇，六二辰在酉，酉
在西方。又下體離，離爲目。九三體在震，震，東方。九三又
在辰，辰得巽氣爲股，亦據《周天玉衡圖》，巽近辰也。此謂六二有
明德，欲承九三，故云睇于左股。（《禮記正義》）

案：明夷☷☲卦六二，在乾坤十二爻辰中主酉，對應於方位爲西方。九三體在震，即三至五互體震，並爻辰在辰而得巽氣。此鄭氏以爻辰、互體、方位與

卦氣論卦爻之釋例。

> （11）困九二，困于酒食，朱紱方來，利用亨祀。注云：二據初辰在未，未爲土，此二爲大夫有地之象。案未上值柳，柳爲朱鳥喙天之廚，宰主尚食，和滋味。困于酒食者，采地薄不足已用也。二與日爲體離，爲鎮霍。爻四爲諸侯，有明德受命當王者，離爲火，火色赤。四爻九四。辰在午時，離氣赤又朱也。文王將王，天子制朱紱。（《儀禮疏》）

案：惠氏認爲「鄭此注本《乾鑿度》」，所本者爲何，並未明言，蓋認爲其爻辰說是本諸於《乾鑿度》，然觀《乾鑿度》並無此爻辰之說，當是鄭玄依自作之爻辰說而自爲注。困☲☵卦九二據初六，於十二爻辰在未，五行屬土，四獸屬朱雀，所以惠氏案云朱鳥。又，九四於十二爻辰在午，即乾九四午辰得離氣。鄭氏釋此困卦九二，以爻辰配五行、卦氣而論。

> （12）中孚云：中孚豚魚吉。注云：三，辰爲亥，爲豕，爻失正，故變而從小名言豚耳。四辰在丑，丑爲黿蟹。鄭注《月令》云：丑爲黿蟹。《正義》云：案陰陽式法，丑爲黿蟹。黿蟹魚之微者，爻得正，故變而從大名言魚耳。三體兌，兌爲澤，四上值天淵。丑上值斗，天淵十星在天黿東，一曰大海，主灌溉清渠之事，大黿在斗東。二五皆坎爻，坎爲水，水浸澤則豚利，五亦以水灌淵，則魚利，豚魚以喻小民也，而爲明君賢臣恩意所供養，故吉。（《詩正義》）〔註273〕

案：鄭氏論中孚☴☱卦「三，辰爲亥」，即乾坤十二爻辰六三爲亥，屬相爲豬。又言「四辰在丑」，即六四之爻辰。此爻辰配十二生肖之釋例。

> （13）《說卦》震爲大塗。注云：國中三道曰塗，震上值房心，塗而大者，取房有三塗焉。（朱《漢上易》）

案：震☳☳卦方位在東值卯辰，且卯辰又值房、心二宿。此爻辰配二十八宿之釋例。

2. 引自《易緯》鄭注者有三則，〔註274〕包括：

> （1）孔子曰：復表日角。注云：表者，人體之章識也。名復者，初震爻也。震之體在卯，日於出陽，又初應在六四，於辰在丑，爲牛，牛有角。復，人表象。

〔註273〕鄭氏注文，又見鄭注《稽覽圖》。
〔註274〕引《易緯》鄭注三則，見《易漢學》卷六，頁 1204～1206。

案：此則前文已引作說明，是爻辰配十二屬相之釋例。鄭氏云「震之體在卯」，即是後天八卦方位配辰之說。

（2）夬，表升骨履文。注云：名夬者，五立於辰。據消息也。爻辰在申。在斗魁所指者。三月斗建辰。又五，於人體當艮卦，艮爲人。於夬亦手體成。艮爲手。其四則震爻也，爲足，其三猶艮爻□□□□□□七曜之行起焉。七者屬文，北斗在骨，足履文。夬人之表象明也。

案：鄭玄云夬☱卦「五立於辰」，惠氏小注云爲據消息卦而說，夬卦於十二地支之五爲辰，又云「爻辰在申」，即夬卦九五爻辰爲申。倘鄭氏所指之「五」爲爻位，則不當立於「辰」，而當立於惠棟所言之「申」，此則鄭氏之誤。倘鄭氏所指之「五」爲十二消息之五位，則爲三月辰，如此惠氏小注「爻辰在申」則多餘，因爲與之不相涉；然而又何以爲斗魁所指？因爲牛、斗值十二月丑。此鄭注惠注皆有淆亂而不解者。

（3）剝表重童古瞳字明御名元。注云：名剝者五□也。五離爻，離爲日，童子□□六五，於辰又在卯。卯，酉屬也。剝離，人表童焉。

案：鄭注六五「於辰又在卯」，即乾坤十二爻辰六五在卯。

3. 引自《易正義》者有二則，[註275] 包括：

（1）乾九二，見龍在田。《正義》曰：先儒以爲九二當太蔟之月，陽氣見地，一作發見。則九三爲建辰之月，九四爲建午之月，九五爲建申之月，爲陰氣始殺，不宜稱飛龍在天。上九爲建戌之月，羣陰既盛，上九不得吉與時偕極，於此時陽氣僅存，何極之有。先儒此說，於理稍乖，此乾之陽氣漸生，似聖人漸出，宜據十一月之至建巳之月已來，此九二當據建丑建寅之間，於時地之萌芽初有出者，即是陽氣發見之義。乾卦之象，其應然也。

案：惠棟以孔氏《正義》所云先儒爲鄭玄、何妥諸人。所言「九二當太蔟之月」，太蔟爲指寅正月律，[註276] 合於乾卦九二爻辰在寅；九三至上九四爻所建之月，亦合於鄭玄乾卦此四爻之爻辰。此爻辰合十二律說之釋例。

〔註275〕引孔穎達《周易正義》二則儒者之言，見《易漢學》卷六，頁 1206～1207。
〔註276〕先秦兩漢以十二辰配十二律呂爲：太蔟正月寅，夾鍾二月卯，姑洗三月辰，中呂四月巳，蕤賓五月午，林鍾六月未，夷則七月申，南呂八月酉，無射九月戌，應鍾十月亥，黃鍾十一月子，大呂十二月丑。已如前述。

（2）《文言》曰：終日乾乾，與時偕行。《正義》曰：先儒以爲建辰之
　　　月，萬物生長，不有止息，與天時而俱行，若以消息言之，是建
　　　寅之月，三陽用事，三當生物之初，生物不息，同於天時，故言
　　　與時偕行。

案：乾卦九三「終日乾乾，與時偕行」，爻辰在辰。

4. 《易緯通卦驗》鄭注與其爻辰合說

　　除了惠氏上述所列之外，《易緯通卦驗》論八卦卦氣中，鄭注多以爻辰合
說，如：

（1）冬至坎始用事，而主六炁，初六巽爻也，巽爲木，如樹木之狀，
　　　巽象。

（2）小寒於坎直九二，九二得寅炁，木也。……坎九二陽爻也，爲午，
　　　炁不至，故令脉虛喉脾。字誤也，當爲喉痺。時方陰，陰閉塞人
　　　炁，通人之炁，炁通者喉，喉病爲痺。手太陰脉起手大指內側，
　　　上貫呪唾散鼻中。

（3）大寒於坎直六三，六三得亥炁，水也。……坎六三，陰爻也，屬
　　　足不至，故令人脉虛，虛則足煩，炁逆本舌爲病，此三平在震中，
　　　震爲驚恐也，足少陰脉起於足上繫。

（4）立春於坎直六四，六四，巽爻得木。……坎六四，陰爻也，屬足
　　　也，炁不足，故令足脉虛。立春不至者，寒得其節也，疫癘寒赤
　　　病，此當與火同爲足少陰脉。

（5）雨水於坎直九五，九五辰在申，得坤炁。……坎九五陽爻，於脉
　　　宜爲手太陽，云少陽似誤。心痛坎也。手太陽脉起爲手小指端，
　　　上頤下目，內皆雨水，以後爲陽脉者。雨水，木炁也，其盛爲肝，
　　　肝侯在目，木炁於目則勞，勞故病，言脉亦當爲於太陽也。

（6）驚蟄於坎直上六，上六得巳炁。巳，火也。……坎上六陰爻，屬
　　　足炁不至，故命之脉虛，寒炁乘病，瘧寒也。上六得巽之炁，爲
　　　白，又爲寡髮而白，是老人也。太陽脉起足小指端至前兩板齒。

（7）春分於震直初九，初九辰在子，震爻也，如積鵠之象。〔註277〕

〔註277〕引文（1）至（7），見《易緯通卦驗》卷下，引自日本京都市影印自光緒戊子
　　　　　夏月武英殿聚珍版《古經解彙函·易緯八種》，1998年，頁543～544。後引
　　　　　文亦同此影本。

（8）清明震直六二，六二震在酉，得兌炁，爲南白，互體有艮，故北黃也。

（9）穀雨於震直六三，六三辰在辰，得乾炁。……六三兌爻也。

（10）立春於震九四，九四辰在午也。午爲火，互體坎，炁相亂也，故紫赤色皆如珠也。……四互體艮，艮在丑，故牛畜病也。

（11）小滿於震直六五，六五辰在卯，與震木同位，震木可曲可直。五六離爻，亦有互體坎之爲輪也。

（12）芒種於震直上六，上六辰在巳，又得巽炁。

（13）夏至離用事，位直初九，辰子也。

（14）小暑於離直六二，六二離爻也，爲南黃，互體巽，巽爲故北黑也。

（15）大暑於離直九三，九三辰在辰，得巽炁。離爲火，故南赤，巽木故北倉。〔註278〕

（16）立秋於離直九四，辰在午，又互體巽。

（17）處暑於離直六五，六五辰在卯，得震炁，震爲故南黃也。

（18）白露於離直上九，上九艮爻也，故北黃，辰在戌得乾炁，君成，故南黑也。

（19）秋分於兌直初九，初九震爻。

（20）寒露於兌直九二，九二辰在寅，得艮炁，形似冠纓者，艮象也。……九二，坎爻也，爲脊炁不至，疪疼也。

（21）霜降於兌直六三，六三兌爻爲羊。

（22）立冬於兌直九四，九四辰在午。

（23）小雪於兌直九五，九五兌爻，得坎炁，故黑。九五坎爻，故耳病也，辰在申，炁得故腹痛。

（24）大雪於兌直上六，上六辰在巳，得巽炁。〔註279〕

以上《通卦驗》鄭注諸引文，以坎、離、震、兌四正卦合四六二十四爻配二十四節氣，並合爻辰、五行、五色、十二生肖，以及天象變化，包括晷影的長短、各節氣中雲之名稱與形狀、當至之風等，結合人體臟腑、經絡與氣應疾病而論，當卦氣進退不合其時，則人體必當感應所罹患的疾病。以下特別針對爻位、節氣、方位等諸項作一統計表，俾作參考。

〔註278〕引文（8）至（15），見《易緯通卦驗》卷下，頁545～546。
〔註279〕引文（16）至（24），見《易緯通卦驗》卷下，頁547～548。

圖表 4-2-19　四正卦爻辰節氣諸元配置表

四正	爻位	節　　　氣	方位	爻辰	得氣	出氣色	配爻	五行
坎卦 ䷜	初六	冬至 11 月中	北	未	坤氣	坎黑	巽爻	土
	九二	小寒 12 月節		寅	艮氣		坎爻	木
	六三	大寒 12 月中		亥	乾氣		兌爻	水
	六四	立春正月節	東北	丑	艮氣	艮黃	巽爻	木
	九五	雨水正月中		申	坤氣		坎爻	木
	上六	驚蟄 2 月節		巳	巽氣		兌爻	火
震卦 ䷲	初九	春分 2 月中	東	子	坎氣	震青	震爻	水
	六二	清明 3 月節		酉	兌氣		離爻	金
	六三	穀雨 3 月中		亥	乾氣		兌爻	水
	九四	立夏 4 月節	東南	午	巽氣	巽青	震爻	火
	六五	小滿 4 月中		卯	震氣		離爻	木
	上六	芒種 5 月節		巳	巽氣		兌爻	火
離卦 ䷝	初九	夏至 5 月中	南	子	坎氣	離赤	震爻	水
	六二	小暑 6 月節		酉	兌氣		離爻	金
	九三	大暑 6 月中		辰	巽氣		艮爻	土
	九四	立秋 7 月節	西南	午	離氣	坤黃	震爻	火
	六五	處暑 7 月中		卯	震氣		離爻	木
	上九	白露 8 月節		戌	乾氣		艮爻	土
兌卦 ䷹	初九	秋分 8 月中	西	子	坎氣	兌白	震爻	水
	九二	寒露 9 月節		寅	艮氣		坎爻	木
	六三	霜降 9 月中		亥	乾氣		兌爻	水
	九四	立冬 10 月節	西北	午	離氣	乾白	震爻	火
	九五	小雪 10 月中		申	坎氣		坎爻	金
	上六	大雪 11 月節		巳	巽氣		兌爻	火

　　由上表所示，鄭玄詁訓《易緯通卦驗》二十四節氣的物候徵驗，均以爻辰之說作為闡釋之依據。上表於五行方面，坎卦六四爻辰在丑，五行本當為

土，然鄭注以巽爻得木象，故作木；坎卦九五爻辰在申，申五行配金，然鄭以節氣在雨水，雨水爲木氣，故亦作木。在「得氣」與「配爻」方面，兌卦九五，鄭注先云「小雪於兌直九五，九五兌爻，得坎炁」，後又云「九五坎爻」，「辰在申」；先云「九五兌爻」爲誤，張惠言認爲「兌當爲坎」，孫詒讓亦言「《寶典》引正作坎」，〔註280〕即當以坎爻爲正。又，鄭云之「得坎氣」亦誤，九五爻辰在申，當以得坤氣爲正。

（二）重要意涵

1. 惠棟針對鄭玄爻辰說的佚文資料之彙集，有助於對鄭氏易學思想之研究與認識，也提供後來學者研究上的關注點，張惠言的《周易鄭氏義》中之有關研究，即繼惠棟的延續。

2. 惠棟提供我們對鄭氏爻辰說的內涵有較能夠進快速而全面性瞭解的直接材料。爻辰說爲鄭氏解釋《易》義的重要模式或方法，並且常與互體、爻體併合論卦。這種釋卦之例，爲鄭氏易學的最大特色。

3. 今日我們對鄭氏爻辰說的理解，包括以爻辰配五行、方位、卦氣、十二律呂、十二生肖，乃至二十八宿等，都可以從這些資料中得到最直接的證實。

4. 鄭玄的爻辰說或與《易緯》有密切的關係，但二者絕不等同，《乾鑿度》除了乾坤二卦直接配爻辰外，其它六十二也直接以爻辰配說，二卦配爲一年，三十二組卦則循環爲三十二年；然而，鄭玄之說，並未將其它六十二卦各自作爻辰配說，而是依準於乾坤二卦的爻辰，也就是以乾坤二卦十二支所組成的唯一之一組爻辰作爲論述其它這六十二卦的根據。這樣的認識，我們可以從這些材料中得到證實。

5. 透過對《易緯通卦驗》卦氣說的認識，鄭玄同以坎、離、震、兌四正卦二十四爻主一年二十四節氣，這種值法與孟喜卦氣說相同；然而，鄭氏以爻辰、爻體之說作爲闡發節氣變化與徵候之義，這方面則與《通卦驗》、孟喜不同，這是鄭氏所新創。同時，藉由爻辰節氣的徵驗，賦予災異譴告之義，以及感應於人體以各種不同屬性之疾病，申述因陰陽氣應不合而生，爻辰說的運用，使這樣的說法更臻合理。可以由前引的資料，得到這樣的體認。

〔註280〕張、孫所言，轉引自安居香山、中村璋八輯《緯書集成》上冊，《易緯通卦驗》卷下，河北：河北人民出版社，1994 年 12 月 1 版 1 刷，頁 243。

第三節　小　結

　　鄭玄爻辰說與京氏《易》與《乾鑿度》或有承繼或密切聯繫的關係，但並不表示三者之說相同而混爲一談；倘三者所論相同，則鄭氏僅是傳述者罷了，然而，實質上三者所言互異，鄭氏創爲新說，建立其在象數易學史上的獨樹特色和重要貢獻。鄭氏爻辰說有其之獨具特色，鄭氏特重於乾坤二卦，以乾坤爲一切創生之源，亦是《易》卦之首，將乾坤十二爻辰作爲《易》卦爻辰說之本，亦即乾坤外之六十二卦，同本於乾坤十二爻辰。六十四卦三百八十四爻，凡陽爻者取乾卦相應爻位所值之支辰，凡陰爻則取坤卦相應爻位所值之支辰；若強分主從關係，則乾坤十二爻爲主，餘六十二卦三百七十二爻則依主而從之。這樣的爻辰說，與京房、《易緯》之貞辰法有別。京房納支之法，以八純卦爻辰作爲整個爻辰說之基礎，間接體現《易傳》所謂「八卦相重」而生六十四卦的思想，也就是八純卦爲主，而餘諸卦爻辰則從之而生。二者取卦的基礎上，是截然不同的。〔註281〕另外，《乾鑿度》的貞爻法，視六十四卦爲一大系統，而六十四卦之每一卦皆各自獨立爲子系統，卦與卦並列平等，無從屬的關係；將六十四卦分三十二對，每對二卦十二爻配十二辰主一年十二月，六十四卦合三十二年爲一大周期。這樣的方式，與鄭氏、京氏之說皆不同。特別是鄭玄有注《易緯》的背景，不同因此而混同二者之說，二者所立，實相異其趣。

　　單就乾坤十二爻辰的次序言，鄭氏之說不同於京氏與《乾鑿度》。乾卦六辰依初至上爻取順數爲：子、寅、辰、午、申、戌，三家皆同而無異議，然坤卦六爻自初至上爻配辰，則鄭氏與京氏、《乾鑿度》不同；鄭氏同乾卦取順數爲未、酉、亥、丑、卯、巳，而京氏與《乾鑿度》則本於「天左旋，地右動」的原則，坤卦六爻辰取逆數爲：未、巳、卯、丑、亥、酉。鄭氏不同於

〔註281〕京房的納支貞辰之法，已如前一章節所述。京氏將陽四卦中乾震二卦初爻始於子，坎初爻始於寅，艮初爻始於辰；陰四卦則坤初爻始於未，兌初爻始於巳，離初爻始於卯，巽初爻始於丑。將十二支依次納入八純卦中，陽四卦納支逆行取順數，而陰四卦納支順行而取逆數。其它諸卦皆可視爲由八純卦內外卦交錯而成，故其爻辰外卦取八純卦外卦，內卦取八純卦內卦。以屯䷂卦爲例，外卦爲坎，內卦爲震，其爻辰外卦同坎卦外卦，內卦同震卦內卦；又以否䷋卦爲例，否卦外卦爲乾，內卦爲坤，其爻辰外卦同乾卦外卦，內卦則同坤卦內卦。其餘諸卦以此類推。京氏之法，以八純卦爲基礎而推衍立說，視八純卦爲萬化之本，不同於鄭氏之爻辰說，獨重於乾坤二卦。因此，二者在這方面上是截然不同的。

二者，而其二者所取次序則相同。倘言乾坤天地之別，則有順逆之分似較爲合理，鄭氏二卦皆取順數，顯示其間的無分別性。鄭氏詁訓《乾鑿度》而不同於斯，別作詮釋，是誤讀下的詮釋結果，抑或知其所言，而強作另解，則不能斷言。然鄭氏再詮釋下的新的內容，已屬鄭氏的再創之說，雖未必標新，卻是鄭氏所獨有。鄭氏釋《易緯》而不同於《易緯》，非僅此一例，故書細察，多可采尋，典型的例子則如針對《乾鑿度》言「太易」而「太初」而「太始」而「太素」之宇宙萬物生成理論的那段話之論述，對於《乾鑿度》言「一變而爲七，七變而爲九，九者，氣變之究也，乃復變爲一」，鄭氏卻言其「乃復變爲一；一變誤耳，當爲二……」，其演變的歷程，明顯與《乾鑿度》有所扞格。鄭氏於此，並未詳明《乾鑿度》之深意，其改易《乾鑿度》之說，亦未見更能周延而精到，無後出轉精之功。此或鄭氏之小疵，但不因此而掩其治經上的偉大成就。

從應用與目的的角度言，京房的貞辰之說，主要是用於其納甲筮法的占筮系統中，藉由爻辰與五行的生剋沖合，來斷決天時人事。《易緯》與鄭玄的爻辰之法，主要是用於注經。《易緯》雖有注經之實，然而卻也存在著強烈歷法與災異之內涵；至於鄭玄之爻辰說，廣泛地運用於《周易》經文的解釋。三者在目的上有其顯著的差異。

透過惠棟的考索，得以進一步深刻瞭解鄭玄的爻辰說。其說涉及四方、五行、十二肖、二十八宿等內容，由此爻辰說揭示卦象與卦辭間、爻象與爻辭間的聯繫，豐富與擴展了象數《易》的應用內容。兩漢時期，從董仲舒以降，天人感應與陰陽五行思想的高度自覺發展，經學家們接受這種普遍的思想氛圍之影響下，不斷地企圖建構一套人與宇宙自然關係的聯結圖式，惠氏準擬出的鄭玄爻辰說之「鄭氏十二月爻辰圖」與「爻辰所值二十八宿圖」，以爻辰納支爲基礎，並與律呂、星宿共構成天人交感下的宇宙圖式，並使《周易》的思想，通向實際的人事吉凶成敗，建立普遍性的規範；經由五行生剋的關係、乾坤父母卦與六子卦的爻體屬性、實際的自然節候變化，以及《易》卦在比應承乘與卦變互體的卦爻關係之一般性通則來作爲判準的依據。因此，鄭玄的爻辰說，並非僅以詁解經文的唯一標的，也期盼塑成完整的理論基礎，進一步達到通經致用的目的。

鄭玄的學術成就與學問內容，主要以注經爲主，其治經的方法與態度則在會通古今家法和齊魯學風，並接受讖緯之學的時代性學風的影響，融入與

綜合多元的內容於其所治之諸經中；在治《易》方面，鄭玄並不以建構新的易學思想主張爲職志或目標，而是當然地在詁訓其所接受的多元材料，然而在這樣會通下所呈現的治《易》成果，特別是在惠氏以降諸儒所考索下的爻辰說等思想，清晰地呈現易學發展從西漢到東漢的轉變情形，其成果代表著東漢易學家透過《周易》所建構出的重要之宇宙圖式，其中雖多有服務於占驗災異，但其邏輯性與科學性仍不能在義理意義下以有色的眼光而予以否定。同樣地，惠棟在這方面的成就，雖大多是資料的檢索與彙集，以及宋明以來一些見解的釐清，某種程度地賦予鄭氏思想的再現或再造，所以也不宜全盤地否定。